Learn French with Around The World In 80 Days

HypLern Interlinear Project
www.hyplern.com

First edition: 2026, February

Author: Jules Verne

Translation: Kees van den End

ISBN: 978-1-989643-07-5

info@hyplern.com
www.hyplern.com

Learn French with Around The World In 80 Days

Interlinear French to English

HypLern Interlinear Project
www.hyplern.com

Introduction

Most people begin learning French with grammar rules, vocabulary lists, and exercises. And after a while, progress can start to feel slow.

The problem is rarely effort. It is usually exposure.

Languages are not built from isolated words alone. They grow from patterns - patterns that repeat in meaningful sentences inside real stories. When you see those patterns often enough, they begin to feel natural.

That is what this book is designed to offer.

What this book does

This book allows you to start reading real French from the very first page.

Each line of French is followed by a direct, word-for-word English translation. You do not have to stop constantly to look things up, and you do not have to guess how a sentence is structured. The meaning and structure are visible immediately.

Instead of mentally translating everything step by step, you begin to recognize how French works. Over time, recognition turns into familiarity, and familiarity turns into confidence.

You learn by reading - steadily and naturally.

How this book fits into your learning

This method works especially well alongside a beginner course.

If you are studying French through lessons, grammar explanations, or vocabulary study, this book strengthens that learning in a different way. A course introduces structure: verb forms, rules, and themed vocabulary. This book reinforces those same elements through repeated exposure in context.

When you encounter a grammar pattern in your course and then see it again inside a story, it stops feeling abstract. When you learn a new word in a lesson and later recognize it while reading, it becomes easier to remember.

The two approaches support each other. Structured study builds awareness, and reading builds intuition. Together, they make progress smoother and more rewarding.

How to use this book

Read the French text and allow yourself to glance at the translation whenever needed. Keep moving forward rather than stopping for every detail.

On your first reading, focus on understanding the overall meaning.

On subsequent readings, you will begin to notice patterns more clearly. With each rereading, the text becomes easier.

Phileas	Fogg	était	membre	du	Reform-Club,	et
Phileas	Fogg	was	member	of the	reform club	and
voilà	tout.					
see there that was	all					

During the second phase, shift your focus slightly. Try to stay with the French text for longer stretches before looking down at the translation. You can even cover the English lines with a sheet of paper if that helps you concentrate.

At this stage, the goal is not perfect understanding. Instead, allow yourself to recognize familiar words, patterns, and sentence structures. When something is unclear, glance at the translation briefly, then return to the French.

You will likely discover that you understand more than you expect. This phase helps train your ability to process the language directly, building confidence and fluency through gradual exposure.

Phileas	Fogg	était	membre	du	Reform-Club,	et
Phileas	Fogg	was				

voilà	tout.
see there that was	all

By the third phase, the story should feel noticeably easier. You will be able to read most of the text in French without needing to rely on the translation. Some less common words may still require a quick check, and that is completely normal.

If you would like to reinforce specific vocabulary, you can note down unfamiliar words and review them separately. However, the main goal remains the same: reading smoothly, recognizing patterns, and experiencing the story in French with growing independence.

Phileas Fogg était membre du Reform-Club, et voilà tout.

Why interlinear?

Interlinear reading has been used for centuries to help learners access new languages directly. This book presents that idea in a clear and practical form.

You see the language as it is written and understand it at the same time. There is no need for heavy theory or complicated explanations - just repeated exposure to real French in context.

Over time, that exposure builds understanding.

Learning a language does not need to feel overwhelming. It can be gradual, structured, and even enjoyable.

Read regularly, stay curious, and allow the patterns to sink in. With consistency, French will begin to feel less foreign and more familiar.

Additional tools

Check out shop.hyplern.com or contact us at info@hyplern.com for free mp3s (if available) and free empty (untranslated) versions of the eBooks that we have on offer.

On hyplern.com, you can use the same functionality online: alongside the interlinear format, there is a pop-up format where hovering over a word or clicking on it shows its meaning. Where available, you can also access mp3 audio and integrated vocabulary practice.

Hyplern.com is where we continuously expand access to our material in multiple formats, including audio where available, and keep improving the reading and vocabulary tools that support this method.

Table of Contents

1 - Chapitre I

DANS LEQUEL PHILEAS FOGG ET PASSEPARTOUT S'ACCEPTENT
In which Phileas Fogg and Passepartout accept each other
{passes-through-all, master key}

RÉCIPROQUEMENT L'UN COMME MAÎTRE, L'AUTRE COMME DOMESTIQUE
reciprocally the one like master the other like servant

En l'année 1872, la maison portant le numéro 7 de Saville-row,
In the year 1872, the house carrying the number 7 of saville row

Burlington Gardens -- maison dans laquelle Sheridan mourut en 1814 --,
Burlington Gardens – house in which Sheridan died in 1814 –,

était habitée par Phileas Fogg, esq., l'un des membres les plus
was inhabited by Phileas Fogg esq -the- one of the members the most

singuliers et les plus remarqués du Reform-Club de Londres, bien qu'il
singular and the most noteworthy of the Reform Club of London well that he
unique even though

semblât prendre à tâche de ne rien faire qui pût attirer l'attention.
seemed to take to task of not nothing to do that could draw -the- attention
to be bent on

A l'un des plus grands orateurs qui honorent l'Angleterre, succédait
At -the- one of the most great speakers who honor -the- England succeeded
From

donc ce Phileas Fogg, personnage énigmatique, dont on ne savait
then this Phileas Fogg character enigmatic of whom one not knew

rien, sinon que c'était un fort galant homme et l'un des plus
nothing if not that it was a very gallant man and -the- one of the most

beaux gentlemen de la haute société anglaise.
beautiful gentlemen of the high society English
handsome

On disait qu'il ressemblait à Byron -- par la tête, car il était
People said that he seemed alike to Byron – by the head because he was

irréprochable quant aux pieds --, mais un Byron à moustaches et à
irreproachable as well as by the feet –, but a Byron to mustache-s- and to
with with

favoris, un Byron impassible, qui aurait vécu mille ans sans
favorites a Byron impassive who would have lived (a) thousand years without
whiskers

vieillir.
to get old

Anglais, à coup sûr, Phileas Fogg n'était peut-être pas Londonner. On ne
English to strike sure Phileas Fogg not was maybe not Londoner one not
for sure

l'avait jamais vu ni à la Bourse, ni à la Banque, ni dans
him had ever seen neither at the stock exchange nor at the bank nor in

aucun des comptoirs de la Cité. Ni les bassins ni les docks de
any of the counting-rooms of the City Neither the basins nor the docks of

Londres n'avaient jamais reçu un navire ayant pour armateur Phileas
London not had ever received a vessel having for shipowner Phileas

Fogg. Ce gentleman ne figurait dans aucun comité d'administration. Son
Fogg This gentleman not featured in any committee of administration His

nom n'avait jamais retenti dans un collège d'avocats, ni au Temple, ni
name not had ever rung out in a college of lawyers nor at the Temple nor

à Lincoln's-inn, ni à Gray's-inn. Jamais il ne plaida ni à la Cour
at Lincoln's inn nor at Gray's inn Never he -not- pleaded neither at the Court

du chancelier, ni au Banc de la Reine, ni à l'Échiquier, ni en
of the chancellor nor at the Bank of the Queen nor at the Exchequer nor in

Cour ecclésiastique. Il n'était ni industriel, ni négociant, ni
Court ecclesiastical He -not- was neither industrial nor dealer nor

marchand, ni agriculteur. Il ne faisait partie ni de l'Institution royale
merchant nor farmer He not made part neither of the institution royal
was

de la Grande-Bretagne, ni de l'Institution de Londres, ni de l'Institution
of the Great-Britain nor of the Institute of London nor of institution

des Artisans, ni de l'Institution Russell, ni de l'Institution littéraire de
of the craftsmen nor of the Institute Russell nor of the Institute literary of

l'Ouest, ni de l'Institution du Droit, ni de cette Institution des Arts
the West nor of the Institute of the Right(s) nor of this Institute of the Arts
Law

et des Sciences réunis, qui est placée sous le patronage direct de
and of the Sciences together which is placed under the patronage direct of

Sa Gracieuse Majesté. Il n'appartenait enfin à aucune des nombreuses
Her Graceful Majesty He not belonged finally to any of the many

sociétés qui pullulent dans la capitale de l'Angleterre, depuis la Société
societies which abound in the capital of -the- England from the Society

de l'Armonica jusqu'à la Société entomologique, fondée principalement
of the Harmonica until to the Society entomological founded mainly
to

dans le but de détruire les insectes nuisibles.
in the goal of to destroy the insects harmful

Phileas Fogg était membre du Reform-Club, et voilà tout.
Phileas Fogg was member of the reform club and see there all
that was

A qui s'étonnerait de ce qu'un gentleman aussi mystérieux
To who oneself should astonish of this that a gentleman so mysterious
whomever

comptât parmi les membres de cette honorable association, on répondra
mattered among the members of this honorable association one will answer

qu'il passa sur la recommandation de MM. Baring frères, chez
that he passed on the recommendation of (the) gentlemen Baring brothers with

lesquels il avait un crédit ouvert. De là une certaine « surface », due
which he had a credit open Of there a certain surface due
whom an open credit line

à ce que ses chèques étaient régulièrement payés à vue par le débit
to this that his checks were regularly paid at sight by the debit

de son compte courant invariablement créditeur.
of his account running invariably credit
chequing with a positive balance

Ce Phileas Fogg était-il riche ? Incontestablement. Mais comment il avait
This Phileas Fogg was he rich ? decidedly But how he had

fait fortune, c'est ce que les mieux informés ne pouvaient dire, et Mr.
made fortune it is this that the better informed not could say and Mr.

Fogg était le dernier auquel il convînt de s'adresser pour
Fogg was the last to which it would suit of oneself to address for

l'apprendre. En tout cas, il n'était prodigue de rien, mais non avare,
it to learn In every case He not was prodigal of nothing but no miser
any

car partout où il manquait un appoint pour une chose
because everywhere where -it- missed an amount of small change for a thing
cause

noble, utile ou généreuse, il l'apportait silencieusement et même
noble useful or generous he it brought silently and even

anonymement.
anonymously

En somme, rien de moins communicatif que ce gentleman. Il parlait
In sum nothing of less communicative than this gentleman He spoke

aussi peu que possible, et semblait d'autant plus mystérieux qu'il était
as little as possible and seemed of as much more mysterious than he was
even

silencieux. Cependant sa vie était à jour, mais ce qu'il faisait était si
silent While his life was at day but this that he did was so
in the

mathématiquement toujours la même chose, que l'imagination, mécontente,
mathematically always the same thing that the imagination dissatisfied

cherchait au-delà.
searched beyond

Avait-il voyagé ? C'était probable, car personne ne possédait mieux que
Had he traveled ? It was likely because no one not possessed better than
mastered

lui la carte du monde. Il n'était endroit si reculé dont il ne
him the map of the world It not was (a) place so remote of which he not
There

parût avoir une connaissance spéciale. Quelquefois, mais en peu de
appeared to have a knowledge special Sometimes but in (a) few -of-

mots, brefs et clairs, il redressait les mille propos qui circulaient
words short and clear he straightened the thousand proposals which circulated

dans le club au sujet des voyageurs perdus ou égarés ; il indiquait
in the club at the topic of the travelers lost or misplaced ; He stated

les vraies probabilités, et ses paroles s'étaient trouvées souvent
the true probabilities and his words themselves were found often

comme inspirées par une seconde vue, tant l'événement finissait toujours
like inspired by a second sight so much the event ended always

par les justifier. C'était un homme qui avait dû voyager partout, --
by them to justify It was a man who had had to travel everywhere –

en esprit, tout au moins.
in mind all at the least

Ce qui était certain toutefois, c'est que, depuis de longues années,
This which was certain however it is that since -of- long years

Phileas Fogg n'avait pas quitté Londres. Ceux qui avaient l'honneur de
Phileas Fogg not had -not- left London Those who had the honor of

le connaître un peu plus que les autres attestaient que -- si ce n'est
him to know a bit more than the others attested that – if this not is

sur ce chemin direct qu'il parcourait chaque jour pour venir de sa
on this way direct that he went through each day for to come from his

maison au club -- personne ne pouvait prétendre l'avoir jamais vu
house to the club – no one -not- could claim him to have ever seen

ailleurs. Son seul passe-temps était de lire les journaux et de jouer
elsewhere His only pastime was of to read the newspapers and of to play

au whist. A ce jeu du silence, si bien approprié à sa nature, il
at the whist At this game of the silence so well appropriate to his nature he

gagnait souvent, mais ses gains n'entraient jamais dans sa bourse et
won often but his earnings not entered ever in his wallet and

figuraient pour une somme importante à son budget de charité.
represented for a sum important -at- his budget of charity

D'ailleurs, il faut le remarquer, Mr. Fogg jouait évidemment pour
Besides it is necessary it to notice Mr. Fogg played obviously for

jouer, non pour gagner. Le jeu était pour lui un combat, une lutte
to play not for to win The game was for him a fight a fight

contre une difficulté, mais une lutte sans mouvement, sans
against a difficulty but a fight without movement without

déplacement, sans fatigue, et cela allait à son caractère.
displacement without exhaustion and that went to his character
great with

On ne connaissait à Phileas Fogg ni femme ni enfants, -- ce
People not knew (to be) to Phileas Fogg neither woman nor children – this
with

qui peut arriver aux gens les plus honnêtes, -- ni parents ni amis,
which can arrive to the people the most honest – nor parents nor friends
happen

-- ce qui est plus rare en vérité. Phileas Fogg vivait seul dans sa
– this which is more rare in truth Phileas Fogg lived alone in his

maison de Saville-row, où personne ne pénétrait. De son intérieur,
house of Saville-row where no one -not- penetrated From its interior

jamais il n'était question. Un seul domestique suffisait à le servir.
ever it not was question A sole servant sufficed to him serve
was enough

Déjeunant, dînant au club à des heures chronométriquement
Breakfasting dining at the club at -of- the hours chronometrically

déterminées, dans la même salle, à la même table, ne traitant point
determined in the same room at the same table not dealing at all

ses collègues, n'invitant aucun étranger, il ne rentrait chez lui que
(with) his colleagues not inviting any stranger he not returned to him than
his house

pour se coucher, à minuit précis, sans jamais user de ces
for himself to lay down at midnight exactly without ever to use of these

chambres confortables que le Reform-Club tient à la disposition des
rooms comfortable that the reform club holds at the disposition of the

membres du cercle. Sur vingt-quatre heures, il en passait dix à son
members of the circle On Out of twenty-four hours he of them passed ten at his

domicile, soit qu'il dormît, soit qu'il s'occupât de sa toilette. S'il
home either that he slept or that he himself occupied of his dress If he

se promenait, c'était invariablement, d'un pas égal, dans la salle
himself walked it was invariably of a step equal in the room

d'entrée parquetée en marqueterie, ou sur la galerie circulaire, au-dessus
of entry with parquet in marquetry or on the gallery circular above

de laquelle s'arrondit un dôme à vitraux bleus, que supportent vingt
of which itself rounds a dome at of stained glass blue that support twenty

colonnes ioniques en porphyre rouge. S'il dînait ou déjeunait, c'étaient les
columns ionic in porphyry red If he dined or breakfasted there were the

cuisines, le garde-manger, l'office, la poissonnerie, la laiterie du club,
kitchens the pantry the office the fish shop the dairy of the club

qui fournissaient à sa table leurs succulentes réserves ; c'étaient les
who provided to his table their delicious stocks ; there were the

domestiques du club, graves personnages en habit noir, chaussés de
servants of the club serious characters in dress black shod of with

souliers à semelles de molleton, qui le servaient dans une porcelaine
shoes at with soles of duffel who him served in a porcelain

spéciale et sur un admirable linge en toile de Saxe ; c'étaient les
special and on an admirable linen in cloth of Saxony ; there were the

cristaux à moule perdu du club qui contenaient son sherry, son
crystals at mold lost of which the mold was lost of the club which contained his sherry his

porto ou son claret mélangé de cannelle, de capillaire et de cinnamome
port or his claret mixed of with cinnamon of with capillary and of with cinnamon

; c'était enfin la glace du club -- glace venue à grands frais des
; it was finally the ice of the club – ice come at great costs from the

lacs d'Amérique -- qui entretenait ses boissons dans un satisfaisant état
lakes of America – which maintained his drinks in a satisfactory state

de fraîcheur.
of freshness

Si vivre dans ces conditions, c'est être un excentrique, il faut
If to live in these conditions it is to be an eccentric it is necessary

convenir que l'excentricité a du bon !
to agree that the eccentricity has of the good !
is good

La maison de Saville-row, sans être somptueuse, se recommandait par
The house of Saville row without to be lavish itself recommended by

un extrême confort. D'ailleurs, avec les habitudes invariables du locataire,
an extreme comfort Besides with the usual lives invariable of the tenant

le service s'y réduisait à peu. Toutefois, Phileas Fogg exigeait de
the service itself there reduced to little However Phileas Fogg demanded of

son unique domestique une ponctualité, une régularité extraordinaires. Ce
his only servant a punctuality a regularity extraordinary This

jour-là même, 2 octobre, Phileas Fogg avait donné son congé à James
day there even 2 October Phileas Fogg had given his leave to James
fired

Forster -- ce garçon s'étant rendu coupable de lui avoir apporté
Forster – this boy himself being rendered guilty of him to have brought
himself having

pour sa barbe de l'eau à quatre-vingt-quatre degrés Fahrenheit
for his beard of the water at eighty four degrees Fahrenheit

au lieu de quatre-vingt-six --, et il attendait son successeur, qui
at the place of eighty six –, and he awaited his successor who
instead

devait se présenter entre onze heures et onze heures et demie.
must himself present between eleven hours and eleven hours and half

Phileas Fogg, carrément assis dans son fauteuil, les deux pieds rapprochés
Phileas Fogg straight sat in his chair the two feet close

comme ceux d'un soldat à la parade, les mains appuyées sur les genoux,
like those of a soldier at the parade the hands supported on the knees

le corps droit, la tête haute, regardait marcher l'aiguille de la pendule,
the body straight the head high watched walk the needle of the clock
move

-- appareil compliqué qui indiquait les heures, les minutes, les secondes,
– apparatus complicated which stated the hours the minutes the seconds

les jours, les quantièmes et l'année. A onze heures et demie
the days the number of the month and the year At eleven hours and half
archaic

sonnant, Mr. Fogg devait, suivant sa quotidienne habitude, quitter la
sharp Mr. Fogg must following his daily habit leave the

maison et se rendre au Reform-Club.
house and himself hand over to the Reform club

En ce moment, on frappa à la porte du petit salon dans lequel
At this moment one knocked at the door of the little salon in which

se tenait Phileas Fogg.
himself kept Phileas Fogg

James Forster, le congédié, apparut.
James Forster the dismissed appeared

« Le nouveau domestique », dit-il,
The new servant said he

Un garçon âgé d'une trentaine d'années se montra et salua.
A boy age of a about thirty years himself showed and saluted

« Vous êtes Français et vous vous nommez John ? lui demanda
You are French and you yourself call John ? him asked

Phileas Fogg.
Phileas Fogg

-- Jean, n'en déplaise à monsieur, répondit le nouveau venu, Jean
— Jean not of it displeases to (you) Sir answered the new come Jean
newcomer

Passepartout, un surnom qui m'est resté, et que justifiait
Passepartout {passes-through-all, master key} a nickname which me is remained and that justified

mon aptitude naturelle à me tirer d'affaire. Je crois être un honnête
my aptitude natural to me to draw -of- business I believe to be an honest

garçon, monsieur, mais, pour être franc, j'ai fait plusieurs métiers.
boy Sir but for to be straight I have made several professions
had

J'ai été chanteur ambulant, écuyer dans un cirque, faisant de la
I have been singer traveling squire in a circus doing -of- the

voltige comme Léotard, et dansant sur la corde comme Blondin ; puis
aerobatic(s) like Leotard and dancing on the rope like Blondie ; then

je suis devenu professeur de gymnastique, afin de rendre mes talents
I am become professor of gymnastic so of to hand over my talents
have

plus utiles, et, en dernier lieu, j'étais sergent de pompiers, à Paris.
more useful and in (the) last place I) was sergeant of firefighters in Paris
a fire department

J'ai même dans mon dossier des incendies remarquables. Mais voilà
(I) have even in my folder of the fires remarkable But see there
some remarkable fires

cinq ans que j'ai quitté la France et que, voulant goûter de la vie
five years that I have left -the- France and that wanting to taste of the life

de famille, je suis valet de chambre en Angleterre. Or, me trouvant
of family I am valet of room in England However me finding
room servant

sans place et ayant appris que M. Phileas Fogg était l'homme le
without (a) place and having learned that Mr. Phileas Fogg was the man the

plus exact et le plus sédentaire du Royaume-Uni, je me suis
most punctual and the most sedentary of the UK I myself am
have

présenté chez monsieur avec l'espérance d'y vivre tranquille et
presented with (you) Sir with the hope of there to live quiet and

d'oublier jusqu'à ce nom de Passepartout...
to forget until this name of Passepartout
{passes-through-all, master key}

-- Passepartout me convient, répondit le gentleman. Vous
– Passepartout me convenes answered the gentleman you
{passes-through-all, master key}

m'êtes recommandé. J'ai de bons renseignements sur votre compte. Vous
me are recommended I have of good information on your account you

connaissez mes conditions ?
know my conditions ?

-- Oui, monsieur.
– Yes Sir

-- Bien. Quelle heure avez-vous ?
– Well what hour have you ?

-- Onze heures vingt-deux, répondit Passepartout, en tirant
– Eleven hours twenty-two answered Passepartout in pulling
{passes-through-all, master key}

des profondeurs de son gousset une énorme montre d'argent.
from the depths of his inner pocket a huge watch of silver

-- Vous retardez, dit Mr. Fogg.
– You delay said Mr. Fogg
are behind

-- Que monsieur me pardonne, mais c'est impossible.
– That Sir me forgives but it is impossible

-- Vous retardez de quatre minutes. N'importe. Il suffit de constater
– You delay of four minutes Not it matters It is enough of to note

l'écart. Donc, à partir de ce moment, onze heures vingt-neuf du
the gap Then at to leave of this moment eleven hours twenty nine of the

matin, ce mercredi 2 octobre 1872, vous êtes à mon service. »
morning this Wednesday 2 October 1872, you are at my service

Cela dit, Phileas Fogg se leva, prit son chapeau de la main gauche,
That said Phileas Fogg himself raised took his hat of the hand left
with

le plaça sur sa tête avec un mouvement d'automate et disparut sans
it placed on his head with a movement of automatical and disappeared without

ajouter une parole.
adding a word

Passepartout entendit la porte de la rue se fermer une
Passepartout heard the door of the street itself close a
{passes-through-all, master key}

première fois : c'était son nouveau maître qui sortait ; puis une seconde
first time : it was his new master who left ; then a second

fois : c'était son prédécesseur, James Forster, qui s'en allait à son
time : it was his predecessor James Forster who himself of it went at his

tour.
turn

Passepartout demeura seul dans la maison de Saville-row.
Passepartout remained alone in the house of Saville row
{passes-through-all, master key}

2 - Chapitre II

None

OU PASSEPARTOUT EST CONVAINCU QU'IL A ENFIN TROUVÉ
Where Passepartout is convinced that he has finally found
{passes-through-all, master key}

SON IDEAL
his ideal

« Sur ma foi, se dit Passepartout, un peu ahuri tout
On my faith himself said Passepartout a bit stunned all
I swear {passes-through-all, master key}

d'abord, j'ai connu chez Mme Tussaud des bonshommes aussi vivants
of start I have known at Mrs. Tussaud of the fellows as living
at first wax figures alive

que mon nouveau maître ! »
as my new master !

Il convient de dire ici que les « bonshommes » de Mme Tussaud sont
It convenes of to say here that the fellows of Mrs. tussaud are
wax figures

des figures de cire, fort visitées à Londres, et auxquelles il ne
-of the- figures of wax very visited in london and at the which it not
popular (by which)

manque vraiment que la parole.
lacks really but the word
anything

Pendant les quelques instants qu'il venait d'entrevoir Phileas Fogg,
During the some moments that he came to glimpse Phileas Fogg
few

Passepartout avait rapidement, mais soigneusement examiné son
Passepartout had quickly but carefully examined his
{passes-through-all, master key}

futur maître. C'était un homme qui pouvait avoir quarante ans, de figure
future master It was a man who could have forty years of stature

noble et belle, haut de taille, que ne déparait pas un léger
noble and beautiful high of waist that not marred -not- a light

embonpoint, blond de cheveux et de favoris, front uni sans apparences
overweight blonde of hairs and of whiskers face even without appearances
(hair)

de rides aux tempes, figure plutôt pâle que colorée, dents magnifiques.
of wrinkles at the temples figure rather pale than colored teeth splendid
more

Il paraissait posséder au plus haut degré ce que les physionomistes
He appeared to possess at the most high degree this that the physiognomists

appellent « le repos dans l'action », faculté commune à tous ceux qui
call the rest in the action faculty common to all those who

font plus de besogne que de bruit. Calme, flegmatique, l'oeil pur, la
make more of task than of noise Calm phlegmatic the eye pure the
stolid

paupière immobile, c'était le type achevé de ces Anglais à sang-froid
eyelid motionless it was the type completed of these English to cold blood
of

qui se rencontrent assez fréquemment dans le Royaume-Uni, et
who themselves meet enough frequently in the UK and
you see

dont Angelica Kauffmann a merveilleusement rendu sous son pinceau
of which Angelica Kauffmann has wonderfully rendered under her brush

l'attitude un peu académique. Vu dans les divers actes de son existence,
the attitude a bit academic Seen in the diverse acts of his existence

ce gentleman donnait l'idée d'un être bien équilibré dans toutes ses
this gentleman gave the idea of a being well balanced in all his

parties, justement pondéré, aussi parfait qu'un chronomètre de Leroy ou
parts exactly weighted as perfect as a stopwatch of Leroy or

de Earnshaw. C'est qu'en effet, Phileas Fogg était l'exactitude personnifiée,
of Earnshaw It is that in effect Phileas Fogg was the accuracy personified

ce qui se voyait clairement à « l'expression de ses pieds et de ses
this who itself saw clearly at the expression of his feet and of his
was seen in

mains », car chez l'homme, aussi bien que chez les animaux, les
hands because with the man as well as with the animals the
man

membres eux-mêmes sont des organes expressifs des passions.
members themselves are -of the- organs expressive of the passions

Phileas Fogg était de ces gens mathématiquement exacts, qui, jamais
Phileas Fogg was of these people mathematically accurate who never

pressés et toujours prêts, sont économes de leurs pas et de leurs
hurried and always ready are efficient of their step and of their

mouvements. Il ne faisait pas une enjambée de trop, allant toujours
movements He not made not a stride of too much going always
too much

par le plus court. Il ne perdait pas un regard au plafond. Il ne
by the most short (way) He not lost not a look at the ceiling He not

se permettait aucun geste superflu. On ne l'avait jamais vu
himself allowed any gesture superfluous People not him had ever seen

ému ni troublé. C'était l'homme le moins hâté du monde, mais il
moved nor troubled It was the man the least rushed of the world but he

arrivait toujours à temps. Toutefois, on comprendra qu'il vécût seul et
arrived always on time However one will understand that he lived alone and

pour ainsi dire en dehors de toute relation sociale. Il savait que dans
for thus to say in outside of all relationship social He knew that in

la vie il faut faire la part des frottements, et comme les
the life it is necessary to make the part of the friction and as the

frottements retardent, il ne se frottait à personne.
frictions delay he not himself rubbed to anyone

Quant à Jean, dit Passepartout, un vrai Parisien de Paris,
As to Jean said Passepartout a true Parisian of Paris
{passes-through-all, master key}

depuis cinq ans qu'il habitait l'Angleterre et y faisait à Londres le
since five years that he lived (in) -the- England and there made at london the
had

métier de valet de chambre, il avait cherché vainement un maître auquel
trade of valet of room he had sought in vain a master to which
room servant

il pût s'attacher.
he could attach himself

Passepartout n'était point un de ces Frontins ou Mascarilles
Passepartout not was at all one of these Frontins or Mascarilles
{passes-through-all, master key}

qui, les épaules hautes, le nez au vent, le regard assuré, l'oeil sec,
who the shoulders high the nose at the wind the look assured the eye dry
in the

ne sont que d'impudents drôles. Non. Passepartout était un
not are than of impudent funny No Passepartout was a
bold people {passes-through-all, master key}

brave garçon, de physionomie aimable, aux lèvres un peu saillantes,
dear boy of aspect pleasant to the lips a bit projecting
with

toujours prêtes à goûter ou à caresser, un être doux et serviable, avec
always ready to taste or to caress a being sweet and helpful with

une de ces bonnes têtes rondes que l'on aime à voir sur les épaules
one of these good heads rounds that the one loves to see on the shoulders

d'un ami. Il avait les yeux bleus, le teint animé, la figure assez
of a friend He had the eyes blue the tint animated the figure enough

grasse pour qu'il pût lui-même voir les pommettes de ses joues, la
fat full for that he could him self see the cheekbones of his cheeks the

poitrine large, la taille forte, une musculature vigoureuse, et il possédait
chest wide the waist strong a musculature vigorous and he had

une force herculéenne que les exercices de sa jeunesse avaient
a force herculean that the drills of his youth had

admirablement développée. Ses cheveux bruns étaient un peu rageurs. Si
admirably developed His hairs (hair) brown were a bit furious If

les sculpteurs de l'Antiquité connaissaient dix-huit façons d'arranger la
the sculptors of antiquity knew eighteen manners of to arrange the

chevelure de Minerve, Passepartout n'en connaissait qu'une
hair of Minerva Passepartout {passes-through-all, master key} not of it knew than one

pour disposer la sienne : trois coups de démêloir, et il était
for to dispose the his : three strikes of comb and he was

coiffé.
done with his hair
hair dressed

De dire si le caractère expansif de ce garçon s'accorderait avec celui
Of to say if the character expansive of this boy would accord with the one

de Phileas Fogg, c'est ce que la prudence la plus élémentaire ne
of Phileas Fogg it is this that the prudence the more elementary not

permet pas. Passepartout serait-il ce domestique foncièrement
allows -not- Passepartout {passes-through-all, master key} would be he this servant fundamentally

exact qu'il fallait à son maître ?
punctual that it was necessary to his master ?

On ne le verrait qu'a l'user. Après avoir eu, on le sait, une
one not it would see than at the usage we'll have to see how he does After to have had one it knows a

jeunesse assez vagabonde, il aspirait au repos. Ayant entendu vanter
youth enough vagabond he yearned for the rest Having heard boast

le méthodisme anglais et la froideur proverbiale des gentlemen, il
the methodism English and the coldness proverbial of the gentlemen he

vint chercher fortune en Angleterre. Mais, jusqu'alors, le sort l'avait mal
came to seek fortune in England But until then the fate him had bad

servi. Il n'avait pu prendre racine nulle part. Il avait fait dix
served He not had been able to take root no side He had done ten
nowhere been at

maisons. Dans toutes, on était fantasque, inégal, coureur d'aventures ou
houses In all one was odd unequal runner of adventures or

coureur de pays, -- ce qui ne pouvait plus convenir à
runner of country – this which not could (any)more agree to

Passepartout. Son dernier maître, le jeune Lord Longsferry,
Passepartout His last master the young lord Longsferry
{passes-through-all, master key}

membre du Parlement, après avoir passé ses nuits dans les «
member of the parliament after to have past his nights in the

oysters-rooms » d'Hay-Market, rentrait trop souvent au logis sur les
oysters rooms of Hay-market returned too often at the dwelling on the

épaules des policemen. Passepartout, voulant avant tout pouvoir
shoulders of the policemen Passepartout wanting before all to be able
{passes-through-all, master key}

respecter son maître, risqua quelques respectueuses observations qui
to respect his master risked some friendly comments which

furent mal reçues, et il rompit. Il apprit, sur les entrefaites, que
were bad received and he broke (contract) He learned on the meanwhiles that
meanwhile

Phileas Fogg, esq., cherchait un domestique. Il prit des renseignements
Phileas Fogg esq searched a servant he took -of the- information

sur ce gentleman. Un personnage dont l'existence était si régulière, qui
on this gentleman A character of which the existence was so regular who

ne découchait pas, qui ne voyageait pas, qui ne s'absentait jamais,
not slept out -not- who not traveled -not- who not himself absented ever

pas même un jour, ne pouvait que lui convenir. Il se présenta et
not even a day not could than him agree He himself presented and
{to Jean}

fut admis dans les circonstances que l'on sait.
was admitted in the circumstances that it one knows

Passepartout -- onze heures et demie étant sonnées -- se
Passepartout – eleven hours and half being sounded – himself
{passes-through-all, master key}

trouvait donc seul dans la maison de Saville-row. Aussitôt il en
found then alone in the house of Saville row Immediately he of it

commença l'inspection. Il la parcourut de la cave au grenier. Cette
started the inspection he her traveled from the cellar to the attic This
it

maison propre, rangée, sévère, puritaine, bien organisée pour le service,
house clean ordered severe puritan well organized for the service

lui plut. Elle lui fit l'effet d'une belle coquille de colimaçon, mais
him pleased She him made the effect of a beautiful shell of spiral but
It

d'une coquille éclairée et chauffée au gaz, car l'hydrogène carburé
of a shell lit and heated at the gas because the hydrogen carbide
with

y suffisait à tous les besoins de lumière et de chaleur.
there sufficed at all the needs of light and of heat
was enough

Passepartout trouva sans peine, au second étage, la
Passepartout found without trouble at the second floor the
{passes-through-all, master key}

chambre qui lui était destinée. Elle lui convint. Des timbres électriques
room which him was destined She him agreed Of the bells electrical
It Electrical bells

et des tuyaux acoustiques la mettaient en communication avec les
and of the tubing acoustic him put in communication with the
acoustic tubing

appartements de l'entresol et du premier étage. Sur la cheminée,
apartments of the mezzanine and of the first floor On the fireplace
rooms

une pendule électrique correspondait avec la pendule de la
a clock electric corresponded with the clock of the

chambre à coucher de Phileas Fogg, et les deux appareils battaient au
room to lay down of Phileas Fogg and the two appliances beat at the
bedroom

même instant, la même seconde.
same moment the same second

« Cela me va, cela me va ! » se dit Passepartout.
That me goes that me goes ! himself said Passepartout
pleases pleases {passes-through-all, master key}

Il remarqua aussi, dans sa chambre, une notice affichée au-dessus de la
He noted also in his room a notice displayed above of the

pendule. C'était le programme du service quotidien. Il comprenait --
clock It was the program of the service daily He understood –

depuis huit heures du matin, heure réglementaire à laquelle se
from eight hours of the morning hour regular at which himself

levait Phileas Fogg, jusqu'à onze heures et demie, heure à laquelle il
raised Phileas Fogg until eleven hours and half hour at which he

quittait sa maison pour aller déjeuner au Reform-Club -- tous les
left his house for to go lunch at the Reform club – all the

détails du service, le thé et les rôties de huit heures vingt-trois,
details of the service the tea and the roasted toasts of eight hours twenty three

l'eau pour la barbe de neuf heures trente-sept, la coiffure de dix
the water for the beard of nine hours thirty seven the hairdressing of ten

heures moins vingt, etc. Puis de onze heures et demie du matin à
hours minus twenty etc Then from eleven hours and half of the morning to

minuit -- heure à laquelle se couchait le méthodique gentleman --,
midnight – hour at which himself lay down the methodical gentleman –,

tout était noté, prévu, régularisé. Passepartout se fit une
all was noted planned regularized Passepartout {passes-through-all, master key} himself made a

joie de méditer ce programme et d'en graver les divers articles dans
joy of to meditate this program and of it to engrave the diverse articles points in

son esprit.
his mind

Quant à la garde-robe de monsieur, elle était fort bien montée et
As to the wardrobe of sir she was very well staged and

merveilleusement comprise. Chaque pantalon, habit ou gilet portait
wonderfully ranged Each pair of trousers dress-coat or vest carried

un numéro d'ordre reproduit sur un registre d'entrée et de sortie,
a number of order reproduced on a register of entry and of exit

indiquant la date à laquelle, suivant la saison, ces vêtements devaient
showing the dates at which following the season these clothes must

être tour à tour portés. Même réglementation pour les chaussures.
be turn by turn worn Even regulation for the shoes

En somme, dans cette maison de Saville-row qui devait être le temple
In sum in this house of Saville row which must be the temple

du désordre à l'époque de l'illustre mais dissipé Sheridan --,
of the disorder at the time of the illustrated but dissipated sheridan –,

ameublement confortable, annonçant une belle aisance. Pas de
furnishing comfortable announcing a beautiful ease Not of

bibliothèque, pas de livres, qui eussent été sans utilité pour Mr. Fogg,
library not of books which had been without utility for Mr. Fogg

puisque le Reform-Club mettait à sa disposition deux bibliothèques, l'une
since the Reform club put to his disposition two libraries the one

consacrée aux lettres, l'autre au droit et à la politique. Dans la
devoted to the letters the other to the law and to the politics In the

chambre à coucher, un coffre-fort de moyenne grandeur, que sa
room to lay down a safe of middle-sized greatness that his

construction défendait aussi bien de l'incendie que du vol. Point
construction defended also well of the fire as of the theft None at all
against against

d'armes dans la maison, aucun ustensile de chasse ou de guerre. Tout
of arms in the house any utensil of hunt or of war All

y dénotait les habitudes les plus pacifiques.
there indicated the usual live the most peaceful

Après avoir examiné cette demeure en détail, Passepartout
After to have examined this abode in detail Passepartout
{passes-through-all, master key}

se frotta les mains, sa large figure s'épanouit, et il répéta
himself rubbed the hands his wide face itself blushed and he repeated

joyeusement :
joyfully :

«Cela me va ! voilà mon affaire ! Nous nous entendrons
It me goes ! see there my business ! We ourselves hear
pleases

parfaitement, Mr. Fogg et moi ! Un homme casanier et régulier ! Une
perfectly Mr. Fogg and me ! A man homebody and regular ! A

véritable mécanique ! Eh bien, je ne suis pas fâché de servir une
true mechanism ! Eh well I -not- am not angry of to serve a
robot

mécanique ! »
mechanism !
robot

3 - Chapitre III

OU S'ENGAGE UNE CONVERSATION QUI POURRA COUTER CHER A
Where itself engages A conversation which might cost dear to
starts

PHILEAS FOGG
Phileas Fogg

Phileas Fogg avait quitté sa maison de Saville-row à onze heures et
Phileas Fogg had left his house of Saville row at eleven hours and

demie, et, après avoir placé cinq cent soixante-quinze fois son pied
half and after to have placed five hundred seventy-five times his foot

droit devant son pied gauche et cinq cent soixante-seize fois son
right in front of his foot left and five hundred seventy six times his

pied gauche devant son pied droit, il arriva au Reform-Club, vaste
foot left in front of his foot right he arrived at the Reform club vast

édifice, élevé dans Pall-Mall, qui n'a pas coûté moins de trois
building raised in Pall-mall (street) which not has -not- cost less of three
erected than

millions à bâtir.
million to build

Phileas Fogg se rendit aussitôt à la salle à manger, dont les
Phileas Fogg himself rendered immediately to the room to eat of which the
moved dinner room

neuf fenêtres s'ouvraient sur un beau jardin aux arbres déjà
nine windows -themselves- opened on a beautiful garden to the trees already
with

dorés par l'automne. Là, il prit place à la table habituelle où son
golden by the Autumn There he took place at the table habitual where his
usual

couvert l'attendait. Son déjeuner se composait d'un hors-d'oeuvre, d'un
cutlery him awaited His lunch itself consisted of a appetizer of a

poisson bouilli relevé d'une « reading sauce » de premier choix, d'un
fish boiled raised up by a reading sauce of first choice by a

roastbeef écarlate agrémenté de condiments « mushroom », d'un gâteau
roast beef scarlet decorated of condiments mushroom by a cake

farci de tiges de rhubarbe et de groseilles vertes, d'un morceau de
stuffed with stems of rhubarb and with gooseberries green by a piece of

chester, -- le tout arrosé de quelques tasses de cet excellent thé,
chester – it all watered down by some cups of this excellent tea

spécialement recueilli pour l'office du Reform-Club.
specially collected for the office of the Reform club

A midi quarante-sept, ce gentleman se leva et se dirigea
At midday forty-seven this gentleman himself raised and himself directed

vers le grand salon, somptueuse pièce, ornée de peintures richement
towards the large salon lavish piece decorated with paintings richly

encadrées. Là, un domestique lui remit le Times non coupé,
framed There a servant him handed over the Times not cut

dont Phileas Fogg opéra le laborieux dépliage avec une sûreté de
of which Phileas Fogg operated the laborious unfolding with a sureness of

main qui dénotait une grande habitude de cette difficile opération. La
hand which that indicated a large habit experience of this difficult surgery The

lecture de ce journal occupa Phileas Fogg jusqu'à trois heures
reading of this newspaper occupied Phileas Fogg until three hours

quarante-cinq, et celle du Standard -- qui lui succéda -- dura
forty five and that of the Standard – which him it succeeded – lasted

jusqu'au dîner. Ce repas s'accomplit dans les mêmes conditions que le
up to the dinner This meal itself fulfilled in the same conditions as the

déjeuner, avec adjonction de « royal british sauce ».
lunch with addition of royal British sauce

A six heures moins vingt, le gentleman reparut dans le grand salon
At six hours minus twenty the gentleman reappeared in the large salon

et s'absorba dans la lecture du Morning Chronicle.
and became absorbed in the reading of the Morning Chronicle

Une demi-heure plus tard, divers membres du Reform-Club faisaient leur
A half hour more late later diverse members of the Reform club made their

entrée et s'approchaient de la cheminée, où brûlait un feu de
entry and -themselves- approached of the fireplace where burned a fire of

houille. C'étaient les partenaires habituels de Mr. Phileas Fogg, comme lui
coal They were the partners usual of Mr. Phileas Fogg like him

enragés joueurs de whist : l'ingénieur Andrew Stuart, les banquiers John
mad players of whist : the engineer Andrew Stuart the bankers John

Sullivan et Samuel Fallentin, le brasseur Thomas Flanagan, Gauthier Ralph,
Sullivan and Samuel Fallentin the brewer Thomas Flanagan Gauthier Ralph

un des administrateurs de la Banque d'Angleterre, -- personnages riches
one of the administrators of the Bank from England – characters rich

et considérés, même dans ce club qui compte parmi ses membres les
and considered respected even in this club who counted among its members the

sommités de l'industrie et de la finance.
luminaries of -the- industry and of -the- finance

« Eh bien, Ralph, demanda Thomas Flanagan, où en est cette affaire
Eh well Ralph asked Thomas Flanagan where of it is this business

de vol ?
of theft ?

-- Eh bien, répondit Andrew Stuart, la Banque en sera pour son
– Eh well answered Andrew Stuart the Bank of it will be for its

argent.
silver

-- J'espère, au contraire, dit Gauthier Ralph, que nous mettrons la
– I hope at the contrary said Gauthier Ralph that we will put the

main sur l'auteur du vol. Des inspecteurs de police, gens fort
hand on the author of the theft Of the inspectors of police people very

habiles, ont été envoyés en Amérique et en Europe, dans tous les
clever have been sent in America and in Europe in all the

principaux ports d'embarquement et de débarquement, et il sera difficile
main ports boarding and of landing and it will be difficult

à ce monsieur de leur échapper.
for this gentleman of them to escape

-- Mais on a donc le signalement du voleur ? demanda Andrew
– But one has then the description of the robber ? asked Andrew

Stuart.
Stuart

-- D'abord, ce n'est pas un voleur, répondit sérieusement Gauthier Ralph.
– Of start Initially this not is not a robber answered seriously Gauthier Ralph

-- Comment, ce n'est pas un voleur, cet individu qui a soustrait
– How this not is not a robber this individual who has subtracted

cinquante-cinq mille livres en bank-notes (1 million 375 000 francs) ?
fifty-five thousand pounds in banknotes (1 million 375 000 francs ?

-- Non, répondit Gauthier Ralph.
– No answered Gauthier Ralph

-- C'est donc un industriel ? dit John Sullivan.
– It is then an industrial ? said John Sullivan

-- Le Morning Chronicle assure que c'est un gentleman. »
– The Morning Chronicle assure that It is a gentleman

Celui qui fit cette réponse n'était autre que Phileas Fogg, dont la
The one who made this response not was other that Phileas Fogg of which the

tête émergeait alors du flot de papier amassé autour de lui. En
head emerged then from the flood mass of paper raised around of him In

même temps, Phileas Fogg salua ses collègues, qui lui rendirent son
(the) same time Phileas Fogg saluted his colleagues who him rendered their

salut.
greeting (as well)

Le fait dont il était question, que les divers journaux du
The fact of which it was question that the diverse newspapers of the

Royaume-Uni discutaient avec ardeur, s'était accompli trois jours
UK discussed with ardor itself was (had) accomplished happened three days

auparavant, le 29 septembre. Une liasse de bank-notes, formant
before the 29th (of) September A bundle of banknotes forming

l'énorme somme de cinquante-cinq mille livres, avait été prise sur la
the huge sum of fifty-five thousand pounds had been taken on from the

tablette du caissier principal de la Banque d'Angleterre.
shelf of the cashier main of the Bank from England

A qui s'étonnait qu'un tel vol eût pu s'accomplir
To who was astonished that a such-and-such theft had been able to itself accomplish

aussi facilement, le sous-gouverneur Gauthier Ralph se bornait à
so easily the deputy governor Gauthier Ralph himself confined to

répondre qu'à ce moment même, le caissier s'occupait d'enregistrer
answer that to this that moment same the cashier -himself- dealt of to register with registering

une recette de trois shillings six pence, et qu'on ne saurait avoir
a receipt of three shillings six penny and that one not would know to have

l'oeil à tout.
the eye at everything

Mais il convient de faire observer ici -- ce qui rend le fait plus
But it convenes of to make observe here – this which makes the fact more
an observation

explicable -- que cet admirable établissement de « Bank of England »
explicable – that this admirable establishment of Bank of England

paraît se soucier extrêmement de la dignité du public. Point de
seems itself to worry extremely of the dignity of the public None of

gardes, point d'invalides, point de grillages ! L'or, l'argent, les billets
guards none of blocks none of fences ! The gold the silver the tickets

sont exposés librement et pour ainsi dire à la merci du premier
are exposed freely and for thus to say to the mercy of the first

venu. On ne saurait mettre en suspicion l'honorabilité d'un passant
come One not would know to put in suspicion the repute of a passer by

quelconque. Un des meilleurs observateurs des usages anglais raconte
any One of the best observers of the uses English tell

même ceci : Dans une des salles de la Banque où il se trouvait
even this : In one of the rooms of the Bank where he himself found

un jour, il eut la curiosité de voir de plus pris un lingot d'or
one day he had the curiosity of to see of more taken a ingot of gold

pesant sept à huit livres, qui se trouvait exposé sur la tablette du
heavy seven to eight pounds which itself found exposed on the shelf of the

caissier ; il prit ce lingot, l'examina, le passa à son voisin, celui-ci à
cashier ; he took this ingot it examined it passed to his neighbour that one to

un autre, si bien que le lingot, de main en main, s'en alla
an other so well that the ingot from hand in hand itself of it went

jusqu'au fond d'un corridor obscur, et ne revint qu'une demi-heure
up to the bottom of a corridor obscure and not returned than one half hour
back before one

après reprendre sa place, sans que le caissier eût seulement levé la
after to take again its place without that the cashier had only raised the

tête.
head

Mais, le 29 septembre, les choses ne se passèrent pas tout à fait
But the 29 September the things not themselves happened not all at fact
absolutely

ainsi. La liasse de bank-notes ne revint pas, et quand la magnifique
thus The bundle of banknotes not returned not and when the splendid
did not return

horloge, posée au-dessus du « drawing-office », sonna à cinq heures
clock set above of the drawing office sounded at five hours

la fermeture des bureaux, la Banque d'Angleterre n'avait plus qu'à
the closing of the offices the Bank from England not had more than to

passer cinquante-cinq mille livres par le compte de profits et pertes.
pass fifty-five thousand pounds by the account of earnings and losses
register

Le vol bien et dûment reconnu, des agents, des « détectives »,
The theft well and duly recognized -of the- agents -of the- detectives

choisis parmi les plus habiles, furent envoyés dans les principaux ports, à
chosen among the more clever were sent in the main ports to

Liverpool, à Glasgow, au Havre, à Suez, à Brindisi, à New York, etc.,
Liverpool to Glasgow at the Havre to Suez to Brindisi to New York etc

avec promesse, en cas de succès, d'une prime de deux mille livres
with promise in cases of success of a premium of two thousand pounds

(50 000 F) et cinq pour cent de la somme qui serait retrouvée.
(50 000 F and five per hundred of the sum which would be found

En attendant les renseignements que devait fournir l'enquête
In awaiting the information that must provide the investigation

immédiatement commencée, ces inspecteurs avaient pour mission d'observer
immediately begun these inspectors had for mission of to observe

scrupuleusement tous les voyageurs en arrivée ou en partance.
scrupulously all the travelers in arrival or in outbound

Or, précisément, ainsi que le disait le Morning Chronicle, on avait
However exactly like that it said the Morning Chronicle one had

lieu de supposer que l'auteur du vol ne faisait partie d'aucune des
place of to suppose that the author of the theft not made part of any of the
right was

sociétés de voleurs d'Angleterre. Pendant cette journée du 29
societies of thieves from England During this day of the 29th (of)

septembre, un gentleman bien mis, de bonnes manières, l'air distingué,
September a gentleman well put of good ways the air distinguished
dressed

avait été remarqué, qui allait et venait dans la salle des paiements,
had been noticed who went and came in the room of the payments

théâtre du vol. L'enquête avait permis de refaire assez exactement
theater of the theft The investigation had permitted of remake enough exactly

le signalement de ce gentleman, signalement qui fut aussitôt adressé
the reporting of this gentleman reporting who was immediately address

à tous les détectives du Royaume-Uni et du continent. quelques bons
to all the detectives of the UK and of the continent some good

esprits -- et Gauthier Ralph était du nombre -- se croyaient donc
minds – and Gauthier Ralph was of the number (count) – himself thought then

fondés à espérer que le voleur n'échapperait pas.
founded to hope that the robber would escape not

Comme on le pense, ce fait était à l'ordre du jour à Londres et
Like people it thought this fact was at the order of the day in London and

dans toute l'Angleterre. On discutait, on se passionnait pour ou
in all -the- England People discussed people themselves enthused argued for or

contre les probabilités du succès de la police métropolitaine. On ne
against the probabilities of the success of the police metropolitan One not

s'étonnera donc pas d'entendre les membres du Reform-Club
would oneself astonish be surprised then not of to hear the members of the Reform club

traiter la même question, d'autant plus que l'un des sous-gouverneurs
treat the same question of as much all the more that the one of the deputy governors

de la Banque se trouvait parmi eux.
of the Bank himself found was among them

L'honorable Gauthier Ralph ne voulait pas douter du résultat des
The honorable Gauthier Ralph not wanted not doubt of the result of the

recherches, estimant que la prime offerte devrait singulièrement aiguiser
researches believing that the premium offered should uncommonly hone

le zèle et l'intelligence des agents. Mais son collègue, Andrew Stuart,
the zeal and the intelligence of the agents But his colleague Andrew Stuart

était loin de partager cette confiance. La discussion continua donc entre
was far of to share this confidence The discussion continued then between

les gentlemen, qui s'étaient assis à une table de whist, Stuart
the gentlemen who themselves were sat at a table of whist Stuart

devant Flanagan, Fallentin devant Phileas Fogg. Pendant le jeu, les
in front of Flanagan Fallentin in front of Phileas Fogg During the game the

joueurs ne parlaient pas, mais entre les robres, la conversation
players not spoke not but between the games the conversation

interrompue reprenait de plus belle.
interrupted retook -of- more beautiful
restarted

« Je soutiens, dit Andrew Stuart, que les chances sont en faveur du
I support said Andrew Stuart that the chances are in favor of the

voleur, qui ne peut manquer d'être un habile homme !
robber who not can miss to be a clever man !
has

-- Allons donc ! répondit Ralph, il n'y a plus un seul pays dans
— Go then ! answered Ralph it not there has more a single country in
is

lequel il puisse se réfugier.
which he can himself hide

-- Par exemple !
— By example !

-- Où voulez-vous qu'il aille ?
— Where want you that he goes ?

-- Je n'en sais rien, répondit Andrew Stuart, mais, après tout, la
— I not of it know nothing answered Andrew Stuart but after all the

terre est assez vaste.
earth is enough wide

-- Elle l'était autrefois... », dit à mi-voix Phileas Fogg. Puis : «
— She it was (the) other time said at half voice Phileas Fogg Then :
soft

A vous de couper, monsieur », ajouta-t-il en présentant les cartes à
To you of to cut sir added he in presenting the cards to
Your turn to deal

Thomas Flanagan.
Thomas Flanagan

La discussion fut suspendue pendant le robre. Mais bientôt Andrew
The discussion was suspended during the game But soon Andrew

Stuart la reprenait, disant :
Stuart it took (up) again saying :

« Comment, autrefois ! Est-ce que la terre a diminué, par hasard
How (the) other time ! Is it that the earth has decreases by chance

?
?

-- Sans doute, répondit Gauthier Ralph. Je suis de l'avis de Mr.
– Without doubt answered Gauthier Ralph I am of the opinion of Mr.

Fogg. La terre a diminué, puisqu'on la parcourt maintenant dix fois
Fogg The earth has decreased since one it travels now ten times

plus vite qu'il y a cent ans. Et c'est ce qui, dans le cas
more quickly than it there has hundred years And It is this which in the case
than since

dont nous nous occupons, rendra les recherches plus rapides.
of which we ourselves occupy will give back the researches more quick
will make

-- Et rendra plus facile aussi la fuite du voleur !
– And will give back more easy also the flight of the thief !
will make easier

-- A vous de jouer, monsieur Stuart ! » dit Phileas Fogg.
– At you of to play Mr. Stuart ! said Phileas Fogg

Mais l'incrédule Stuart n'était pas convaincu, et, la partie achevée :
But the unbeliever Stuart not was -not- convinced and the part completed :

« Il faut avouer, monsieur Ralph, reprit-il, que vous avez trouvé
It is necessary confess Mr. Ralph went on he that you have found

là une manière plaisante de dire que la terre a diminué ! Ainsi
there a way kind of to say that the earth has decreased ! Thus

parce qu'on en fait maintenant le tour en trois mois...
because that one in fact now it tours in three months
goes around

-- En quatre-vingts jours seulement, dit Phileas Fogg.
– In eighty days only said Phileas Fogg

-- En effet, messieurs, ajouta John Sullivan, quatre-vingts jours, depuis que
– In effect gentlemen added John Sullivan eighty days since that

la section entre Rothal et Allahabad a été ouverte sur le «
the section between Rothal and Allahabad has been opened on the

Great-Indian peninsular railway », et voici le calcul établi par le
Great-indian peninsular railway and here the calculation established by the

Morning Chronicle :
Morning Chronicle :

De Londres à Suez par le Mont-Cenis et Brindisi, railways et
From London to Suez by the Mont-Cenis and Brindisi railways and

paquebots........... 7 jours
packet-boat 7 days
ocean liner

De Suez à Bombay, paquebot................. 13 --
From Suez to Bombay packet-boat 13 –
ocean liner

De Bombay à Calcutta, railway.............. 3 --
From Bombay to Calcutta railway 3 –

De Calcutta à Hong-Kong (Chine), paquebot.. 13 --
From Calcutta to Hong-Kong China packet-boat 13 –
ocean liner

De Hong-Kong à Yokohama (Japon), paquebot.................................. 6 --
From Hong-Kong to Yokohama Japan packet-boat 6 –
ocean liner

De Yokohama à San Francisco, paquebot...... 22 --
From Yokohama to San Francisco packet-boat 22 –
ocean liner

De San Francisco New York, railroad........ 7 --
Of San Francisco New York railroad 7 –

De New York à Londres, paquebot et railway.................................. 9 -- .
Of New York to London packet-boat and railway 9 – .
ocean liner

Total...................................... 80 jours
Total 80 days

-- Oui, quatre-vingts jours ! s'écria, Andrew Stuart, qui par inattention,
– Yes eighty days ! exclaimed Andrew Stuart who by inattention

coupa une carte maîtresse, mais non compris le mauvais temps, les vents
cut a map mistress of queen But not included the bad weather the winds

contraires, les naufrages, les déraillements, etc.
opposite head- the shipwrecks the derailments etc

-- Tout compris, répondit Phileas Fogg en continuant de jouer, car,
– All included answered Phileas Fogg in continuing of to play because

cette fois, la discussion ne respectait plus le whist.
this time the discussion not respected more the whist

-- Même si les Indous ou les Indiens enlèvent les rails ! s'écria
– Even so the Hindus or the Indians remove the tracks ! exclaimed

voyageurs !
travelers !

-- Tout compris », répondit Phileas Fogg, qui, abattant son jeu, ajouta
– All included answered Phileas Fogg who tapping down his game added

: « Deux atouts maîtres. »
: Two assets masters

Andrew Stuart, à qui c'était le tour de « faire », ramassa les cartes
Andrew Stuart to who It was the turn of to make picked up the cards

en disant :
in saying :

« Théoriquement, vous avez raison, monsieur Fogg, mais dans la
Theoretically you have reason Mr. Fogg But in -the-

pratique...
practical

-- Dans la pratique aussi, monsieur Stuart.
– In -the- practical also Mr. Stuart

-- Je voudrais bien vous y voir.
– I would like well you there to see

-- Il ne tient qu'à vous. Partons ensemble.
– He not holds than to you Let's leave together

-- Le Ciel m'en préserve ! s'écria Stuart, mais je parierais bien quatre
– The Sky me of it preserves ! exclaimed Stuart but I bet well four

mille livres (100 000 F) qu'un tel voyage, fait dans ces conditions,
thousand pounds (100 000 F that a such journey made in these conditions

est impossible.
is impossible

-- Très possible, au contraire, répondit Mr. Fogg.
– Very possible at the contrary answered Mr. Fogg

-- Eh bien, faites-le donc !
– Eh well make it then !

-- Le tour du monde en quatre-vingts jours ?
– The turn of the world in eighty days ?

-- Oui.
– Yes

-- Je le veux bien.
– I it want well

-- Quand ?
— When ?

-- Tout de suite.
— All of following
Right away

-- C'est de la folie ! s'écria Andrew Stuart, qui commençait à
— It is -of- -the- madness ! exclaimed Andrew Stuart who began to

se vexer de l'insistance de son partenaire. Tenez ! jouons plutôt.
himself upset of the insistence of his partner Behold ! Let's play rather

-- Refaites alors, répondit Phileas Fogg, car il y a maldonne. »
— Redone Then answered Phileas Fogg because it there has bad-given
there is

Andrew Stuart reprit les cartes d'une main fébrile ; puis, tout à coup,
Andrew Stuart continued the cards with a hand febrile ; then all at strike
of a sudden

les posant sur la table :
them putting on the table :

« Eh bien, oui, monsieur Fogg, dit-il, oui, je parie quatre mille livres
Eh well yes Mr. Fogg said he yes I bet four thousand pounds

!...
!...

-- Mon cher Stuart, dit Fallentin, calmez-vous. Ce n'est pas sérieux.
— My dear Stuart said Fallentin calm down This not is not serious

-- Quand je dis : je parie, répondit Andrew Stuart, c'est toujours sérieux.
— When I say : I bet answered Andrew Stuart It is always serious

-- Soit ! » dit Mr. Fogg. Puis, se tournant vers ses collègues :
— Is ! said Mr. Fogg Then himself turning towards his colleagues :
Let it be

« J'ai vingt mille livres (500 000 F) déposées chez Baring frères. Je
I have twenty thousand pounds (500 000 F deposited with Baring brothers I

les risquerai volontiers...
them venture willingly

-- Vingt mille livres ! s'écria John Sullivan. Vingt mille livres
— Twenty thousand pounds ! exclaimed John Sullivan Twenty thousand pounds

qu'un retard imprévu peut vous faire perdre !
but a delay unexpected can you make lose !

-- L'imprévu n'existe pas, répondit simplement Phileas Fogg.
— The unexpected not exists -not- answered simply Phileas Fogg
does not exist

-- Mais, monsieur Fogg, ce laps de quatre-vingts jours n'est calculé que
– But Mr. Fogg this lap of eighty days not is calculated than

comme un minimum de temps !
as a minimum of time !

-- Un minimum bien employé suffit à tout.
– A minimum well used is enough for everything

-- Mais pour ne pas le dépasser, il faut sauter mathématiquement
– But for not -not- it to exceed it is necessary to jump mathematically

des railways dans les paquebots, et des paquebots dans les
from the railways in the ocean liners and from the ocean liners in the

chemins de fer !
paths of iron !
railroads

-- Je sauterai mathématiquement.
– I jump mathematically

-- C'est une plaisanterie !
– It is a joke !

-- Un bon Anglais ne plaisante jamais, quand il s'agit d'une chose
– A good English(man) not jokes ever when it deals of a thing

aussi sérieuse qu'un pari, répondit Phileas Fogg. Je parie vingt mille
so serious as a bet answered Phileas Fogg I bet twenty thousand

livres contre qui voudra que je ferai le tour de la terre en
pounds against who would want that I will make the tour of the earth in
trip around

quatre-vingts jours ou moins, soit dix-neuf cent vingt heures ou
eighty days or least let it be nineteen hundred twenty hours or

cent quinze mille deux cents minutes. Acceptez-vous ?
hundred fifteen thousand two hundred minutes Do you accept ?

-- Nous acceptons, répondirent MM. Stuart, Fallentin, Sullivan, Flanagan et
– We accept answered Sirs Stuart Fallentin Sullivan Flanagan and

Ralph, après s'être entendus.
Ralph after themselves to be agreed

-- Bien, dit Mr. Fogg. Le train de Douvres part à huit heures
– Well said Mr. Fogg The train from Dover leaves at eight hours

quarante-cinq. Je le prendrai.
forty five I it will take

-- Ce soir même ? demanda Stuart.
– This evening same ? asked Stuart

-- Ce soir même, répondit Phileas Fogg. Donc, ajouta-t-il en consultant
– This evening same answered Phileas Fogg Then added he in consulting

un calendrier de poche, puisque c'est aujourd'hui mercredi 2 octobre, je
a calendar of pocket since It is today Wednesday 2 October I

devrai être de retour à Londres, dans ce salon même du Reform-Club,
should be of return to London in this salon same of the Reform club

le samedi 21 décembre, à huit heures quarante-cinq du soir, faute
the saturday 21 december at eight hours forty five of the evening fault

de quoi les vingt mille livres déposées actuellement à mon crédit
of what the twenty thousand pounds deposited currently at my credit

chez Baring frères vous appartiendront de fait et de droit, messieurs. --
with Baring brothers you belong of fact and of right gentlemen –

Voici un chèque de pareille somme. »
Here a check of similar sum

Un procès-verbal du pari fut fait et signé sur-le-champ par les six
A record of the bet was made and signed right away by the six

co-intéressés. Phileas Fogg était demeuré froid. Il n'avait certainement pas
co-interested Phileas Fogg was remained cold He not had certainly -not-
persons involved had cool

parié pour gagner, et n'avait engagé ces vingt mille livres --
wagered for to win (money) and not had committed these twenty thousand pounds –

la moitié de sa fortune -- que parce qu'il prévoyait qu'il pourrait
-the- half of his fortune – than because that he foresaw that he could

avoir à dépenser l'autre pour mener à bien ce difficile, pour ne pas
have to spend the other for to lead to well this difficult for not -not-
success

dire inexécutable projet. Quant à ses adversaires, eux, ils paraissaient
to say undoable project As to his opponents them they appeared
impossible

émus, non pas à cause de la valeur de l'enjeu, mais parce qu'ils
moved not -not- at cause of the valor of the challenge but because that they

se faisaient une sorte de scrupule de lutter dans ces conditions.
themselves made a kind of scruple of wrestle in these conditions

Sept heures sonnaient alors. On offrit à Mr. Fogg de suspendre le
Seven hours rang then They offered to Mr. Fogg of to suspend the

whist afin qu'il pût faire ses préparatifs de départ.
whist so that he could make his preparations of departure

« Je suis toujours prêt ! » répondit cet impassible gentleman, et
I am always ready ! answered this impassive gentleman and

donnant les cartes :
giving the cards :

« Je retourne carreau, dit-il. A vous de jouer, monsieur Stuart. »
I return tile said he To you of to play Mr. Stuart

4 - Chapitre IV

DANS LEQUEL PHILEAS FOGG STUPEFIE PASSEPARTOUT, SON DOMESTIQUE
In which Phileas Fogg stuns Passepartout his servant

A sept heures vingt-cinq, Phileas Fogg, après avoir gagné une vingtaine
At seven hours twentyfive Phileas Fogg after to have won a score

de guinées au whist, prit congé de ses honorables collègues, et quitta
of guineas at the whist took leave of his honorable colleagues and left

le Reform-Club. A sept heures cinquante, il ouvrait la porte de sa
the Reform club At seven hours fifty he opened the door of his

maison et rentrait chez lui.
house and returned with him
at his own place

Passepartout, qui avait consciencieusement étudié son programme, fut
Passepartout who had conscientiously studied his program was

assez surpris en voyant Mr. Fogg, coupable d'inexactitude, apparaître à
enough surprised in seeing Mr. Fogg guilty of inaccuracy appear at

cette heure insolite. Suivant la notice, le locataire de Saville-row ne
this hour unusual Following the notice the tenant of Saville row not

devait rentrer qu'à minuit précis.
must enter into his house than at midnight exactly
until at

Phileas Fogg était tout d'abord monté à sa chambre, puis il appela :
Phileas Fogg was all of start mounted to his room then he called :
had right away climbed

« Passepartout. »
Passepartout

Passepartout ne répondit pas. Cet appel ne pouvait s'adresser à lui.
Passepartout not answered -not- This call not could himself address at him

Ce n'était pas l'heure.
This not was -not- the hour

« Passepartout », reprit Mr. Fogg sans élever la voix davantage.
Passepartout continued Mr. Fogg without to raise the voice more

Passepartout se montra.
Passepartout himself showed

« C'est la deuxième fois que je vous appelle, dit Mr. Fogg.
It is the second time that I you call said Mr. Fogg

-- Mais il n'est pas minuit, répondit Passepartout, sa montre à la
– But it not is -not- midnight answered Passepartout his watch in the

main.
hand

-- Je le sais, reprit Phileas Fogg, et je ne vous fais pas de
– I it know continued Phileas Fogg and I not you make -not- -of-

reproche. Nous partons dans dix minutes pour Douvres et Calais. »
reproach We leave in ten minutes for Dover and Calais

Une sorte de grimace s'ébaucha sur la ronde face du Français. Il
A kind of frown itself sketched on the round face of the French He

était évident qu'il avait mal entendu.
was obvious that he had badly heard

« Monsieur se déplace ? demanda-t-il.
Sir himself moves ? asked he

-- Oui, répondit Phileas Fogg. Nous allons faire le tour du monde.
– Yes answered Phileas Fogg We go to make the tour of the world
a trip around

»

Passepartout, l'oeil démesurément ouvert, la paupière et le sourcil
Passepartout the eye disproportionately open the eyelid and the eyebrow

surélevés, les bras détendus, le corps affaissé, présentait alors tous les
raised the arms relaxed the body collapsed presented then all the

symptômes de l'étonnement poussé jusqu'à la stupeur.
symptoms of the astonishment pushed until the stupor
grown up to

« Le tour du monde ! murmura-t-il.
The tour of the world ! murmured he
A trip around

-- En quatre-vingts jours, répondit Mr. Fogg. Ainsi, nous n'avons pas un
– In eighty days answered Mr. Fogg Thus we not have not a

instant à perdre.
moment to lose

tête de droite et de gauche
head of right and of left
on (the right) on (the left)

-- Pas de malles. Un sac de nuit seulement. Dedans, deux chemises de
– Not of trunks A bag of night only In there two shirts of
No for the

laine, trois paires de bas. Autant pour vous. Nous achèterons en
wool three pairs of low As much for you We will buy on
underwear

route. Vous descendrez mon mackintosh et ma couverture de voyage.
(the) road You get down my mackintosh and my cover of travel
blanket

Ayez de bonnes chaussures. D'ailleurs, nous marcherons peu ou pas.
Have -of- good shoes Besides we will walk (a) bit or not

Allez. »
Go

Passepartout aurait voulu répondre. Il ne put. Il quitta la chambre
Passepartout would have wanted to answer He not could He left the room

de Mr. Fogg, monta dans la sienne, tomba sur une chaise, et employant
of Mr. Fogg went up in the his fell on a chair and using

une phrase assez vulgaire de son pays :
a sentence enough vulgar of his country :

« Ah ! bien se dit-il, elle est forte, celle-là! Moi qui voulais rester
Ah ! well himself said he she is strong that one Me who wanted to stay
{fate}

tranquille !... »
quiet !...

Et, machinalement, il fit ses préparatifs de départ. Le tour du
And mechanically he made his preparations of departure The turn -of- the
A trip around

monde en quatre-vingts jours ! Avait-il affaire à un fou ? Non...
world in eighty days ! Had he business with a madman ? No

C'était une plaisanterie ? On allait à Douvres, bien. A Calais, soit. Après
It was a joke ? One went to Dover well At Calais be it After

tout, cela ne pouvait notablement contrarier le brave garçon, qui, depuis
all that not could notably upset the dear boy who since

cinq ans, n'avait pas foulé le sol de la patrie. Peut-être même
five years not had not trampled the ground of the homeland Maybe even
earth

irait-on jusqu'à Paris, et, ma foi, il reverrait avec plaisir la grande
would one until Paris and my faith he would see again with pleasure the large

capitale. Mais, certainement, un gentleman aussi ménager de ses pas
capital But Certainly a gentleman so spare of his steps

s'arrêterait là... Oui, sans doute, mais il n'en était pas moins vrai
himself would stop there Yes without doubt But it not of it was not less true

qu'il partait, qu'il se déplaçait, ce gentleman, si casanier
that he left that he himself displaced moved this gentleman such (a) homebody

jusqu'alors !
until then !

A huit heures, Passepartout avait préparé le modeste sac qui contenait
At eight hours Passepartout had prepared the modest bag which contained

sa garde-robe et celle de son maître ; puis, l'esprit encore troublé, il
his wardrobe and that of his master ; then the spirit still troubled he

quitta sa chambre, dont il ferma soigneusement la porte, et il
left his room of which he closed carefully the door and he

rejoignit Mr. Fogg.
joined again Mr. Fogg

Mr. Fogg était prêt. Il portait sous son bras le Bradshaw's continental
Mr. Fogg was ready He carried under his arm the Bradshaw's continental

railway steam transit and general guide, qui devait lui fournir toutes les
railway steam transit and general guide which must him provide all the

indications nécessaires à son voyage. Il prit le sac des mains de
indications necessary for his journey He took the bag from the hands of

Passepartout, l'ouvrit et y glissa une forte liasse de ces belles
Passepartout it opened and there slipped a strong bundle of these beautiful

bank-notes qui ont cours dans tous les pays.
banknotes which have course validity in all the countries

« Vous n'avez rien oublié ? demanda-t-il.
You not have nothing forgotten ? asked he

-- Rien, monsieur.
— Nothing Sir

-- Mon mackintosh et ma couverture ?
— My mackintosh and my cover (blanket) ?

-- Les voici.
— They (are) here

-- Bien, prenez ce sac. »
– Well take this bag

Mr. Fogg remit le sac à Passepartout.
Mr. Fogg handed over the bag to Passepartout

« Et ayez-en soin, ajouta-t-il. Il y a vingt mille livres dedans
And have of it care added he It there has twenty thousand pounds in there

(500 000 F). »
(500 000 F

Le sac faillit s'échapper des mains de Passepartout, comme si les
The bag failed itself to escape from the hands of Passepartout as if the
almost fell

vingt mille livres eussent été en or et pesé considérablement.
twenty thousand pounds had been in gold and weighed greatly

Le maître et le domestique descendirent alors, et la porte de la
The master and the servant descended then and the door of the

rue fut fermée à double tour.
street was closed at double turn

Une station de voitures se trouvait à l'extrémité de Saville-row. Phileas
A station of cars itself found at the end of Saville row Phileas

Fogg et son domestique montèrent dans un cab, qui se dirigea
Fogg and his servant climbed in a cab which itself directed

rapidement vers la gare de Charing-Cross, à laquelle aboutit un des
quickly towards the station of Charing-cross at which ended one of the

embranchements du South-Eastern-railway.
branches of the South-eastern-railway

A huit heures vingt, le cab s'arrêta devant la grille de la gare.
At eight hours twenty the cab -itself- stopped in front of the gate of the station

Passepartout sauta à terre. Son maître le suivit et paya le
Passepartout jumped to earth His master him followed and paid the
the ground

cocher.
coachman

En ce moment, une pauvre mendiante, tenant un enfant à la main,
In this moment a poor beggar woman holding a child at the hand

pieds nus dans la boue, coiffée d'un chapeau dépenaillé auquel pendait
feet bare in the mud wearing -of- a hat dilapidated to which hung

une plume lamentable, un châle en loques sur ses haillons,
a feather dismal a shawl in tatters on her rags

s'approcha de Mr. Fogg et lui demanda l'aumône.
-herself- approached -of- Mr. Fogg and him asked the alm
for an alm

Mr. Fogg tira de sa poche les vingt guinées qu'il venait de gagner
Mr. Fogg drew from his pocket the twenty guineas that he came of to win

au whist, et, les présentant à la mendiante :
at the whist and them presenting to the beggar woman :

« Tenez, ma brave femme, dit-il, je suis content de vous avoir
Take (them) my dear woman said he I am happy of you have
to

rencontrée ! »
encountered !

Puis il passa.
Then he passed (along)

Passepartout eut comme une sensation d'humidité autour de la prunelle.
Passepartout had like a feeling of humidity around of the sloe
eye

Son maître avait fait un pas dans son coeur.
His master had made a step in his heart
movement

Mr. Fogg et lui entrèrent aussitôt dans la grande salle de la gare.
Mr. Fogg and him entered immediately in the large room of the station

Là, Phileas Fogg donna à Passepartout l'ordre de prendre deux billets
There Phileas Fogg gave to Passepartout the order of to take two tickets

de première classe pour Paris. Puis, se retournant, il aperçut ses
of first classroom for Paris Then himself turning (around) he saw his

cinq collègues du Reform-Club.
five colleagues of the Reform club

« Messieurs, je pars, dit-il, et les divers visas apposés sur un passeport
Gentlemen I leave said he and the diverse visas affixed on a passport

que j'emporte à cet effet vous permettront, au retour, de contrôler
that I carry to this effect you will allow at the return -of- to control

mon itinéraire.
my itinerary

-- Oh ! monsieur Fogg, répondit poliment Gauthier Ralph, c'est inutile.
– Oh ! Mr. Fogg answered politely Gauthier Ralph It is useless

Nous nous en rapporterons à votre honneur de gentleman !
We ourselves in will report to your honor of gentleman !

-- Cela vaut mieux ainsi, dit Mr. Fogg.
– That is worth better thus said Mr. Fogg
more

-- Vous n'oubliez pas que vous devez être revenu ?... fit observer
– You do not forget -not- that you must be come back ?... made observe
an observation

Andrew Stuart.
Andrew Stuart

-- Dans quatre-vingts jours, répondit Mr. Fogg, le samedi 21 décembre
– In eighty days answered Mr. Fogg the saturday 21 december

1872, à huit heures quarante-cinq minutes du soir. Au revoir,
1872, at eight hours forty five minutes of the evening At the to see again
Goodbye

messieurs. »
gentlemen

A huit heures quarante, Phileas Fogg et son domestique prirent place
At eight hours forty Phileas Fogg and his servant took place

dans le même compartiment. A huit heures quarante-cinq, un coup de
in the same compartment At eight hours forty five a blow of

sifflet retentit, et le train se mit en marche.
whistle sounded and the train itself put in march
movement

La nuit était noire. Il tombait une pluie fine. Phileas Fogg, accoté dans
The night was black It fell a rain fine Phileas Fogg leaning in
There

son coin, ne parlait pas. Passepartout, encore abasourdi, pressait
his corner not spoke -not- Passepartout still thunderstruck pressed

machinalement contre lui le sac aux bank-notes.
mechanically against him the bag to the banknotes
of the

Mais le train n'avait pas dépassé Sydenham, que Passepartout poussait
But the train not had -not- passed Sydenham that Passepartout let go of

un véritable cri de désespoir !
a true cry of despair !

« Qu'avez-vous ? demanda Mr. Fogg.
What have you ? asked Mr. Fogg

-- Il y a... que... dans ma précipitation... mon trouble... j'ai oublié...
– It there has that in my great haste my trouble I have forgotten

-- Quoi ?
– What ?

-- D'éteindre le bec de gaz de ma chambre !
– Of to switch off the beak of gas of my room !
spout

-- Eh bien, mon garçon, répondit froidement Mr. Fogg, il brûle à votre
– Eh well my boy answered coldly Mr. Fogg it burns at your

compte ! »
account !
cost

5 - Chapitre V

DANS LEQUEL UNE NOUVELLE VALEUR APPARAÎT SUR LA PLACE DE
In which a new valor appears on the place of

LONDRES
London

Phileas Fogg, en quittant Londres, ne se doutait guère, sans doute,
Phileas Fogg in leaving London not himself doubted hardly without doubt

du grand retentissement qu'allait provoquer son départ. La nouvelle
of the large resounding clamour that went that was going to provoke his departure The news

du pari se répandit d'abord dans le Reform-Club, et produisit une
of the bet itself spread initially in the Reform club and produced a

véritable émotion parmi les membres de l'honorable cercle. Puis, du
true emotion among the members of The honorable circle Then from the

club, cette émotion passa aux journaux par la voie des reporters, et
club this emotion passed to the newspapers by the way of the reporters and

des journaux au public de Londres et de tout le Royaume-Uni.
from the newspapers to the public of London and of all the United Kingdom

Cette « question du tour du monde » fut commentée, discutée,
This question of the trip around -of- the world was commented discussed

disséquée, avec autant de passion et d'ardeur que s'il se fût agi
dissected with as much of passion and ardor as if it itself was dealt

d'une nouvelle affaire de l'Alabama. Les uns prirent parti pour Phileas
of a new affair from -the- Alabama The ones took party for Phileas

Fogg, les autres -- et ils formèrent bientôt une majorité considérable --
Fogg the others – and they formed soon a majority considerable –

se prononcèrent contre lui. Ce tour du monde à accomplir,
itself pronounced against him This tour trip around of the world to accomplish

autrement qu'en théorie et sur le papier, dans ce minimum de temps,
other than in theory and on -the- paper in this minimum of time

avec les moyens de communication actuellement en usage, ce n'était pas
with the means of communication currently in use this not was not

seulement impossible, c'était insensé !
only impossible It was foolish !

Le Times, le Standard, l'Evening Star, le Morning Chronicle, et vingt
The Times the Standard the Evening Star the Morning Chronicle and twenty

autres journaux de grande publicité, se déclarèrent contre Mr. Fogg.
other newspapers of large publicity themselves declared against Mr. Fogg

Seul, le Daily Telegraph le soutint dans une certaine mesure. Phileas
Only the Daily Telegraph him supported in a certain measure Phileas

Fogg fut généralement traité de maniaque, de fou, et ses collègues
Fogg was generally treated of maniac of insane and his colleagues
as as

du Reform-Club furent blâmés d'avoir tenu ce pari, qui accusait un
of the Reform club were blamed of to have held this bet which accused a
caused

affaiblissement dans les facultés mentales de son auteur.
weakening in the faculties mental of its author

Des articles extrêmement passionnés, mais logiques, parurent sur la
Of the articles extremely enthusiastic but logical appeared on the

question. On sait l'intérêt que l'on porte en Angleterre à tout ce
question One knows the interest that it one bears in England to all this
case

qui touche à la géographie. Aussi n'était-il pas un lecteur, à quelque
which touches to the geography Also not was it -not- a reader at some
it was not whatever

classe qu'il appartînt, qui ne dévorât les colonnes consacrées au cas
class that he belonged who not devoured the columns devoted to the case

de Phileas Fogg.
of Phileas Fogg

Pendant les premiers jours, quelques esprits audacieux -- les femmes
During the first days some minds bold – the women

principalement -- furent pour lui, surtout quand l'Illustrated London News
mainly – were for him especially when the illustrated London News

eut publié son portrait d'après sa photographie déposée aux archives
had published his portrait of after his photography deposited at the archives
according to

du Reform-Club. Certains gentlemen osaient dire : « Hé ! hé !
of the Reform club Certain gentlemen dared to say : Hey! ! Hey! !

pourquoi pas, après tout ? On a vu des choses plus extraordinaires !
why not after all ? One has seen of the things more extraordinary !

» C'étaient surtout les lecteurs du Daily Telegraph. Mais on sentit
They were especially the readers of the Daily Telegraph But one felt

bientôt que ce journal lui-même commençait à faiblir.
soon that this newspaper itself began to weaken

En effet, un long article parut le 7 octobre dans le Bulletin de
In effect a long article appeared the 7th (of) October in the Bulletin of

la Société royale de géographie. Il traita la question à tous les
the Society royal of geography It dealt with the question at all the

points de vue, et démontra clairement la folie de l'entreprise.
points of view and demonstrated clearly the madness of the enterprise

D'après cet article, tout était contre le voyageur, obstacles de l'homme,
Of after this article all was against the traveller obstacles of the man
According to man

obstacles de la nature. Pour réussir dans ce projet, il fallait
obstacles of -the- nature For to succeed in this project it was necessary

admettre une concordance miraculeuse des heures de départ et
to admit a concordance miraculous of the hours of departure and

d'arrivée, concordance qui n'existait pas, qui ne pouvait pas exister.
of arrival concordance which not existed -not- which not could -not- exist

A la rigueur, et en Europe, où il s'agit de parcours d'une
At the rigor and in Europe where it itself dealt of (a) route of a

longueur relativement médiocre, on peut compter sur l'arrivée des trains
length relatively mediocre one can count on the arrival of the trains
small

à heure fixe ; mais quand ils emploient trois jours à traverser
at (an) hour fixed ; but when they employ three days to cross

l'Inde, sept jours à traverser les États-Unis, pouvait-on fonder sur
-the- India seven days to cross the United States could one found on
base oneself

leur exactitude les éléments d'un tel problème ? Et les accidents de
their accuracy the elements of a such problem ? And the accidents of

machine, les déraillements, les rencontres, la mauvaise saison,
machine the derailments the encounters the bad season

l'accumulation des neiges, est-ce que tout n'était pas contre Phileas Fogg
the accumulation of the snow is this that all not was not against Phileas Fogg

? Sur les paquebots, ne se trouverait-il pas, pendant l'hiver, à la
? On the ocean liners not himself would he find not during the winter at the

merci des coups de vent ou des brouillards ? Est-il donc si rare que
mercy of the blows of wind or of the fogs ? Is it then so rare that

les meilleurs marcheurs des lignes transocéaniennes éprouvent des retards
the best walkers of the lines transoceanic feel of the delays
experience

de deux ou trois jours ? Or, il suffisait d'un retard, un seul, pour
of two or three days ? However it sufficed for a delay one only for
(was enough)

que la chaîne de communications fût irréparablement brisée. Si Phileas
that the chain of communications was irreparably broken If Phileas

Fogg manquait, ne fût-ce que de quelques heures, le départ d'un
Fogg missed not was it than of some hours the departure of a
even

paquebot, il serait forcé d'attendre le paquebot suivant, et par cela
packet-boat he would be forced of awaiting the packet-boat following and by that
ocean liner ocean liner

même son voyage était compromis irrévocablement.
even his journey was compromised irrevocably

L'article fit grand bruit. Presque tous les journaux le reproduisirent,
The article made large noise Almost all the newspapers it reproduced

et les actions de Phileas Fogg baissèrent singulièrement.
and the stock of Phileas Fogg lowered singularly
very much

Pendant les premiers jours qui suivirent le départ du gentleman,
During the first days which followed the departure of the gentleman

d'importantes affaires s'étaient engagées sur « l'aléa » de son
-of- important deals themselves were engaged on the hazard of his

entreprise. On sait ce qu'est le monde des parieurs en Angleterre,
mission One knows this that is the world of the bettors in England

monde plus intelligent, plus relevé que celui des joueurs. Parier est
world more intelligent more elevated than the one of the players To bet is

dans le tempérament anglais. Aussi, non seulement les divers membres
in the temperament English Also not only the diverse members

du Reform-Club établirent-ils des paris considérables pour ou contre
of the Reform club set they -of the- bets considerable for or against

Phileas Fogg, mais la masse du public entra dans le mouvement.
Phileas Fogg but the mass of the public entered in the movement

Phileas Fogg fut inscrit comme un cheval de course, à une sorte de
Phileas Fogg was inscribed like a horse of race at a kind of

studbook. On en fit aussi une valeur de bourse, qui fut
studbook They of it made also a value of (the) stock exchange which was

immédiatement cotée sur la place de Londres. On demandait, on offrait
immediately listed on the place of London One asked one offered

du « Phileas Fogg » ferme ou à prime, et il se fit des
of the Phileas Fogg close or at premium and it itself made of the
there

affaires énormes. Mais cinq jours après son départ, après l'article du
deals enormous But five days after his departure after the article of the

Bulletin de la Société de géographie, les offres commencèrent à affluer.
Bulletin of the Society of geography the deals began to flow
sag

Le Phileas Fogg baissa. On l'offrit par paquets. Pris d'abord à cinq,
The Phileas Fogg lowered One offered it by packages Taken initially at five

puis à dix, on ne le prit plus qu'à vingt, à cinquante, à cent !
then to ten one not it took more than at twenty at fifty at (a) hundred !

Un seul partisan lui resta. Ce fut le vieux paralytique, Lord
A single supporter him remained This was the old paralytic Lord

Albermale. L'honorable gentleman, cloué sur son fauteuil, eût donné sa
Albemarle The honorable gentleman nailed down on his chair had given his

fortune pour pouvoir faire le tour du monde, même en dix ans
fortune for to be able to make the tour of the world even in ten years
trip around

! et il paria cinq mille livres (100 000 F) en faveur de Phileas Fogg.
! and he bet five thousand pounds (100 000 F in favor of Phileas Fogg

Et quand, en même temps que la sottise du projet, on lui
And when in (the) same time that the foolishness of the project people him

en démontrait l'inutilité, il se contentait de répondre : « Si la
of it demonstrated the uselessness he himself satisfied of to answer : So the

chose est faisable, il est bon que ce soit un Anglais qui le premier
thing is feasible it is good that this is an English(man) who the first

l'ait faite ! »
it has made !

Or, on en était là, les partisans de Phileas Fogg se
However one of it was there the supporters of Phileas Fogg themselves

raréfiaient de plus en plus ; tout le monde, et non sans raison,
rarefied of more in more ; all the world and not without reason
decreased in number

se mettait contre lui ; on ne le prenait plus qu'à cent
itself put against him ; one not him took (any)more than at (a) hundred

cinquante, à deux cents contre un, quand, sept jours après son départ,
fifty at two hundred against one when seven days after his departure

un incident, complètement inattendu, fit qu'on ne le prit plus
an incident completely unexpected made that one not him took (any)more

du tout.
of the all
at

En effet, pendant cette journée, à neuf heures du soir, le directeur
In effect during this day at nine hours of the evening the director
at the

de la police métropolitaine avait reçu une dépêche télégraphique ainsi
of the police metropolitan had received a dispatch telegraphic thus

conçue : Suez à Londres.
designed : Suez to London

Rowan, directeur police, administration centrale, Scotland place.
Rowan director police administration power plant Scotland place

Je file voleur de Banque, Phileas Fogg. Envoyez sans retard mandat
I follow thief of Bank Phileas Fogg Send without delay (a) mandate

d'arrestation à Bombay (Inde anglaise). Fix, détective.
of arrest to Bombay India English Fix detective

L'effet de cette dépêche fut immédiat. L'honorable gentleman disparut
The effect of this dispatch was immediate The honorable gentleman disappeared

pour faire place au voleur de bank-notes. Sa photographie, déposée
for to make place to the robber of banknotes His photography trademark

au Reform-Club avec celles de tous ses collègues, fut examinée. Elle
at the Reform club with those of all his colleagues was examined She

reproduisait trait pour trait l'homme dont le signalement avait été
reproduced feature for feature the man of which the reporting had been

fourni par l'enquête. On rappela ce que l'existence de Phileas
provided by the investigation People remembered this that the existence of Phileas

Fogg avait de mystérieux, son isolement, son départ subit, et il parut
Fogg had of mysterious his isolation his departure sudden and it appeared

évident	que	ce	personnage,	prétextant	un	voyage	autour	du	monde	et
obvious	that	this	character	claiming	a	journey	around	of the	world	and

l'appuyant	sur	un	pari	insensé,	n'avait	eu	d'autre	but	que	de
it pressing blaming it	on	a	bet	foolish	not had	had	-of- other	goal	than	of

dépister	les	agents	de	la	police	anglaise.
to lead off track	the	agents	of	the	police	English

6 - Chapitre VI

DANS LEQUEL L'AGENT FIX MONTRE UNE IMPATIENCE BIEN LEGITIME
In which the agent Fix shows an impatience well justified

Voici dans quelles circonstances avait été lancée cette dépêche
See-here in which circumstances had been launched this dispatch

concernant le sieur Phileas Fogg.
concerning the Sir Phileas Fogg

Le mercredi 9 octobre, on attendait pour onze heures du matin, à
The Wednesday 9 October one awaited for eleven hours of the morning at

Suez, le paquebot Mongolia, de la Compagnie péninsulaire et orientale,
Suez the packet-boat Mongolia of the Company peninsular and eastern
ocean liner

steamer en fer à hélice et à spardeck, jaugeant
steamer in iron at propeller and to light deck fitted over the upper deck gauging
with with weighing

deux mille huit cents tonnes et possédant une force nominale de
two thousand eight hundred tons and having a force nominal of

cinq cents chevaux. Le Mongolia faisait régulièrement les voyages de
five hundred horses The Mongolia made regularly the trips from

Brindisi à Bombay par le canal de Suez. C'était un des plus
Brindisi to Bombay through the channel of Suez It was one of the more

rapides marcheurs de la Compagnie, et les vitesses réglementaires, soit
quick walkers of the Company and the speeds regulatory be it
movers

dix milles à l'heure entre Brindisi et Suez, et neuf milles
ten miles to the hour between Brindisi and Suez and nine miles

cinquante-trois centièmes entre Suez et Bombay, il les avait toujours
fifty three hundredths between Suez and Bombay it them had always

dépassées.
exceeded

En attendant l'arrivée du Mongolia, deux hommes se promenaient
In awaiting the arrival of the Mongolia two men themselves walked

sur le quai au milieu de la foule d'indigènes et d'étrangers qui
on the quay in the middle of the crowd of natives and of foreigners who

affluent dans cette ville, naguère une bourgade, à laquelle la grande
flowed in this city formerly a village to which the large belonged

oeuvre de M. de Lesseps assure un avenir considérable.
artwork of Mr. de Lesseps assure a future considerable

De ces deux hommes, l'un était l'agent consulaire du Royaume-Uni,
Of these two men (the) one was the agent consular of the United Kingdom

établi à Suez, qui -- en dépit des fâcheux pronostics du
established at Suez who – in spite of the sad prognostics of the

gouvernement britannique et des sinistres prédictions de l'ingénieur
government British and of the sinister predictions of the engineer

Stephenson -- voyait chaque jour des navires anglais traverser ce canal,
Stephenson – saw each day of the ships English cross this channel

abrégeant ainsi de moitié l'ancienne route de l'Angleterre aux Indes par
abridging thus of half the old road from -the- England to the Indies by

le cap de Bonne-Espérance.
the cape of Good Hope

L'autre était un petit homme maigre, de figure assez intelligente, nerveux,
The other was a little man thin of figure rather intelligent nervous

qui contractait avec une persistance remarquable ses muscles sourciliers.
who contracted with a persistence remarkable his muscles (of the) eyebrows

A travers ses longs cils brillait un oeil très vif, mais dont il
-At- through his long eyelashes gleamed an eye very lively but of which he

savait à volonté éteindre l'ardeur. En ce moment, il donnait certaines
knew at will to extinguish the ardor In this moment he gave certain

marques d'impatience, allant, venant, ne pouvant tenir en place.
marks of impatience going coming not being able to keep in place

Cet homme se nommait Fix, et c'était un de ces « détectives » ou
This man himself named Fix and it was he was one of these detectives or

agents de police anglais, qui avaient été envoyés dans les divers ports,
agents of police English who had been sent in the diverse ports

après le vol commis à la Banque d'Angleterre. Ce Fix devait
after the theft committed to the Bank from England This Fix must

surveiller avec le plus grand soin tous les voyageurs prenant la route
monitor with the more large care all the travelers taking the road

de Suez, et si l'un d'eux lui semblait suspect, le « filer » en
of Suez and if -the- one of them him seemed suspect him to follow in

attendant un mandat d'arrestation.
awaiting a mandate of arrest

Précisément, depuis deux jours, Fix avait reçu du directeur de la
Exactly since two days Fix had received from the director of the

police métropolitaine le signalement de l'auteur présumé du vol.
police metropolitan the physical description of the author presumed of the theft

C'était celui de ce personnage distingué et bien mis que l'on
It was the one of this character distinguished and well put dressed that him they

avait observé dans la salle des paiements de la Banque.
had observed in the room of the payments of the Bank

Le détective, très alléché évidemment par la forte prime promise en
The detective very allured obviously by the strong premium promised in

cas de succès, attendait donc avec une impatience facile à comprendre
case of success awaited then with an impatience easy to understand

l'arrivée du Mongolia.
the arrival of the Mongolia

« Et vous dites, monsieur le consul, demanda-t-il pour la dixième fois,
And you said Mr. the consul asked he for the tenth time

que ce bateau ne peut tarder ?
that this boat not can delay ?

-- Non, monsieur Fix, répondit le consul. Il a été signalé hier
— No Mr. Fix answered the consul It has been reported yesterday

au large de Port-Saïd, et les cent soixante kilomètres du canal
at the height of Port-saïd and the hundred sixty kilometers of the channel

ne comptent pas pour un tel marcheur. Je vous répète que le
not count not for a such walker I you say again that the

Mongolia a toujours gagné la prime de vingt-cinq livres que le
Mongolia has always won the premium of twentyfive pounds that the

gouvernement accorde pour chaque avance de vingt-quatre heures sur les
government grants for each advance of twenty-four hours on the

-- Ce paquebot vient directement de Brindisi ? demanda Fix.
— This packet-boat comes directly from Brindisi ? asked Fix
ocean liner

-- De Brindisi même, où il a pris la malle des Indes, de
— From Brindisi same where it has taken the trunk of the Indies from

Brindisi qu'il a quitté samedi à cinq heures du soir. Ainsi ayez
Brindisi that it has left Saturday at five hours of the evening Thus have
in the

patience, il ne peut tarder à arriver. Mais je ne sais vraiment pas
patience it not can delay to arrive But I not know really -not-

comment, avec le signalement que vous avez reçu, vous pourrez
how with the physical description that you have received you can

reconnaître votre homme, s'il est à bord du Mongolia.
recognize your man If he is on board of the Mongolia

-- Monsieur le consul, répondit Fix, ces gens-là, on les sent plutôt
— Mr. the consul answered Fix these folks there one them feels rather

qu'on ne les reconnaît. C'est du flair qu'il faut avoir, et le
than one -not- them recognizes It is of the flair that it is necessary to have and the

flair est comme un sens spécial auquel concourent l'ouïe, la vue et
flair is like a sense special to which contribute the hearing the sight and

l'odorat. J'ai arrêté dans ma vie plus d'un de ces gentlemen, et
the smell I have stopped in my life more of one of these gentlemen and
than one

pourvu que mon voleur soit à bord, je vous réponds qu'il ne me
provided that my thief is on board I you answer that he not me

glissera pas entre les mains.
will slip (away) -not- between the hands

-- Je le souhaite, monsieur Fix, car il s'agit d'un vol important.
— I it wish Mr. Fix because it itself deals of a theft important

-- Un vol magnifique, répondit l'agent enthousiasmé. Cinquante-cinq
— A theft splendid answered the agent enthused Fifty-five

mille livres ! Nous n'avons pas souvent de pareilles aubaines ! Les
thousand pounds ! We not have -not- often of similar deals ! The

voleurs deviennent mesquins ! La race des Sheppard s'étiole ! On
thieves become petty ! The race of the Sheppard itself whithers ! One

se fait pendre maintenant pour quelques shillings !
himself makes hang now for some shillings !
lets

-- Monsieur Fix, répondit le consul, vous parlez d'une telle façon que je
– Mr. Fix answered the consul you talk of a such way that I
in a

vous souhaite vivement de réussir ; mais, je vous le répète, dans les
you wish strongly of to succeed ; But I you it say again in the

conditions où vous êtes, je crains que ce ne soit difficile. Savez-vous
conditions where you are I fear that this -not- is difficult Know you

bien que, d'après le signalement que vous avez reçu, ce voleur
well that of after the physical description that you have received this thief
according to

ressemble absolument à un honnête homme.
looks like absolutely to an honest man
like

-- Monsieur le consul, répondit dogmatiquement l'inspecteur de police, les
– Mr. the consul answered dogmatically the inspector of police the

grands voleurs ressemblent toujours à d'honnêtes gens. Vous comprenez
great thieves look like always to honest people You understand
like

bien que ceux qui ont des figures de coquins n'ont qu'un parti à
well that those who have -of the- figures of rogues not have than a part to

prendre, c'est de rester probes, sans cela ils se feraient
take It is of to stay probes without that they themselves would make
burglars would get

arrêter. Les physionomies honnêtes, ce sont celles-là qu'il faut
arrest The countenances honest this are those ones that it is necessary
arrested these

dévisager surtout. Travail difficile, j'en conviens, et qui n'est plus du
to peer at especially Work difficult I of it agree and which not is more of the

métier, mais de l'art. »
trade but of the art

On voit que ledit Fix ne manquait pas d'une certaine dose
One sees that said Fix not missed -not- -of- a certain dose

d'amour-propre.
of self love

Cependant le quai s'animait peu à peu. Marins de diverses nationalités,
However the quay itself livened bit by bit Sailors of various nationalities

commerçants, courtiers, portefaix, fellahs, y affluaient. L'arrivée du
tradespeople brokers porters fellahs there flocked The arrival of the

paquebot était évidemment prochaine.
packet-boat was obviously next
ocean liner

Le temps était assez beau, mais l'air froid, par ce vent
The weather was enough beautiful But the air cold by because of this wind

d'est. Quelques minarets se dessinaient au-dessus de la ville
from (the) east Some minarets themselves drew above of the city

sous les pâles rayons du soleil. Vers le sud, une jetée longue de
under the pale rays of the sun Towards the south a jetty long of

deux mille mètres s'allongeait comme un bras sur la rade
two thousand meters stretched itself out (stretched in the distance) like an arm on the roadstead

de Suez. A la surface de la mer Rouge roulaient plusieurs bateaux de
of Suez At the surface of the sea Red rolled several boats of

pêche ou de cabotage, dont quelques-uns ont conservé dans leurs
fishing or of cabotage of which some had preserved in their

façons l'élégant gabarit de la galère antique.
manners the elegant build of the galley antique

Tout en circulant au milieu de ce populaire, Fix, par une habitude de
All in circulating at the middle of this popular populace Fix by a habit of

sa profession, dévisageait les passants d'un rapide coup d'oeil.
his profession stared at the passersby with a rapid strike of eye

Il était alors dix heures et demie.
It was then ten hours and (a) half

« Mais il n'arrivera pas, ce paquebot ! s'écria-t-il en entendant sonner
But it will not arrive -not- this packet-boat ocean liner ! exclaimed he in hearing ring

l'horloge du port.
the clock of the port

-- Il ne peut être éloigné, répondit le consul.
– It not can be removed (far away) answered the consul

-- Combien de temps stationnera-t-il à Suez ? demanda Fix.
– How much -of- time will park it will stay it at Suez ? asked Fix

-- Quatre heures. Le temps d'embarquer son charbon. De Suez à Aden,
– Four hours The time of loading its coal From Suez to Aden

à l'extrémité de la mer Rouge, on compte treize cent dix milles, et
at the end of the sea Red one counts thirteen hundred ten miles and

il faut faire provision de combustible.
it is necessary to make provision of combustible

-- Et de Suez, ce bateau va directement à Bombay ? demanda Fix.
— And from Suez this boat goes directly to Bombay ? asked Fix

-- Directement, sans rompre charge.
— Directly without to break (the) charge
the journey

-- Eh bien, dit Fix, si le voleur a pris cette route et ce bateau, il
— Eh well said Fix if the thief has taken this road and this boat it

doit entrer dans son plan de débarquer à Suez, afin de gagner par une
must enter in his plan of to disembark at Suez so of to win by an

autre voie les possessions hollandaises ou françaises de l'Asie. Il doit
other way the possessions Dutch or French of the Asia He must

bien savoir qu'il ne serait pas en sûreté dans l'Inde, qui est une
well know that he not would be -not- in safety in -the- India which is a

terre anglaise.
earth English
land

-- A moins que ce ne soit un homme très fort, répondit le consul.
— At least that this not is a man very strong answered the consul
if

Vous le savez, un criminel anglais est toujours mieux caché à Londres
You it know a criminal English is always better hidden at London

qu'il ne le serait à l'étranger. »
than he -not- it would be at the stranger
overseas

Sur cette réflexion, qui donna fort à réfléchir à l'agent, le consul
On this reflection which gave strong to think to the agent the consul
thought

regagna ses bureaux, situés à peu de distance. L'inspecteur de police
returned to his offices located at little of distance The inspector of police

demeura seul, pris d'une impatience nerveuse, avec ce pressentiment
remained alone taken by an impatience nervous with this presentiment
by himself

assez bizarre que son voleur devait se trouver à bord du
enough bizarre that his thief must himself find on board of the

Mongolia, -- et en vérité, si ce coquin avait quitté l'Angleterre avec
Mongolia — and in truth if this rascal had left -the- England with

l'intention de gagner le Nouveau Monde, la route des Indes, moins
the intention of to win the New World the road of the Indies least

surveillée ou plus difficile à surveiller que celle de l'Atlantique, devait
monitored or more difficult to monitor than that of the Atlantic must

avoir obtenu sa préférence.
have obtained his preference

Fix ne fut pas longtemps livré à ses réflexions. De vifs coups de
Fix not was not long delivered to his reflections Of lively blows of

sifflet annoncèrent l'arrivée du paquebot. Toute la horde des portefaix
whistle announced the arrival of the packet-boat All the horde of the porters
ocean liner The whole

et des fellahs se précipita vers le quai dans un tumulte un peu
and of the fellahs itself rushed towards the quay in a tumult a bit

inquiétant pour les membres et les vêtements des passagers.
worrisome for the members and the clothes of the passengers

Une dizaine de canots se détachèrent de la rive et allèrent
A ten-some of canoes itself detached from the shore and went
About ten

au-devant du Mongolia.
at the front of the Mongolia
in front

Bientôt on aperçut la gigantesque coque du Mongolia, passant entre
Soon one saw the gigantic shell of the Mongolia passing between

les rives du canal, et onze heures sonnaient quand le steamer vint
the shores of the channel and eleven hours rang when the steamer came

mouiller en rade, pendant que sa vapeur fusait à grand bruit par
to anchor in harbour during that its vapor gushed out at great noise by
with

les tuyaux d'échappement.
the pipes of (the) exhaust

Les passagers étaient assez nombreux à bord. Quelques-uns restèrent sur
The passengers were enough numerous on board Some stayed on

le spardeck à contempler le panorama pittoresque de la ville ;
the covered upper deck to contemplate the panorama picturesque of the city ;

mais la plupart débarquèrent dans les canots qui étaient venus
But the largest part disembarked in the canoes which were come

accoster le Mongolia.
to accost the Mongolia

Fix examinait scrupuleusement tous ceux qui mettaient pied à terre.
Fix examined scrupulously all those who put foot on earth

En ce moment, l'un d'eux s'approcha de lui, après avoir
In this moment the one of them itself approached of him after to have

vigoureusement repoussé les fellahs qui l'assaillaient de leurs offres de
vigorously pushed away the fellahs who him assailed with their deals of

service, et il lui demanda fort poliment s'il pouvait lui indiquer les
service and he him asked very politely if he could him indicate the

bureaux de l'agent consulaire anglais. Et en même temps ce passager
offices of the agent consular English And in (the) same time this passenger

présentait un passeport sur lequel il désirait sans doute faire apposer
presented a passport on which he desired without doubt to make affix

le visa britannique.
the visa British

Fix, instinctivement, prit le passeport, et, d'un rapide coup d'oeil, il en
Fix instinctively took the passport and of a rapid blow of eye he of it

lut le signalement.
read the physical description

Un mouvement involontaire faillit lui échapper. La feuille trembla dans sa
A movement involuntary failed him to escape The page trembled in his

main. Le signalement libellé sur le passeport était identique à celui
hand The physical description worded on the passport was identical to the one

qu'il avait reçu du directeur de la police métropolitaine.
that he had received from the director of the police metropolitan

« Ce passeport n'est pas le vôtre ? dit-il au passager.
This passport not is -not- -the- yours ? said he at the passenger

-- Non, répondit celui-ci, c'est le passeport de mon maître.
— No answered that one It is the passport of my master

-- Et votre maître ?
— And your master ?

-- Il est resté à bord.
— He is remained on board

-- Mais, reprit l'agent, il faut qu'il se présente en personne
— But continued the agent it is necessary that he himself presents in person

aux bureaux du consulat afin d'établir son identité.
at the offices of the consulate so of to establish his identity

-- Quoi ! cela est nécessaire ?
— What ! that is necessary ?

-- Indispensable.
— Indispensable

-- Et où sont ces bureaux ?
— And where are these offices ?

-- Là, au coin de la place, répondit l'inspecteur en indiquant une
— There at the corner of the place answered the inspector in showing a

maison éloignée de deux cents pas.
house remote of two hundred steps

-- Alors, je vais aller chercher mon maître, à qui pourtant cela ne
— Then I go to go to seek my master at which however that not

plaira guère de se déranger ! »
will please hardly of himself to bother !

Là-dessus, le passager salua Fix et retourna à bord du steamer.
There upon the passenger saluted Fix and returned on board of the steamer

7 - Chapitre VII
None

QUI TÉMOIGNE UNE FOIS DE PLUS DE L'INUTILITÉ DES PASSEPORTS
Which testifies one time -of- more of the uselessness of the passports
tells

EN MATIÈRE DE POLICE
in material of police

L'inspecteur redescendit sur le quai et se dirigea rapidement vers
The inspector went back down on the quay and himself directed quickly towards

les bureaux du consul. Aussitôt, et sur sa demande pressante, il fut
the offices of the consul Immediately and on his request pressing he was

introduit près de ce fonctionnaire.
introduced near of this official

« Monsieur le consul, lui dit-il sans autre préambule, j'ai de fortes
Mr. the consul him said he without other preamble I have of strong

présomptions de croire que notre homme a pris passage à bord
presumptions of to believe that our man has taken passage on board

du Mongolia. »
of the Mongolia

Et Fix raconta ce qui s'était passé entre ce domestique et lui
And Fix told this which itself was passed between this servant and him
had happened

à propos du passeport.
at intention -of- the passport
regarding

« Bien, monsieur Fix, répondit le consul, je ne serais pas fâché de
Well Mr. Fix answered the consul I not would be -not- angry of

voir la figure de ce coquin. Mais peut-être ne se présentera-t-il
to see the figure of this rascal But maybe not himself he will present

pas à mon bureau, s'il est ce que vous supposez. Un voleur n'aime
-not- at my office if he is this that you suppose A thief not loves

pas à laisser derrière lui des traces de son passage, et d'ailleurs la
-not- to let behind him -of the- traces of his passage and besides the

formalité des passeports n'est plus obligatoire.
formality of the passports not is (any)more mandatory

-- Monsieur le consul, répondit l'agent, si c'est un homme fort comme
— Mr. the consul answered the agent if It is a man strong like

on doit le penser, il viendra !
one must him think he will come !

-- Faire viser son passeport ?
— To make stamp his passport ?

-- Oui. Les passeports ne servent jamais qu'à gêner les honnêtes gens
— Yes The passports not serve ever than to bother the honest people

et à favoriser la fuite des coquins. Je vous affirme que celui-ci sera
and to promote the flight of the rogues I you affirm that that one will be

en règle, mais j'espère bien que vous ne le viserez pas...
in rule But I hope well that you not him will stamp -not-

-- Et pourquoi pas ? Si ce passeport est régulier, répondit le consul,
— And why not ? If this passport is regular answered the consul

je n'ai pas le droit de refuser mon visa.
I not have -not- the right of to refuse my visa

-- Cependant, monsieur le consul, il faut bien que je retienne ici
— However sir the consul it is necessary well that I retain here

cet homme jusqu'à ce que j'aie reçu de Londres un mandat
this man until this that I have received from London a mandate

d'arrestation.
of arrest

-- Ah ! cela, monsieur Fix, c'est votre affaire, répondit le consul, mais
— Ah ! that Mr. Fix It is your business answered the consul but

moi, je ne puis... »
me I not can

Le consul n'acheva pas sa phrase. En ce moment, on frappait
The consul did not finish -not- his sentence In this moment (some)one knocked

à la porte de son cabinet, et le garçon de bureau introduisit deux
on the door of his study and the boy of office introduced two

étrangers, dont l'un était précisément ce domestique qui s'était
foreigners of which the one was exactly this servant who himself was had

C'étaient, en effet, le maître et le serviteur. Le maître présenta son
They were in effect the master and the servant The master presented his

passeport, en priant laconiquement le consul de vouloir bien y apposer
passport in praying (asking) laconically the consul of to want well there affix

son visa.
his visa

Celui-ci prit le passeport et le lut attentivement, tandis que Fix, dans
That one took the passport and it read closely while that Fix in

un coin du cabinet, observait ou plutôt dévorait l'étranger des
a corner of the small room watched or rather devoured the stranger with the

yeux.
eyes

Quand le consul eut achevé sa lecture :
When the consul had completed his reading :

« Vous êtes Phileas Fogg, esquire ? demanda-t-il.
You are Phileas Fogg esquire ? asked he

-- Oui, monsieur, répondit le gentleman.
– Yes Sir answered the gentleman

-- Et cet homme est votre domestique ?
– And this man is your servant ?

-- Oui. Un Français nommé Passepartout.
– Yes A French(man) called Passepartout

-- Vous venez de Londres ?
– You come from London ?

-- Oui.
– Yes

-- Et vous allez ?
– And you go ?

-- A Bombay.
– To Bombay

-- Bien, monsieur. Vous savez que cette formalité du visa est inutile,
– Well Sir You know that this formality of the visa is useless

et que nous n'exigeons plus la présentation du passeport ?
and that we do not demand (any)more the presentation of the passport ?

par votre visa mon passage à Suez.
by your visa my passage at Suez

-- Soit, monsieur. »
– So be it Sir

Et le consul, ayant signé et daté le passeport, y apposa son
And the consul having signed and dated the passport there affixed his

cachet. Mr. Fogg acquitta les droits de visa, et, après avoir froidement
stamp Mr. Fogg acquitted paid the rights of visa and after to have coldly

salué, il sortit, suivi de son domestique.
greeted he exited followed by his servant

« Eh bien ? demanda l'inspecteur.
Eh well ? asked the inspector

-- Eh bien, répondit le consul, il a l'air d'un parfait honnête homme
– Eh well answered the consul he has the air of a perfect honest man

!
!

-- Possible, répondit Fix, mais ce n'est point ce dont il s'agit.
– Possible answered Fix but this not is at all this of which it itself deals

Trouvez-vous, monsieur le consul, que ce flegmatique gentleman ressemble
Do you find Mr. the consul that this phlegmatic stolid gentleman resembles

trait pour trait au voleur dont j'ai reçu le signalement ?
feature by feature at the robber of which I have received the physical description ?

-- J'en conviens, mais vous le savez, tous les signalements...
– I of it agree But you it know all the physical descriptions

-- J'en aurai le coeur net, répondit Fix. Le domestique me paraît
– I of it will have the heart clean answered Fix The servant me seems

être moins indéchiffrable que le maître. De plus, c'est un Français, qui
to be less indecipherable than the master Of more It is a French(man) who

ne pourra se retenir de parler. A bientôt, monsieur le consul. »
not will be able himself to retain of to speak To soon Mr. the consul

Cela dit, l'agent sortit et se mit à la recherche de Passepartout.
That said the agent got out and himself put at the search of Passepartout

Cependant Mr. Fogg, en quittant la maison consulaire, s'était dirigé
However Mr. Fogg in leaving the house consular himself was (had) directed

vers le quai. Là, il donna quelques ordres à son domestique ; puis
towards the quay There he gave some orders to his servant ; then

il s'embarqua dans un canot, revint à bord du Mongolia et
he embarked in a dinghy returned on board of the Mongolia and

rentra dans sa cabine. Il prit alors son carnet, qui portait les
entered back in his cabin He took then his notebook which carried the

notes suivantes :
notes following :

« Quitté Londres, mercredi 2 octobre, 8 heures 45 soir.
Left London Wednesday 2 October 8 hours 45 evening

« Arrivé à Paris, jeudi 3 octobre, 7 heures 20 matin.
Arrived at Paris Thursday 3 October 7 hours 20 morning

« Quitté Paris, jeudi, 8 heures 40 matin.
Left Paris Thursday 8 hours 40 morning

« Arrivé par le Mont-Cenis à Turin, vendredi 4 octobre, 6 heures 35
Arrived by the Mont-Cenis at Turin Friday 4 October 6 hours 35

matin.
morning

« Quitté Turin, vendredi, 7 heures 20 matin.
Left Turin Friday 7 hours 20 morning

« Arrivé à Brindisi, samedi 5 octobre, 4 heures soir.
Arrived at Brindisi Saturday 5 October 4 hours evening

« Embarqué sur le Mongolia, samedi, 5 heures soir.
Embarked on the Mongolia Saturday 5 hours evening

« Arrivé à Suez, mercredi 9 octobre, 11 heures matin.
Arrived at Suez Wednesday 9 October 11 hours morning

« Total des heures dépensées : 158 1/2, soit en jours : 6 jours 1/2. »
Total of -the- hours spent : 158 1/2 is in days : 6 days 1/2

Mr. Fogg inscrivit ces dates sur un itinéraire disposé par colonnes, qui
Mr. Fogg wrote these dates on an itinerary disposed split by columns which

indiquait -- depuis le 2 octobre jusqu'au 21 décembre -- le
stated – since the 2nd (of) October up to the 21st (of) December – the

mois, le quantième, le jour, les arrivées réglementaires et les arrivées
months the date the day the arrivals regulatory and the arrivals

effectives en chaque point principal, Paris, Brindisi, Suez, Bombay, Calcutta,
effective in each point main Paris Brindisi Suez Bombay Calcutta

Singapore, Hong-Kong, Yokohama, San Francisco, New York, Liverpool,
Singapore Hong kong Yokohama San Francisco New York Liverpool

Londres, et qui permettait de chiffrer le gain obtenu où la perte
London and which allowed of to cipher to calculate the gain obtained or the loss

éprouvée à chaque endroit du parcours.
experienced at each place of the route

Ce méthodique itinéraire tenait ainsi compte de tout, et Mr. Fogg savait
This methodical itinerary kept thus account of all and Mr. Fogg knew

toujours s'il était en avance ou en retard.
always if he was in advance or in delay

Il inscrivit donc, ce jour-là, mercredi 9 octobre, son arrivée à Suez,
He wrote then this day there Wednesday 9 October his arrival at Suez

qui, concordant avec l'arrivée réglementaire, ne le constituait ni en
which concordant with the arrival regular not him constituted neither in

gain ni en perte.
gain nor in loss

Puis il se fit servir à déjeuner dans sa cabine. Quant à voir la
Then he himself made serve to lunch in his cabin As to see the

ville, il n'y pensait même pas, étant de cette race d'Anglais qui
city he not there not of it thought even -not- being of this race of English who

font visiter par leur domestique les pays qu'ils traversent.
make visit through their servant the country that they traverse

8 - Chapitre VIII

DANS LEQUEL PASSEPARTOUT PARLE UN PEU PLUS PEUT-ÊTRE QU'IL
In which Passepartout speak a bit more maybe than he

NE CONVIENDRAIT
-not- should

Fix avait en peu d'instants rejoint sur le quai Passepartout, qui flânait
Fix had in few -of- moments rejoined on the quay Passepartout who strolled

et regardait, ne se croyant pas, lui, obligé à ne point voir.
and watched not himself believing -not- him obliged to not at all to see (around)

« Eh bien, mon ami, lui dit Fix en l'abordant, votre passeport est-il
Eh well my friend him said Fix in him accosting your passport is it

visé ?
stamped ?

-- Ah ! c'est vous, monsieur, répondit le Français. Bien obligé. Nous
— Ah ! It is you Sir answered the French Well obliged We

sommes parfaitement en règle.
are perfectly in rule

-- Et vous regardez le pays ?
— And you look at the country ?

-- Oui, mais nous allons si vite qu'il me semble que je voyage en
— Yes but we go so quickly that it me appears that I journey in

rêve. Et comme cela, nous sommes à Suez ?
dreams And like that we are at Suez ?

-- A Suez.
— At Suez

-- En Égypte ?
— In Egypt ?

-- En Égypte, parfaitement.
— In Egypt perfectly

-- Et en Afrique ?
— And in Africa ?

-- En Afrique.
— In Africa

-- En Afrique ! répéta Passepartout. Je ne peux y croire.
— In Africa ! repeated Passepartout I not can there believe
it

Figurez-vous, monsieur, que je m'imaginais ne pas aller plus loin que
Imagine yourself Sir that I myself imagined not -not- to go more far than

Paris, et cette fameuse capitale, je l'ai revue tout juste de sept
Paris and this famous capital I it have reseen all just of seven
only at

heures vingt du matin à huit heures quarante, entre la gare du
hours twenty of the morning to eight hours forty between the station of the
in the

Nord et la gare de Lyon, à travers les vitres d'un fiacre et par
North and the station of Lyon at through the panes of a carriage and by
through

une pluie battante ! Je le regrette ! J'aurais aimé à revoir le
a rain pouring ! I it miss ! I would have loved to see again the

Père-Lachaise et le Cirque des Champs-Élysées !
Father Lachaise and the Circus of the Fields of the Élysées !

-- Vous êtes donc bien pressé ? demanda l'inspecteur de police.
— You are then well pressed ? asked the inspector of police
much in a hurry

-- Moi, non, mais c'est mon maître. A propos, il faut que j'achète
— Me no but it is my master At intention it is necessary that I buy
By the way

des chaussettes et des chemises ! Nous sommes partis sans
-of the- socks and -of the- shirts ! We are left without
have

malles, avec un sac de nuit seulement.
trunks with a bag of night only

-- Je vais vous conduire à un bazar où vous trouverez tout ce
— I go you lead to a bazaar where you will find all this

qu'il faut.
that it is necessary
that you need

-- Monsieur, répondit Passepartout, vous êtes vraiment d'une complaisance
— Sir answered Passepartout you are really of a kindness

!... »
!...

« Surtout, dit-il, que je prenne bien garde de ne pas manquer le
Especially said he that I take well guard of not -not- to miss the

bateau !
boat !

-- Vous avez le temps, répondit Fix, il n'est encore que midi ! »
– You have the time answered Fix it not is still than midday !

Passepartout tira sa grosse montre.
Passepartout drew his big watch

« Midi, dit-il. Allons donc ! il est neuf heures cinquante-deux minutes !
Midday said he Go then ! it is nine hours fifty-two minutes !

-- Votre montre retarde, répondit Fix.
– Your watch delays answered Fix

-- Ma montre ! Une montre de famille, qui vient de mon
– My watch ! A watch of family which comes from my
inherited

arrière-grand-père ! Elle ne varie pas de cinq minutes par an. C'est un
great grandfather ! She not varied -not- -of- five minutes by year It is a
in a

vrai chronomètre !
true measurer of time !

-- Je vois ce que c'est, répondit Fix. Vous avez gardé l'heure de
– I see this that It is answered Fix You have guarded the hour of
kept

Londres, qui retarde de deux heures environ sur Suez. Il faut
London which delays of two hours approximately on Suez It is necessary

avoir soin de remettre votre montre au midi de chaque pays.
to have care of to reset your watch at the noon of each country

-- Moi ! toucher à ma montre ! s'écria Passepartout, jamais !
– Me ! to touch -to- my watch ! exclaimed Passepartout never !

-- Eh bien, elle ne sera plus d'accord avec le soleil.
– Eh well she not will be more of agreement with the sun

-- Tant pis pour le soleil, monsieur ! C'est lui qui aura tort !
– So much worse for the sun Sir ! It is him who will have wrong !
will be

»

Et le brave garçon remit sa montre dans son gousset avec un
And the dear boy put back his watch in his inner pocket with a

geste superbe.
gesture superb
superior

Quelques instants après, Fix lui disait :
Some moments after Fix him said :

« Vous avez donc quitté Londres précipitamment ?
You have then left London hurriedly ?

-- Je le crois bien ! Mercredi dernier, à huit heures du soir,
— I it believe well ! Wednesday last at eight hours of the evening

contre toutes ses habitudes, Mr. Fogg revint de son cercle, et trois
against all his usual habits Mr. Fogg returned from his circle and three

quarts d'heure après nous étions partis.
quarters of (an) hour after we were left
had

-- Mais où va-t-il donc, votre maître ?
— But where goes he then your master ?

-- Toujours devant lui ! Il fait le tour du monde !
— Always in front of him ! He makes the tour of the world !
trip around

-- Le tour du monde ? s'écria Fix.
— The tour of the world ? exclaimed Fix
trip around

-- Oui, en quatre-vingts jours ! Un pari, dit-il, mais, entre nous, je
— Yes in eighty days ! A bet said he but between us I

n'en crois rien. Cela n'aurait pas le sens commun. Il y a
not of it believe nothing That would not have -not- the sense common He there has

autre chose.
(an)other thing

-- Ah ! c'est un original, ce Mr. Fogg ?
— Ah ! It is an original this Mr. Fogg ?

-- Je le crois.
— I it believe

-- Il est donc riche ?
— He is then rich ?

-- Évidemment, et il emporte une jolie somme avec lui, en bank-notes
— Obviously and he prevails a pretty sum with him in banknotes

toutes neuves ! Et il n'épargne pas l'argent en route ! Tenez ! il
all new ! And he not spares -not- the silver on (the) road ! Behold ! he

a promis une prime magnifique au mécanicien du Mongolia, si
has promised a premium splendid at the mechanic of the Mongolia so

nous arrivons à Bombay avec une belle avance !
we arrive at Bombay with a beautiful advance !

-- Et vous le connaissez depuis longtemps, votre maître ?
– And you him know since long your master ?

-- Moi ! répondit Passepartout, je suis entré à son service le jour
– Me ! answered Passepartout I am entered at his service the day
have

même de notre départ. »
even of our departure

On s'imagine aisément l'effet que ces réponses devaient produire sur
One thinks easily the effect that these responses must produce on

l'esprit déjà surexcité de l'inspecteur de police.
the spirit already overexcited of the inspector of police

Ce départ précipité de Londres, peu de temps après le vol, cette
This departure precipitated from London (a) bit of time after the theft this

grosse somme emportée, cette hâte d'arriver en des pays lointains,
large sum carried along this hurry of to arrive in -of the- countries distant

ce prétexte d'un pari excentrique, tout confirmait et devait confirmer Fix
this pretext of a bet eccentric all confirmed and must confirm Fix

dans ses idées. Il fit encore parler le Français et acquit la
in his ideas He made still speak the French(man) and received the

certitude que ce garçon ne connaissait aucunement son maître, que
certitude that this boy not knew not at all his master that

celui-ci vivait isolé à Londres, qu'on le disait riche sans savoir
that one lived isolated at London that one him called rich without to know

l'origine de sa fortune, que c'était un homme impénétrable, etc. Mais, en
the origin of his fortune that It was a man impenetrable etc But in

même temps, Fix put tenir pour certain que Phileas Fogg ne
(the) same time Fix could hold for certain that Phileas Fogg not

débarquait point à Suez, et qu'il allait réellement à Bombay.
disembarked at all at Suez and that he went actually to Bombay

« Est-ce loin Bombay ? demanda Passepartout.
Is this far Bombay ? asked Passepartout

jours de mer.
days of sea

-- Et où prenez-vous Bombay ?
— And where do you take Bombay ?

-- Dans l'Inde.
— In -the- India

-- En Asie ?
— In Asia ?

-- Naturellement.
— Naturally

-- Diable ! C'est que je vais vous dire... il y a une chose qui me
— Devil ! It is that I go you to say it there has a thing which me

tracasse... c'est mon bec !
bothers It is my spout !

-- Quel bec ?
— What spout ?

-- Mon bec de gaz que j'ai oublié d'éteindre et qui brûle à
— My spout of gas that I have forgotten of to switch off and which burns at

mon compte. Or, j'ai calculé que j'en avais pour deux shillings par
my account However I have calculated that I of it had for two shillings by

vingt-quatre heures, juste six pence de plus que je ne gagne, et vous
twenty-four hours just six penny of more than I -not- earn and you

comprenez que pour peu que le voyage se prolonge... »
understand that for little that the journey itself extends

Fix comprit-il l'affaire du gaz ? C'est peu probable. Il n'écoutait
Fix understood he the case of the gas ? It is little likely He not was listening

plus et prenait un parti. Le Français et lui étaient arrivés au
(any)more and took a part The French(man) and him were arrived at the

bazar. Fix laissa son compagnon y faire ses emplettes, il lui
bazaar Fix left his companion there to make his shopping he him

recommanda de ne pas manquer le départ du Mongolia, et il
recommended of not -not- to miss the departure of the Mongolia and he

revint en toute hâte aux bureaux de l'agent consulaire.
returned in all hurry to the offices of the agent consular

Fix, maintenant que sa conviction était faite, avait repris tout son
Fix now that his conviction was made had resumed all his

sang-froid.
cold blood

« Monsieur, dit-il au consul, je n'ai plus aucun doute. Je tiens
Sir said he to the consul I not have (any)more any doubt I keep have

mon homme. Il se fait passer pour un excentrique qui veut faire
my man He himself did pass for an eccentric who wants to make

le tour du monde en quatre-vingts jours.
the tour trip around of the world in eighty days

-- Alors c'est un malin, répondit le consul, et il compte revenir à
– Then it is a malignant answered the consul and he counts to return to

Londres, après avoir dépisté toutes les polices des deux continents
London after to have sent off his trail all the police of the two continents

!
!

-- Nous verrons bien, répondit Fix.
– We will see well answered Fix

-- Mais ne vous trompez-vous pas ? demanda encore une fois le
– But not you err yourself -not- ? asked still one time the

consul.
consul

-- Je ne me trompe pas.
– I not me deceive -not-

-- Alors, pourquoi ce voleur a-t-il tenu à faire constater par un visa
– Then why this thief has he held to make to note by a visa

son passage à Suez ?
his passage to Suez ?

-- Pourquoi ?... je n'en sais rien, monsieur le consul, répondit le
– Why ?... I not of it know nothing Mr. the consul answered the

détective, mais écoutez-moi. »
detective But listen to me

Et, en quelques mots, il rapporta les points saillants de sa conversation
And in a few words he reported the points highlight of his conversation

avec le domestique dudit Fogg.
with the servant of the said Fogg

« En effet, dit le consul, toutes les présomptions sont contre cet
In effect said the consul all the presumptions are against this

homme. Et qu'allez-vous faire ?
man And what go you to do ?
what are you going

-- Lancer une dépêche à Londres avec demande instante de m'adresser
– Launch a dispatch to London with request instant of to address me

un mandat d'arrestation à Bombay, m'embarquer sur le Mongolia, filer
a mandate of arrest at Bombay myself to embark on the Mongolia to follow

mon voleur jusqu'aux Indes, et là, sur cette terre anglaise, l'accoster
my thief up to the Indies and there on this earth English him accost

poliment, mon mandat à la main et la main sur l'épaule. »
politely my mandate at the hand and the hand on the shoulder

Ces paroles prononcées froidement, l'agent prit congé du consul et
These words pronounced coldly the agent took leave of the consul and

se rendit au bureau télégraphique. De là, il lança au
himself rendered to the office telegraphic From there he launched at the

directeur de la police métropolitaine cette dépêche que l'on connaît.
director of the police metropolitan this dispatch that it one knows

Un quart d'heure plus tard, Fix, son léger bagage à la main, bien
A quarter of hour more late Fix his light luggage at the hand well
of an hour

muni d'argent, d'ailleurs, s'embarquait à bord du Mongolia, et bientôt
provided of silver besides embarked on board of the Mongolia and soon

le rapide steamer filait à toute vapeur sur les eaux de la mer Rouge.
the rapid steamer filed at all vapor on the waters of the sea Red
moved

9 - Chapitre IX

OÙ LA MER ROUGE ET LA MER DES INDES SE MONTRENT
Where the sea Red and the Sea Of the Indies themselves show

PROPICES AUX DESSEINS DE PHILEAS FOGG
propitious to the designs of Phileas Fogg

La distance entre Suez et Aden est exactement de treize cent dix
The distance between Suez and Aden is exactly -of- thirteen hundred ten

milles, et le cahier des charges de la Compagnie alloue à ses
miles and the registry of the loads of the Company allocates to its

paquebots un laps de temps de cent trente-huit heures pour la
ocean liners a lap of time of hundred thirty eight hours for the

franchir. Le Mongolia, dont les feux étaient activement poussés, marchait
cross(ing) The Mongolia of which the fires were actively pushed marched
engines moved

de manière à devancer l'arrivée réglementaire.
of way to forestall the arrival regular
in a advance over

La plupart des passagers embarqués à Brindisi avaient presque tous
The largest part of the passengers embarked at Brindisi had almost all

l'Inde pour destination. Les uns se rendaient à Bombay, les
-the- India for destination The ones themselves rendered to Bombay -the-
as Some got off at

autres à Calcutta, mais via Bombay, car depuis qu'un chemin de fer
others at Calcutta But via Bombay because since that a way of iron
railway

traverse dans toute sa largeur la péninsule indienne, il n'est plus
crosses in all its width the peninsula indian it not is (any)more

nécessaire de doubler la pointe de Ceylan.
necessary of to double the point of Ceylon
to go around

Parmi ces passagers du Mongolia, on comptait divers fonctionnaires
Among these passengers of the Mongolia one counted diverse officials

civils et des officiers de tout grade. De ceux-ci, les uns
civilians and -of the- officers of every grade Of these the ones
some

appartenaient à l'armée britannique proprement dite, les autres
belonged to the army British properly called -the- others

commandaient les troupes indigènes de cipayes, tous chèrement appointés,
commanded the troops native of sepoys all dearly salaried

même à présent que le gouvernement s'est substitué aux droits et
even at present that the government itself is substituted to the rights and
itself has

aux charges de l'ancienne Compagnie des Indes : sous-lieutenants à
to the responsibilities of the old Company of the Indies : lieutenants at

7 000 F, brigadiers à 60 000, généraux à 100 000. [Le traitement des
7 000 F brigadiers at 60 000, generals at 100 000. The treatment of the

fonctionnaires civils est encore plus élevé. Les simples assistants, au
officials civilians is still more raised The simple assistants at the

premier degré de la hiérarchie, ont 12 000 francs ; les juges, 60 000
first degree of the hierarchy have 12 000 francs ; the judges 60 000

F; les présidents de cour, 250 000 F; les gouverneurs, 300 000 F, et
F the presidents of court 250 000 F the governors 300 000 F and

le gouverneur général, plus de 600 000 F. (Note de l'auteur).]
the governor general more of 600 000 F Note of the author
than

On vivait donc bien à bord du Mongolia, dans cette société de
One lived then well on board of the Mongolia in this society of

fonctionnaires, auxquels se mêlaient quelques jeunes Anglais, qui, le
officials at which themselves mixed some young English who the
a

million en poche, allaient fonder au loin des comptoirs de
million in pocket went to found at the far -of the- offices of
to establish far away

commerce. Le « purser », l'homme de confiance de la Compagnie,
trade The purser the man of confidence of the Company

l'égal du capitaine à bord, faisait somptueusement les choses. Au
the equal of the captain on board made lavishly the things At the

déjeuner du matin, au lunch de deux heures, au dîner de cinq
lunch of the morning at the lunch of two hours at the dinner of five
in the

heures et demie, au souper de huit heures, les tables pliaient sous
hours and half at the supper of eight hours the tables bent under

les plats de viande fraîche et les entremets fournis par la boucherie
the dishes of meat fresh and the desserts provided by the butchery

les offices du paquebot. Les passagères -- il y en avait
the offices of the packet-boat The passengers – it there of it had
ocean liner there were some

quelques-unes -- changeaient de toilette deux fois par jour. On faisait
some – changed -of- dress two times per day One made

de la musique, on dansait même, quand la mer le permettait.
of the music one danced even when the sea it allowed

Mais la mer Rouge est fort capricieuse et trop souvent mauvaise,
But the sea Red is very capricious and too often bad

comme tous ces golfes étroits et longs. Quand le vent soufflait
like all these gulfs narrow and long When the wind breathed heavily

soit de la côte d'Asie, soit de la côte d'Afrique, le Mongolia, long
be it from the side asia is of the side africa the Mongolia long

fuseau à hélice, pris par le travers, roulait épouvantablement. Les
spindle at propeller taken by the through wallowed appallingly The
with from side

dames disparaissaient alors ; les pianos se taisaient ; chants et
ladies disappeared then ; the pianos themselves fell silent ; chants and

danses cessaient à la fois. Et pourtant, malgré la rafale, malgré la
dances ceased at the time And however in spite of the gust in spite of the

houle, le paquebot, poussé par sa puissante machine, courait sans
swell the packet-boat pushed by its strong engine ran without
ocean liner

retard vers le détroit de Bab-el-Mandeb.
delay towards the strait of Bab-el-Mandeb

Que faisait Phileas Fogg pendant ce temps ? On pourrait croire que,
What did Phileas Fogg during this time ? One could believe that

toujours inquiet et anxieux, il se préoccupait des changements de
always restless and anxious he himself concerned from the changes of

vent nuisibles à la marche du navire, des mouvements désordonnés
wind harmful to the march of the vessel from the movements disorderly

de la houle qui risquaient d'occasionner un accident à la machine,
of the swell which might of to cause an accident to the engine

enfin de toutes les avaries possibles qui, en obligeant le Mongolia à
finally of all the incidents possible which in obliging the Mongolia to

relâcher dans quelque port, auraient compromis son voyage ?
release in some port would have compromised his journey ?
lay about

Aucunement, ou tout au moins, si ce gentleman songeait à ces
Not at all or all at the least if this gentleman thought at these
even

éventualités, il n'en laissait rien paraître. C'était toujours l'homme
eventualities he not of it let nothing appear It was always the man

impassible, le membre imperturbable du Reform-Club, qu'aucun incident
impassive the member imperturbable of the Reform club that any incident

ou accident ne pouvait surprendre. Il ne paraissait pas plus ému que
or accident not could surprise He not appeared -not- more moved than

les chronomètres du bord. On le voyait rarement sur le pont. Il
the time-measurers of the board One him saw rarely on the bridge He
clocks on

s'inquiétait peu d'observer cette mer Rouge, si féconde en souvenirs, ce
worried little of to observe this sea Red so fecund in memories this
hardly rich

théâtre des premières scènes historiques de l'humanité. Il ne venait
theater of the first scenes historic of -the- mankind He not came

pas reconnaître les curieuses villes semées sur ses bords, et dont la
-not- to check out the curious cities sown on its edges and of which the

pittoresque silhouette se découpait quelquefois à l'horizon. Il ne rêvait
picturesque silhouette itself cut out sometimes at the horizon He not dreamed

même pas aux dangers de ce golfe Arabique, dont les anciens
even -not- at the dangers of this gulf Arabic of which the ancient
of the

historiens, Strabon, Arrien, Arthémidore, Edrisi, ont toujours parlé avec
historians Strabo Arrien Arthémidore Edrisi have always spoken with

épouvante, et sur lequel les navigateurs ne se hasardaient jamais
dread and on which the navigators not themselves ventured ever

autrefois sans avoir consacré leur voyage par des sacrifices
other than without to have dedicated their journey by of the sacrifices

propitiatoires.
propitiatory

Que faisait donc cet original, emprisonné dans le Mongolia ? D'abord
What did then this original jailed in the Mongolia ? Initially
unique person

il faisait ses quatre repas par jour, sans que jamais ni roulis ni
he made his four meals per day without that ever neither roll nor

tangage pussent détraquer une machine si merveilleusement organisée. Puis
pitch could wreck an engine so wonderfully organized Then

il jouait au whist.
he played at the whist

Oui ! il avait rencontré des partenaires, aussi enragés que lui
Yes ! He had encountered -of the- partners also mad (about Whist) as him

: un collecteur de taxes qui se rendait à son poste à Goa, un
: a collector of taxes who himself gave over to his post at Goa a
went

ministre, le révérend Décimus Smith, retournant à Bombay, et un
minister the reverend Decimus Smith returning to Bombay and a

brigadier général de l'armée anglaise, qui rejoignait son corps à
brigadier general of the army English who joined his (army) corps at

Bénarès. Ces trois passagers avaient pour le whist la même passion
Benares These three passengers had for the whist the same passion

que Mr. Fogg, et ils jouaient pendant des heures entières, non moins
as Mr. Fogg and they played during -of the- hours whole not less

silencieusement que lui.
silent that he

Quant à Passepartout, le mal de mer n'avait aucune prise sur lui. Il
As to Passepartout the sickness of sea not had any take on him He
effect

occupait une cabine à l'avant et mangeait, lui aussi, consciencieusement.
occupied a cabin at the front and ate him also conscientiously

Il faut dire que, décidément, ce voyage, fait dans ces conditions,
It is necessary to say that definitely this journey made in these conditions

ne lui déplaisait plus. Il en prenait son parti. Bien nourri, bien
not him displeased (any)more He of it took his part Well nourished well

logé, il voyait du pays et d'ailleurs il s'affirmait à lui-même
lodged he saw of the country and besides he was affirmed to him self
something of the country

que toute cette fantaisie finirait à Bombay.
that all this fancy would end at Bombay

Le lendemain du départ de Suez, le 10 octobre, ce ne fut pas
The following day of the departure of Suez the 10 October this not was -not-

sans un certain plaisir qu'il rencontra sur le pont l'obligeant
without a certain pleasure that he met on the bridge the obliging
the friendly

personnage auquel il s'était adressé en débarquant en Égypte.
character to which he himself was addressed in disembarking in Egypt
himself had

« Je ne me trompe pas, dit-il en l'abordant avec son plus aimable
I not me deceive -not- said he in him accosting with his most pleasant

sourire, c'est bien vous, monsieur, qui m'avez si complaisamment servi de
smile It is well you Sir who have me so indulgently served of

guide à Suez ?
guide at Suez ?

-- En effet, répondit le détective, je vous reconnais ! Vous êtes le
— In effect answered the detective I you recognize ! You are the

domestique de cet Anglais original...
servant of this English original
unique person

-- Précisément, monsieur... ?
— Exactly Sir ?

-- Fix.
— Fix

-- Monsieur Fix, répondit Passepartout. Enchanté de vous retrouver à
— Sir Fix answered Passepartout Charmed of you to find back on
to find you back

bord. Et où allez-vous donc ?
board And where go you then ?
(are you going)

-- Mais, ainsi que vous, à Bombay.
— But thus as you to Bombay
same like

-- C'est au mieux ! Est-ce que vous avez déjà fait ce voyage ?
— It is at the better ! Is this that you have already made this journey ?
even Have you

-- Plusieurs fois, répondit Fix. Je suis un agent de la Compagnie
— Several times answered Fix I am an agent of the Company

péninsulaire.
peninsular

-- Alors vous connaissez l'Inde ?
— Then you know -the- India ?

-- Mais... oui..., répondit Fix, qui ne voulait pas trop s'avancer.
— But yes answered Fix who not wanted -not- too advance

-- Et c'est curieux, cette Inde-là ?
— And It is curious this India then ?

-- Très curieux ! Des mosquées, des minarets, des temples,
— Very curious ! -Of the- mosques -of the- minarets -of the- temples

des fakirs, des pagodes, des tigres, des serpents, des
-of the- fakirs -of the- pagodas -of the- tigers -of the- snakes -of the-

bayadères ! Mais il faut espérer que vous aurez le temps de
bayaderes ! But it is necessary to hope that you will have the time of

visiter le pays ?
visit the country ?

-- Je l'espère, monsieur Fix. Vous comprenez bien qu'il n'est pas
— I it hope Mr. Fix You understand well that it not is -not-

permis à un homme sain d'esprit de passer sa vie à sauter d'un
permitted to a man healthy of mind of to pass his life at to jump of a
with jumping in a

paquebot dans un chemin de fer et d'un chemin de fer dans un
packet-boat in a way of iron and from a way of iron in a
ocean liner train train

paquebot, sous prétexte de faire le tour du monde en
packet-boat under pretext of to make the tour of the world in
ocean liner trip around

quatre-vingts jours ! Non. Toute cette gymnastique cessera à Bombay,
eighty days ! No All this gymnastic(s) cease at Bombay

n'en doutez pas.
not of it (I) doubt -not-

-- Et il se porte bien, Mr. Fogg ? demanda Fix du ton le plus
— And he himself bears well Mr. Fogg ? asked Fix of the tone the most
at the

naturel.
natural

-- Très bien, monsieur Fix. Moi aussi, d'ailleurs. Je mange comme un
— Very well Mr. Fix Me also besides I eat like am

ogre qui serait à jeun. C'est l'air de la mer.
ogre who would be at fasting It is the air of the sea
had fasted

-- Et votre maître, je ne le vois jamais sur le pont.
— And your master I not him see ever on the bridge

-- Jamais. Il n'est pas curieux.
— Never He not is -not- curious

-- Savez-vous, monsieur Passepartout, que ce prétendu voyage en
— Know you Mr. Passepartout that this alleged journey in

quatre-vingts jours pourrait bien cacher quelque mission secrète... une
eighty days could well hide some mission secret a

mission diplomatique, par exemple !
mission diplomatic by example !
for

-- Ma foi, monsieur Fix, je n'en sais rien, je vous l'avoue, et, au
— My faith Mr. Fix I not of it know nothing I you it confess and at the

fond, je ne donnerais pas une demi-couronne pour le savoir. »
bottom I not would give -not- a half crown for it to know
{coin}

Depuis cette rencontre, Passepartout et Fix causèrent souvent ensemble.
Since this meeting Passepartout and Fix chatted often together

L'inspecteur de police tenait à se lier avec le domestique du sieur
The inspector of police kept to himself bind with the servant of the Sir

Fogg. Cela pouvait le servir à l'occasion. Il lui offrait donc souvent,
Fogg That could him serve at the opportunity He him offered then often

au bar-room du Mongolia, quelques verres de whisky ou de pale-ale,
at the barroom of the Mongolia some glasses of whiskey or -of- pale ale

que le brave garçon acceptait sans cérémonie et rendait même pour
that the dear boy accepted without ceremony and returned even for

ne pas être en reste, -- trouvant, d'ailleurs, ce Fix un gentleman bien
not -not- to be in debt — finding besides this Fix a gentleman well

honnête.
honest

Cependant le paquebot s'avançait rapidement. Le 13, on eut
However the packet-boat advanced quickly The 13th, one had
ocean liner caught

connaissance de Moka, qui apparut dans sa ceinture de murailles ruinées,
knowledge of Mocha which appeared in its belt of walls ruined
sight

au-dessus desquelles se détachaient quelques dattiers verdoyants. Au
above of which itself detached some date palms green At the

loin, dans les montagnes, se développaient de vastes champs de
distance in the mountains themselves developed -of- vast fields of
extended

caféiers. Passepartout fut ravi de contempler cette ville célèbre, et il
coffee Passepartout was delighted of to contemplate this city popular and he

trouva même qu'avec ces murs circulaires et un fort démantelé qui
found even that with these walls circular and a fort dismantled which

se dessinait comme une anse, elle ressemblait à une énorme
itself drew like a handle she resembled -to- a huge

demi-tasse.
half cup

Pendant la nuit suivante, le Mongolia franchit le détroit de
During the night following the Mongolia crossed the strait of

Bab-el-Mandeb, dont le nom arabe signifie la Porte des Larmes, et
Bab-el-mandeb of which the name Arab means the Door of the Tears and

le lendemain, 14, il faisait escale à Steamer-Point, au nord-ouest de la
the following day 14, it made (a) stop at Steamer point at the north west of the

rade d'Aden. C'est là qu'il devait se réapprovisionner de combustible.
harbour of Aden It is there that it must itself restock of combustible

Grave et importante affaire que cette alimentation du foyer des
Serious and important business that this food of the hearth engine of the

paquebots à de telles distances des centres de production. Rien que
ocean liners at of such distances from the centers of production Nothing than

pour la Compagnie péninsulaire, c'est une dépense annuelle qui se
for the Company peninsular It is an expense annual which itself

chiffre par huit cent mille livres (20 millions de francs). Il a
calculates by to eight hundred thousand pounds (20 million of francs It has

fallu, en effet, établir des dépôts en plusieurs ports, et, dans
been necessary in effect to establish -of the- deposits in several ports and in

ces mers éloignées, le charbon revient à quatre-vingts francs la tonne.
these seas remote the coal returns at eighty francs the tonne

Le Mongolia avait encore seize cent cinquante milles à faire avant
The Mongolia had still sixteen hundred fifty miles to to make before

d'atteindre Bombay, et il devait rester quatre heures à Steamer-Point, afin
reaching Bombay and it had to stay four hours at Steamer point so

de remplir ses soutes.
of to refill its holds

Mais ce retard ne pouvait nuire en aucune façon au programme de
But this delay not could harm in any way at the program of

Phileas Fogg. Il était prévu. D'ailleurs le Mongolia, au lieu d'arriver
Phileas Fogg It was pre-seen planned Besides the Mongolia at the place from to arrive

à Aden le 15 octobre seulement au matin, y entrait le 14 au
to Aden the 15 October only at the morning there entered the 14 at the

soir. C'était un gain de quinze heures.
evening It was a gain of fifteen hours

Mr. Fogg et son domestique descendirent à terre. Le gentleman voulait
Mr. Fogg and his servant descended to earth land The gentleman wanted

faire viser son passeport. Fix le suivit sans être remarqué. La
to make stamp his passport Fix him followed without to be noticed The

formalité du visa accomplie, Phileas Fogg revint à bord reprendre sa
formality of the visa accomplished Phileas Fogg returned on board take again his

partie interrompue.
game interrupted

Passepartout, lui, flâna, suivant sa coutume, au milieu de cette
Passepartout him (he) sauntered following his habit at the middle of this

population de Somanlis, de Banians, de Parsis, de Juifs, d'Arabes,
population of Somali's of Banyans of Parsis of Jews of Arabs

d'Européens, composant les vingt-cinq mille habitants d'Aden. Il admira
of Europeans composing the twentyfive thousand inhabitants of aden He admired

les fortifications qui font de cette ville le Gibraltar de la mer des
the fortifications which make of this city the Gibraltar of the sea of the

Indes, et de magnifiques citernes auxquelles travaillaient encore les
Indies and of splendid tanks at the which by which working still the

ingénieurs anglais, deux mille ans après les ingénieurs du roi
engineers English two thousand years after the engineers of the king

Salomon.
Solomon

« Très curieux, très curieux ! se disait Passepartout en revenant à
Very curious very curious ! himself said Passepartout in coming back on

bord. Je m'aperçois qu'il n'est pas inutile de voyager, si l'on veut voir
board I realize that it not is -not- useless of to travel if it one wants to see

du nouveau. »
of the new

A six heures du soir, le Mongolia battait des branches de son
At six hours of the evening the Mongolia fought of the with the branches blades of its

hélice les eaux de la rade d'Aden et courait bientôt sur la mer
propeller the waters of the harbour of Aden and ran soon on the sea

des Indes. Il lui était accordé cent soixante-huit heures pour
of the Indies It him was granted hundred sixty eight hours for

accomplir la traversée entre Aden et Bombay. Du reste, cette mer
to accomplish the crossing between Aden and Bombay Of the rest this sea
For the

indienne lui fut favorable. Le vent tenait dans le nord-ouest. Les voiles
indian him was favorable The wind kept in the north west The sails

vinrent en aide à la vapeur.
came in aide to the vapor

Le navire, mieux appuyé, roula moins. Les passagères, en fraîches
The vessel better supported rolled less The passengers in fresh

toilettes, reparurent sur le pont. Les chants et les danses
outfits reappeared on the bridge The chants and the dances

recommencèrent.
recommenced

Le voyage s'accomplit donc dans les meilleures conditions. Passepartout
The journey itself fulfilled then in the best conditions Passepartout

était enchanté de l'aimable compagnon que le hasard lui avait procuré
was enchanted by the lovable companion that the chance him had provided

en la personne de Fix.
in the person of Fix

Le dimanche 20 octobre, vers midi, on eut connaissance de la côte
The Sunday 20 October towards midday one had knowledge of the side
got sight

indienne. Deux heures plus tard, le pilote montait à bord du
indian Two hours more late the pilot climbed on board of the

Mongolia. A l'horizon, un arrière-plan de collines se profilait
Mongolia At the horizon a background of hills itself loomed

harmonieusement sur le fond du ciel. Bientôt, les rangs de palmiers
harmoniously on the back of the sky Soon the ranks of palm trees

qui couvrent la ville se détachèrent vivement. Le paquebot
which covered the city themselves detached strongly The packet-boat
ocean liner

pénétra dans cette rade formée par les îles Salcette, Colaba,
penetrated in this harbour formed by the islands Salcette Colaba

Éléphanta, Butcher, et à quatre heures et demie il accostait les quais
Elephanta Butcher and at four hours and (a) half it docked at the quays

de Bombay.
of Bombay

Phileas Fogg achevait alors le trente-troisième robre de la journée, et
Phileas Fogg finished then the thirty third game of the day and

son partenaire et lui, grâce à une manoeuvre audacieuse, ayant fait les
his partner and him thanks to a maneuver bold having made the

treize levées, terminèrent cette belle traversée par un chelem admirable.
thirteen raises ended this beautiful crossing by a slam admirable

Le Mongolia ne devait arriver que le 22 octobre à Bombay. Or,
The Mongolia not had to arrive than the 22nd (of) October at Bombay However

il y arrivait le 20. C'était donc, depuis son départ de Londres, un
it there arrived the 20th It was then since his departure of London a

gain de deux jours, que Phileas Fogg inscrivit méthodiquement sur son
gain of two days that Phileas Fogg wrote methodically on his

itinéraire à la colonne des bénéfices.
itinerary at the column of the earnings

10 - Chapitre X

OÙ PASSEPARTOUT EST TROP HEUREUX D'EN ÊTRE QUITTE EN
Where Passepartout Is too happy of in of to be left in

PERDANT SA CHAUSSURE
losing his shoe

Personne n'ignore que l'Inde -- ce grand triangle renversé dont la
Person knows that -the- India – this large triangle reversed of which the

base est au nord et la pointe au sud -- comprend une superficie
base is at the North and the point at the south – comprises an area

de quatorze cent mille milles carrés, sur laquelle est inégalement
of fourteen hundred thousand miles squares on which is unequally

répandue une population de cent quatre-vingts millions d'habitants. Le
widespread a population of hundred eighty million people The

gouvernement britannique exerce une domination réelle sur une certaine
government British exerts a domination real on a certain

partie de cet immense pays. Il entretient un gouverneur général à
part of this immense country It maintains a governor general at

Calcutta, des gouverneurs à Madras, à Bombay, au Bengale, et un
Calcutta -of the- governors at Madras at Bombay at the Bengal and a

lieutenant-gouverneur à Agra.
lieutenant governor at Agra

Mais l'Inde anglaise proprement dite ne compte qu'une superficie
But -the- India English properly called not counts (more) than an area

de sept cent mille milles carrés et une population de cent à
of seven hundred thousand miles squares and a population of hundred to

cent dix millions d'habitants. C'est assez dire qu'une notable partie
hundred ten million of inhabitants It is enough to say that a notable part

du territoire échappe encore à l'autorité de la reine ; et, en effet,
of the territory escapes still to the authority of the queen ; and in effect fact

chez certains rajahs de l'intérieur, farouches et terribles, l'indépendance
with certain rajahs of the interior fierce (wild) and terrible the independence

indoue est encore absolue.
Hindu is still absolute

Depuis 1756 -- époque à laquelle fut fondé le premier établissement
Since 1756 – time at which was based erected the first establishment

anglais sur l'emplacement aujourd'hui occupé par la ville de Madras --
English on the location today occupied by the city of Madras –

jusqu'à cette année dans laquelle éclata la grande insurrection des
until this year in which broke out the large insurrection of the

cipayes, la célèbre Compagnie des Indes fut toute-puissante. Elle
sepoys the popular Company of the Indies was all-powerful She

s'annexait peu à peu les diverses provinces, achetées aux rajahs au
herself annexed annexed bit by bit the various provinces purchased to the from the rajas at the

prix de rentes qu'elle payait peu ou point ; elle nommait son
price of annuities that she paid little or not at all ; she named her

gouverneur général et tous ses employés civils ou militaires ; mais
governor general and all her workers civilians or soldiers ; but

maintenant elle n'existe plus, et les possessions anglaises de l'Inde
now she not exists (any)more and the possessions English of -the- India

relèvent directement de la couronne.
fall directly of under the crown

Aussi l'aspect, les moeurs, les divisions ethnographiques de la péninsule
Also the aspect the manners the divisions ethnographical of the peninsula

tendent à se modifier chaque jour. Autrefois, on y voyageait par
stretch out to itself change each day (The) other time one there traveled by

tous les antiques moyens de transport, à pied, à cheval, en charrette,
all the ancient means of transport on foot on horse in cart

en brouette, en palanquin, à dos d'homme, en coach, etc. Maintenant,
in wheelbarrow in palanquin at back of man of a man in trainer etc Now

des steamboats parcourent à grande vitesse l'Indus, le Gange, et un
-of the- steamboats travel at large speed the Indus the Ganges and a

chemin de fer, qui traverse l'Inde dans toute sa largeur en se
way of iron railroad which crosses -the- India in all its width while itself

ramifiant sur son parcours, met Bombay à trois jours seulement de
branching on its route puts Bombay at three days only from

Calcutta.
Calcutta

Le tracé de ce chemin de fer ne suit pas la ligne droite à
The track of this way of iron not follows -not- the line straight -at-
railroad

travers l'Inde. La distance à vol d'oiseau n'est que de mille à
through -the- India The distance at flight of bird not is that of (a) thousand to

onze cents milles, et des trains, animés d'une vitesse moyenne
eleven hundred miles and of the trains moved of a speed middle-sized
by a

seulement, n'emploieraient pas trois jours à la franchir ; mais cette
only not will employ -not- three days at it to cross ; but this

distance est accrue d'un tiers, au moins, par la corde que décrit
distance is increased by a third at the least by the rope that described

le railway en s'élevant jusqu'à Allahabad dans le nord de la
the railway in itself elevating until Allahabad in the north of the

péninsule.
peninsula

Voici, en somme, le tracé à grands points du « Great Indian
Here in sum the track at great points of the Great Indian
in summary

peninsular railway ». En quittant l'île de Bombay, il traverse Salcette,
peninsular railway In leaving the island of Bombay it crosses Salcette

saute sur le continent en face de Tannah, franchit la chaîne des
jumps on the continent in face of Tannah crosses the chain of the

Ghâtes-Occidentales, court au nord-est jusqu'à Burhampour, sillonne le
Western ghats runs to the northeast until Burhampour travels the

territoire à peu près indépendant du Bundelkund, s'élève jusqu'à
territory at little near independent of the Bundelcund itself rises until
almost

Allahabad, s'infléchit vers l'est, rencontre le Gange à Bénarès, s'en
Allahabad inflects towards the east meeting the Ganges at Benares itself of it

écarte légèrement, et, redescendant au sud-est par Burdivan et la
departs lightly and descends back to the south east by Burdivan and the

ville française de Chandernagor, il fait tête de ligne à Calcutta.
city French of Chandannagar it makes head of line at Calcutta
end

C'était à quatre heures et demie du soir que les passagers du
It was at four hours and half of the evening that the passengers of the

Mongolia avaient débarqué à Bombay, et le train de Calcutta partait à
Mongolia had landed at Bombay and the train of Calcutta left at

huit heures précises.
eight hours accurate

Mr. Fogg prit donc congé de ses partenaires, quitta le paquebot, donna
Mr. Fogg took then leave of his partners left the ocean liner gave

à son domestique le détail de quelques emplettes à faire, lui
to his servant the detail of some shopping to make him

recommanda expressément de se trouver avant huit heures à la gare,
recommended specifically of himself to find before eight hours at the station

et, de son pas régulier qui battait la seconde comme le pendule
and of his step regular which struck the second like the clock

d'une horloge astronomique, il se dirigea vers le bureau des
of a clock astronomical he himself directed towards the office of the

passeports.
passports

Ainsi donc, des merveilles de Bombay, il ne songeait à rien voir,
Thus then of the wonders of Bombay he not thought for nothing to see
at all to visit

ni l'hôtel de ville, ni la magnifique bibliothèque, ni les forts, ni
neither the hotel of city nor the splendid library nor the forts nor

les docks, ni le marché au coton, ni les bazars, ni les mosquées,
the docks nor the market at the cotton nor the bazaars nor the mosques
for

ni les synagogues, ni les églises arméniennes, ni la splendide pagode
nor the synagogues nor the churches Armenian nor the gorgeous pagoda

de Malebar-Hill, ornée de deux tours polygones. Il ne contemplerait
of Malabar hill decorated with two towers polygons He not contemplated

ni les chefs-d'oeuvre d'Éléphanta, ni ses mystérieux hypogées, cachés
neither the masterpieces of Elephanta nor his mysterious hypogea hidden

au sud-est de la rade, ni les grottes Kanhérie de l'île Salcette,
at the south east of the harbour nor the caves Kanhérie of the island Salcette

ces admirables restes de l'architecture bouddhiste !
these admirable remains of the architecture buddhist !

Non ! rien. En sortant du bureau des passeports, Phileas Fogg
No ! nothing In leaving from the office of the passports Phileas Fogg

se rendit tranquillement à la gare, et là il se fit servir
himself rendered quietly at the station and there he himself made serve

à dîner. Entre autres mets, le maître d'hôtel crut devoir lui
-at- dinner Between others dishes the master of hotel believed to have to him
waiter

recommander une certaine gibelotte de « lapin du pays », dont il
recommend a certain stew of rabbit of the country of which he

lui dit merveille.
him said wonder(ful things)

Phileas Fogg accepta la gibelotte et la goûta consciencieusement ; mais,
Phileas Fogg accepted the stew and it tasted conscientiously ; but

en dépit de sa sauce épicée, il la trouva détestable.
in spite of its sauce spicy he it found detestable

Il sonna le maître d'hôtel.
He sounded the master of hotel
rang for waiter

« Monsieur, lui dit-il en le regardant fixement, c'est du lapin, cela ?
Sir him said he in him watching fixedly it is of the rabbit that ?

-- Oui, mylord, répondit effrontément le drôle, du lapin des
– Yes my lord answered impudently the funny (man) of the rabbit of the

jungles.
jungles

-- Et ce lapin-là n'a pas miaulé quand on l'a tué ?
– And this rabbit then not has -not- meowed when one him has killed ?

-- Miaulé ! Oh ! mylord ! un lapin ! Je vous jure...
– Meowed ! Oh ! my lord ! a rabbit ! I you swear

-- Monsieur le maître d'hôtel, reprit froidement Mr. Fogg, ne jurez
– Mr. the master hotel continued coldly Mr. Fogg not swear
waiter

pas et rappelez-vous ceci : autrefois, dans l'Inde, les chats
-not- and remember you this : (the) other time in -the- India -the- cats
in the olden days

étaient considérés comme des animaux sacrés. C'était le bon temps.
were considered like -of the- animals blessed It was the good time
respected

-- Pour les chats, mylord ?
– For the cats my lord ?

-- Et peut-être aussi pour les voyageurs ! »
– And maybe also for the travelers !

Cette observation faite, Mr. Fogg continua tranquillement à dîner.
This observation made Mr. Fogg continued quietly at dinner

Quelques instants après Mr. Fogg, l'agent Fix avait, lui aussi, débarqué
Some moments after Mr. Fogg the agent Fix had him also disembarked

du Mongolia et couru chez le directeur de la police de Bombay.
from the Mongolia and run with to the director of the police of Bombay

Il fit reconnaître sa qualité de détective, la mission dont il était
He made to recognize known his quality of detective the mission of which he was

chargé, sa situation vis-à-vis de l'auteur présumé du vol. Avait-on
charged his situation vis-a-vis of the author presumed of the theft Had they

reçu de Londres un mandat d'arrêt ?... On n'avait rien reçu. Et,
received from London a mandate of arrest ?... One not had nothing received And

en effet, le mandat, parti après Fogg, ne pouvait être encore arrivé.
in effect the mandate left after Fogg not could be have still already arrived

Fix resta fort décontenancé. Il voulut obtenir du directeur un
Fix remained very taken aback He wanted to obtain from the director an

ordre d'arrestation contre le sieur Fogg. Le directeur refusa. L'affaire
order of arrest against the Sir Fogg The director refused The case

regardait l'administration métropolitaine, et celle-ci seule pouvait légalement
concerned the administration metropolitan and that one alone could legally

délivrer un mandat. Cette sévérité de principes, cette observance rigoureuse
issue a mandate This severity of principles this observance rigorous

de la légalité est parfaitement explicable avec les moeurs anglaises, qui,
of the legality is perfectly explicable with the manners English who

en matière de liberté individuelle, n'admettent aucun arbitraire.
in material of freedom individual not admit any arbitrary randomness

Fix n'insista pas et comprit qu'il devait se résigner à attendre
Fix not insisted -not- and understood that he must himself resign to to await

son mandat. Mais il résolut de ne point perdre de vue son
his mandate But he resolved of not at all to lose from sight his

impénétrable coquin, pendant tout le temps que celui-ci demeurerait à
impenetrable rascal during all the time that that one remained at in

Bombay. Il ne doutait pas que Phileas Fogg n'y séjournât, et, on
Bombay He not doubted -not- that Phileas Fogg not there stayed over and one

le sait, c'était aussi la conviction de Passepartout, -- ce qui laisserait
it knows It was also the conviction of Passepartout – this who left

au mandat d'arrêt le temps d'arriver.
to the mandate of arrest the time -of- to arrive

Mais depuis les derniers ordres que lui avait donnés son maître en
But after the last orders that him had given his master in

quittant le Mongolia, Passepartout avait bien compris qu'il en serait
leaving the Mongolia Passepartout had well understood that he it would be

de Bombay comme de Suez et de Paris, que le voyage ne finirait
of with Bombay like with Suez and with Paris that the journey not would end

pas ici, qu'il se poursuivrait au moins jusqu'à Calcutta, et
-not- here that he himself continued at the least until Calcutta and

peut-être plus loin. Et il commença à se demander si ce pari de
maybe more far farther And he started to himself ask if this bet of

Mr. Fogg n'était pas absolument sérieux, et si la fatalité ne
Mr. Fogg not was -not- absolutely serious and if the fatality not

l'entraînait pas, lui qui voulait vivre en repos, à accomplir le tour
him pulled along -not- him who wanted to live in rest peace to accomplish the tour trip around

du monde en quatre-vingts jours !
of the world in eighty days !

En attendant, et après avoir fait acquisition de quelques chemises et
In awaiting and after to have made acquisition of some shirts and

chaussettes, il se promenait dans les rues de Bombay. Il y avait
socks he -himself- walked in the streets of Bombay It there had There was a

grand concours de populaire, et, au milieu d'Européens de toutes
large contest mass of popular populace and at the middle of Europeans of all

nationalités, des Persans à bonnets pointus, des Bunhyas à turbans
nationalities of the Persian at with caps sharp of the the Bunhyas at with turbans

ronds, des Sindes à bonnets carrés, des Arméniens en longues robes,
round of the the Sindes at with caps squares of the the Armenians in long robes

des Parsis à mitre noire. C'était précisément une fête célébrée par ces
of the Parsis at miter black It was exactly a feast celebrated by these

Parsis ou Guèbres, descendants directs des sectateurs de Zoroastre, qui
Parsis or Guebres progeny direct of the followers of Zoroaster who

sont les plus industrieux, les plus civilisés, les plus intelligents, les plus
are the most industrious the most civilized the most smart the most

austères des Indous, -- race à laquelle appartiennent actuellement les
austere of the Hindus – race to which belong currently the

riches négociants indigènes de Bombay. Ce jour-là, ils célébraient une
rich traders native of Bombay This day there they celebrated a

sorte de carnaval religieux, avec processions et divertissements, dans
kind of carnival religious with processions and entertainments in

lesquels figuraient des bayadères vêtues de gazes roses brochées d'or
which appeared -of the- Bayaderes dressed of gauzes red brocaded with gold
in

et d'argent, qui, au son des violes et au bruit des tam-tams,
and with silver who at the sound of the violins and at the noise of the drums

dansaient merveilleusement, et avec une décence parfaite, d'ailleurs.
danced wonderfully and with a decency perfect besides

Si Passepartout regardait ces curieuses cérémonies, si ses yeux et ses
If Passepartout watched these curious ceremonies if his eyes and his

oreilles s'ouvraient démesurément pour voir et entendre, si son air,
ears -themselves- opened disproportionately for to see and to hear if his air

sa physionomie était bien celle du « booby » le plus neuf qu'on
his aspect was well that of the booby the more nine that one

pût imaginer, il est superflu d'y insister ici.
could imagine it is superfluous of there to insist here
of it

Malheureusement pour lui et pour son maître, dont il risqua de
Unfortunately for him and for his master of which he risked of

compromettre le voyage, sa curiosité l'entraîna plus loin qu'il ne
to jeopardize the journey his curiosity dragged him more far than it -not-
farther

convenait.
suited

En effet, après avoir entrevu ce carnaval parsi, Passepartout se
In effect after to have glimpsed this carnival (of the) Parsee Passepartout himself

dirigeait vers la gare, quand, passant devant l'admirable pagode de
headed towards the station when passing in front of the admirable pagoda of

Malebar-Hill, il eut la malencontreuse idée d'en visiter l'intérieur.
Malabar hill he had the misguided idea of of it to visit the interior

Il ignorait deux choses : d'abord que l'entrée de certaines pagodes
He did not know two things : initially that the entrance of certain pagodas

indoues est formellement interdite aux chrétiens, et ensuite que
(of the) Hindu is formally prohibited to the Christians and subsequently that

les croyants eux-mêmes ne peuvent y pénétrer sans avoir laissé
the believers themselves not can there enter without to have left

leurs chaussures à la porte. Il faut remarquer ici que, par raison
their shoes at the door It is necessary to notice here that by reason

de saine politique, le gouvernement anglais, respectant et faisant
of healthy politics the government English respecting and making

respecter jusque dans ses plus insignifiants détails la religion du pays,
to respect up to in its more insignificant details the religion of the country

punit sévèrement quiconque en viole les pratiques.
punishes severely whoever of it violates the practices

Passepartout, entré là, sans penser à mal, comme un simple touriste,
Passepartout entered there without think to evil like a simple tourist
of

admirait, à l'intérieur de Malebar-Hill, ce clinquant éblouissant de
admired at the interior of Malabar hill this tinsel dazzling of

l'ornementation brahmanique, quand soudain il fut renversé sur les dalles
the ornamentation brahminical when suddenly he was reversed on the slabs
thrown down

sacrées. Trois prêtres, le regard plein de fureur, se précipitèrent
sacred Three priests him looked at full of fury themselves rushed

sur lui, arrachèrent ses souliers et ses chaussettes, et commencèrent à
on him tore his shoes and his socks and began to

le rouer de coups, en proférant des cris sauvages.
him beat up with blows in uttering -of the- cries wild

Le Français, vigoureux et agile, se releva vivement. D'un coup de
The French(man) vigorous and agile himself raised lively with a blow of
quickly

poing et d'un coup de pied, il renversa deux de ses adversaires, fort
fist and of a strike of foot he turned over two of his opponents very

empêtrés dans leurs longues robes, et, s'élançant hors de la pagode
entangled in their long robes and himself launching out of the pagoda
darting

de toute la vitesse de ses jambes, il eut bientôt distancé le troisième
with all the speed of his legs he had soon distanced the third

Indou, qui s'était jeté sur ses traces, en ameutant la foule.
Hindu who himself was thrown on his trail while rioting the crowd
himself had firing up

A huit heures moins cinq, quelques minutes seulement avant le départ
At eight hours minus five some minutes only before the departure

du train, sans chapeau, pieds nus, ayant perdu dans la bagarre le
of the train without hat feet bare having lost in the fight the

paquet contenant ses emplettes, Passepartout arrivait à la gare du
package containing his shopping Passepartout arrived at the station of the

chemin de fer.
way of iron
railroad

Fix était là, sur le quai d'embarquement. Ayant suivi le sieur
Fix was there on the platform of boarding Having followed -the- Sir

Fogg à la gare, il avait compris que ce coquin allait quitter Bombay.
Fogg to the station he had understood that this rascal went to leave Bombay

Son parti fut aussitôt pris de l'accompagner jusqu'à Calcutta et plus
His part was immediately taken of him to accompany until Calcutta and more
action

loin s'il le fallait. Passepartout ne vit pas Fix, qui se tenait
far if it him was necessary Passepartout not saw -not- Fix who himself kept

dans l'ombre, mais Fix entendit le récit de ses aventures, que
in the shade But Fix heard the story of his adventures that

Passepartout narra en peu de mots à son maître.
Passepartout told in few of words to his master

« J'espère que cela ne vous arrivera plus », répondit simplement
I hope that that not you will arrive (any)more answered simply
will happen

Phileas Fogg, en prenant place dans un des wagons du train.
Phileas Fogg in taking place in one of the cars of the train

Le pauvre garçon, pieds nus et tout déconfit, suivit son maître sans
The poor boy feet bare and all discomfited followed his master without

mot dire.
(a) word to say

Fix allait monter dans un wagon séparé, quand une pensée le retint
Fix went to climb in a car separate when a thought him kept back

et modifia subitement son projet de départ.
and changed suddenly his project of departure

« Non, je reste, se dit-il. Un délit commis sur le territoire
No I stay himself said he An offense committed on the territory

indien... Je tiens mon homme. »
Indian I have my man

En ce moment, la locomotive lança un vigoureux sifflet, et le train
In this moment the locomotive launched a vigorous whistle and the train

disparut dans la nuit.
disappeared in the night

11 - Chapitre XI

OÙ PHILEAS FOGG ACHÈTE UNE MONTURE A UN PRIX FABULEUX
Where Phileas Fogg bought a mount at a price fabulous

Le train était parti à l'heure réglementaire. Il emportait un certain
The train was had left at the hour regular It carried a certain

nombre de voyageurs, quelques officiers, des fonctionnaires civils et
number count of travelers some officers -of the- officials civilians and

des négociants en opium et en indigo, que leur commerce appelait
-of the- traders in opium and in indigo that because their trade called

dans la partie orientale de la péninsule.
in the part eastern of the peninsula

Passepartout occupait le même compartiment que son maître. Un
Passepartout occupied the same compartment as his master A

troisième voyageur se trouvait placé dans le coin opposé.
third traveller himself found placed in the corner opposite

C'était le brigadier général, Sir Francis Cromarty, l'un des partenaires
It was the brigadier general Sir Francis Cromarty -the- one of the partners

de Mr. Fogg pendant la traversée de Suez à Bombay, qui rejoignait ses
of Mr. Fogg during the crossing of Suez to Bombay who joined his

troupes cantonnées auprès de Bénarès.
troops billeted close of Benares

Sir Francis Cromarty, grand, blond, âgé de cinquante ans environ, qui
Sir Francis Cromarty tall blonde aged of fifty years approximately who

s'était fort distingué pendant la dernière révolte des cipayes, eût
himself was himself had strongly distinguished during the last revolt of the sepoys had

véritablement mérité la qualification d'indigène. Depuis son jeune âge, il
truly deserved the qualification of native Since his young age he

habitait l'Inde et n'avait fait que de rares apparitions dans son
inhabited -the- India and not had made than of rare appearances in his

pays natal. C'était un homme instruit, qui aurait volontiers donné
country native It was a man instructed who would have willingly given
literate

des renseignements sur les coutumes, l'histoire, l'organisation du pays
-of the- information on the usages the history the organization of the country

indou, si Phileas Fogg eût été homme à les demander. Mais ce
Hindu if Phileas Fogg had been man to it ask But this

gentleman ne demandait rien. Il ne voyageait pas, il décrivait une
gentleman not asked nothing He not traveled -not- he described a

circonférence. C'était un corps grave, parcourant une orbite autour du
circumference It was a body serious browsing an orbit around -of the-

globe terrestre, suivant les lois de la mécanique rationnelle. En ce
world earthly following the laws of the mechanism rational In this
robot

moment, il refaisait dans son esprit le calcul des heures dépensées
moment he remade in his mind the calculation of the hours spent

depuis son départ de Londres, et il se fût frotté les mains, s'il
since his departure of London and he himself was rubbed the hands if it
had

eût été dans sa nature de faire un mouvement inutile.
had been in his nature of to make a movement useless

Sir Francis Cromarty n'était pas sans avoir reconnu l'originalité de
Sir Francis Cromarty not was -not- without to have recognized the originality of

son compagnon de route, bien qu'il ne l'eût étudié que les cartes
his companion of road well that he not him had studied than (with) the cards
travel

à la main et entre deux robres. Il était donc fondé à se
at the hand and between two games He was then based to himself
justified

demander si un coeur humain battait sous cette froide enveloppe, si
ask if a heart human beat under this cold envelope if

Phileas Fogg avait une âme sensible aux beautés de la nature, aux
Phileas Fogg had a soul sensitive to the beauties of -the- nature to the

aspirations morales. Pour lui, cela faisait question. De tous les originaux
aspirations morals For him that made question Of all the originals
moral aspirations was important

que le brigadier général avait rencontrés, aucun n'était comparable à
that the brigadier general had encountered none -not- was comparable to

ce produit des sciences exactes.
this product of the science exact
exact sciences

Phileas Fogg n'avait point caché à Sir Francis Cromarty son projet de
Phileas Fogg not had at all hidden for Sir Francis Cromarty his project of

voyage autour du monde, ni dans quelles conditions il l'opérait. Le
journey around of the world nor in which conditions he it operated it executed The

brigadier général ne vit dans ce pari qu'une excentricité sans but utile
brigadier general not saw in this bet than an eccentricity without goal useful

et à laquelle manquerait nécessairement le transire benefaciendo qui
and to which would miss necessarily the surplus beneficial {latin} which

doit guider tout homme raisonnable. Au train dont marchait le
must guide all man reasonable At the pace of which marched the

bizarre gentleman, il passerait évidemment sans « rien faire », ni
bizarre gentleman he would pass obviously without nothing to do neither

pour lui, ni pour les autres.
for him nor for the others

Une heure après avoir quitté Bombay, le train, franchissant les viaducs,
An hour after to have left Bombay the train crossing the viaducts

avait traversé l'île Salcette et courait sur le continent. A la station
had traversed the island Salcette and ran on the continent At the station

de Callyan, il laissa sur la droite l'embranchement qui, par Kandallah et
of Callyan it left on the right the junction which by Kandallah and

Pounah, descend vers le sud-est de l'Inde, et il gagna la station
Poonah descended towards the south east of -the- India and it gained reached the station

de Pauwell. A ce point, il s'engagea dans les montagnes très ramifiées
of Pauwell At this point it itself engaged moved in the mountains very branched

des Ghâtes-Occidentales, chaînes à base de trapp et de basalte, dont
of the Western ghats chains at base of trap and of basalt of which

les plus hauts sommets sont couverts de bois épais.
the more high peaks are covered with woods thick

De temps à autre, Sir Francis Cromarty et Phileas Fogg échangeaient
From time to other time Sir Francis Cromarty and Phileas Fogg exchanged

quelques paroles, et, à ce moment, le brigadier général, relevant une
some words and at this moment the brigadier general re-rising restarting a

conversation qui tombait souvent, dit :
conversation which fell often said :

« Il y a quelques années, monsieur Fogg, vous auriez éprouvé en
It there has some years Sir Fogg you would have experienced in
It has been

cet endroit un retard qui eût probablement compromis votre itinéraire.
this place a delay which had probably compromised your itinerary

-- Pourquoi cela, Sir Francis ?
– Why that Sir Francis ?

-- Parce que le chemin de fer s'arrêtait à la base de ces
– Because that the way of iron itself halted at the base of these
railroad

montagnes, qu'il fallait traverser en palanquin ou à dos de
mountains that it was necessary to cross in palanquin or at (the) back of

poney jusqu'à la station de Kandallah, située sur le versant opposé.
pony until the station of Kandallah located on the side opposite

-- Ce retard n'eût aucunement dérangé l'économie de mon programme,
– This delay not had not at all disturbed the economy of my program

répondit Mr. Fogg. Je ne suis pas sans avoir prévu l'éventualité de
answered Mr. Fogg I not am -not- without to have preseen the eventuality of
planned

certains obstacles.
certain obstacles

-- Cependant, monsieur Fogg, reprit le brigadier général, vous risquiez
– However Mr. Fogg continued the brigadier general you risked

d'avoir une fort mauvaise affaire sur les bras avec l'aventure de ce
of to have a very bad business on the arm with the adventure of this

garçon. »
boy

Passepartout, les pieds entortillés dans sa couverture de voyage, dormait
Passepartout the feet wrapped in his cover of journey slept
blanket

profondément et ne rêvait guère que l'on parlât de lui.
deeply and not dreamed hardly that -it- they spoke of him

« Le gouvernement anglais est extrêmement sévère et avec raison pour
The government English is extremely severe and with reason for

ce genre de délit, reprit Sir Francis Cromarty. Il tient par-dessus tout
this sort of offense continued Sir Francis Cromarty It holds above all

à ce que l'on respecte les coutumes religieuses des Indous, et si
to this that -it- one respects the usages religious of the Hindus and if

votre domestique eût été pris...
your servant had been taken

-- Eh bien, s'il eût été pris, Sir Francis, répondit Mr. Fogg, il
– Eh well if he had been taken Sir Francis answered Mr. Fogg he

aurait été condamné, il aurait subi sa peine, et puis il
would have been condemned he would have undergone his pain and then he

serait revenu tranquillement en Europe. Je ne vois pas en quoi cette
would be would have come back quietly in Europe I not see -not- in what this

affaire eût pu retarder son maître ! »
business had been able to delay his master !

Et, là-dessus, la conversation retomba. Pendant la nuit, le train franchit
And there upon the conversation fell back died down During the night the train crossed

les Ghâtes, passa à Nassik, et le lendemain, 21 octobre, il s'élançait
the Ghats passed to Nassik and the following day 21 October it launched itself

à travers un pays relativement plat, formé par le territoire du
-to- through a country relatively flat formed by the territory of the

Khandeish. La campagne, bien cultivée, était semée de bourgades,
Khandeish The countryside well cultivated was sown with villages

au-dessus desquelles le minaret de la pagode remplaçait le clocher de
above of which the minaret of the pagoda replaced the bell tower of

l'église européenne. De nombreux petits cours d'eau, la plupart
the church European -Of- numerous small streams of water (for) the largest part

affluents ou sous-affluents du Godavery, irriguaient cette contrée fertile.
tributaries or sub-tributaries of the Godavery irrigated this country fertile

Passepartout, réveillé, regardait, et ne pouvait croire qu'il traversait le
Passepartout woken up watched and not could believe that he crossed the

pays des Indous dans un train du « Great peninsular railway ». Cela
country of the Hindus in a train of the Great peninsular railway That

lui paraissait invraisemblable. Et cependant rien de plus réel ! La
him appeared unlikely And however nothing -of- more real ! The

locomotive, dirigée par le bras d'un mécanicien anglais et chauffée de
locomotive directed by the arm of a mechanic English and heated by

houille anglaise, lançait sa fumée sur les plantations de caféiers, de
coal English launched its smoke on the plantations of coffee of

muscadiers, de girofliers, de poivriers rouges. La vapeur se contournait
nutmeg of clove of pepper red The vapor itself turned

en spirales autour des groupes de palmiers, entre lesquels apparaissaient
in spirals around of the groups of palm trees between which appeared

de pittoresques bungalows, quelques viharis, sortes de monastères
-of- picturesque bungalows some viharis kinds of monasteries

abandonnés, et des temples merveilleux qu'enrichissait l'inépuisable
abandoned and -of the- temples wonderful that enriched the inexhaustible

ornementation de l'architecture indienne. Puis, d'immenses étendues de
ornamentation of the architecture Indian Then -of- immense expanses of

terrain se dessinaient à perte de vue, des jungles où ne
terrain itself drew at loss of sight -of the- jungles where not
as far as one could see

manquaient ni les serpents ni les tigres qu'épouvantaient les
lacked neither the snakes nor the tigers that scared the
that were scared by

hennissements du train, et enfin des forêts, fendues par le tracé de
neighing of the train and finally -of the- forests split by the track of

la voie, encore hantées d'éléphants, qui, d'un oeil pensif, regardaient
the way still haunted by elephant who with an eye thoughtful watched

passer le convoi échevelé.
pass the convoy frenzied

Pendant cette matinée, au-delà de la station de Malligaum, les voyageurs
During this morning beyond of the station of Malligaum the travelers

traversèrent ce territoire funeste, qui fut si souvent ensanglanté par les
crossed this territory fatal which was so often bloodied by the

sectateurs de la déesse Kâli. Non loin s'élevaient Ellora et ses pagodes
followers of the goddess Kali Not far itself rose Ellora and its pagodas

admirables, non loin la célèbre Aurungabad, la capitale du farouche
admirable not far the popular Aurungabad the capital of the savage

Aureng-Zeb, maintenant simple chef-lieu de l'une des provinces
Aurangzeb now simple capital of -the- one of the provinces

détachées du royaume du Nizam. C'était sur cette contrée que
detached from the kingdom of the Nizam It was on this country that

Feringhea, le chef des Thugs, le roi des Étrangleurs, exerçait sa
Feringhea the chef of the Thugs the king of the Stranglers exercised his

domination. Ces assassins, unis dans une association insaisissable,
domination These assassins united in an association elusive

étranglaient, en l'honneur de la déesse de la Mort, des victimes de
strangled in the honor of the goddess of the Death -of the- victims of

tout âge, sans jamais verser de sang, et il fut un temps où l'on
all age(s) without ever to spill -of- blood and it was a time where it one

ne pouvait fouiller un endroit quelconque de ce sol sans y
not could search a place any of this ground without there

trouver un cadavre. Le gouvernement anglais a bien pu empêcher
to find a corpse The government English has well been able to prevent

ces meurtres dans une notable proportion, mais l'épouvantable association
these murders in a notable proportion But the terrible association

existe toujours et fonctionne encore.
exists always and works still

A midi et demi, le train s'arrêta à la station de Burhampour, et
At noon and (a) half the train -itself- stopped at the station of Burhampour and

Passepartout put s'y procurer à prix d'or une paire de
Passepartout could himself there acquire at price of gold a pair of

babouches, agrémentées de perles fausses, qu'il chaussa avec un
slippers decorated with pearls false that he shod with a

sentiment d'évidente vanité.
feeling of obvious vanity

Les voyageurs déjeunèrent rapidement, et repartirent pour la station
The travelers breakfasted quickly and departed for the station

d'Assurghur, après avoir un instant côtoyé la rive du Tapty, petit
of assurghur after to have a moment coasted the shore of the Tapty (a) little

fleuve qui va se jeter dans le golfe de Cambaye, près de Surate.
river which goes itself throw in the gulf of Cambay near of Sura

Il est opportun de faire connaître quelles pensées occupaient alors
It is opportune of to make to know which thoughts occupied then

l'esprit de Passepartout. Jusqu'à son arrivée à Bombay, il avait cru
the spirit of Passepartout Until his arrival at Bombay he had believed

et pu croire que ces choses en resteraient là. Mais maintenant,
and been able to believe that these things of it remain there But now

depuis qu'il filait à toute vapeur à travers l'Inde, un revirement
since that he filed at all vapor -to- through -the- India a reversal
moved

s'était fait dans son esprit. Son naturel lui revenait au galop. Il
itself was made in his mind His natural him returned at the gallop He
itself had

retrouvait les idées fantaisistes de sa jeunesse, il prenait au sérieux
found the ideas whimsical of his youth he took -at the- serious

les projets de son maître, il croyait à la réalité du pari,
the projects of his master he believed at the reality of the bet
in

conséquemment à ce tour du monde et à ce maximum de temps,
consequently at this turn of the world and at this maximum of time

qu'il ne fallait pas dépasser. Déjà même, il s'inquiétait des
that it -not- was necessary not to exceed Already even he himself worried of the

retards possibles, des accidents qui pouvaient survenir en route. Il
delays possible of the accidents which could occur on (the) road He

se sentait comme intéressé dans cette gageure, et tremblait à la
himself felt as if interested in this challenge and shaking at the

pensée qu'il avait pu la compromettre la veille par son
thought that he had been able it to jeopardize the evening before by his

impardonnable badauderie. Aussi, beaucoup moins flegmatique que Mr. Fogg,
unforgivable rubbernecking Also much less phlegmatic than Mr. Fogg
stolid

il était beaucoup plus inquiet. Il comptait et recomptait les jours
he was much more restless He counted and recounted the days

écoulés, maudissait les haltes du train, l'accusait de lenteur et blâmait
passed cursed the stops of the train it accused of slowness and blamed

in petto Mr. Fogg de n'avoir pas promis une prime au
in chest Mr. Fogg of not to have -not- promised a premium to the
secret

mécanicien. Il ne savait pas, le brave garçon, que ce qui était
engineer (of the train) He not knew -not- the dear boy that this which was

possible sur un paquebot ne l'était plus sur un chemin de fer,
possible on a packet-boat not it was (any)more on a way of iron
ocean liner railroad

dont la vitesse est réglementée.
of which the speed is regulated

Vers le soir, on s'engagea dans les défilés des montagnes de
Towards the evening one itself started in the parades of the mountains of

Sutpour, qui séparent le territoire du Khandeish de celui du
Sutpour which separate the territory of the Khandeish of the one of the

Bundelkund.
Bundelcund

Le lendemain, 22 octobre, sur une question de Sir Francis Cromarty,
The following day 22 October on a question of Sir Francis Cromarty

Passepartout, ayant consulté sa montre, répondit qu'il était trois heures
Passepartout having consulted his watch answered that it was three hours

du matin. Et, en effet, cette fameuse montre, toujours réglée sur le
of the / in the morning And in effect this famous watch always adjusted on the

méridien de Greenwich, qui se trouvait à près de soixante-dix-sept
meridian of Greenwich which itself found to near of seventy-seven

degrés dans l'ouest, devait retarder et retardait en effet de quatre
degrees in the west must delay and delayed in effect by four

heures.
hours

Sir Francis rectifia donc l'heure donnée par Passepartout, auquel il fit
Sir Francis corrected then the hour given by Passepartout at which he made

la même observation que celui-ci avait déjà reçue de la part de
the same observation that that one had already received from the side of

Fix. Il essaya de lui faire comprendre qu'il devait se régler sur
Fix He tried of him to make understand that he must himself adjust on

chaque nouveau méridien, et que, puisqu'il marchait constamment vers
each new meridian and that because he marched / moved constantly towards

l'est, c'est-à-dire au-devant du soleil, les jours étaient plus courts
the east that is to say at the front / in front of the sun the days were more short

d'autant de fois quatre minutes qu'il y avait de degrés parcourus.
of as much / all the -of- time four minutes that he there had of degrees traveled

Ce fut inutile. Que l'entêté garçon eût compris ou non l'observation
This was useless That / Whether the stubborn boy had understood or not the remark

du brigadier général, il s'obstina à ne pas avancer sa montre,
of the brigadier general he himself persisted to not -not- move forward his watch

qu'il maintint invariablement à l'heure de Londres. Innocente manie,
that he maintained invariably at the hour of London Innocent craze

d'ailleurs, et qui ne pouvait nuire à personne.
besides and which not could harm to person

A huit heures du matin et à quinze milles en avant de la station
At eight hours of the morning and at fifteen miles -in- before of the station

de Rothal, le train s'arrêta au milieu d'une vaste clairière, bordée de
of Rothal the train stopped at the in the middle of a vast clearing boarded of

quelques bungalows et de cabanes d'ouvriers. Le conducteur du train
some bungalows and of cabins of workers The driver of the train

passa devant la ligne des wagons en disant :
passed in front of the line of the cars in saying :

« Les voyageurs descendent ici. »
The travelers descend here

Phileas Fogg regarda Sir Francis Cromarty, qui parut ne rien
Phileas Fogg looked at Sir Francis Cromarty who appeared not -nothing-

comprendre à cette halte au milieu d'une forêt de tamarins et de
to understand -to- this stop at the middle of a forest of tamarinds and of

khajours.
khajours

Passepartout, non moins surpris, s'élança sur la voie et revint presque
Passepartout not less surprised sprang on the track and returned almost

aussitôt, s'écriant :
immediately exclaiming :

« Monsieur, plus de chemin de fer !
Sir (no) more of way of iron !

-- Que voulez-vous dire ? demanda Sir Francis Cromarty.
— What want you say ? asked Sir Francis Cromarty

-- Je veux dire que le train ne continue pas ! »
— I want to say that the train not continues -not- !

Le brigadier général descendit aussitôt de wagon. Phileas Fogg le
The brigadier general descended immediately from (the) car Phileas Fogg him

suivit, sans se presser. Tous deux s'adressèrent au conducteur
followed without himself to hasten All Both two themselves addressed at the driver

:
:

« Où sommes-nous ? demanda Sir Francis Cromarty.
Where are we ? asked Sir Francis Cromarty

-- Au hameau de Kholby, répondit le conducteur.
— At the hamlet of Kholby answered the driver

-- Nous nous arrêtons ici ?
— We ourselves stop here ?

-- Sans doute. Le chemin de fer n'est point achevé...
— Without doubt The way of iron not is at all completed
railroad totally

-- Comment ! il n'est point achevé ?
— How ! It not is at all completed ?
totally

-- Non ! il y a encore un tronçon d'une cinquantaine de milles à
— No ! it there has still a section of a fifty -of- miles to

établir entre ce point et Allahabad, où la voie reprend.
establish between this point and Allahabad where the way resumes

-- Les journaux ont pourtant annoncé l'ouverture complète du railway
— The newspapers have however announced the opening complete of the railway

!
!

-- Que voulez-vous, mon officier, les journaux se sont trompés.
— That want you my officer the newspapers themselves are deceived

-- Et vous donnez des billets de Bombay à Calcutta ! reprit Sir
— And you give -of the- tickets from Bombay to Calcutta ! continued Sir

Francis Cromarty, qui commençait à s'échauffer.
Francis Cromarty who began to warm up

-- Sans doute, répondit le conducteur, mais les voyageurs savent bien
— Without doubt answered the driver But the travelers know well

qu'ils doivent se faire transporter de Kholby jusqu'à Allahabad.
that they have to themselves to make transport from Kholby until Allahabad
(move)

»

Sir Francis Cromarty était furieux. Passepartout eût volontiers assommé
Sir Francis Cromarty was furious Passepartout had willingly stunned
would have knocked out

le conducteur, qui n'en pouvait mais. Il n'osait regarder son maître.
the driver who not of it could But He did not dare to look at his master

« Sir Francis, dit simplement Mr. Fogg, nous allons, si vous le voulez
Sir Francis said simply Mr. Fogg we go if you it want

bien, aviser au moyen de gagner Allahabad.
well advise at the means of to win Allahabad
of the to reach

-- Monsieur Fogg, il s'agit ici d'un retard absolument préjudiciable à
– Sir Fogg it itself deals here of a delay absolutely detrimental to

vos intérêts ?
your interests ?

-- Non, Sir Francis, cela était prévu.
– No Sir Francis that was planned

-- Quoi ! vous saviez que la voie...
– What ! you knew that the way

-- En aucune façon, mais je savais qu'un obstacle quelconque surgirait
– In no way but I knew that an obstacle any would arise

tôt ou tard sur ma route. Or, rien n'est compromis. J'ai deux
early or late on my road However nothing not is compromised I have two

jours d'avance à sacrifier. Il y a un steamer qui part de Calcutta
days of advance to sacrifice It there has a steamer which leaves from Calcutta
There is

pour Hong-Kong le 25 à midi. Nous ne sommes qu'au 22, et
for Hong kong the 25th at noon We not are than at the 22nd and

nous arriverons à temps à Calcutta. »
we will arrive at time at Calcutta

Il n'y avait rien à dire à une réponse faite avec une si
It not there had nothing to say to a response made with a such
There was nothing

complète assurance.
complete assurance

Il n'était que trop vrai que les travaux du chemin de fer
It not was than too true that the works of the way of iron
It was only too true railroad

s'arrêtaient à ce point. Les journaux sont comme certaines montres
themselves stopped at this point The newspapers are like certain watches

qui ont la manie d'avancer, et ils avaient prématurément annoncé
who have the craze of to advance and they had prematurely announced

l'achèvement de la ligne. La plupart des voyageurs connaissaient cette
the completion of the line The largest part of the travelers knew this

interruption de la voie, et, en descendant du train, ils s'étaient
interruption of the way and in descending from the train they themselves were had

emparés des véhicules de toutes sortes que possédait la bourgade,
seized -of- the vehicles of all kinds that possessed the village

palkigharis à quatre roues, charrettes traînées par des zébus, sortes de
palkigharis at four wheels carts pulled by -of the- zebu's kinds of

boeufs à bosses, chars de voyage ressemblant à des pagodes
oxen at with bumps tanks of journey resembling -at- -of the- pagodas

ambulantes, palanquins, poneys, etc. Aussi Mr. Fogg et Sir Francis
ambulant palanquins ponies etc Also Mr. Fogg and Sir Francis

Cromarty, après avoir cherché dans toute la bourgade, revinrent-ils sans
Cromarty after to have sought in all the village they returned without

avoir rien trouvé.
to have nothing found

« J'irai à pied », dit Phileas Fogg.
I will go at foot said Phileas Fogg

Passepartout qui rejoignait alors son maître, fit une grimace significative,
Passepartout who joined then his master made a frown significant

en considérant ses magnifiques mais insuffisantes babouches. Fort
in while considering his splendid But inadequate slippers Very

heureusement il avait été de son côté à la découverte, et en hésitant
fortunately it had been of his side at the discovery and in hesitating

un peu :
a bit :

« Monsieur, dit-il, je crois que j'ai trouvé un moyen de transport.
Sir said he I believe that I have found a means of transport

-- Lequel ?
— Which ?

-- Un éléphant ! Un éléphant qui appartient à un Indien logé à
— An elephant ! An elephant which belongs to an Indian lodged at

cent pas d'ici.
hundred steps from here

-- Allons voir l'éléphant », répondit Mr. Fogg.
— (Let's) go see the elephant answered Mr. Fogg

Cinq minutes plus tard, Phileas Fogg, Sir Francis Cromarty et
Five minutes more late Phileas Fogg Sir Francis Cromarty and
later

Passepartout arrivaient près d'une hutte qui attenait à un enclos fermé
Passepartout arrived near -of a- hut which adjoined at an enclosure closed

de hautes palissades. Dans la hutte, il y avait un Indien, et dans
by high palisades In the hut it there had an Indian and in
there was

l'enclos, un éléphant. Sur leur demande, l'Indien introduisit Mr. Fogg et
the pen an elephant On their request the Indian introduced Mr. Fogg and

ses deux compagnons dans l'enclos.
his two companions in the pen

Là, ils se trouvèrent en présence d'un animal, à demi
There they themselves found in presence of an animal -at- half

domestiqué, que son propriétaire élevait, non pour en faire une bête
domesticated that his owner raised not for in to make an animal

de somme, mais une bête de combat. Dans ce but, il avait commencé
of burden but an animal of fight In this goal he had started

à modifier le caractère naturellement doux de l'animal, de façon à le
to change the character naturally sweet of the animal of way to it

conduire graduellement à ce paroxysme de rage appelé « mutsh » dans
lead gradually to this paroxysm of rage called mutsh in

la langue indoue, et cela, en le nourrissant pendant trois mois de
the language Hindu and that in the feeding during three months of

sucre et de beurre. Ce traitement peut paraître impropre à donner un
sugar and of butter This treatment can seem unfit to give a

tel résultat, mais il n'en est pas moins employé avec succès par les
such result but it not of it is -not- less used with success by the

éleveurs. Très heureusement pour Mr. Fogg, l'éléphant en question
breeders Very fortunately for Mr. Fogg the elephant in question

venait à peine d'être mis à ce régime, et le « mutsh » ne s'était
came at pain to be put to this diet and the mutsh not itself was
had been hardly had

point encore déclaré.
at all still declared
yet

Kiouni -- c'était le nom de la bête -- pouvait, comme tous ses
Kiouni – It was the name of the animal – could like all his

congénères, fournir pendant longtemps une marche rapide, et, à défaut
congeners provide during (a) long time a march rapid and at fault lacking

d'autre monture, Phileas Fogg résolut de l'employer.
-of- other mount Phileas Fogg resolved of it to use to use it

Mais les éléphants sont chers dans l'Inde, où ils commencent à
But the elephants are expensive in -the- India where they begin to

devenir rares. Les mâles, qui seuls conviennent aux luttes des cirques,
become rare The males which only are suitable for the strife of the circuses

sont extrêmement recherchés. Ces animaux ne se reproduisent que
are extremely researched wanted These animals not themselves breed than

rarement, quand ils sont réduits à l'état de domesticité, de telle sorte
rarely when they are reduced to the state of domesticity of such kind

qu'on ne peut s'en procurer que par la chasse. Aussi sont-ils
that one not can itself of it acquire than by the hunt Also are they

l'objet de soins extrêmes, et lorsque Mr. Fogg demanda à l'Indien s'il
the object of cares extreme and when Mr. Fogg asked to of the Indian if he

voulait lui louer son éléphant, l'Indien refusa net.
wanted him to rent his elephant the Indian refused cleanly

Fogg insista et offrit de la bête un prix excessif, dix livres (250 F)
Fogg insisted and offered of for the animal a price excessive ten pounds (250 F

l'heure. Refus. Vingt livres ? Refus encore. Quarante livres ? Refus
the hour Refusal Twenty pounds ? Refusal still Forty pounds ? Refusal

toujours. Passepartout bondissait à chaque surenchère. Mais l'Indien ne
always Passepartout leaping at each outbidding But the Indian not

se laissait pas tenter.
himself let -not- tempt

La somme était belle, cependant. En admettant que l'éléphant employât
The sum was beautiful however In admitting that the elephant employed

quinze heures à se rendre à Allahabad, c'était six cents livres (15
fifteen hours to himself hand over to Allahabad It was six hundred pounds (15

000 F) qu'il rapporterait à son propriétaire.
000 F that he would yield to his owner

Phileas Fogg, sans s'animer en aucune façon, proposa alors à l'Indien
Phileas Fogg without to come alive in any way proposed then to the Indian

de lui acheter sa bête et lui en offrit tout d'abord mille livres
of him to buy his animal and him for it offered all initially (a) thousand pounds

(25 000 F).
(25 000 F

L'Indien ne voulait pas vendre ! Peut-être le drôle flairait-il une
The Indian not wanted -not- to sell ! Maybe the joker sniffed he smelled a

magnifique affaire.
splendid business

Sir Francis Cromarty prit Mr. Fogg à part et l'engagea à réfléchir
Sir Francis Cromarty took Mr. Fogg to (the) side and urged him to reflect think twice

avant d'aller plus loin. Phileas Fogg répondit à son compagnon qu'il
before of to go more far Phileas Fogg answered to his companion that he

n'avait pas l'habitude d'agir sans réflexion, qu'il s'agissait en fin de
not had -not- the habit to act without reflection thought that he was in end of

compte d'un pari de vingt mille livres, que cet éléphant lui était
account of a bet of twenty thousand pounds that this elephant him was

nécessaire, et que, dût-il le payer vingt fois sa valeur, il aurait
necessary and that were it him to pay twenty times his valor he would have

cet éléphant.
this elephant

Mr. Fogg revint trouver l'Indien, dont les petits yeux, allumés par la
Mr. Fogg returned to find the Indian of which the small eyes lit by the

convoitise, laissaient bien voir que pour lui ce n'était qu'une question
lust left well to see that for him this not was than a question

de prix. Phileas Fogg offrit successivement douze cents livres, puis
of price Phileas Fogg offered successively twelve hundred pounds then

quinze cents, puis dix-huit cents, enfin deux mille (50 000 F).
fifteen hundred then eighteen hundred finally two thousand (50 000 F

Passepartout, si rouge d'ordinaire, était pâle d'émotion.
Passepartout so red of usual usually was pale from emotion

A deux mille livres, l'Indien se rendit.
At two thousand pounds indian himself rendered

« Par mes babouches, s'écria Passepartout, voilà qui met à un
By my slippers exclaimed Passepartout see there who sets at a

beau prix la viande d'éléphant ! »
beautiful price the meat of elephant !

L'affaire conclue, il ne s'agissait plus que de trouver un guide. Ce fut
The case concluded it not handled more than of to find a guide This was

plus facile. Un jeune Parsi, à la figure intelligente, offrit ses services.
more easy A young Parsee at the figure intelligent offered his services
with a

Mr. Fogg accepta et lui promit une forte rémunération, qui ne
Mr. Fogg accepted and him promised a strong remuneration which not

pouvait que doubler son intelligence.
could but double his intelligence

L'éléphant fut amené et équipé sans retard. Le Parsi connaissait
The elephant was led and equipped without delay The Parsee knew

parfaitement le métier de « mahout » ou cornac. Il couvrit d'une sorte
perfectly the trade of mahout or cornac He covered of a kind
with a

de housse le dos de l'éléphant et disposa, de chaque côté sur ses
of slipcover the back of the elephant and disposed of each side on its

flancs, deux espèces de cacolets assez peu confortables.
flancs two sorts of howdahs enough little comfortable
elephant chairs

Phileas Fogg paya l'Indien en bank-notes qui furent extraites du
Phileas Fogg paid the Indian in banknotes which were extracted from the

fameux sac. Il semblait vraiment qu'on les tirât des entrailles de
famous bag It seemed really that one them drew from the entrails of

Passepartout. Puis Mr. Fogg offrit à Sir Francis Cromarty de le
Passepartout Then Mr. Fogg offered to Sir Francis Cromarty of him

transporter à la station d'Allahabad. Le brigadier général accepta. Un
to transport to the station of Allahabad The brigadier general accepted A
to move

voyageur de plus n'était pas pour fatiguer le gigantesque animal.
traveller -of- more not was -not- to tire the gigantic animal

Des vivres furent achetées à Kholby. Sir Francis Cromarty prit place
Of the rations were purchased at Kholby Sir Francis Cromarty took place

dans l'un des cacolets, Phileas Fogg dans l'autre. Passepartout se
in the one of the howdahs Phileas Fogg in the other Passepartout himself
elephant chairs

mit à califourchon sur la housse entre son maître et le brigadier
put at straddle on the slipcover between his master and the brigadier

général. Le Parsi se jucha sur le cou de l'éléphant, et à neuf
general The Parsee himself perched on the neck of the elephant and at nine

heures l'animal, quittant la bourgade, s'enfonçait par le plus court
hours the animal leaving the village sank by the most short (way)

dans l'épaisse forêt de lataniers.
in the thick forest of lataniers

12 - Chapitre XII

OÙ PHILEAS FOGG ET SES COMPAGNONS S'AVENTURENT A TRAVERS
Where Phileas Fogg and his companions venture -at- through

LES FORÊTS DE L'INDE ET CE QUI S'ENSUIT
the forests of -the- India and this which follows

Le guide, afin d'abréger la distance à parcourir, laissa sur sa droite le
The guide as to shorten the distance to traverse left on his right the

tracé de la voie dont les travaux étaient en cours d'exécution. Ce
track of the way of which the works were in course of execution This
underway

tracé, très contrarié par les capricieuses ramifications des monts
track very thwarted by the capricious ramifications of the mountains

Vindhias, ne suivait pas le plus court chemin, que Phileas Fogg avait
Vindhias not followed -not- the more short way that Phileas Fogg had

intérêt à prendre. Le Parsi, très familiarisé avec les routes et sentiers
interest to take The Parsee very familiar with the roads and trails

du pays, prétendait gagner une vingtaine de milles en coupant à
of the country claimed to win a twenty-some of miles in cutting -at-

travers la forêt, et on s'en rapporta à lui.
through the forest and one themselves of it reported to him
they believed

Phileas Fogg et Sir Francis Cromarty, enfouis jusqu'au cou dans leurs
Phileas Fogg and Sir Francis Cromarty buried up to the neck in their

cacolets, étaient fort secoués par le trot raide de l'éléphant, auquel
howdahs were very shaken by the trot stiff of the elephant to which
elephant chairs

son mahout imprimait une allure rapide. Mais ils enduraient la situation
its mahout printed a speed rapid But they endured the situation
pressed to

avec le flegme le plus britannique, causant peu d'ailleurs, et se
with the phlegm the most British chatting (a) bit besides and themselves

voyant à peine l'un l'autre.
seeing at pain the one the other
hardly

Quant à Passepartout, posté sur le dos de la bête et directement
As to Passepartout posted on the back of the animal and directly

soumis aux coups et aux contrecoups, il se gardait bien, sur une
submitted to the blows and to the aftershocks he himself kept well on a

recommandation de son maître, de tenir sa langue entre ses dents,
recommendation of his master of to keep his tongue between his teeth

car elle eût été coupée net. Le brave garçon, tantôt lancé
because she had would have been cut cleanly The dear boy sometimes launched

sur le cou de l'éléphant, tantôt rejeté sur la croupe, faisait de
on the neck of the elephant sometimes thrown back on the rump made of

la voltige, comme un clown sur un tremplin. Mais il plaisantait, il
the aerobatic like a clown on a springboard But he joked he

riait au milieu de ses sauts de carpe, et, de temps en temps, il
laughed at the middle of his jumps of carp and from time in time he

tirait de son sac un morceau de sucre, que l'intelligent Kiouni prenait
shot from his bag a piece of sugar that the clever Kiouni took

du bout de sa trompe, sans interrompre un instant son trot régulier.
at the with the end of his trunk without to interrupt interrupting a moment his trot regular

Après deux heures de marche, le guide arrêta l'éléphant et lui donna
After two hours of march the guide stopped the elephant and him gave

une heure de repos. L'animal dévora des branchages et des
an hour of rest The animal devoured -of the- branches and -of the-

arbrisseaux, après s'être d'abord désaltéré à une mare voisine. Sir
shrubs after to be initially refreshed at a pond neighboring Sir

Francis Cromarty ne se plaignit pas de cette halte. Il était brisé.
Francis Cromarty not himself complained -not- of this halt He was broken

Mr. Fogg paraissait être aussi dispos que s'il fût sorti de son lit.
Mr. Fogg appeared to be so disposed as if he was gone out of his bed

« Mais il est donc de fer ! dit le brigadier général en le regardant
But he is then of iron ! said the brigadier general in him watching

avec admiration.
with admiration

-- De fer forgé », répondit Passepartout, qui s'occupa de préparer
— Of iron wrought answered Passepartout who occupied himsef of to prepare

un déjeuner sommaire.
a lunch summary

A midi, le guide donna le signal du départ. Le pays prit bientôt
At midday the guide gave the signal of the departure The country took soon

un aspect très sauvage. Aux grandes forêts succédèrent des taillis
an appearance very wild At the large forests succeeded -of the- thickets

de tamarins et de palmiers nains, puis de vastes plaines arides,
of tamarinds and -of- palm trees dwarfs then of large plains dry
dwarf palm trees

hérissées de maigres arbrisseaux et semées de gros blocs de syénites.
bristled by thin shrubs and sown by big blocks of syenite

Toute cette partie du haut Bundelkund, peu fréquentée des voyageurs,
All this part of the high Bundelcund little frequented by the travelers

est habitée par une population fanatique, endurcie dans les pratiques les
is inhabited by a population fanatic hardened in the practices the

plus terribles de la religion indoue. La domination des Anglais n'a
most terrible of the religion Hindu The domination of the English not has

pu s'établir régulièrement sur un territoire soumis à l'influence
been able to establish itself regularly on a territory submitted to the influence

des rajahs, qu'il eût été difficile d'atteindre dans leurs inaccessibles
of the rajahs that it had been difficult to attain in their inaccessible

retraites des Vindhias.
retreats of the Vindhias

Plusieurs fois, on aperçut des bandes d'Indiens farouches, qui faisaient
Several times one perceived -of the- bands of Indians fierce who made
wild

un geste de colère en voyant passer le rapide quadrupède. D'ailleurs, le
a gesture of anger in seeing pass the rapid quadruped Besides the

Parsi les évitait autant que possible, les tenant pour des gens de
Parsee them avoided as much as possible them holding for -of the- people of

mauvaise rencontre. On vit peu d'animaux pendant cette journée, à peine
bad meeting One saw few -of- animals during this day at pain
barely

quelques singes, qui fuyaient avec mille contorsions et grimaces
some monkeys who fled with (a) thousand contortions and funny faces

dont s'amusait fort Passepartout.
of which amused himself a lot Passepartout

Une pensée au milieu de bien d'autres inquiétait ce garçon. Qu'est-ce
A thought at the middle of well -of- others worried this boy What is it

que Mr. Fogg ferait de l'éléphant, quand il serait arrivé à la station
that Mr. Fogg would do of the elephant when he would be arrived at the station
with would have

d'Allahabad ? L'emmènerait-il ? Impossible ! Le prix du transport ajouté
of Allahabad ? He would take it ? Impossible ! The price of the transport added

au prix d'acquisition en ferait un animal ruineux. Le
to the price of acquisition of it would make an animal ruinous (for the wallet) It

vendrait-on, le rendrait-on à la liberté ? Cette estimable bête
would sell one it they would render to the freedom ? This estimable animal

méritait bien qu'on eût des égards pour elle. Si, par hasard, Mr.
deserved well that one had of the consideration for her So by chance Mr.

Fogg lui en faisait cadeau, à lui, Passepartout, il en serait très
Fogg him of it made gift to him Passepartout he of it would be very

embarrassé. Cela ne laissait pas de le préoccuper.
embarrassed That not left -not- of him to worry

A huit heures du soir, la principale chaîne des Vindhias avait été
At eight hours of the evening the primary chain of the Vindhias had been

franchie, et les voyageurs firent halte au pied du versant
reached and the travelers made halt at the foot of the side

septentrional, dans un bungalow en ruine.
northern in a bungalow in ruin

La distance parcourue pendant cette journée était d'environ vingt-cinq
The distance traveled during this day was about twentyfive

milles, et il en restait autant à faire pour atteindre la station
miles and it of it remained as much to make for to reach the station
there the same

d'Allahabad.
of Allahabad

La nuit était froide. A l'intérieur du bungalow, le Parsi alluma un feu
The night was cold At the interior of the bungalow the Parsee lit a fire

de branches sèches, dont la chaleur fut très appréciée. Le souper
of branches dry of which the heat was very (much) appreciated The supper

se composa des provisions achetées à Kholby. Les voyageurs mangèrent
itself composed of the supplies purchased at Kholby The travelers ate

en gens harassés et moulus. La conversation, qui commença par
in people weary and ground The conversation which started by
as broken

quelques phrases entrecoupées, se termina bientôt par des ronflements
some sentences interspersed itself ended soon by -of- the snores

sonores. Le guide veilla près de Kiouni, qui s'endormit debout, appuyé
loud The guide watched near of Kiouni who fell asleep upright leaned

au tronc d'un gros arbre.
at the trunk of a big tree

Nul incident ne signala cette nuit. Quelques rugissements de guépards et
No incident not marked this night Some roars of cheetahs and

de panthères troublèrent parfois le silence, mêlés à des ricanement
of panthers troubled sometimes the silence mixed to -of- the sneers
with

aigus de singes. Mais les carnassiers s'en tinrent à des cris
sharp of monkeys But the carnivores themselves of it kept at -of- the cries

et ne firent aucune démonstration hostile contre les hôtes du
and not made any demonstration hostile against the hosts of the

bungalow. Sir Francis Cromarty dormit lourdement comme un brave
bungalow Sir Francis Cromarty slept heavily like a dear

militaire rompu de fatigues. Passepartout, dans un sommeil agité,
soldier broken from exhaustions Passepartout in a sleep agitated

recommença en rêve la culbute de la veille. quant à Mr. Fogg,
began again in dreams the somersault of the evening before As to Mr. Fogg

il reposa aussi paisiblement que s'il eût été dans sa tranquille maison
he rested so peacefully as if he had been in his quiet house

de Saville-row.
of Saville row

A six heures du matin, on se remit en marche. Le guide
At six hours of the morning they themselves set again in march The guide

espérait arriver à la station d'Allahabad le soir même. De cette façon,
hoped to arrive at the station of Allahabad the evening same Of this way
In

Mr. Fogg ne perdrait qu'une partie des quarante-huit heures économisées
Mr. Fogg not would lose than a part of the forty-eight hours saved

depuis le commencement du voyage.
since the beginning of the journey

On descendit les dernières rampes des Vindhias. Kiouni avait repris son
They descended the last ramps of the Vindhias Kiouni had resumed his

allure rapide. Vers midi, le guide tourna la bourgade de Kallenger,
speed rapid Towards midday the guide turned the village of Kallenger

située sur le Cani, un des sous-affluents du Gange. Il évitait
located on the Cani one of the sub-tributaries of the Ganges He avoided

toujours les lieux habités, se sentant plus en sûreté dans ces
always the places inhabited himself feeling more in safety in these

campagnes désertes, qui marquent les premières dépressions du bassin
countrysides deserted which mark the first depressions of the basin

du grand fleuve. La station d'Allahabad n'était pas à douze milles dans
of the large river The station of Allahabad not was -not- at twelve miles in

le nord-est. On fit halte sous un bouquet de bananiers, dont les
the northeast They made halt under a bouquet of banana trees of which the

fruits, aussi sains que le pain, « aussi succulents que la crème »,
fruits as healthy as the bread as delicious as the crème

disent les voyageurs, furent extrêmement appréciés.
say the travelers were extremely preferred

A deux heures, le guide entra sous le couvert d'une épaisse forêt,
At two hours the guide entered under the cover of a thick forest

qu'il devait traverser sur un espace de plusieurs milles. Il préférait
that he must cross on a space of several miles He preferred

voyager ainsi à l'abri des bois. En tout cas, il n'avait fait
to travel thus at the shelter of the woods In all cases it not had made happened

jusqu'alors aucune rencontre fâcheuse, et le voyage semblait devoir
until then any meeting annoying and the journey seemed to must

s'accomplir sans accident, quand l'éléphant, donnant quelques signes
itself accomplish without incident when the elephant giving some signs

d'inquiétude, s'arrêta soudain.
of worry stopped suddenly

Il était quatre heures alors.
It was four hours then

« Qu'y a-t-il ? demanda Sir Francis Cromarty, qui releva la tête
What has-it ? asked Sir Francis Cromarty who raised the head

-- Je ne sais, mon officier », répondit le Parsi, en prêtant l'oreille à
– I not know my officer answered the Parsee in lending the ear to

un murmure confus qui passais sous l'épaisse ramure.
a whisper confused who spent under the thick treetop(s)

Quelques instants après, ce murmure devint plus définissable. On eût
Some moments after this whisper became more definable One had
would have

dit un concert, encore fort éloigné, de voix humaines et d'instruments
said a concert still very removed of voices human and of instruments
far away

de cuivre.
of copper

Passepartout était tout yeux, tout oreilles. Mr. Fogg attendait patiemment,
Passepartout was all eyes all ears Mr. Fogg awaited patiently

sans prononcer une parole.
without to pronounce a word

Le Parsi sauta à terre, attacha l'éléphant à un arbre et s'enfonça
The Parsee jumped to earth tied the elephant to a tree and himself sank

au plus épais du taillis. Quelques minutes plus tard, il revint, disant
at the more thick of the thickets Some minutes more late he returned saying
in the later

:
:

« Une procession de brahmanes qui se dirige de ce côté. S'il est
A procession of brahmins who themselves direct of this side If it is
to

possible, évitons d'être vus. »
possible avoid to be seen

Le guide détacha l'éléphant et le conduisit dans un fourré, en
The guide untied the elephant and it led in a thicket in

recommandant aux voyageurs de ne point mettre pied à terre.
recommending to the travelers of not at all put foot at earth

Lui-même se tint prêt à enfourcher rapidement sa monture, si la
Him-same himself held ready to bestride quickly his mount if the
He held himself

fuite devenait nécessaire. Mais il pensa que la troupe des fidèles
flight became necessary But he thought that the band of the faithful

passerait sans l'apercevoir, car l'épaisseur du feuillage le
would pass without them to see because the thickness of the foliage them

dissimulait entièrement.
concealed wholly

Le bruit discordant des voix et des instruments se rapprochait.
The noise discordant of the voices and of the instruments itself approached

Des chants monotones se mêlaient au son des tambours et
Of the chants monotonic themselves mixed at the with the sound of the drums and

des cymbales. Bientôt la tête de la procession apparut sous les arbres,
of the cymbals Soon the head of the procession appeared under the trees

à une cinquantaine de pas du poste occupé par Mr. Fogg et ses
at a fifty -of- steps of the post occupied by Mr. Fogg and his

compagnons. Ils distinguaient aisément à travers les branches le
companions They distinguished easily -at- through the branches the

curieux personnel de cette cérémonie religieuse.
curious staff of this ceremony religious

En première ligne s'avançaient des prêtres, coiffés de mitres et vêtus
In first line were advancing -of- the priests capped of with miters and dressed

de longues robes chamarrées. Ils étaient entourés d'hommes, de
with long robes richly brocaded They were surrounded by men by

femmes, d'enfants, qui faisaient entendre une sorte de psalmodie funèbre,
women by children who made hear a kind of psalmody funeral

interrompue à intervalles égaux par des coups de tam-tams et de
interrupted at intervals equal by -of the- blows of drums and of

cymbales. Derrière eux, sur un char aux larges roues dont les rayons
cymbals Behind them on a tank cart to the with wide wheels of which the rays

et la jante figuraient un entrelacement de serpents, apparut une statue
and the rim represented an interweaving of snakes appeared a statue

hideuse, traînée par deux couples de zébus richement caparaçonnés. Cette
hideous trailed by two couples of zebu's richly caparisoned This

statue avait quatre bras ; le corps colorié d'un rouge sombre, les yeux
statue had four arms ; the body colored of a red dark the eyes

hagards, les cheveux emmêlés, la langue pendante, les lèvres teintes de
haggard the hairs hair tangled the tongue hanging the lips colored with

henné et de bétel. A son cou s'enroulait un collier de têtes de mort,
henna and with betel At its neck was rolled a necklace of heads of death

à ses flancs une ceinture de mains coupées. Elle se tenait debout sur
at its flancs a belt of hands cut She herself kept upright on

un géant terrassé auquel le chef manquait.
a giant terrace to which the chef missed

Sir Francis Cromarty reconnut cette statue.
Sir Francis Cromarty recognized this statue

« La déesse Kâli, murmura-t-il, la déesse de l'amour et de la mort.
The goddess Kali murmured he the goddess of the love and of the death

-- De la mort, j'y consens, mais de l'amour, jamais ! dit Passepartout.
– Of the death I there consent But of the love never ! said Passepartout

La vilaine bonne femme ! »
The unpleasant good woman !

Le Parsi lui fit signe de se taire.
The Parsee him made sign of himself be quiet

Autour de la statue s'agitait, se démenait, se convulsionnait un groupe
Around of the statue moved itself struggling itself convulsed a group

de vieux fakirs, zébrés de bandes d'ocre, couverts d'incisions cruciales
of old fakirs striped with bands of ocher covered with incisions crucial

qui laissaient échapper leur sang goutte à goutte, énergumènes stupides
which left escape their blood drop to drop oddballs stupid

qui, dans les grandes cérémonies indoues, se précipitent encore
who in the large ceremonies (of the) Hindu themselves rush even

sous les roues du char de Jaggernaut.
under the wheels of the tank of Juggernaut

Derrière eux, quelques brahmanes, dans toute la somptuosité de leur
Behind them some brahmins in all the magnificence of their

costume oriental, traînaient une femme qui se soutenait à peine.
costume oriental dragged a woman who herself supported at pain
barely

Cette femme était jeune, blanche comme une Européenne. Sa tête, son
This woman was young white like a European Her head her

cou, ses épaules, ses oreilles, ses bras, ses mains, ses orteils étaient
neck her shoulders her ears her arms her hands her toes were

surchargés de bijoux, colliers, bracelets, boucles et bagues. Une tunique
overloaded of jewelry necklaces bracelets curls and rings A tunic

sa taille.
her waist

Derrière cette jeune femme -- contraste violent pour les yeux --, des
Behind this young woman – contrast violent for the eyes –, of the

gardes armés de sabres nus passés à leur ceinture et de longs
guards armed with sabres bare passed at their belt and with long
stuck through

pistolets damasquinés, portaient un cadavre sur un palanquin.
guns damascened wore a corpse on a palanquin

C'était le corps d'un vieillard, revêtu de ses opulents habits de rajah,
It was the body of an old man coated with his wealthy clothes of rajah

ayant, comme en sa vie, le turban brodé de perles, la robe tissue
having like in his life the turban embroidered with pearls the dress tissue

de soie et d'or, la ceinture de cachemire diamanté, et ses magnifiques
of silk and of gold the belt of cashmere diamond and his splendid

armes de prince indien.
weapons of prince Indian

Puis des musiciens et une arrière-garde de fanatiques, dont les cris
Then -of the- musicians and a rearguard of fanatics of which the cries

couvraient parfois l'assourdissant fracas des instruments, fermaient le
covered sometimes the deafening fracas of the instruments closed the

cortège.
procession

Sir Francis Cromarty regardait toute cette pompe d'un air singulièrement
Sir Francis Cromarty watched all this pump with an air singularly
very much

attristé, et se tournant vers le guide :
saddened and himself turning towards the guide :

« Un sutty ! » dit-il.
A suttee ! said he

Le Parsi fit un signe affirmatif et mit un doigt sur ses lèvres. La
The Parsee made a sign affirmative and put a finger on his lips The

longue procession se déroula lentement sous les arbres, et bientôt ses
long procession itself unfolded slowly under the trees and soon its

derniers rangs disparurent dans la profondeur de la forêt.
last ranks disappeared in the depth of the forest

Peu à peu, les chants s'éteignirent. Il y eut encore quelques
Bit by bit the chants themselves extinguished It there had still some
There were

éclats de cris lointains, et enfin à tout ce tumulte succéda un profond
flakes of cries distant and finally to all this tumult succeeded a deep

silence.
silence

Phileas Fogg avait entendu ce mot, prononcé par Sir Francis Cromarty,
Phileas Fogg had heard this word pronounced by Sir Francis Cromarty

et aussitôt que la procession eut disparu :
and immediately that the procession had disappeared :

« Qu'est-ce qu'un sutty ? demanda-t-il.
What is that a suttee ? asked he

-- Un sutty, monsieur Fogg, répondit le brigadier général, c'est un
– A suttee Mr. Fogg answered the brigadier general that is a

sacrifice humain, mais un sacrifice volontaire. Cette femme que vous venez
sacrifice human but a sacrifice voluntary This woman that you come

de voir sera brûlée demain aux premières heures du jour.
of to see will be burned tomorrow at the first hours of the day

-- Ah ! les gueux ! s'écria Passepartout, qui ne put retenir ce cri
– Ah ! the poor lady ! exclaimed Passepartout who not could retain this cry

d'indignation.
of indignation

-- Et ce cadavre ? demanda Mr. Fogg.
– And this corpse ? asked Mr. Fogg

-- C'est celui du prince, son mari, répondit le guide, un rajah
– It is the one of the prince her husband answered the guide a rajah

indépendant du Bundelkund.
independent of the Bundelcund

-- Comment ! reprit Phileas Fogg, sans que sa voix trahît la
– How ! continued Phileas Fogg without that his voice betrayed the

moindre émotion, ces barbares coutumes subsistent encore dans l'Inde,
least emotion these barbarian usages remain still in -the- India

et les Anglais n'ont pu les détruire ?
and the English not have been able them to destroy ?

ces sacrifices ne s'accomplissent plus, mais nous n'avons aucune
these sacrifices not are accomplished (any)more but we not have any

influence sur ces contrées sauvages, et principalement sur ce territoire
influence on these regions wild and mainly on this territory

du Bundelkund. Tout le revers septentrional des Vindhias est le
of the Bundelcund All the side northern of the Vindhias is the

théâtre de meurtres et de pillages incessants.
theater of murders and of looting unceasing

-- La malheureuse ! murmurait Passepartout, brûlée vive !
– The unhappy woman ! murmured Passepartout burned alive !

-- Oui, reprit le brigadier général, brûlée, et si elle ne l'était pas,
– Yes continued the brigadier general burned and if she not it was -not-

vous ne sauriez croire à quelle misérable condition elle se
you not would know to believe to what miserable condition she herself

verrait réduite par ses proches. On lui raserait les cheveux, on
would see scaled down by her relatives They her would shave the hairs hair they

la nourrirait à peine de quelques poignées de riz, on la
her would nourish at pain barely with some fists handfuls of rice one her

repousserait, elle serait considérée comme une créature immonde et
would push away she would be considered like a creature unclean and

mourrait dans quelque coin comme un chien galeux. Aussi la perspective
die in some corner like a dog mangy Also the prospect

de cette affreuse existence pousse-t-elle souvent ces malheureuses au
of this awful existence pushes her often these unhappy women to the

supplice, bien plus que l'amour ou le fanatisme religieux. Quelquefois,
torment well more than the love or the fanaticism religious Sometimes

cependant, le sacrifice est réellement volontaire, et il faut
however the sacrifice is actually voluntary and it is necessary

l'intervention énergique du gouvernement pour l'empêcher. Ainsi, il y
the intervention energetic of the government for to stop her Thus it there

a quelques années, je résidais à Bombay, quand une jeune veuve vint
has some years I resided at Bombay when a young widow came

demander au gouverneur l'autorisation de se brûler avec le corps de
to ask at the governor authorization of herself to burn with the body of

son mari. Comme vous le pensez bien, le gouverneur refusa. Alors la
her husband Like you it think well the governor refused Then the

veuve quitta la ville, se réfugia chez un rajah indépendant, et là
widow left the city herself refuged with a rajah independent and there

elle consomma son sacrifice. »
she consummated her sacrifice

Pendant le récit du brigadier général, le guide secouait la tête, et,
During the story of the brigadier general the guide shaking the head and

quand le récit fut achevé :
when the story was completed :

« Le sacrifice qui aura lieu demain au lever du jour n'est pas
The sacrifice which will have place tomorrow at the raise of the day not is -not-

volontaire, dit-il.
voluntary said he

-- Comment le savez-vous ?
– How it you know ?

-- C'est une histoire que tout le monde connaît dans le Bundelkund,
– It is a history that all the world knows in the Bundelcund

répondit le guide.
answered the guide

-- Cependant cette infortunée ne paraissait faire aucune résistance,
– However this hapless person not appeared to make any resistance

fit observer Sir Francis Cromarty.
made observe Sir Francis Cromarty
an observation

-- Cela tient à ce qu'on l'a enivrée de la fumée du chanvre
– That holds to this that one her has intoxicated of the smoke of the hemp

et de l'opium.
and of the opium

-- Mais où la conduit-on ?
– But where her lead they ?

-- A la pagode de Pillaji, à deux milles d'ici. Là, elle passera la
– At the pagoda of Pillaji at two miles from here There she will go by the

nuit en attendant l'heure du sacrifice.
night in awaiting the hour of the sacrifice

-- Demain, dès la première apparition du jour. »
— Tomorrow from the first aparition of the day

Après cette réponse, le guide fit sortir l'éléphant de l'épais fourré
After this response the guide made go out the elephant from the thick thicket

et se hissa sur le cou de l'animal. Mais au moment où il
and himself hoisted on the neck of the animal But at the moment where he

allait l'exciter par un sifflement particulier, Mr. Fogg l'arrêta, et,
went it excite by a whistling private Mr. Fogg him stopped and

s'adressant à Sir Francis Cromarty :
addressing -to- Sir Francis Cromarty :

« Si nous sauvions cette femme ? dit-il.
If we would save this woman ? said he

-- Sauver cette femme, monsieur Fogg !... s'écria le brigadier général.
— To save this woman Mr. Fogg !... exclaimed the brigadier general

-- J'ai encore douze heures d'avance. Je puis les consacrer à cela.
— I have still twelve hours of advance I then them devote to that

-- Tiens ! Mais vous êtes un homme de coeur ! dit Sir Francis
— Hold ! But you are a man of heart ! said Sir Francis
Well

Cromarty.
Cromarty

-- Quelquefois, répondit simplement Phileas Fogg. quand j'ai le temps. »
— Sometimes answered simply Phileas Fogg when I have the time

13 - Chapitre XIII

DANS LEQUEL PASSEPARTOUT PROUVE UNE FOIS DE PLUS QUE LA
In which Passepartout proves one time -of- more that the

FORTUNE SOURIT AUX AUDACIEUX
fortune smiles at the bold
helps the

Le dessein était hardi, hérissé de difficultés, impraticable peut-être Mr.
The plan was bold bristled with difficulties impracticable maybe Mr.

Fogg allait risquer sa vie, ou tout au moins sa liberté, et par
Fogg went to risk his life or all at the least his freedom and by

conséquent la réussite de ses projets, mais il n'hésita pas. Il trouva,
consequence the success of his projects but he hesitated -not- He found

d'ailleurs, dans Sir Francis Cromarty, un auxiliaire décidé.
besides in Sir Francis Cromarty an auxiliary decided
help

Quant à Passepartout, il était prêt, on pouvait disposer de lui. L'idée
As to Passepartout he was ready they could dispose of him The idea

de son maître l'exaltait. Il sentait un coeur, une âme sous cette
of his master him exalted He felt a heart a soul under this

enveloppe de glace. Il se prenait à aimer Phileas Fogg.
envelope of ice He himself took to love Phileas Fogg

Restait le guide. Quel parti prendrait-il dans l'affaire ? Ne serait-il
Remained the guide What part would take he in the case ? Not would be he

pas porté pour les hindous ? A défaut de son concours, il fallait
-not- carried for the Hindus ? At fault of his along-run it was necessary
in favor of Without help

au moins s'assurer sa neutralité.
at the least to ensure his neutrality

Sir Francis Cromarty lui posa franchement la question.
Sir Francis Cromarty him set frankly the question

« Mon officier, répondit le guide, je suis Parsi, et cette femme est
My officer answered the guide I am Parsee and this woman is

Parsie. Disposez de moi.
Parsee Dispose of me
I'm at your disposal

-- Bien, guide, répondit Mr. Fogg.
— Good guide answered Mr. Fogg

-- Toutefois, sachez-le bien, reprit le Parsi, non seulement nous
— However know it well continued the Parsee Not only we

risquons notre vie, mais des supplices horribles, si nous sommes pris.
risk our life but -of the- tortures horrible if we are taken

Ainsi, voyez.
So see

-- C'est vu, répondit Mr. Fogg. Je pense que nous devrons attendre la
— It is seen answered Mr. Fogg I thought that we should await the

nuit pour agir ?
night for to act ?

-- Je le pense aussi », répondit le guide.
— I it thought also answered the guide

Ce brave Indou donna alors quelques détails sur la victime. C'était une
This dear Hindu gave then some details on the victim It was an

Indienne d'une beauté célèbre, de race parsie, fille de riches négociants
Indian of a beauty famous of race Parsee girl of rich traders

de Bombay. Elle avait reçu dans cette ville une éducation absolument
from Bombay She had received in this city an education absolutely

anglaise, et à ses manières, à son instruction, on l'eût crue
English and for her ways for his instruction one her would have believed

Européenne. Elle se nommait Aouda.
European She herself named Aouda

Orpheline, elle fut mariée malgré elle à ce vieux rajah du
Orphan girl she was married in spite of she to this old rajah of the
against her will

Bundelkund. Trois mois après, elle devint veuve. Sachant le sort qui
Bundelcund Three months after she became widow Knowing the fate which

l'attendait, elle s'échappa, fut reprise aussitôt, et les parents du
her awaited she escaped was again taken immediately and the parents of the

rajah, qui avaient intérêt à sa mort, la vouèrent à ce supplice auquel
rajah who had interest at her death her vowed at this torment to which

il ne semblait pas qu'elle pût échapper.
it not seemed -not- that she could escape

Ce récit ne pouvait qu'enraciner Mr. Fogg et ses compagnons dans
This story not could (other) than entrench Mr. Fogg and his companions in

leur généreuse résolution. Il fut décidé que le guide dirigerait l'éléphant
their generous decision It was decided that the guide would direct the elephant

vers la pagode de Pillaji, dont il se rapprocherait autant que
towards the pagoda of Pillaji of which he himself approached as much as

possible.
possible

Une demi-heure après, halte fut faite sous un taillis, à cinq cents
A half hour after halt was made under a thickets at five hundred

pas de la pagode, que l'on ne pouvait apercevoir ; mais les
steps from the pagoda (so) that they them not could notice ; but the

hurlements des fanatiques se laissaient entendre distinctement.
howls of the fanatics themselves let hear distinctly

Les moyens de parvenir jusqu'à la victime furent alors discutés. Le guide
The means of reach until the victim were Then discussed The guide

connaissait cette pagode de Pillaji, dans laquelle il affirmait que la jeune
knew this pagoda of Pillaji in which he affirmed that the young

femme était emprisonnée. Pourrait-on y pénétrer par une des portes,
woman was imprisoned Could they there enter by one of the doors

quand toute la bande serait plongée dans le sommeil de l'ivresse,
when all the band would be diving in the sleep of the intoxication

ou faudrait-il pratiquer un trou dans une muraille ? C'est ce qui ne
or would need it to practice to make a hole in a wall ? It is this which not

pourrait être décidé qu'au moment et au lieu mêmes. Mais ce
could be decided than at the moment and at the place same But this

qui ne fit aucun doute, c'est que l'enlèvement devait s'opérer cette
which not made any doubt It is that the pickup must take place this

nuit même, et non quand, le jour venu, la victime serait conduite
night even and not when the day come the victim would be led

au supplice. A cet instant, aucune intervention humaine n'eût
to the torment At this moment any intervention human not would have

Mr. Fogg et ses compagnons attendirent la nuit. Dès que l'ombre
Mr. Fogg and his companions awaited the night From that the shade
the darkness

se fit, vers six heures du soir, ils résolurent d'opérer une
itself made towards six hours of the evening they resolved to operate a
came up

reconnaissance autour de la pagode. Les derniers cris des fakirs
reconnaissance around of the pagoda The last cries of the fakirs

s'éteignaient alors. Suivant leur habitude, ces Indiens devaient être
themselves extinguished then Following their habit these Indians must be
died down

plongés dans l'épaisse ivresse du « hang » -- opium liquide, mélangé
plunged in the thick intoxication of the hang – opium liquid mixed

d'une infusion de chanvre --, et il serait peut-être possible de se
with an infusion of hemp –, and it would be maybe possible of oneself

glisser entre eux jusqu'au temple.
to slip between them up to the temple

Le Parsi, guidant Mr. Fogg, Sir Francis Cromarty et Passepartout,
The Parsee guiding Mr. Fogg Sir Francis Cromarty and Passepartout

s'avança sans bruit à travers la forêt. Après dix minutes de
himself advanced without noise -at- through the forest After ten minutes of

reptation sous les ramures, ils arrivèrent au bord d'une petite rivière,
snaking under the boughs they arrived at the board of a little river

et là, à la lueur de torches de fer à la pointe desquelles brûlaient
and there to the gleam of torches of iron at the point of which burned
light

des résines, ils aperçurent un monceau de bois empilé. C'était le
of the resins they perceived a heap of wood stacked It was the

bûcher, fait de précieux santal, et déjà imprégné d'une huile
pyre made of valuable sandalwood and already impregnated with an oil

parfumée. A sa partie supérieure reposait le corps embaumé du rajah,
perfumed At its part superior rested the body embalmed of the rajah
the top

qui devait être brûlé en même temps que sa veuve. A cent pas
who must be burnt in (the) same time that his widow At (a) hundred steps

de ce bûcher s'élevait la pagode, dont les minarets perçaient dans
of this pyre itself rose the pagoda of which the minarets pierced in

l'ombre la cime des arbres.
the shade the summit of the trees

« Venez ! » dit le guide à voix basse.
Come ! said the guide at voice low

Et, redoublant de précaution, suivi de ses compagnons, il se glissa
And redoubling of precaution followed by his companions he himself slipped

silencieusement à travers les grandes herbes.
silently -at- through the large grasses

Le silence n'était plus interrompu que par le murmure du
The silence not was (any)more interrupted (other) than by the whisper of the

vent dans les branches.
wind in the branches

Bientôt le guide s'arrêta à l'extrémité d'une clairière. Quelques résines
Soon the guide stopped at the end of a clearing Some resins

éclairaient la place. Le sol était jonché de groupes de dormeurs,
lit the place The ground was littered by groups of sleepers

appesantis par l'ivresse. On eût dit un champ de bataille couvert de
weighed down by the intoxication One had said a field of battle covered of

morts. Hommes, femmes, enfants, tout était confondu. Quelques ivrognes
dead Men women children all was mixed Some drunks

râlaient encore çà et là.
grumbled still here and there

A l'arrière-plan, entre la masse des arbres, le temple de Pillaji se
At the background between the mass of the trees the temple of Pillaji itself

dressait confusément. Mais au grand désappointement du guide, les
drew up confusedly But at the large disappointment of the guide the

gardes des rajahs, éclairés par des torches fuligineuses, veillaient aux
guards of the rajahs lit by of the torches sooty watched at the
guarded

portes et se promenaient, le sabre nu. On pouvait supposer
doors and themselves walked the saber nude One could suppose

qu'à l'intérieur les prêtres veillaient aussi.
that at the interior the priests watched also
guarded as well

Le Parsi ne s'avança pas plus loin. Il avait reconnu l'impossibilité
The Parsee not himself advanced -not- more far He had recognized the impossibility
further

de forcer l'entrée du temple, et il ramena ses compagnons en
of to force the entrance of the temple and he brought back his companions in

arrière.
back

Phileas Fogg et Sir Francis Cromarty avaient compris comme lui qu'ils
Phileas Fogg and Sir Francis Cromarty had understood like him that they

ne pouvaient rien tenter de ce côté.
not could nothing tempt from this side

Ils s'arrêtèrent et s'entretinrent à voix basse.
They -themselves- stopped and conversed at voice low

« Attendons, dit le brigadier général, il n'est que huit heures
Let's wait said the brigadier general it not is (later) than eight hours

encore, et il est possible que ces gardes succombent aussi au
still and it is possible that these guards succumb also to the

sommeil.
sleep

-- Cela est possible, en effet », répondit le Parsi.
— That is possible in effect answered the Parsee

Phileas Fogg et ses compagnons s'étendirent donc au pied d'un
Phileas Fogg and his companions extended themselves then at the foot of a

arbre et attendirent.
tree and waited

Le temps leur parut long ! Le guide les quittait parfois et allait
The time them appeared long ! The guide them left sometimes and went

observer la lisière du bois. Les gardes du rajah veillaient toujours à
to observe the edge of the woods The guards of the rajah watched always at

la lueur des torches, et une vague lumière filtrait à travers les
the gleam of the torches and a vague light filtered -at- through the

fenêtres de la pagode.
windows of the pagoda

On attendit ainsi jusqu'à minuit. La situation ne changea pas. Même
One awaited thus until midnight The situation not changed -not- (The) same

surveillance au-dehors. Il était évident qu'on ne pouvait compter sur
surveillance outside It was obvious that one not could count on

l'assoupissement des gardes. L'ivresse du « hang » leur avait été
the drowsiness of the guards The intoxication of the hang them had been

probablement épargnée. Il fallait donc agir autrement et pénétrer
probably spared It was necessary then to act otherwise and to penetrate

par une ouverture pratiquée aux murailles de la pagode. Restait la
through an opening practiced to the walls of the pagoda Remained the
made in the

question de savoir si les prêtres veillaient auprès de leur victime avec
question of to know if the priests watched close of their victim with

autant de soin que les soldats à la porte du temple.
as much of care as the soldiers at the door of the Temple

Après une dernière conversation, le guide se dit prêt à partir. Mr.
After a last conversation the guide himself said ready to leave Mr.
declared

Fogg, Sir Francis et Passepartout le suivirent. Ils firent un détour
Fogg Sir Francis and Passepartout him followed They made a detour

assez long, afin d'atteindre la pagode par son chevet.
enough long so that of to attain the pagoda by its head
extreme end

Vers minuit et demi, ils arrivèrent au pied des murs sans
Towards midnight and half they arrived at the foot of the walls without

avoir rencontré personne. Aucune surveillance n'avait été établie de ce
to have encountered anyone Any monitoring not had been established of this
at

côté, mais il est vrai de dire que fenêtres et portes manquaient
side But it is true of to say that windows and doors lacked

absolument.
absolutely

La nuit était sombre. La lune, alors dans son dernier quartier, quittait
The night was dark The moon then in its last quarter (had) left

à peine l'horizon, encombré de gros nuages. La hauteur des arbres
at pain the horizon crowded by big clouds The height of the trees
barely

accroissait encore l'obscurité.
increased still the dark

Mais il ne suffisait pas d'avoir atteint le pied des murailles, il
But it not sufficed -not- of to have reached the foot of the walls it
was enough acquired

fallait encore y pratiquer une ouverture. Pour cette opération,
was necessary still there practice an opening For this operation
make

Phileas Fogg et ses compagnons n'avaient absolument que leurs
Phileas Fogg and his companions not had absolutely (other) than their

couteaux de poche. Très heureusement, les parois du temple
knives of pocket Very fortunately the walls of the Temple

se composaient d'un mélange de briques et de bois qui ne
themselves formed of a mix of bricks and of woods which not
were formed

pouvait être difficile à percer. La première brique une fois enlevée, les
could be difficult to pierce The first brick one time taken out the

autres viendraient facilement.
others would come easily

On se mit à la besogne, en faisant le moins de bruit possible. Le
They himself put to the task in making the least of noise possible The

Parsi d'un côté, Passepartout, de l'autre, travaillaient à desceller les
Parsee from one side Passepartout from the other working at to unseal the
to pull free

briques, de manière à obtenir une ouverture large de deux pieds.
bricks of (a) way to to obtain an opening wide of two feet
in

Le travail avançait, quand un cri se fit entendre à l'intérieur du
The work advanced when a cry itself made to hear at the interior of the

temple, et presque aussitôt d'autres cris lui répondirent du dehors.
temple and almost immediately of other cries it answered from the outside

Passepartout et le guide interrompirent leur travail. Les avait-on surpris
Passepartout and the guide interrupted their work Them had they surprised

? L'éveil était-il donné ? La plus vulgaire prudence leur commandait de
? The alarm was it given ? The most vulgar prudence them commanded of
basic

s'éloigner, -- ce qu'ils firent en même temps que Phileas Fogg et
to move away – this that they did in (the) same time as Phileas Fogg and

sir Francis Cromarty. Ils se blottirent de nouveau sous le couvert
Sir Francis Cromarty They themselves crouched of new under the cover
again

du bois, attendant que l'alerte, si c'en était une, se fût dissipée,
of the woods awaiting that the alert if this of it was one itself was dissipated

et prêts, dans ce cas, à reprendre leur opération.
and ready in this case to take up again their operation

Mais -- contretemps funeste -- des gardes se montrèrent au
But – setback fatal – of the guards themselves showed at the

chevet de la pagode, et s'y installèrent de manière à
head of the pagoda and themselves there installed by way (of) to
other end

empêcher toute approche.
prevent all approach

Il serait difficile de décrire le désappointement de ces quatre
It would be difficult of to describe the disappointment of these four

hommes, arrêtés dans leur oeuvre. Maintenant qu'ils ne pouvaient
men stopped in their work Now that they not could

plus parvenir jusqu'à la victime, comment la sauveraient-ils ? Sir
(any)more reach until the victim how her would save they ? Sir
get up to would they save her

Francis Cromarty se rongeait les poings. Passepartout était hors de
Francis Cromarty himself gnawed the fists Passepartout was beside of

lui, et le guide avait quelque peine à le contenir. L'impassible Fogg
himself and the guide had some pain to it contain The impassive Fogg

attendait sans manifester ses sentiments.
awaited without to show his feelings

« N'avons-nous plus qu'à partir ? demanda le brigadier général à voix
Not have we more than to leave ? asked the brigadier general at voice
Can we do anything else

basse.
low

-- Nous n'avons plus qu'à partir, répondit le guide.
– We not have more than to leave answered the guide

-- Attendez, dit Fogg. Il suffit que je sois demain à Allahabad avant
– Wait said Fogg It is enough that I am tomorrow at Allahabad before

midi.
midday

-- Mais qu'espérez-vous ? répondit Sir Francis Cromarty. Dans quelques
– But what do you await ? answered Sir Francis Cromarty In some

heures le jour va paraître, et...
hours the day goes to appear and

-- La chance qui nous échappe peut se représenter au moment
– The fortune which we escapes can itself represent at the moment

suprême. »
supreme

Le brigadier général aurait voulu pouvoir lire dans les yeux de
The brigadier general would have wanted to be able to read in the eyes of

Phileas Fogg.
Phileas Fogg

Sur quoi comptait donc ce froid Anglais ? Voulait-il, au moment du
On what counted then this cold English ? Wanted he at the moment of the

supplice, se précipiter vers la jeune femme et l'arracher
torment himself throw towards the young woman and her snatch

ouvertement à ses bourreaux ?
openly at her tormentors ?
from

C'eût été une folie, et comment admettre que cet homme fût
This had been a madness and how to admit that this man was
This would have

fou à ce point ? Néanmoins, Sir Francis Cromarty consentit à attendre
insane at this point ? Nevertheless Sir Francis Cromarty agreed to await

jusqu'au dénouement de cette terrible scène. Toutefois, le guide ne laissa
up to the unknotting of this terrible scene However the guide not left
outcome

pas ses compagnons à l'endroit où ils s'étaient réfugiés, et il
-not- his companions at the place where they themselves were refugees and he

les ramena vers la partie antérieure de la clairière. Là, abrités
them brought back towards the part previous of the clearing There sheltered

par un bouquet d'arbres, ils pouvaient observer les groupes endormis.
by a bouquet of trees they could observe the groups asleep

Cependant Passepartout, juché sur les premières branches d'un arbre,
However Passepartout perched on the first branches of a tree

ruminait une idée qui avait d'abord traversé son esprit comme un
ruminated an idea which had initially traversed his mind like a

éclair, et qui finit par s'incruster dans son cerveau.
lightning and which ended by itself to set in in his brain

Il avait commencé par se dire : « Quelle folie ! » et maintenant
He had started by himself to say : What madness ! and now

il répétait : « Pourquoi pas, après tout ? C'est une chance, peut-être la
he repeated : Why -not- after all ? It is a chance maybe it

seule, et avec de tels abrutis !... »
alone and with of such morons !...

En tout cas, Passepartout ne formula pas autrement sa pensée, mais
In all cases Passepartout not formulated -not- otherwise his thought but

il ne tarda pas à se glisser avec la souplesse d'un serpent sur les
he not soon -not- to himself slip with the flexibility of a snake on the

basses branches de l'arbre dont l'extrémité se courbait vers le
low branches of the tree of which the end itself bent towards the

sol.
ground

Les heures s'écoulaient, et bientôt quelques nuances moins sombres
The hours flowed and soon some shading least dark

annoncèrent l'approche du jour. Cependant l'obscurité était profonde
announced the approach of the day However the dark was deep

encore.
still

C'était le moment. Il se fit comme une résurrection dans cette
It was the moment He himself made like a resurrection in this

foule assoupie. Les groupes s'animèrent. Des coups de tam-tam
crowd dozing The groups brightened Of the blows of tam tam

retentirent. Chants et cris éclatèrent de nouveau. L'heure était venue à
resounded Chants and cries erupted of new The hour was come to

laquelle l'infortunée allait mourir.
which the unfortunate went to die

En effet, les portes de la pagode s'ouvrirent. Une lumière plus vive
In effect the doors of the pagoda opened A light more lively

s'échappa de l'intérieur. Mr. Fogg et Sir Francis Cromarty purent
-itself- escaped from the interior Mr. Fogg and Sir Francis Cromarty could

apercevoir la victime, vivement éclairée, que deux prêtres traînaient
notice the victim strongly lit that two priests dragged

au-dehors. Il leur sembla même que, secouant l'engourdissement de
outside It them seemed even that shaking the numbness of

l'ivresse par un suprême instinct de conservation, la malheureuse tentait
intoxication by a supreme instinct of retention the unhappy tried

d'échapper à ses bourreaux. Le coeur de Sir Francis Cromarty bondit, et
of to escape to her tormentors The heart of Sir Francis Cromarty leaped and

par un mouvement convulsif, saisissant la main de Phileas Fogg, il sentit
by a movement convulsive gripping the hand of Phileas Fogg he felt

que cette main tenait un couteau ouvert.
that this hand kept a knife open

En ce moment, la foule s'ébranla. La jeune femme était retombée dans
In this moment the crowd moved off The young woman was fallen back in

cette torpeur provoquée par les fumées du chanvre. Elle passa à
this torpor caused by the fumes of the hemp She passed -at-

travers les fakirs, qui l'escortaient de leurs vociférations religieuses.
through the fakirs who her escorted with their vociferations religious

Phileas Fogg et ses compagnons, se mêlant aux derniers rangs de
Phileas Fogg and his companions themselves mixing at the last ranks of
in the

la foule, la suivirent.
the crowd her followed

Deux minutes après, ils arrivaient sur le bord de la rivière et
Two minutes after they arrived on the side of the river and

s'arrêtaient à moins de cinquante pas du bûcher, sur lequel
themselves stopped at least -of- fifty steps from the pyre on which

était couché le corps du rajah. Dans la demi-obscurité, ils virent la
was slept the body of the rajah In the semidarkness they saw the
laid down

victime absolument inerte, étendue auprès du cadavre de son époux.
victim absolutely inert extended close of the corpse of her husband
to the

Puis une torche fut approchée et le bois imprégné d'huile, s'enflamma
Then a torch was put close and the wood impregnated of oil was kindled
with oil

aussitôt.
immediately

A ce moment, Sir Francis Cromarty et le guide retinrent Phileas Fogg,
Has this moment Sir Francis Cromarty and the guide kept back Phileas Fogg

qui dans un moment de folie généreuse, s'élançait vers le
who in a moment of madness generous launched itself towards the

bûcher...
pyre

Mais Phileas Fogg les avait déjà repoussés, quand la scène changea
But Phileas Fogg them had already pushed away when the scene changed

soudain. Un cri de terreur s'éleva. Toute cette foule se précipita à
suddenly A cry of terror itself arose All this crowd itself threw at

terre, épouvantée.
earth terrified
the ground

Le vieux rajah n'était donc pas mort, qu'on le vît se redresser
The old rajah not was then -not- dead since they him saw himself straighten

tout à coup, comme un fantôme, soulever la jeune femme dans ses
all at strike like a phantom to raise the young woman in his
once

bras, descendre du bûcher au milieu des tourbillons de vapeurs
arm descend from the pyre at the middle of the whirlpools of vapors

qui lui donnaient une apparence spectrale ?
which him gave an appearance spectral ?

Les fakirs, les gardes, les prêtres, pris d'une terreur subite, étaient là,
The fakirs the guards the priests taken by a terror sudden were there

face à terre, n'osant lever les yeux et regarder un tel prodige !
face to earth not daring to raise the eyes and to look at a such prodigy !
the ground a miracle

La victime inanimée passa entre les bras vigoureux qui la
The victim lifeless passed between the arms vigorous (of) whom her

portaient, et sans qu'elle parût leur peser. Mr. Fogg et Sir Francis
carried and without that she appeared them to weigh Mr. Fogg and Sir Francis

Cromarty étaient demeurés debout. Le Parsi avait courbé la tête, et
Cromarty were remained upright The Parsee had bent the head and

Passepartout, sans doute, n'était pas moins stupéfié !...
Passepartout without doubt not was -not- least stunned !...

Ce ressuscité arriva ainsi près de l'endroit où se tenaient Mr. Fogg
This resurrected arrived thus near of the place where himself held Mr. Fogg

et Sir Francis Cromarty, et là, d'une voix brève :
and Sir Francis Cromarty and there of a voice brief :

« Filons !... » dit-il.
Let's get out of here !... said he

C'était Passepartout lui-même qui s'était glissé vers le bûcher au
It was Passepartout him self who himself was slipped towards the pyre at the
himself had

milieu de la fumée épaisse ! C'était Passepartout qui, profitant de
middle of the smoke thick ! It was Passepartout who enjoying of

l'obscurité profonde encore, avait arraché la jeune femme à la mort !
the dark deep still had ripped the young woman at -the- death !
from

C'était Passepartout qui, jouant son rôle avec un audacieux bonheur,
It was Passepartout who playing his role with a bold happiness

passait au milieu de l'épouvante générale !
passed at the middle of the terror general !
the general terror

Un instant après, tous quatre disparaissaient dans le bois, et l'éléphant
A moment after all four disappeared in the woods and the elephant

les emportait d'un trot rapide. Mais des cris, des clameurs et même
them carried with a trot rapid But of the cries of the clamours and even

une balle, perçant le chapeau de Phileas Fogg, leur apprirent que la
a bullet piercing the hat of Phileas Fogg them taught that the

ruse était découverte.
trick was discovered

En effet, sur le bûcher enflammé se détachait alors le corps du
In effect on the pyre enflamed itself detached then the body of the

vieux rajah. Les prêtres, revenus de leur frayeur, avaient compris qu'un
old rajah The priests returned from their fright had understood that a
recovered

enlèvement venait de s'accomplir.
removal came of itself accomplish
abduction

Aussitôt ils s'étaient précipités dans la forêt. Les gardes les
Immediately they themselves were thrown in the forest The guards them
themselves had

avaient suivis. Une décharge avait eu lieu, mais les ravisseurs fuyaient
had followed A discharge had had taken but the kidnappers fled
place

rapidement, et, en quelques instants, ils se trouvaient hors de la
quickly and in some moments they themselves found out of the

portée des balles et des flèches.
scope of the bullets and of the arrows

14 - Chapitre XIV

DANS LEQUEL PHILEAS FOGG DESCEND TOUTE L'ADMIRABLE VALLÉE DU
In which Phileas Fogg descends whole the admirable valley of the
the whole admirable valley

GANGE SANS MÊME SONGER A LA VOIR
Ganges without even to think at it to see

Le hardi enlèvement avait réussi. Une heure après, Passepartout riait
The bold removal had succeeded An hour after Passepartout laughed
abduction

encore de son succès. Sir Francis Cromarty avait serré la main de
still of his success Sir Francis Cromarty had closed the hand of
pressed

l'intrépide garçon. Son maître lui avait dit : « Bien », ce qui, dans la
the fearless boy His master him had said : Good this who in the

bouche de ce gentleman, équivalait à une haute approbation. A quoi
mouth of this gentleman was equal to a high approval At what

Passepartout avait répondu que tout l'honneur de l'affaire appartenait à
Passepartout had answered that all the honor of the case belonged to

son maître. Pour lui, il n'avait eu qu'une idée « drôle », et il riait
his master For him he not had had than an idea funny and he laughed

en songeant que, pendant quelques instants, lui, Passepartout, ancien
in thinking that during some moments him Passepartout former

gymnaste, ex-sergent de pompiers, avait été le veuf d'une
gymnast former sergeant of firefighters had been the widower of a
a fire department

charmante femme, un vieux rajah embaumé !
charming woman an old rajah embalmed !

Quant à la jeune Indienne, elle n'avait pas eu conscience de ce
As to the young Indian woman she not had -not- had consciousness of this
regained

qui s'était passé. Enveloppée dans les couvertures de voyage, elle
which herself was passed Wrapped in the blankets of journey she
had happened

reposait sur l'un des cacolets.
rested on the one of the howdahs
one elephant chairs

Cependant l'éléphant, guidé avec une extrême sûreté par le Parsi,
However the elephant guided with an extreme assuredness by the Parsee

courait rapidement dans la forêt encore obscure. Une heure après avoir
ran quickly in the forest still dark An hour after to have

quitté la pagode de Pillaji, il se lançait à travers une immense
left the pagoda of Pillaji it itself launched -at- through an immense

plaine. A sept heures, on fit halte. La jeune femme était toujours
plain At seven hours one made halt The young woman was always

dans une prostration complète. Le guide lui fit boire quelques gorgées
in a prostration complete The guide her made drink some sips

d'eau et de brandy, mais cette influence stupéfiante qui l'accablait
of water and of brandy But this influence narcotic which her overwhelmed

devait se prolonger quelque temps encore.
must itself extend some time still

Sir Francis Cromarty, qui connaissait les effets de l'ivresse produite
Sir Francis Cromarty who knew the effects of the intoxication produced

par l'inhalation des vapeurs du chanvre, n'avait aucune inquiétude sur
by inhalation of the vapors of the hemp not had any worry on

son compte.
her account

Mais si le rétablissement de la jeune Indienne ne fit pas question
But if the recovery of the young Indian woman not made -not- question

dans l'esprit du brigadier général, celui-ci se montrait moins rassuré
in the spirit of the brigadier general the one himself showed less at ease

pour l'avenir. Il n'hésita pas à dire à Phileas Fogg que si Mrs.
for the future He not hesitated -not- to to say to Phileas Fogg that if Mrs

Aouda restait dans l'Inde, elle retomberait inévitablement entre les
Aouda remained in -the- India she would fall inevitably in the

mains de ses bourreaux. Ces énergumènes se tenaient dans toute
hands of her tormentors These oddballs themselves held in all

la péninsule, et certainement, malgré la police anglaise, ils sauraient
the peninsula and certainly in spite of the police English they would know
would manage

reprendre leur victime, fût-ce à Madras, à Bombay, à Calcutta. Et Sir
to take again their victim was it at Madras at Bombay at Calcutta And Sir
be it

Francis Cromarty citait, à l'appui de ce dire, un fait de même nature
Francis Cromarty quoted at the support of this to say a fact of same nature

qui s'était passé récemment. A son avis, la jeune femme ne
which itself was passed recently At his opinion the young woman not
had happened In

serait véritablement en sûreté qu'après avoir quitté l'Inde.
would be truly in safety (other) than after to have left -the- India

Phileas Fogg répondit qu'il tiendrait compte de ces observations et
Phileas Fogg answered that he would keep account -of- these comments and

qu'il aviserait.
that he would conceive (something)

Vers dix heures, le guide annonçait la station d'Allahabad. Là
Towards ten hours the guide indicated the station of Allahabad There

reprenait la voie interrompue du chemin de fer, dont les trains
retook the way interrupted -of- the way of iron of which the trains
railroad

franchissent, en moins d'un jour et d'une nuit, la distance qui sépare
crossing in least of a day and of a night the distance which separated

Allahabad de Calcutta.
Allahabad from Calcutta

Phileas Fogg devait donc arriver à temps pour prendre un paquebot qui
Phileas Fogg must then arrive at time for to take an packet-boat which
ocean liner

ne partait que le lendemain seulement, 25 octobre, à midi, pour
not left than the following day only 25 October at noon for

Hong-Kong.
Hong-Kong

La jeune femme fut déposée dans une chambre de la gare.
The young woman was deposited in a room of the station

Passepartout fut chargé d'aller acheter pour elle divers objets de toilette,
Passepartout was charged of to go buy for her diverse objects of dressing

robe, châle, fourrures, etc., ce qu'il trouverait. Son maître lui ouvrait
dress shawl furs etc this that he would find His master him opened
whatever

un crédit illimité.
a credit unlimited

Passepartout partit aussitôt et courut les rues de la ville.
Passepartout left immediately and ran (through) the streets of the city

Allahabad, c'est la cité de Dieu, l'une des plus vénérées de l'Inde,
Allahabad it is the City of God the one of the most venerated of -the- India
one

en raison de ce qu'elle est bâtie au confluent de deux fleuves sacrés,
in reason of this that she is built at the junction of two rivers blessed

le Gange et la Jumna, dont les eaux attirent les pèlerins de toute
the Ganges and the Jumna of which the waters attract the pilgrims of all

la péninsule. On sait d'ailleurs que, suivant les légendes du Ramayana,
the peninsula One knows besides that following the legends of the Ramayana

le Gange prend sa source dans le ciel, d'où, grâce à Brahma, il
the Ganges takes its source in the sky from where grace to Brahma it

descend sur la terre.
descends on the earth

Tout en faisant ses emplettes, Passepartout eut bientôt vu la ville,
All in making his shopping Passepartout had soon seen the city
While

autrefois défendue par un fort magnifique qui est devenu une prison
otherwise defended by a fort magnificent which is become a prison
has

d'État. Plus de commerce, plus d'industrie dans cette cité, jadis
of State (No) more of trade (no) more of industry in this city once

industrielle et commerçante. Passepartout, qui cherchait vainement un
industrial and shopping Passepartout who searched in vain a

magasin de nouveautés, comme s'il eût été dans Regent-street à
store of fashionables like if he had been in Regent-street at

quelques pas de Farmer et Co., ne trouva que chez un
some steps from Farmer and Co not found (anything else) than with a

revendeur, vieux juif difficultueux, les objets dont il avait besoin, une
dealer old Jew very difficult the objects of which he had need a

robe en étoffe écossaise, un vaste manteau, et une magnifique pelisse en
dress in fabric scottish a vast coat and a splendid fur robe in

peau de loutre qu'il n'hésita pas à payer soixante-quinze livres (1
skin of otter that he not hesitated -not- to pay seventy-five pounds (1

875 F). Puis, tout triomphant, il retourna à la gare.
875 F Then all triumphant he turned back to the station

Mrs. Aouda commençait à revenir à elle. Cette influence à laquelle les
Mrs Aouda began to return to herself This influence at which the
drug with

prêtres de Pillaji l'avaient soumise se dissipait peu à peu, et ses
priests of Pillaji her had submitted itself dissipated bit by bit and her

beaux yeux reprenaient toute leur douceur indienne.
beautiful eyes regained all their softness Indian

Lorsque le roi-poète, Uçaf Uddaul, célèbre les charmes de la reine
When the poet-king Ucaf Uddaul celebrated the charms of the queen

d'Ahméhnagara, il s'exprime ainsi :
of Ahméhnagara he expressed thus :

« Sa luisante chevelure, régulièrement divisée en deux parts, encadre les
Her shining hair regularly divided in two parts frames the

contours harmonieux de ses joues délicates et blanches, brillantes de
contours harmonious of her cheeks delicate and white brilliant of

poli et de fraîcheur. Ses sourcils d'ébène ont la forme et la
polish and of freshness Her eyebrows of ebony have the shape and the

puissance de l'arc de Kama, dieu d'amour, et sous ses longs cils
power of the bow of Kama God of love and under her long eyelashes

soyeux, dans la pupille noire de ses grands yeux limpides, nagent comme
silky in the pupil black of her large eyes clear swim like

dans les lacs sacrés de l'Himalaya les reflets les plus purs de la
in the lakes blessed of the Himalaya the reflections the most pure of the

lumière céleste. Fines, égales et blanches, ses dents resplendissent entre
light heavenly Fine straight and white her teeth shine between

ses lèvres souriantes, comme des gouttes de rosée dans le sein
her lips smiling like -of the- drops of dew in the breast

mi-clos d'une fleur de grenadier. Ses oreilles mignonnes aux courbes
half closed of a flower of grenadier Her ears cute at the with curves

symétriques, ses mains vermeilles, ses petits pieds bombés et tendres
symmetric her hands vermilion her small feet rounded and tender

comme les bourgeons du lotus, brillent de l'éclat des plus belles
like the buds of the lotus shine of the splendour of the most beautiful

perles de Ceylan, des plus beaux diamants de Golconde. Sa mince et
pearls of Ceylon of the more beautiful diamonds of Golconda Her slim and

souple ceinture, qu'une main suffit à enserrer, rehausse l'élégante
flexible waist that a hand is enough to grip enhances the elegant

jeunesse en fleur étale ses plus parfaits trésors, et, sous les plis
youth in flower spread her most perfect treasures and under the folds

soyeux de sa tunique, elle semble avoir été modelée en argent pur de
silky of her tunic she appears to have been modeled in silver pure of

la main divine de Vicvacarma, l'éternel statuaire. »
the hand divine of Vicvarcarma the eternal statuary

Mais, sans toute cette amplification, il suffit de dire que Mrs. Aouda,
But without all this amplification it is enough of to say that Mrs Aouda

la veuve du rajah du Bundelkund, était une charmante femme dans
the widow of the rajah of the Bundelcund was a charming woman in

toute l'acception européenne du mot. Elle parlait l'anglais avec une
all the acceptation European of the word She spoke english with a

grande pureté, et le guide n'avait point exagéré en affirmant que cette
large purity and the guide not had at all exaggerated in affirming that this

jeune Parsie avait été transformée par l'éducation.
young Parsee had been transformed by the education

Cependant le train allait quitter la station d'Allahabad. Le Parsi
However the train went to leave the station of Allahabad The Parsee

attendait. Mr. Fogg lui régla son salaire au prix convenu, sans le
awaited Mr. Fogg him regulated his salary at the price agreed without it

dépasser d'un farthing. Ceci étonna un peu Passepartout, qui savait tout
to exceed of a farthing This astonished a bit Passepartout who knew all

ce que son maître devait au dévouement du guide. Le Parsi avait,
this that his master owed to the dedication of the guide The Parsee had

en effet, risqué volontairement sa vie dans l'affaire de Pillaji, et si, plus
in effect risked willingly his life in the case of Pillaji and so more

tard, les Indous l'apprenaient, il échapperait difficilement à leur vengeance.
late the Hindus it learned he would escape with difficulty to their revenge

Restait aussi la question de Kiouni. Que ferait-on d'un éléphant
Remained also the question of Kiouni That would we do with an elephant

acheté si cher ?
bought so dear ?

Mais Phileas Fogg avait déjà pris une résolution à cet égard.
But Phileas Fogg had already taken a decision to this respect

« Parsi, dit-il au guide, tu as été serviable et dévoué. J'ai payé
Parsee said he to the guide you have been helpful and dedicated I have paid

ton service, mais non ton dévouement. Veux-tu cet éléphant ? Il est à
your service But not your dedication Want you this elephant ? It is for

toi. »
you

Les yeux du guide brillèrent.
The eyes of the guide gleamed

« C'est une fortune que Votre Honneur me donne ! s'écria-t-il.
It is a fortune that Your Honor me gives ! exclaimed he

-- Accepte, guide, répondit Mr. Fogg, et c'est moi qui serai encore ton
– Accept guide answered Mr. Fogg and It is me who will be still your

débiteur.
debtor

-- A la bonne heure ! s'écria Passepartout. Prends, ami !
– At the good hour ! -himself- exclaimed Passepartout Take friend !
Why, well

Kiouni est un brave et courageux animal ! »
Kiouni is a dear and courageous animal !

Et, allant à la bête, il lui présenta quelques morceaux de sucre, disant
And going to the animal he it presented some pieces of sugar saying

:
:

« Tiens, Kiouni, tiens, tiens ! »
Hold Kiouni keep keep !

L'éléphant fit entendre quelques grognement de satisfaction. Puis, prenant
The elephant made hear some grunt of satisfaction Then taking

Passepartout par la ceinture et l'enroulant de sa trompe, il l'enleva
Passepartout by the belt and wrapping with his trunk he lifted him

jusqu'à la hauteur de sa tête. Passepartout, nullement effrayé, fit une
until the height of his head Passepartout by no means frightened made a

bonne caresse à l'animal, qui le replaça doucement à terre, et, à
good caress to the animal who him placed back gently at earth and to
the ground

la poignée de trompe de l'honnête Kiouni, répondit une vigoureuse
the fist of trunk of the honest Kiouni answered a vigorous

poignée de main de l'honnête garçon.
fist of hand of the honest boy

Quelques instants après, Phileas Fogg, Sir Francis Cromarty et
Some moments after Phileas Fogg Sir Francis Cromarty and

Passepartout, installés dans un confortable wagon dont Mrs. Aouda
Passepartout installed in a comfortable car of which Mrs Aouda

occupait la meilleure place, couraient à toute vapeur vers Bénarès.
occupied the best place ran at all vapor towards Benares
rode steam

Quatre-vingts milles au plus séparent cette ville d'Allahabad, et ils
Eighty miles at the most separated this city from Allahabad and they

furent franchis en deux heures.
were crossed in two hours

Pendant ce trajet, la jeune femme revint complètement à elle ; les
During this path the young woman returned completely to herself ; the

vapeurs assoupissantes du hang se dissipèrent.
vapors soporific of the hang itself dissipated
hemp smoke

Quel fut son étonnement de se trouver sur le railway, dans ce
What was her astonishment of herself to find on the railway in this

compartiment, recouverte de vêtements européens, au milieu de voyageurs
compartment covered of clothes european at the middle of travelers
with in the

qui lui étaient absolument inconnus !
who her were absolutely unknown !

Tout d'abord, ses compagnons lui prodiguèrent leurs soins et la
All initially his companions her lavished (with) their cares and her
From the start

ranimèrent avec quelques gouttes de liqueur ; puis le brigadier général
reanimated with some drops of liqueur ; then the brigadier general

lui raconta son histoire. Il insista sur le dévouement de Phileas Fogg,
her told her history He insisted on the dedication of Phileas Fogg

qui n'avait pas hésité à jouer sa vie pour la sauver, et sur le
who not had -not- hesitated to play his life for her to save and on the
risk

dénouement de l'aventure, dû à l'audacieuse imagination de Passepartout.
unknotting of the Adventure owed to the bold imagination of Passepartout
outcome

Mr. Fogg laissa dire sans prononcer une parole. Passepartout, tout
Mr. Fogg let tell without to pronounce a word Passepartout all

honteux, répétait que « ça n'en valait pas la peine »!
shameful repeated that that not of it was worth -not- the trouble

Mrs. Aouda remercia ses sauveurs avec effusion, par ses larmes plus que
Mrs Aouda thanked her saviors with effusion by her tears more than

par ses paroles. Ses beaux yeux, mieux que ses lèvres, furent les
by her words Her beautiful eyes better than her lips were the

interprètes de sa reconnaissance. Puis, sa pensée la reportant aux
interpreters of her gratitude Then her thought her bringing back to the

scènes du sutty, ses regards revoyant cette terre indienne où tant
scenes of the suttee her looks seeing again this earth Indian where so much

de dangers l'attendaient encore, elle fut prise d'un frisson de terreur.
of dangers her awaited still she was taken by a shiver of terror

Phileas Fogg comprit ce qui se passait dans l'esprit de Mrs. Aouda,
Phileas Fogg understood this which itself passed in the spirit of Mrs Aouda
occurred the mind

et, pour la rassurer, il lui offrit, très froidement d'ailleurs, de la
and for her to reassure he her offered very coldly besides of her

conduire à Hong-Kong, où elle demeurerait jusqu'à ce que cette
to lead to Hong-Kong where she would remain until this that this

affaire fût assoupie.
business was softened
had died down

Mrs. Aouda accepta l'offre avec reconnaissance. Précisément, à
Mrs Aouda accepted the offers with gratitude Exactly at

Hong-Kong, résidait un de ses parents, Parsi comme elle, et l'un
Hong-Hong resided one of her family members Parsee like her and the one

des principaux négociants de cette ville, qui est absolument anglaise,
of the main traders of this city which is absolutely English

tout en occupant un point de la côte chinoise.
all in occupying a point of the coast Chinese
at

A midi et demi, le train s'arrêtait à la station de Bénarès. Les
At noon and (a) half the train itself halted at the station of Benares The

légendes brahmaniques affirment que cette ville occupe l'emplacement de
legends brahminical affirm that this city occupies the location of

l'ancienne Casi, qui était autrefois suspendue dans l'espace, entre le
the old Casi who was otherwise suspended in the space between the

zénith et le nadir, comme la tombe de Mahomet. Mais, à cette
zenith and the nadir like the falls of Mohammed But at this

plus réaliste, Bénarès, Athènes de l'Inde au dire des orientalistes,
more realistic Benares Athens of -the- India at the say -of the- orientalists
as

reposait tout prosaïquement sur le sol, et Passepartout put un instant
rested all prosaically on the ground and Passepartout could a moment

entrevoir ses maisons de briques, ses huttes en clayonnage, qui lui
glimpse its houses of bricks its huts in wattle which it

donnaient un aspect absolument désolé, sans aucune couleur locale.
gave an appearance absolutely desolated without any color local

C'était là que devait s'arrêter Sir Francis Cromarty. Les troupes qu'il
It was there that must itself stop Sir Francis Cromarty The troops that he
get out

rejoignait campaient à quelques milles au nord de la ville. Le brigadier
joined camped at some miles at the north of the city The brigadier

général fit donc ses adieux à Phileas Fogg, lui souhaitant tout le
general made then his farewells to Phileas Fogg him wished all the

succès possible, et exprimant le voeu qu'il recommençât ce voyage
success possible and expressing the vow that he recommenced this journey

d'une façon moins originale, mais plus profitable. Mr. Fogg pressa
of a way less original but more profitable Mr. Fogg pressed
in a

légèrement les doigts de son compagnon. Les compliments de Mrs. Aouda
lightly the fingers of his companion The compliments of Mrs Aouda

furent plus affectueux. Jamais elle n'oublierait ce qu'elle devait à Sir
were more affectionate Never she -not- would forget this that she owed to Sir

Francis Cromarty. Quant à Passepartout, il fut honoré d'une vraie poignée
Francis Cromarty As to Passepartout he was honored of a true fist

de main de la part du brigadier général. Tout ému, il se
of hand from the side of the brigadier general All moved he himself
emotional

demanda où et quand il pourrait bien se dévouer pour lui. Puis
asked where and when he could well himself devote to him Then

on se sépara.
one himself separated
they themselves

A partir de Bénarès, la voie ferrée suivait en partie la vallée
At to leave -of- Benares the track ironed followed in part the valley
leaving (of the) railroad

du Gange. A travers les vitres du wagon, par un temps assez
of the Ganges -At- through the panes of the car by a weather enough

clair, apparaissait le paysage varié du Béhar, puis des montagnes
clear appeared the landscape varied of the Béhar then of the mountains

couvertes de verdure, les champs d'orge, de maïs et de froment, des
covered of greenery the fields of barley of corn and of wheat of the

rios et des étangs peuplés d'alligators verdâtres, des villages bien
rios and of the ponds populated by alligators greenish of the villages well

entretenus, des forêts encore verdoyantes. Quelques éléphants, des zébus
maintained of the forests still green Some elephants of the zebu's

à grosse bosse venaient se baigner dans les eaux du fleuve
at with big bump came themselves bathe in the waters of the river

sacré, et aussi, malgré la saison avancée et la température déjà
sacred and also in spite of the season advanced and the temperature already

froide, des bandes d'Indous des deux sexes, qui accomplissaient
cold of the bands of HIndus of the two genders who accomplished

pieusement leurs saintes ablutions. Ces fidèles, ennemis acharnés du
piously their holy ablutions sacred baths These faithful enemies relentless of the

bouddhisme, sont sectateurs fervents de la religion brahmanique, qui
buddhism are followers enthusiastic of the religion Brahminical which

s'incarne en ces trois personnes : Whisnou, la divinité solaire, Shiva,
incarnates in these three people : vishnu the divinity of the sun Shiva

la personnification divine des forces naturelles, et Brahma, le maître
the personification divine of the forces natural and Brahma the master

suprême des prêtres et des législateurs. Mais de quel oeil Brahma,
supreme of the priests and of the legislators But of with what eye Brahma

Shiva et Whisnou devaient-ils considérer cette Inde, maintenant «
Shiva and Vishnu should they consider this India now

britannisée », lorsque quelque steam-boat passait en hennissant et
Anglified when some steamboat passed in neighing steaming and

troublait les eaux consacrées du Gange, effarouchant les mouettes qui
disturbed the waters devoted of the Ganges frightening the seagulls which

volaient à sa surface, les tortues qui pullulaient sur ses bords, et les
fly at its surface the tortoises which swarmed on its edges and the

dévots étendus au long de ses rives !
devotees extended at the long of its shores !

Tout ce panorama défila comme un éclair, et souvent un nuage de
All this panorama paraded by like a lightning and often a cloud of

vapeur blanche en cacha les détails. A peine les voyageurs purent-ils
vapor white of it hid the details At pain the travelers could they

entrevoir le fort de Chunar, à vingt milles au sud-est de Bénarès,
glimpse the fort of Chunar at twenty miles to the south east of Benares

ancienne forteresse des rajahs du Béhar, Ghazepour et ses importantes
ancient fortress of the rajahs of the Béhar Ghazepour and his important

fabriques d'eau de rose, le tombeau de Lord Cornwallis qui s'élève sur
factories of water of Rose the tomb of Lord Cornwallis who itself rises on

la rive gauche du Gange, la ville fortifiée de Buxar, Patna, grande
the shore left of the Ganges the city fortified of Buxar Patna large

cité industrielle et commerçante, où se tient le principal marché
City industrial and shopping where itself holds the main market

d'opium de l'Inde, Monghir, ville plus qu'européenne, anglaise comme
of opium of -the- India Monghir city more than European English like

Manchester ou Birmingham, renommée pour ses fonderies de fer, ses
Manchester or Birmingham renown for its foundries of iron its

fabriques de taillanderie et d'armes blanches, et dont les hautes
factories of taillanderie and of arms white and of which the high

cheminées encrassaient d'une fumée noire le ciel de Brahma, -- un
fireplaces were fouling with a smoke black the sky of Brahma — a

véritable coup de poing dans le pays du rêve !
true strike of fist in the country of the dreams !

Puis la nuit vint et, au milieu des hurlements des tigres, des
Then the night came and at the middle of the howls of the tigers of the
roars

ours, des loups qui fuyaient devant la locomotive, le train passa à
bears of the wolves which fled in front of the locomotive the train passed at
away from

toute vitesse, et on n'aperçut plus rien des merveilles du
all speed and one not perceived (any)more nothing of the wonders of the

Bengale, ni Golgonde, ni Gour en ruine, ni Mourshedabad, qui fut
Bengal neither Golgonde nor Gour in ruin nor Mourshedabad which was

autrefois capitale, ni Burdwan, ni Hougly, ni Chandernagor, ce point
once capital nor Burdwan nor Hougly nor Chandannagar this point

français du territoire indien sur lequel Passepartout eût été fier de
French of the territory Indian on which Passepartout had would have been proud of

voir flotter le drapeau de sa patrie !
to see float the flag of his homeland !

Enfin, à sept heures du matin, Calcutta était atteint. Le paquebot, en
Finally at seven hours of the in the morning Calcutta was reached The packet-boat ocean liner -in-

partance pour Hong-Kong, ne levait l'ancre qu'à midi. Phileas Fogg
outbound for Hong kong not raised the anchor than at midday Phileas Fogg

avait donc cinq heures devant lui.
had then five hours in front of him

D'après son itinéraire, ce gentleman devait arriver dans la capitale des
Of after According to his itinerary this gentleman must arrive in the capital of the

Indes le 25 octobre, vingt-trois jours après avoir quitté Londres, et
Indies the 25(th of) October twenty three days after to have left London and

il y arrivait au jour fixé. Il n'avait donc ni retard ni avance.
-it- there arrived at the day set He not had then neither delay nor advance

Malheureusement, les deux jours gagnés par lui entre Londres et
Unfortunately the two days earned by him between London and

Bombay avaient été perdus, on sait comment, dans cette traversée de
Bombay had been lost one knows how in this crossing of

la péninsule indienne, -- mais il est à supposer que Phileas Fogg ne
the peninsula Indian – But it is to suppose that Phileas Fogg not

les regrettait pas.
them missed -not-

15 - Chapitre XV

OÙ LE SAC AUX BANK-NOTES S'ALLÈGE ENCORE DE QUELQUES
Where the bag to the banknotes itself lightens still of some
of the becomes lighter with

MILLIERS DE LIVRES
thousands of pounds

Le train s'était arrêté en gare. Passepartout descendit le premier
The train itself was stopped in (the) station Passepartout descended the first
had as

du wagon, et fut suivi de Mr. Fogg, qui aida sa jeune compagne
from the car and was followed by Mr. Fogg who helped his young companion

à mettre pied sur le quai. Phileas Fogg comptait se rendre
to put foot on the quay Phileas Fogg counted (on) himself to hand over
to go

directement au paquebot de Hong-Kong, afin d'y installer
directly to the packet-boat of Hong kong so -of- there to install
ocean liner

confortablement Mrs. Aouda, qu'il ne voulait pas quitter, tant qu'elle
comfortably Mrs Aouda that he not wanted -not- to leave as much as she
who he

serait en ce pays si dangereux pour elle.
would be in this country so dangerous for her

Au moment où Mr. Fogg allait sortir de la gare, un policeman
At the moment where Mr. Fogg went to go out of the station a policeman

s'approcha de lui et dit :
himself approached of him and said :

« Monsieur Phileas Fogg ?
Sir Phileas Fogg ?

-- C'est moi.
— It is me

-- Cet homme est votre domestique ? ajouta le policeman en désignant
— This man is your servant ? added the policeman in designating

Passepartout.
Passepartout

-- Oui.
– Yes

-- Veuillez me suivre tous les deux. »
– Please me follow all the two
both of you

Mr. Fogg ne fit pas un mouvement qui pût marquer en lui une
Mr. Fogg not made -not- a movement which could signal in him a

surprise quelconque. Cet agent était un représentant de la loi, et, pour
surprise any This officer was a representative of the law and for

tout Anglais, la loi est sacrée. Passepartout, avec ses habitudes françaises,
all English the law is sacred Passepartout with his habits French

voulut raisonner, mais le policeman le toucha de sa baguette, et
wanted to reason But the policeman him touched with his stick and

Phileas Fogg lui fit signe d'obéir.
Phileas Fogg him made sign of to obey
to obey

« Cette jeune dame peut nous accompagner ? demanda Mr. Fogg.
This young lady can us accompany ? asked Mr. Fogg

-- Elle le peut », répondit le policeman.
– She it can answered the policeman

Le policeman conduisit Mr. Fogg, Mrs. Aouda et Passepartout vers un
The policeman led Mr. Fogg Mrs Aouda and Passepartout towards a

palki-ghari, sorte de voiture à quatre roues et à quatre places, attelée
palki-ghari kind of carriage to four wheels and to four seats hitched
with with

de deux chevaux. On partit. Personne ne parla pendant le trajet,
of two horses They left Person -not- spoke during the trajectory
by Nobody

qui dura vingt minutes environ.
which lasted twenty minutes approximately

La voiture traversa d'abord la « ville noire », aux rues étroites,
The carriage crossed initially the city black to the streets narrow
with

bordées de cahutes dans lesquelles grouillait une population cosmopolite,
lined of huts in which teemed a population cosmopolitan
with

sale et déguenillée ; puis elle passa à travers la ville européenne,
dirty and in rags ; then she passed -at- through the city European

égayée de maisons de briques, ombragée de cocotiers, hérissée de
brightened by houses (made) of bricks shaded by coconut trees bristled of

mâtures, que parcouraient déjà, malgré l'heure matinale, des cavaliers
masts that roamed already in spite of the hour morning by -the- riders
was traversed

élégants et de magnifiques attelages.
stylish and by splendid hitches
carriages

Le palki-ghari s'arrêta devant une habitation d'apparence simple, mais
The palki-ghari stopped in front of a dwelling of appearance simple but

qui ne devait pas être affectée aux usages domestiques. Le policeman
which not must -not- be affected by the uses domestic The policeman
use as a habitation

fit descendre ses prisonniers -- on pouvait vraiment leur donner ce
made go down his captives – one could really them give this

nom --, et il les conduisit dans une chambre aux fenêtres grillées,
name –, and he them led in a room to the windows barred
with

en leur disant :
in them saying :

« C'est à huit heures et demie que vous comparaîtrez devant le juge
It is at eight hours and (a) half that you will appear in front of the judge

Obadiah. »
Obadiah

Puis il se retira et ferma la porte.
Then he himself withdrew and closed the door

« Allons ! nous sommes pris ! » s'écria Passepartout, en se
Go ! we are taken ! himself exclaimed Passepartout in himself

laissant aller sur une chaise.
letting go on a chair
fall

Mrs. Aouda, s'adressant aussitôt à Mr. Fogg, lui dit d'une voix dont
Mrs Aouda addressing immediately at Mr. Fogg him said with a voice of which

elle cherchait en vain à déguiser l'émotion :
she searched in vain to disguise the emotion :

« Monsieur, il faut m'abandonner ! C'est pour moi que vous êtes
Sir it is necessary to leave me ! It is for me that you are

poursuivi ! C'est pour m'avoir sauvée ! »
persecuted ! It is for to have me saved !

Phileas Fogg se contenta de répondre que cela n'était pas possible.
Phileas Fogg himself contented of to answer that that not was -not- possible

Poursuivi pour cette affaire du sutty ! Inadmissible ! Comment les
Persecuted for this business of the suttee ! Unacceptable ! How the

plaignants oseraient-ils se présenter ? Il y avait méprise.
complainants dare they themselves present ? It there had (a) misunderstanding
There was

Mr. Fogg ajouta que, dans tous les cas, il n'abandonnerait pas la jeune
Mr. Fogg added that in all the cases he not gave up -not- the young

femme, et qu'il la conduirait à Hong-Kong.
woman and that he her would lead to Hong kong

« Mais le bateau part à midi ! fit observer Passepartout.
But the boat leaves at noon ! made observe Passepartout
an observation

-- Avant midi nous serons à bord », répondit simplement l'impassible
– Before noon we will be on board answered simply the impassive

gentleman.
gentleman

Cela fut affirmé si nettement, que Passepartout ne put s'empêcher
That was affirmed so clearly that Passepartout not could stop himself

de se dire à lui-même :
of himself to say to him self :
to say

« Parbleu ! cela est certain ! avant midi nous serons à bord ! » Mais
Egad ! that is certain ! before noon we will be on board ! But

il n'était pas rassuré du tout.
he not was -not- at ease of the all
at

A huit heures et demie, la porte de la chambre s'ouvrit. Le
At eight hours and (a) half the door of the room itself opened The
opened

policeman reparut, et il introduisit les prisonniers dans la salle
policeman reappeared and he introduced the captives in the room

voisine. C'était une salle d'audience, et un public assez nombreux,
neighboring It was a room of hearing and a public enough numerous

composé d'Européens et d'indigènes, en occupait déjà le prétoire.
composed of Europeans and of natives of it occupied already the courtroom

Mr. Fogg, Mrs. Aouda et Passepartout s'assirent sur un banc en face
Mr. Fogg Mrs Aouda and Passepartout themselves sat on a bench in face
sat down

des sièges réservés au magistrat et au greffier.
of the seats reserved to the magistrate and to the clerk

Ce magistrat, le juge Obadiah, entra presque aussitôt, suivi du
This magistrate the judge Obadiah entered almost immediately followed by the

greffier. C'était un gros homme tout rond. Il décrocha une perruque
clerk It was a big man all round He unhooked a wig

pendue à un clou et s'en coiffa lestement.
hung at a nail and itself of it donned nimbly

« La première cause », dit-il.
The first cause said he

Mais, portant la main à sa tête :
But carrying the hand to his head :

« Hé ! ce n'est pas ma perruque !
Hey! ! this not is -not- my wig !

-- En effet, monsieur Obadiah, c'est la mienne, répondit le greffier.
– In effect Sir Obadiah It is -the- mine answered the clerk

-- Cher monsieur Oysterpuf, comment voulez-vous qu'un juge puisse
– Dear Mr. Oysterpuff how want you that a judge can

rendre une bonne sentence avec la perruque d'un greffier ! »
hand over a good sentence with the wig of a clerk !

L'échange des perruques fut fait. Pendant ces préliminaires, Passepartout
Exchange of the wigs was made During these preliminaries Passepartout

bouillait d'impatience, car l'aiguille lui paraissait marcher terriblement
boiled of impatience because the needle him appeared to walk terribly

vite sur le cadran de la grosse horloge du prétoire.
quickly on the dial of the big clock of the courtroom

« La première cause, reprit alors le juge Obadiah.
The first cause continued Then the judge Obadiah

-- Phileas Fogg ? dit le greffier Oysterpuf.
– Phileas Fogg ? said the clerk Oysterpuff

-- Me voici, répondit Mr. Fogg.
– Me here answered Mr. Fogg

-- Passepartout ?
– Passepartout ?

-- Présent ! répondit Passepartout.
– Present ! answered Passepartout

-- Bien ! dit le juge Obadiah. Voilà deux jours, accusés, que l'on
– Well ! said the judge Obadiah See there two days (the) accused that it they

vous guette à tous les trains de Bombay.
you watch for at all the trains of Bombay

-- Mais de quoi nous accuse-t-on ? s'écria Passepartout, impatienté.
– But of what us accuse they ? exclaimed Passepartout impatiently

-- Vous allez le savoir, répondit le juge.
– You go it know answered the judge

-- Monsieur, dit alors Mr. Fogg, je suis citoyen anglais, et j'ai droit...
– Sir said then Mr. Fogg I am (a) citizen English and I have right

-- Vous a-t-on manqué d'égards ? demanda Mr. Obadiah.
– (To) you have they lacked of politeness ? asked Mr. Obadiah

-- Aucunement.
– Not at all

-- Bien ! faites entrer les plaignants. »
– Well ! do enter the complainants

Sur l'ordre du juge, une porte s'ouvrit, et trois prêtres indous
On the order of the judge a door itself opened opened and three priests Hindus

furent introduits par un huissier.
were introduced by a bailiff

« C'est bien cela ! murmura Passepartout, ce sont ces coquins qui
It is well that ! whispered Passepartout this they are these rogues who

voulaient brûler notre jeune dame ! »
wanted to burn our young lady !

Les prêtres se tinrent debout devant le juge, et le greffier lut
The priests themselves kept upright in front of the judge and the clerk read

à haute voix une plainte en sacrilège, formulée contre le sieur Phileas
to high voice a complaint in sacrilege formulated against the Sir Phileas

Fogg et son domestique, accusés d'avoir violé un lieu consacré par la
Fogg and his servant accused of to have raped a place dedicated by the

religion brahmanique.
religion brahminical

« Vous avez entendu ? demanda le juge à Phileas Fogg.
You have heard ? asked the judge to Phileas Fogg

-- Oui, monsieur, répondit Mr. Fogg en consultant sa montre, et j'avoue.
– Yes Sir answered Mr. Fogg in consulting his watch and I confess

-- Ah ! vous avouez ?...
— Ah ! you avow ?...

-- J'avoue et j'attends que ces trois prêtres avouent à leur tour ce
— I confess and I await that these three priests avow at their turn this

qu'ils voulaient faire à la pagode de Pillaji. »
that they wanted to do at the pagoda of Pillaji

Les prêtres se regardèrent. Ils semblaient ne rien comprendre
The priests each other looked at They appeared not at all to understand

aux paroles de l'accusé.
-to- the words of the accused

« Sans doute ! s'écria impétueusement Passepartout, à cette pagode de
Without doubt ! exclaimed tempestuously Passepartout at this pagoda of

Pillaji, devant laquelle ils allaient brûler leur victime ! »
Pillaji in front of which they went to burn their victim !

Nouvelle stupéfaction des prêtres, et profond étonnement du juge
New stupefaction of the priests and deep astonishment of the judge

Obadiah.
Obadiah

« Quelle victime ? demanda-t-il. Brûler qui ! En pleine ville de Bombay
What victim ? asked he To burn who ! In full city of Bombay

?
?

-- Bombay ? s'écria Passepartout.
— Bombay ? exclaimed Passepartout

-- Sans doute. Il ne s'agit pas de la pagode de Pillaji, mais de
— Without doubt It not itself deals -not- of the pagoda of Pillaji but of

la pagode de Malebar-Hill, à Bombay.
the pagoda of Malabar hill at Bombay

-- Et comme pièce de conviction, voici les souliers du profanateur,
— And like piece of conviction here the shoes of the defiler

ajouta le greffier, en posant une paire de chaussures sur son bureau.
added the clerk in setting a pair of shoes on his desk

-- Mes souliers ! » s'écria Passepartout, qui, surpris au dernier chef,
— My shoes ! exclaimed Passepartout who surprised at the last chef point

On devine la confusion qui s'était opérée dans l'esprit du maître
One guesses the confusion which itself was had operated in the spirit of the master

et du domestique. Cet incident de la pagode de Bombay, ils l'avaient
and of the servant This incident of the pagoda of Bombay they it had

oublié, et c'était celui-là même qui les amenait devant le magistrat
forgotten and It was that one even which they brought in front of the magistrate

de Calcutta.
of Calcutta

En effet, l'agent Fix avait compris tout le parti qu'il pouvait tirer de
In effect the agent Fix had understood all the part that he could draw of

cette malencontreuse affaire. Retardant son départ de douze heures, il
this misguided business Delaying his departure with twelve hours he

s'était fait le conseil des prêtres de Malebar-Hill ; il leur avait
himself was himself had made the advice of the priests of Malabar hill ; he them had

promis des dommages-intérêts considérables, sachant bien que le
promised -of the- damages considerable knowing well that the

gouvernement anglais se montrait très sévère pour ce genre de délit ;
government English itself showed very severe for this sort of offense ;

puis, par le train suivant, il les avait lancés sur les traces du
then by the train following he them had launched on the traces of the

sacrilège. Mais, par suite du temps employé à la délivrance de la
sacrilege But by following because of the time used to the deliverance of the

jeune veuve, Fix et les Indous arrivèrent à Calcutta avant Phileas Fogg
young widow Fix and the Hindus arrived at Calcutta before Phileas Fogg

et son domestique, que les magistrats, prévenus par dépêche, devaient
and his servant that who the magistrates forewarned by dispatch must

arrêter à leur descente du train. Que l'on juge du désappointement
arrest at their descend of the train That How it one one judges of the the disappointment

de Fix, quand il apprit que Phileas Fogg n'était point encore arrivé dans
of Fix when he learned that Phileas Fogg not was at all still arrived in

la capitale de l'Inde. Il dut croire que son voleur, s'arrêtant à
the capital of -the- India He had to to believe that his thief stopping at

une des stations du Peninsular-railway, s'était réfugié dans les
one of the stations of the Peninsular-railway himself was had refuged in the

provinces septentrionales. Pendant vingt-quatre heures, au milieu de
provinces northern During twenty-four hours at the middle of

mortelles inquiétudes, Fix le guetta à la gare. Quelle fut donc sa joie
deadly worries Fix him watched at the station What was then his joy

quand, ce matin même, il le vit descendre du wagon, en
when this morning same he him saw go down from the car in

compagnie, il est vrai, d'une jeune femme dont il ne pouvait
company it is true of a young woman of which he not could

s'expliquer la présence. Aussitôt il lança sur lui un policeman, et
explain the presence Immediately he launched on him a policeman and

voilà comment Mr. Fogg, Passepartout et la veuve du rajah du
see there how Mr. Fogg Passepartout and the widow of the rajah of the

Bundelkund furent conduits devant le juge Obadiah.
Bundelcund were led in front of the judge Obadiah

Et si Passepartout eût été moins préoccupé de son affaire, il aurait
And if Passepartout had been less worried of his business he would have

aperçu, dans un coin du prétoire, le détective, qui suivait le débat
perceived in a corner of the courtroom the detective who followed the debate

avec un intérêt facile à comprendre, -- car à Calcutta, comme à
with an interest easy to understand – because at Calcutta like at

Bombay, comme à Suez, le mandat d'arrestation lui manquait encore !
Bombay like at Suez the mandate of arrest him lacked still !

Cependant le juge Obadiah avait pris acte de l'aveu échappé à
However the judge Obadiah had taken act notice of the confession (that) escaped to from

Passepartout, qui aurait donné tout ce qu'il possédait pour reprendre
Passepartout who would have given all this that he had for to take back

ses imprudentes paroles.
his reckless words

« Les faits sont avoués ? dit le juge.
The facts are confessed ? said the judge

-- Avoués, répondit froidement Mr. Fogg.
– Confessed answered coldly Mr. Fogg

-- Attendu, reprit le juge, attendu que la loi anglaise entend protéger
– Awaited continued the judge awaited that the law English means to protect

l'Inde, le délit étant avoué par le sieur Passepartout, convaincu
-the- India the offense being confessed by the Mr. Passepartout convinced

d'avoir violé d'un pied sacrilège le pavé de la pagode de
of to have raped with a foot sacrileged the pavement of the pagoda of

Malebar-Hill, à Bombay, dans la journée du 20 octobre, condamne ledit
Malabar hill at Bombay in the day of the 20 October condemned said

Passepartout à quinze jours de prison et à une amende de trois cents
Passepartout to fifteen days of prison and to a fine of three hundred

livres (7 500 F).
pounds (7 500 F

-- Trois cents livres ? s'écria Passepartout, qui n'était véritablement
– Three hundred pounds ? exclaimed Passepartout who not was truly

sensible qu'à l'amende.
sensitive (other) than to the fine

-- Silence ! fit l'huissier d'une voix glapissante.
– Silence ! made said the usher with a voice shrill

-- Et, ajouta le juge Obadiah, attendu qu'il n'est pas matériellement
– And added the judge Obadiah awaited that he not is -not- materially

prouvé qu'il n'y ait pas connivence entre le domestique et le
proven that it not there has -not- connivance between the servant and the

maître, qu'en tout cas celui-ci doit être tenu responsable des gestes
master than in all cases that one must be held responsible of the gestures

d'un serviteur à ses gages, retient ledit Phileas Fogg et le condamne à
of a servant to his wages retains said Phileas Fogg and the condemned to

huit jours de prison et cent cinquante livres d'amende. Greffier,
eight days of prison and hundred fifty pounds fined Clerk

appelez une autre cause ! »
call an other cause !

Fix, dans son coin, éprouvait une indicible satisfaction. Phileas Fogg
Fix in his corner experienced an inexpressible satisfaction Phileas Fogg

retenu huit jours à Calcutta, c'était plus qu'il n'en fallait pour
retained eight days at Calcutta It was more than he not of it was necessary needed for

donner au mandat le temps de lui arriver.
to give to the mandate the time of to him arrive

Passepartout était abasourdi. Cette condamnation ruinait son maître. Un
Passepartout was thunderstruck This conviction ruined his master A

pari de vingt mille livres perdu, et tout cela parce que, en vrai
bet of twenty thousand pounds lost and all that because that in true

badaud, il était entré dans cette maudite pagode !
rubbernecking he was entered in this accursed pagoda !
had

Phileas Fogg, aussi maître de lui que si cette condamnation ne
Phileas Fogg so master of himself that if this conviction not

l'eût pas concerné, n'avait pas même froncé le sourcil. Mais
him would have -not- concerned not had -not- even frowned the eyebrow But

au moment où le greffier appelait une autre cause, il se leva
at the moment where the clerk called an other cause he himself raised

et dit :
and said :

« J'offre caution.
I offer bail

-- C'est votre droit », répondit le juge.
— It is your right answered the judge

Fix se sentit froid dans le dos, mais il reprit son assurance,
Fix himself felt cold in the back but he continued his assurance

quand il entendit le juge, « attendu la qualité d'étrangers de Phileas
when he heard the judge expected the quality of foreigners of Phileas

Fogg et de son domestique », fixer la caution pour chacun d'eux à
Fogg and of his servant to fix the bail for each of them at

la somme énorme de mille livres (25 000 F).
the sum huge of (a) thousand pounds (25 000 F

C'était deux mille livres qu'il en coûterait à Mr. Fogg, s'il ne
It was two thousand pounds that it of it would cost to Mr. Fogg if he not

purgeait pas sa condamnation.
served -not- his conviction

« Je paie », dit ce gentleman.
I pay said this gentleman

Et du sac que portait Passepartout, il retira un paquet de
And from the bag that carried Passepartout he withdrew a package of

« Cette somme vous sera restituée à votre sortie de prison, dit le
This sum you will be returned at your exit of prison said the

juge. En attendant, vous êtes libres sous caution.
judge In awaiting you are free under bail

-- Venez, dit Phileas Fogg à son domestique.
– Come said Phileas Fogg to his servant

-- Mais, au moins, qu'ils rendent les souliers ! » s'écria Passepartout
– But at the least that they give back the shoes ! exclaimed Passepartout

avec un mouvement de rage.
with a movement of rage
emotion

On lui rendit ses souliers.
They him gave back his shoes

« En voilà qui coûtent cher ! murmura-t-il. Plus de mille livres
In see there which cost dear ! murmured he More than (a) thousand pounds

chacun ! Sans compter qu'ils me gênent ! »
each ! Without to count that they me bother !

Passepartout, absolument piteux, suivit Mr. Fogg, qui avait offert son bras
Passepartout absolutely sorry followed Mr. Fogg who had given his arm

à la jeune femme. Fix espérait encore que son voleur ne se
to the young woman Fix hoped still that his thief not himself

déciderait jamais à abandonner cette somme de deux mille livres et
would decide ever to to abandon this sum of two thousand pounds and

qu'il ferait ses huit jours de prison. Il se jeta donc sur les
that he would do his eight days of prison He himself threw then on the
would fulfill

traces de Fogg.
traces of Fogg
trail

Mr. Fogg prit une voiture, dans laquelle Mrs. Aouda, Passepartout et lui
Mr. Fogg took a carriage in which Mrs Aouda Passepartout and him

montèrent aussitôt. Fix courut derrière la voiture, qui s'arrêta bientôt
climbed immediately Fix ran behind the carriage which stopped soon

sur l'un des quais de la ville.
on -the- one of the quays of the city

A un demi-mille en rade, le Rangoon était mouillé, son pavillon de
At a half mile in (the) harbour the Rangoon was anchored its flag of

partance hissé en tête de mât. Onze heures sonnaient. Mr. Fogg était
outbound hoisted in head of (the) mast Eleven hours rang Mr. Fogg was
top

en avance d'une heure. Fix le vit descendre de voiture et
in advance of an hour Fix him saw go down from (the) carriage and

s'embarquer dans un canot avec Mrs. Aouda et son domestique. Le
himself embark in a dinghy with Mrs Aouda and his servant The

détective frappa la terre du pied.
detective kicked the ground with the foot

« Le gueux ! s'écria-t-il, il part ! Deux mille livres sacrifiées !
The miserable (one) ! exclaimed he he leaves ! Two thousand pounds sacrificed !

Prodigue comme un voleur ! Ah ! je le filerai jusqu'au bout du
Prodigal like a thief ! Ah ! I him will follow up to the end of the

monde s'il le faut ; mais du train dont il va, tout l'argent
world if it for it is necessary ; But with the train by which he goes all the silver
way the money

du vol y aura passé! »
of the theft there will have passed

L'inspecteur de police était fondé à faire cette réflexion. En effet, depuis
The inspector of police was based to make this reflection In effect since
justified

qu'il avait quitté Londres, tant en frais de voyage qu'en primes, en
that he had left London as much in costs of journey than in premiums in

achat d'éléphant, en cautions et en amendes, Phileas Fogg avait déjà
purchase of elephant in bonds and in fines Phileas Fogg had already

semé plus de cinq mille livres (125 000 F) sur sa route, et le
sown more than five thousand pounds (125 000 F on his road and the

tant pour cent de la somme recouvrée, attribué aux détectives, allait
so much per- cent of the sum recovered allotted to the detectives went
-nth

diminuant toujours.
decreasing always

16 - Chapitre XVI

OÙ FIX N'A PAS L'AIR DE CONNAÎTRE DU TOUT LES CHOSES
Where Fix not has -not- the air of to know of the all the things

DONT ON LUI PARLE
of which they him speak

Le Rangoon, l'un des paquebots que la Compagnie péninsulaire et
The Rangoon the one of the ocean liners that the Company peninsular and
one

orientale emploie au service des mers de la Chine et du Japon,
eastern employs at the service of the seas of -the- China and -of the- Japan

était un steamer en fer, à hélice, jaugeant brut dix-sept cent
was a steamer in iron at propeller gauging gross seventeen hundred
made of with weighing

soixante-dix tonnes, et d'une force nominale de quatre cents chevaux. Il
seventy tons and with a force nominal of four hundred horses It

égalait le Mongolia en vitesse, mais non en confortable. Aussi Mrs. Aouda
equaled the Mongolia in speed but No in comfortability Also Mrs Aouda

ne fut-elle point aussi bien installée que l'eût désiré Phileas Fogg.
not was she at all so well installed as it would have desired Phileas Fogg

Après tout, il ne s'agissait que d'une traversée de trois mille cinq
After all it not dealt than of a crossing of three thousand five

cents milles, soit de onze à douze jours, et la jeune femme ne
hundred miles be it of eleven to twelve days and the young woman not

se montra pas une difficile passagère.
herself showed -not- a difficult passenger

Pendant les premiers jours de cette traversée, Mrs. Aouda fit plus
During the first days of this crossing Mrs Aouda made more

ample connaissance avec Phileas Fogg. En toute occasion, elle lui
ample acquaintance with Phileas Fogg In every opportunity she him
At

témoignait la plus vive reconnaissance. Le flegmatique gentleman
showed the most lively gratitude The phlegmatic gentleman
stolid

l'écoutait, en apparence au moins, avec la plus extrême froideur,
her listened to in appearance at the least with the most extreme coldness

sans qu'une intonation, un geste décelât en lui la plus légère émotion.
without that an intonation a gesture revealed in him the most light emotion
any

Il veillait à ce que rien ne manquât à la jeune femme. A de
He watched to this that nothing not would lack to the young woman At -of-

certaines heures il venait régulièrement, sinon causer, du moins
certain hours he came regularly if not to talk of the least

l'écouter. Il accomplissait envers elle les devoirs de la politesse la plus
her listen to He accomplished towards her the duties of the politeness the most

stricte, mais avec la grâce et l'imprévu d'un automate dont les
strict but with the grace and the unexpectedness of an automaton of which the
robot

mouvements auraient été combinés pour cet usage. Mrs. Aouda ne savait
movements would have been combined for this use Mrs Aouda not knew

trop que penser, mais Passepartout lui avait un peu expliqué
too much what think but Passepartout to her had a bit explained

l'excentrique personnalité de son maître. Il lui avait appris quelle gageure
the eccentric personality of his master He her had learned what challenge

entraînait ce gentleman autour du monde. Mrs. Aouda avait souri ;
carried this gentleman around -of- the world Mrs Aouda had smiled ;

mais après tout, elle lui devait la vie, et son sauveur ne pouvait
but after all she him owed the life and her savior not could

perdre à ce qu'elle le vît à travers sa reconnaissance.
lose to this that she him saw -at- through her gratitude

Mrs. Aouda confirma le récit que le guide indou avait fait de sa
Mrs Aouda confirmed the summary that the guide Hindu had made of her

touchante histoire. Elle était, en effet, de cette race qui tient le premier
touching history She was in effect of this race who holds the first

rang parmi les races indigènes. Plusieurs négociants parsis ont fait
rank among the races native Several traders (of) Parsees have made

de grandes fortunes aux Indes, dans le commerce des cotons. L'un
-of- large fortunes at the Indies in the trade of -the- cottons The one
One

d'eux, Sir James Jejeebhoy, a été anobli par le gouvernement anglais,
of them Sir James Jejeebhoy has been ennobled by the government English

et Mrs. Aouda était parente de ce riche personnage qui habitait
and Mrs Aouda was a relation of this rich character who lived in

Bombay. C'était même un cousin de Sir Jejeebhoy, l'honorable Jejeeh,
Bombay It was even a cousin of Sir Jejeebhoy the honorable Jejeeh

qu'elle comptait rejoindre à Hong-Kong. Trouverait-elle près de lui refuge
that she counted to rejoin at Hong kong Would she find near -of- him refuge
in

et assistance ? Elle ne pouvait l'affirmer. A quoi Mr. Fogg répondait
and assistance ? She not could affirm it At what Mr. Fogg answered

qu'elle n'eût pas à s'inquiéter, et que tout s'arrangerait
that she not had -not- to worry and that all itself would arrange

mathématiquement ! Ce fut son mot.
mathematically ! This was his word

La jeune femme comprenait-elle cet horrible adverbe ? On ne sait.
The young woman understood she this horrible adverb ? One not knows

Toutefois, ses grands yeux se fixaient sur ceux de Mr. Fogg, ses
However her large eyes themselves fixed on those of Mr. Fogg her

grands yeux « limpides comme les lacs sacrés de l'Himalaya » ! Mais
large eyes clear like the lakes blessed of the Himalaya ! But

l'intraitable Fogg, aussi boutonné que jamais, ne semblait point homme à
the intractable Fogg as buttoned as ever not seemed at all man to

se jeter dans ce lac.
himself throw in this lake

Cette première partie de la traversée du Rangoon s'accomplit dans
This first part of the crossing of the Rangoon itself accomplished in

des conditions excellentes. Le temps était maniable. Toute cette
-of the- conditions excellent The weather was manageable All this

portion de l'immense baie que les marins appellent les « brasses du
portion of the immense bay that the sailors call the fathoms of the

Bengale » se montra favorable à la marche du paquebot. Le
Bengal itself showed favorable to the march of the packet-boat The
ocean liner

Rangoon eut bientôt connaissance du Grand-Andaman, la principale du
Rangoon had soon acquaintance of the Grand Andaman the main (island) of the

groupe, que sa pittoresque montagne de Saddle-Peak, haute de deux
group that its picturesque mountain of Saddle-peak high of two
of which

mille quatre cents pieds, signale de fort loin aux navigateurs.
thousand four hundred feet signals from very far to the navigators

La côte fut prolongée d'assez près. Les sauvages Papouas de l'île ne
The coast was prolonged enough near The wild Papuans of the island not

se montrèrent point. Ce sont des êtres placés au
themselves showed at all These are -of the- beings placed at the

dernier degré de l'échelle humaine, mais dont on fait à tort
last degree of the scale human But of which one made at wrong
least industrially developed by mistake

des anthropophages.
-of the- cannibals

Le développement panoramique de ces îles était superbe. D'immenses
The development panoramic of these islands was superb -Of- immense

forêts de lataniers, d'arecs, de bambousiers, de muscadiers, de tecks, de
forests of lataniers of roscas of bamboos of nutmegs of teaks of

gigantesques mimosées, de fougères arborescentes, couvraient le pays en
gigantic mimosas of ferns arboreal covered the country in

premier plan, et en arrière se profilait l'élégante silhouette des
first plan and in (the) back itself loomed the elegant silhouette of the

montagnes. Sur la côte pullulaient par milliers ces précieuses salanganes,
mountains On the coast swarmed by thousands these precious swiftlets

dont les nids comestibles forment un mets recherché dans
of which the nests eatable form a dish researched in
sought after

le Céleste Empire. Mais tout ce spectacle varié, offert aux regards par
the Heavenly Empire But all this spectacle varied offered to the looks by
China this whole varied spectacle eyes

le groupe des Andaman, passa vite, et le Rangoon s'achemina
the group of the Andaman (islands) passed by quickly and the Rangoon itself made way
proceeded

rapidement vers le détroit de Malacca, qui devait lui donner accès
quickly towards the strait(s) of Malacca which should it give access

dans les mers de la Chine.
in the seas of -the- China
to

Que faisait pendant cette traversée l'inspecteur Fix, si malencontreusement
What did during this crossing the inspector Fix so inconveniently

entraîné dans un voyage de circumnavigation ? Au départ de
dragged along in a journey of circumnavigation ? At the departure from

Calcutta, après avoir laissé des instructions pour que le mandat, s'il
Calcutta after to have left -of the- instructions for that the mandate if it

arrivait enfin, lui fût adressé à Hong-Kong, il avait pu
arrived finally him was addressed to Hong kong he had been able

s'embarquer à bord du Rangoon sans avoir été aperçu de
to himself embark on board of the Rangoon without to have been noticed by

Passepartout, et il espérait bien dissimuler sa présence jusqu'à l'arrivée
Passepartout and he hoped well to hide his presence until the arrival

du paquebot. En effet, il lui eût été difficile d'expliquer pourquoi
of the packet-boat In effect it him had been difficult to explain why
ocean liner would have

il se trouvait à bord, sans éveiller les soupçons de Passepartout,
he himself found on board without to wake the suspicions of Passepartout

qui devait le croire à Bombay. Mais il fut amené à renouer
who must him believe (to be) at Bombay But he was led to reconnect

connaissance avec l'honnête garçon par la logique même des
acquaintance with the honest boy by the logic same of the
itself

circonstances. Comment ? On va le voir.
circumstances How ? One goes it see
will

Toutes les espérances, tous les désirs de l'inspecteur de police, étaient
All the expectations all the desires of the inspector of police were

maintenant concentrés sur un unique point du monde, Hong-Kong,
now concentrated on an only point of the world Hong-Kong

car le paquebot s'arrêtait trop peu de temps à Singapore pour
because the packet-boat itself halted too little -of- time at Singapore for
ocean liner

qu'il pût opérer en cette ville. C'était donc à Hong-Kong que
that he could operate in this city It was then at Hong kong that

l'arrestation du voleur devait se faire, ou le voleur lui échappait,
the arrest of the thief must itself to make or the thief him escaped
be made

pour ainsi dire, sans retour.
for thus to say without return

En effet, Hong-Kong était encore une terre anglaise, mais la dernière
In effect Hong-Kong was still an earth English but the last
English territory

qui se rencontrât sur le parcours. Au-delà, la Chine, le Japon,
which itself encountered on the route Beyond -the- China -the- Japan

l'Amérique offraient un refuge à peu près assuré au sieur Fogg. A
the America offered a refuge at little near assured to the Sir Fogg At
(America) almost

Hong-Kong, s'il y trouvait enfin le mandat d'arrestation qui courait
Hong-Kong if he there found finally the mandate of arrest which ran

évidemment après lui, Fix arrêtait Fogg et le remettait entre les
obviously after him Fix arrested Fogg and him handed over between the
would arrest would hand over in

mains de la police locale. Nulle difficulté. Mais après Hong-Kong, un
hands of the police local No difficulty But after Hong-Kong a

simple mandat d'arrestation ne suffirait plus. Il faudrait un
simple mandate of arrest not would suffice (any)more It would be necessary an

acte d'extradition. De là retards, lenteurs, obstacles de toute nature,
act of extradition From there delays slowness obstacles of all nature

dont le coquin profiterait pour échapper définitivement. Si l'opération
of which the rascal would benefit for to escape definitively So the operation

manquait à Hong-Kong, il serait, sinon impossible, du moins bien
missed to Hong kong it would be if not impossible of the least well

difficile, de la reprendre avec quelque chance de succès.
difficult of her to take up again with any chance of success

« Donc, se répétait Fix pendant ces longues heures qu'il passait
Thus himself repeated Fix during these long hours that he passed

dans sa cabine, donc, ou le mandat sera à Hong-Kong, et j'arrête
in his cabin thus either the mandate will be at Hong-Kong and i stop

mon homme, ou il n'y sera pas, et cette fois il faut à tout
my man or it not there will be -not- and this time it is necessary at all

prix que je retarde son départ ! J'ai échoué à Bombay, j'ai échoué
price that I delay his departure ! I have failed at Bombay I have failed
cost

à Calcutta ! Si je manque mon coup à Hong-Kong, je suis perdu de
at Calcutta ! If I miss my blow at Hong-Kong I am lost of

réputation ! Coûte que coûte, il faut réussir. Mais quel moyen
reputation ! Cost that cost it is necessary to succeed But what means
whatever it

employer pour retarder, si cela est nécessaire, le départ de ce maudit
to use for to delay if that is necessary the departure of this damn

Fogg ? »
Fogg ?

En dernier ressort, Fix était bien décidé à tout avouer à Passepartout, à
In last resort Fix was well decided to all confess to Passepartout to

lui faire connaître ce maître qu'il servait et dont il n'était
him make to know this master that he served and of which he not was

certainement pas le complice. Passepartout, éclairé par cette
certainly -not- the partner in crime Passepartout lit by this

révélation, devant craindre d'être compromis, se rangerait sans
revelation in front of fear of to be compromised himself would go along without

doute à lui, Fix. Mais enfin c'était un moyen hasardeux, qui ne pouvait
doubt to him Fix But finally It was a means hazardous who not could
with

être employé qu'à défaut de tout autre. Un mot de Passepartout
be employed other than at fault of all other A word from Passepartout
lack any

à son maître eût suffi à compromettre irrévocablement l'affaire.
to his master had enough to to jeopardize irrevocably the case
would be

L'inspecteur de police était donc extrêmement embarrassé, quand la
The inspector of police was then extremely embarrassed when the

présence de Mrs. Aouda à bord du Rangoon, en compagnie de Phileas
presence of Mrs Aouda on board of the Rangoon in company of Phileas

Fogg, lui ouvrit de nouvelles perspectives.
Fogg him opened -of- new prospects

Quelle était cette femme ? Quel concours de circonstances en avait
What was this woman ? What along-run of circumstances of her had
movement

fait la compagne de Fogg ? C'était évidemment entre Bombay et
made the companion of Fogg ? It was obviously between Bombay and

Calcutta que la rencontre avait eu lieu. Mais en quel point de la
Calcutta that the meeting had had place But in what point of the
taken

péninsule ? Était-ce le hasard qui avait réuni Phileas Fogg et la
peninsula ? Was it the chance which had reunited Phileas Fogg and the

jeune voyageuse ? Ce voyage à travers l'Inde, au contraire,
young female traveler ? This journey -at- through -the- India at the contrary

n'avait-il pas été entrepris par ce gentleman dans le but de rejoindre
not had it -not- been undertaken by this gentleman in the goal of to rejoin

cette charmante personne ? car elle était charmante ! Fix l'avait bien
this charming person ? because she was charming ! Fix her had well

vu dans la salle d'audience du tribunal de Calcutta.
seen in the room of hearing of the court of Calcutta

On comprend à quel point l'agent devait être intrigué. Il se
One understands until what point the agent must be intrigued He himself

demanda s'il n'y avait pas dans cette affaire quelque criminel
asked if it not there had -not- in this business some criminal
if there was not

enlèvement. Oui ! cela devait être ! Cette idée s'incrusta dans le
removal Yes ! that must be ! This idea itself embedded in the
abduction

cerveau de Fix, et il reconnut tout le parti qu'il pouvait tirer de
brain of Fix and he recognized all the part that he could draw from
advantage

cette circonstance. Que cette jeune femme fût mariée ou non,
this circumstance That this young woman was married or not
Whether

il y avait enlèvement, et il était possible, à Hong-Kong, de susciter
it there had removal and it was possible at Hong-Kong of to spark
there was an abduction

au ravisseur des embarras tels, qu'il ne pût s'en tirer à
at the abductor of the embarrassment such that he not could himself of it draw at
get out

prix d'argent.
price of silver
of money

Mais il ne fallait pas attendre l'arrivée du Rangoon à Hong-Kong.
But it not was necessary -not- to await the arrival of the Rangoon at Hong kong

Ce Fogg avait la détestable habitude de sauter d'un bateau dans un
This Fogg had the detestable habit of to jump from a boat in an

autre, et, avant que l'affaire fût entamée, il pouvait être déjà loin.
other and before that the case was started he could be already far

L'important était donc de prévenir les autorités anglaises et de
The important (part) was then -of- to warn the authorities English and -of-

signaler le passage du Rangoon avant son débarquement. Or, rien
to report the passage of the Rangoon before its landing However nothing

n'était plus facile, puisque le paquebot faisait escale à Singapore, et
-not- was more easy since the packet-boat made (a) stop at Singapore and
easier ocean liner

que Singapore est reliée à la côte chinoise par un fil télégraphique.
that Singapore is connected at the coast Chinese by a wire telegraphic
since with

Toutefois, avant d'agir et pour opérer plus sûrement, Fix résolut
However before to act and for to operate more surely Fix resolved

d'interroger Passepartout. Il savait qu'il n'était pas très difficile de
to interview Passepartout He knew that it not was -not- very difficult of

faire parler ce garçon, et il se décida à rompre l'incognito qu'il
to make speak this boy and he himself decided to break the incognito that he

avait gardé jusqu'alors. Or, il n'y avait pas de temps à perdre.
had guarded until then However it not there had -not- of time to lose
kept there was no

On était au 30 octobre, et le lendemain même le Rangoon devait
One was at the 30 October and the following day same the Rangoon must

relâcher à Singapore.
release to Singapore
lay about

Donc, ce jour-là, Fix, sortant de sa cabine, monta sur le pont, dans
Then this day there Fix leaving of his cabin went up on the bridge in

l'intention d'aborder Passepartout « le premier » avec les marques de
the intention of to address Passepartout the first with the marks of

la plus extrême surprise. Passepartout se promenait à l'avant, quand
the most extreme surprise Passepartout himself walked at the front when

l'inspecteur se précipita vers lui, s'écriant :
the inspector himself rushed towards him exclaiming :

« Vous, sur le Rangoon !
You on the Rangoon !

-- Monsieur Fix à bord ! répondit Passepartout, absolument surpris, en
– Sir Fix on board ! answered Passepartout absolutely surprised in

reconnaissant son compagnon de traversée du Mongolia. Quoi ! je vous
recognizing his companion of crossing of the Mongolia What ! I you

laisse à Bombay, et je vous retrouve sur la route de Hong-Kong ! Mais
leave at Bombay and I you find back on the road of Hong kong ! But

vous faites donc, vous aussi, le tour du monde ?
you do then you also the tour of the world ?
trip around

-- Non, non, répondit Fix, et je compte m'arrêter à Hong-Kong, -- au
– No no answered Fix and I count on me to stop at Hong-Kong – at the

moins quelques jours.
least some days

-- Ah ! dit Passepartout, qui parut un instant étonné. Mais comment
— Ah ! said Passepartout who appeared a moment surprised But how

ne vous ai-je pas aperçu à bord depuis notre départ de Calcutta ?
not you have I -not- perceived on board since our departure of Calcutta ?

-- Ma foi, un malaise... un peu de mal de mer... Je suis resté
— My faith a discomfort a bit of sickness of (the) sea I am remained
have

couché dans ma cabine... Le golfe du Bengale ne me réussit pas
laid down in my cabin The gulf of the Bengal not me succeeded -not-

aussi bien que l'océan Indien. Et votre maître, Mr. Phileas Fogg ?
also well that the Ocean Indian And your master Mr. Phileas Fogg ?
than

-- En parfaite santé, et aussi ponctuel que son itinéraire ! Pas un jour
— In perfect health and as punctual as his itinerary ! Not a day

de retard ! Ah ! monsieur Fix, vous ne savez pas cela, vous, mais nous
of delay ! Ah ! Sir Fix you not know -not- that you but we

avons aussi une jeune dame avec nous.
have also a young lady with us

-- Une jeune dame ? » répondit l'agent, qui avait parfaitement l'air de
— A young lady ? answered the agent who had perfectly the air of

ne pas comprendre ce que son interlocuteur voulait dire.
not -not- to understand this what his interlocutor wanted to say

Mais Passepartout l'eut bientôt mis au courant de son histoire. Il
But Passepartout him had soon put at the running of her history He

raconta l'incident de la pagode de Bombay, l'acquisition de l'éléphant
told the incident of the pagoda of Bombay the acquisition of the elephant

au prix de deux mille livres, l'affaire du sutty, l'enlèvement d'Aouda,
at the price of two thousand pounds the case of the suttee the pickup of aouda

la condamnation du tribunal de Calcutta, la liberté sous caution. Fix,
the conviction of the court of Calcutta the freedom under bail Fix

qui connaissait la dernière partie de ces incidents, semblait les ignorer
who knew the last part of these incidents seemed them not know

tous, et Passepartout se laissait aller au charme de narrer ses
all and Passepartout himself let go at the charm of to recount his

aventures devant un auditeur qui lui marquait tant d'intérêt.
adventures in front of an auditor who him marked so much of interest
gave

« Mais, en fin de compte, demanda Fix, est-ce que votre maître
But in (the) end of (the) account asked Fix Is this that your master
the story

a l'intention d'emmener cette jeune femme en Europe ?
has the intention to take this young woman in Europe ?

-- Non pas, monsieur Fix, non pas ! Nous allons tout simplement la
– No -not- Sir Fix No -not- ! We go all simply her

remettre aux soins de l'un de ses parents, riche négociant de
hand over to the cares of the one of her relatives rich merchant of
one in

Hong-Kong. »
Hong kong

« Rien à faire ! » se dit le détective en dissimulant son
Nothing to make ! himself said the detective in hiding his

désappointement. « Un verre de gin, monsieur Passepartout ?
disappointment A glass of gin Mr. Passepartout ?

-- Volontiers, monsieur Fix. C'est bien le moins que nous buvions à
– Willingly Mr. Fix It is well the least that we drank to

notre rencontre à bord du Rangoon ! »
our meeting on board of the Rangoon !

17 - Chapitre XVII

OÙ IL EST QUESTION DE CHOSES ET D'AUTRES PENDANT LA
Where it is question of things and of others during the

TRAVERSÉE DE SINGAPORE A HONG-KONG
crossing of Singapore to Hong-Kong

Depuis ce jour, Passepartout et le détective se rencontrèrent
From this day Passepartout and the detective each other met

fréquemment, mais l'agent se tint dans une extrême réserve vis-à-vis
frequently but the agent himself held in an extreme reserve towards

de son compagnon, et il n'essaya point de le faire parler. Une ou
-of- his companion and he not tried did not try at all of him to make speak One or

deux fois seulement, il entrevit Mr. Fogg, qui restait volontiers dans le
two times only he glimpsed Mr. Fogg who remained willingly in the

grand salon du Rangoon, soit qu'il tînt compagnie à Mrs. Aouda, soit
large salon of the Rangoon be it that he kept company to Mrs Aouda be it

qu'il jouât au whist, suivant son invariable habitude.
that he played at the whist following his invariable habit

Quant à Passepartout, il s'était pris très sérieusement à méditer
As to Passepartout he himself was had taken very seriously at to meditate

sur le singulier hasard qui avait mis, encore une fois, Fix sur la
on the uncommon chance which had put still one time Fix on the

route de son maître. Et, en effet, on eût été étonné à moins. Ce
road of his master And in effect one had should have been surprised at least This

gentleman, très aimable, très complaisant à coup sûr, que l'on
gentleman very pleasant very complaisant at strike sure for sure that him they

rencontre d'abord à Suez, qui s'embarque sur le Mongolia, qui
meets initially at Suez who himself embarks on the Mongolia who

débarque à Bombay, où il dit devoir séjourner, que l'on retrouve
disembarks at Bombay where he said to have to stay over that him they find back

sur le Rangoon, faisant route pour Hong-Kong, en un mot, suivant pas
on the Rangoon making road for Hong-Kong in a word following step

à pas l'itinéraire de Mr. Fogg, cela valait la peine qu'on y
by step the route of Mr. Fogg that was worth the pain that one there
on it

réfléchît. Il y avait là une concordance au moins bizarre.
reflects It there had there a concordance at the least bizarre
There was

A qui en avait ce Fix ? Passepartout était prêt a parier ses babouches
At who of it had this Fix ? Passepartout was ready to bet his slippers
Who was this Fix after

-- il les avait précieusement conservées -- que le Fix quitterait
– he them had preciously preserved – that -the- Fix would leave

Hong-Kong en même temps qu'eux, et probablement sur le même
Hong kong in (the) same time as them and probably on the same

paquebot.
packet-boat
ocean liner

Passepartout eût réfléchi pendant un siècle, qu'il n'aurait jamais
Passepartout had reflected during a century but he would not have ever
could have

deviné de quelle mission l'agent avait été chargé. Jamais il n'eût
guessed of what mission the agent had been charged Never he not had
would have

imaginé que Phileas Fogg fût « filé », à la façon d'un voleur,
conceived that Phileas Fogg was followed at the way of a thief
shadowed

autour du globe terrestre. Mais comme il est dans la nature humaine
around of the world earthly But like it is in the nature human

de donner une explication à toute chose, voici comment Passepartout,
of to give an explanation to every thing see here how Passepartout

soudainement illuminé, interpréta la présence permanente de Fix, et,
suddenly illuminated interpreted the presence permanent of Fix and

vraiment, son interprétation était fort plausible. En effet, suivant lui, Fix
really his interpretation was very plausible In effect following him Fix

n'était et ne pouvait être qu'un agent lancé sur les traces de Mr.
not was and not could be than an agent launched on the traces of Mr.

Fogg par ses collègues du Reform-Club, afin de constater que ce
Fogg by his colleagues of the Reform club so of to note that this

voyage s'accomplissait régulièrement autour du monde, suivant l'itinéraire
journey was fulfilled regularly around of the world following the route

convenu.
agreed

« C'est évident ! c'est évident ! se répétait l'honnête garçon, tout
It is obvious ! It is obvious ! himself repeated the honest boy all

fier de sa perspicacité. C'est un espion que ces gentlemen ont mis à
proud of his insight It is a spy that these gentlemen have put on

nos trousses ! Voilà qui n'est pas digne ! Mr. Fogg si probe, si
our kits trail ! See there who not is -not- worthy ! Mr. Fogg so honest so

honorable ! Le faire épier par un agent ! Ah ! messieurs du
honorable ! Him to make spy by an agent ! Ah ! gentlemen of the

Reform-Club, cela vous coûtera cher ! »
Reform club that you will cost dear !

Passepartout, enchanté de sa découverte, résolut cependant de n'en
Passepartout enchanted of his discovery resolved however of not of it

rien dire à son maître, craignant que celui-ci ne fût justement
nothing to say to his master fearing that that one not was exactly

blessé de cette défiance que lui montraient ses adversaires. Mais il
wounded of this distrust that him showed his opponents But he

se promit bien de gouailler Fix à l'occasion, à mots couverts et
himself promised well of gall Fix at the opportunity to with words covered and

sans se compromettre.
without himself to jeopardize

Le mercredi 30 octobre, dans l'après-midi, le Rangoon
The Wednesday 30 October in the afternoon the Rangoon

embouquait le détroit de Malacca, qui sépare la presqu'île
sailed through the narrows of the strait of Malacca which separates the peninsula

de ce nom des terres de Sumatra. Des îlots montagneux très
of this name from the lands of Sumatra -Of the- islands mountainous very

escarpés, très pittoresques dérobaient aux passagers la vue de la
steep very picturesque concealed to the passengers the sight of the

grande île.
large island

Le lendemain, à quatre heures du matin, le Rangoon, ayant gagné
The following day at four hours of the in the morning the Rangoon having won

une demi-journée sur sa traversée réglementaire, relâchait à Singapore, afin
a half day on its crossing regular relaxed berthed at Singapore so

d'y renouveler sa provision de charbon.
of there to renew its provision of coal

Phileas Fogg inscrivit cette avance à la colonne des gains, et, cette
Phileas Fogg wrote this advance at the column of the earnings and this

fois, il descendit à terre, accompagnant Mrs. Aouda, qui avait manifesté
time he descended to land accompanying Mrs Aouda who had expressed

le désir de se promener pendant quelques heures.
the desire of herself to walk during some hours

Fix, à qui toute action de Fogg paraissait suspecte, le suivit sans
Fix to whom every action of Fogg appeared suspect him followed without

se laisser apercevoir. Quant à Passepartout, qui riait in petto à
himself to let notice As to Passepartout who laughed in chest secret to

voir la manoeuvre de Fix, il alla faire ses emplettes ordinaires.
see the maneuver of Fix he went to make his shopping ordinary

L'île de Singapore n'est ni grande ni imposante l'aspect. Les
The island of Singapore not is neither large nor imposing (by) the aspect The

montagnes, c'est-à-dire les profils, lui manquent. Toutefois, elle est
mountains that is to say the profiles it miss However she it is

charmante dans sa maigreur. C'est un parc coupé de belles routes. Un
charming in its thinness It is a park cut from beautiful roads A

joli équipage, attelé de ces chevaux élégants qui ont été
pretty horse and carriage hitched by these horses stylish which have been

importés de la Nouvelle-Hollande, transporta Mrs. Aouda et Phileas
imported from -the- New-Holland Indonesia carried Mrs Aouda and Phileas

Fogg au milieu des massifs de palmiers à l'éclatant feuillage, et de
Fogg at the middle of the massive -of- palm trees to with the brilliant foliage and of

girofliers dont les clous sont formés du bouton même de la fleur
clove trees of which the nails are formed from the button itself of the flower

entrouverte. Là, les buissons de poivriers remplaçaient les haies
ajar There the bushes of pepper replaced the hedges

épineuses des campagnes européennes ; des sagoutiers, de grandes
thorny of the countryside European ; -of the- sago -of- large

fougères avec leur ramure superbe, variaient l'aspect de cette région
ferns with their treetop(s) superb varied the aspect of this region

tropicale ; des muscadiers au feuillage verni saturaient l'air d'un
tropical ; -of the- nutmegs at the with foliage varnished saturated the air with a

parfum pénétrant. Les singes, bandes alertes et grimaçantes, ne
perfume penetrating The monkeys bands alerts and grimacing not

manquaient pas dans les bois, ni peut-être les tigres dans les jungles.
lacked -not- in the woods nor maybe the tigers in the jungles

A qui s'étonnerait d'apprendre que dans cette île, si petite
At who oneself should astonish of to learn that in this island so small

relativement, ces terribles carnassiers ne fussent pas détruits jusqu'au
relatively these terrible carnivores not were -not- destroyed up to the

dernier, on répondra qu'ils viennent de Malacca, en traversant le
last one will answer that they come from Malacca in traversing the

détroit à la nage.
strait at the swim swimming

Après avoir parcouru la campagne pendant deux heures, Mrs. Aouda et
After to have having traveled the countryside during two hours Mrs Aouda and

son compagnon -- qui regardait un peu sans voir -- rentrèrent dans
her companion – who watched a bit without to see – entered back in

la ville, vaste agglomération de maisons lourdes et écrasées,
the city vast agglomeration of houses heavy and crushed

qu'entourent de charmants jardins où poussent des mangoustes,
that surround which are surrounded by charming gardens where grow -of the- mangosteens mango's

des ananas et tous les meilleurs fruits du monde.
-of the- pineapples and all the best fruits of the world

A dix heures, ils revenaient au paquebot, après avoir été suivis,
At ten hours they came back at the ocean liner after to have been followed

sans s'en douter, par l'inspecteur, qui avait dû lui aussi se
without itself of it doubt by the inspector who had had to him also himself

mettre en frais d'équipage.
put in costs of horse and carriage

Passepartout les attendait sur le pont du Rangoon. Le brave garçon
Passepartout them awaited on the bridge of the Rangoon The dear boy

avait acheté quelques douzaines de mangoustes, grosses comme des
had bought some dozens of mango's big like -of the-

pommes moyennes, d'un brun foncé au-dehors, d'un rouge éclatant
apples averages of a brown dark outside of a red bright

au-dedans, et dont le fruit blanc, en fondant entre les lèvres,
inside and of which the fruit white in melting between the lips

procure aux vrais gourmets une jouissance sans pareille. Passepartout
provides to the true gourmets an enjoyment without equal Passepartout

fut trop heureux de les offrir à Mrs. Aouda, qui le remercia avec
was too happy of them to offer to Mrs Aouda who him thanked with

beaucoup de grâce.
many of grace

A onze heures, le Rangoon, ayant son plein de charbon, larguait ses
At eleven hours the Rangoon having its fill of coal was dropping its

amarres, et, quelques heures plus tard, les passagers perdaient de vue
moorings and some hours more late the passengers losing from sight

ces hautes montagnes de Malacca, dont les forêts abritent les plus
these high mountains of Malacca of which the forests shelter the most

beaux tigres de la terre.
beautiful tigers of the earth

Treize cents milles environ séparent Singapore de l'île de
Thirteen hundred miles approximately separate Singapore from the island of

Hong-Kong, petit territoire anglais détaché de la côte chinoise. Phileas
Hong kong small territory English detached from the coast Chinese Phileas

Fogg avait intérêt à les franchir en six jours au plus, afin de prendre
Fogg had interest at them to cross in six days at the most so of to take

à Hong-Kong le bateau qui devait partir le 6 novembre pour
at Hong-Kong the boat which must leave the 6(th of) November for

Yokohama, l'un des principaux ports du Japon.
Yokohama the one one of the main ports of -the- Japan

Le Rangoon était fort chargé. De nombreux passagers s'étaient
The Rangoon was very charged loaded -Of- numerous passengers themselves were had

embarqués à Singapore, des Indous, des Ceylandais, des Chinois,
embarked at Singapore -of the- Hindus -of the- Ceylandais -of the- Chinese

des Malais, des Portugais, qui, pour la plupart, occupaient les
-of the- Malay -of the- Portuguese who for the largest part occupied the

secondes places.
second (class) seats

Le temps, assez beau jusqu'alors, changea avec le dernier quartier de
The weather enough beautiful until then changed with the last quarter of

la lune. Il y eut grosse mer. Le vent souffla quelquefois en grande
the moon It there had big sea The wind breathed sometimes in large
There were large swells

brise, mais très heureusement de la partie du sud-est, ce qui
breeze but very fortunately from the part of the south east this which
direction

favorisait la marche du steamer. Quand il était maniable, le capitaine
promoted the march of the steamer When it was manageable the captain

faisait établir la voilure. Le Rangoon, gréé en brick, navigua souvent
made establish the sails The Rangoon rigged in brig sailed often

avec ses deux huniers et sa misaine, et sa rapidité s'accrut sous
with its two topsails and its foresail and its speed itself increased under

la double action de la vapeur et du vent. C'est ainsi que l'on
the double action of the vapor and of the wind It is thus that it they

prolongea, sur une lame courte et parfois très fatigante, les côtes
prolonged on a blade short and sometimes very tiring the coasts
went alongside

d'Annam et de Cochinchine.
of annam and of Cochin

Mais la faute en était plutôt au Rangoon qu'à la mer, et c'est à
But the fault of it was rather at the Rangoon than to the sea and It is to

ce paquebot que les passagers, dont la plupart furent malades,
this ocean liner that the passengers of which the largest part were ill

durent s'en prendre de cette fatigue.
had to themselves of it take of this exhaustion

En effet, les navires de la Compagnie péninsulaire, qui font le service
In effect the ships of the Company peninsular which make the service

des mers de Chine, ont un sérieux défaut de construction. Le rapport
of the seas of China have a serious fault of construction The report
effect

de leur tirant d'eau en charge avec leur creux a été mal
of their pulling of water in (the) charge with their ship-depth has been badly
movement

calculé, et, par suite, ils n'offrent qu'une faible résistance à la mer.
calculated and by following they not offer but a weak resistance to the sea
consequently

Leur volume, clos, impénétrable à l'eau, est insuffisant. Ils sont «
Their volume enclosed impenetrable to the water is insufficient They are

noyés », pour employer l'expression maritime, et, en conséquence de
drowned for to use the expression maritime and in result of

cette disposition, il ne faut que quelques paquets de mer, jetés
this disposition it not is necessary but (for) some packages of (the) sea thrown
waves

à bord, pour modifier leur allure. Ces navires sont donc très inférieurs
on board for to change their pace These ships are then very inferior

-- sinon par le moteur et l'appareil évaporatoire, du moins par la
– if not by the engine and the device evaporative of the least by the

construction, -- aux types des Messageries françaises, tels que
construction – to the types of the Messaging French such that
as

l'Impératrice et le Cambodge. Tandis que, suivant les calculs des
the Empress and the Cambodia While that following the calculations of the

ingénieurs, ceux-ci peuvent embarquer un poids d'eau égal à leur
engineers these can embark a weight of water equal to their
to take in

propre poids avant de sombrer, les bateaux de la Compagnie péninsulaire,
clean weight before of to sink the boats of the Company peninsular

le Golgonda, le Corea, et enfin le Rangoon, ne pourraient pas
the Golgonda the Corea and finally the Rangoon not would be able -not-

embarquer le sixième de leur poids sans couler par le fond.
to embark the sixth of their weight without to sink by the bottom
to take in to

Donc, par le mauvais temps, il convenait de prendre de grandes
Then by the bad weather it suited of to take of great

précautions. Il fallait quelquefois mettre à la cape sous petite
precautions It was necessary sometimes to put to the cape under little
coast low

vapeur. C'était une perte de temps qui ne paraissait affecter Phileas
vapor It was a loss of time which not appeared to affect Phileas
steam

Fogg en aucune façon, mais dont Passepartout se montrait
Fogg in any way but of which Passepartout himself showed

extrêmement irrité. Il accusait alors le capitaine, le mécanicien, la
extremely irritated He accused then the captain the mechanic the

Compagnie, et envoyait au diable tous ceux qui se mêlent de
Company and sent to the devil all those who themselves mix of

transporter des voyageurs. Peut-être aussi la pensée de ce bec de
to transport -of the- travelers Maybe also the thought of this spout of

gaz qui continuait de brûler à son compte dans la maison de
gas which continued of to burn at his account in the house of

Saville-row entrait-elle pour beaucoup dans son impatience.
Saville row entered she for much in his impatience

« Mais vous êtes donc bien pressé d'arriver à Hong-Kong ? lui demanda
But you are then well pressed of to arrive at Hong kong ? him asked
in a hurry

un jour le détective.
one day the detective

-- Très pressé! répondit Passepartout.
– Very pressed answered Passepartout
in a hurry

-- Vous pensez que Mr. Fogg a hâte de prendre le paquebot de
– You think that Mr. Fogg has (a) hurry of to take the ocean liner of
is in to

Yokohama ?
Yokohama ?

-- Une hâte effroyable.
– A hurry appalling

-- Vous croyez donc maintenant à ce singulier voyage autour du
– You believe then now at this uncommon journey around of the

monde ?
world ?

-- Absolument. Et vous, monsieur Fix ?
– Absolutely And you Mr. Fix ?

-- Moi ? je n'y crois pas !
– Me ? I not there believe -not- !
I don't believe in it

-- Farceur ! » répondit Passepartout en clignant de l'oeil.
– Jester ! answered Passepartout in winking of the eye

Ce mot laissa l'agent rêveur. Ce qualificatif l'inquiéta, sans qu'il
This word left the agent dreamy This qualifier him disquieted without that he
designation 'Jester'

sût trop pourquoi. Le Français l'avait-il deviné ? Il ne savait
knew too much why The French(man) him had he divined ? He not knew
found out

trop que penser. Mais sa qualité de détective, dont seul il avait le
too much what to think But his quality of detective of which only he had the

secret, comment Passepartout aurait-il pu la reconnaître ? Et
secret how Passepartout would he been able the to recognize ? And

cependant, en lui parlant ainsi, Passepartout avait certainement eu une
meanwhile in him speaking thus Passepartout had certainly had an

arrière-pensée.
afterthought
ulterior motive

Il arriva même que le brave garçon alla plus loin, un autre jour, mais
It arrived even that the dear boy went more far an other day but

c'était plus fort que lui. Il ne pouvait tenir sa langue.
It was more strong than him He not could keep his tongue

« Voyons, monsieur Fix, demanda-t-il à son compagnon d'un ton
See Mr. Fix asked he to his companion with a tone

malicieux, est-ce que, une fois arrivés à Hong-Kong, nous aurons le
mischievous is this that one time arrived at Hong kong we will have the

malheur de vous y laisser ?
misfortune of you there leave ?

-- Mais, répondit Fix assez embarrassé, je ne sais !... Peut-être que...
— But answered Fix enough embarrassed I not know !... Maybe that

-- Ah ! dit Passepartout, si vous nous accompagniez, ce serait un
— Ah ! said Passepartout so you we accompany this would be a

bonheur pour moi ! Voyons ! un agent de la Compagnie péninsulaire ne
happiness for me ! See ! an officer of the Company peninsular not

saurait s'arrêter en route ! Vous n'alliez qu'à Bombay, et vous
would know himself to stop in road ! You not will go than to Bombay and you
to stop

voici bientôt en Chine ! L'Amérique n'est pas loin, et de l'Amérique
see-here soon in China ! The America not is -not- far and from the America
America America

à l'Europe il n'y a qu'un pas ! »
to -the- Europe it not there has (more) than a step !
it's not

Fix regardait attentivement son interlocuteur, qui lui montrait la figure
Fix watched closely his interlocutor who him showed the figure
face

la plus aimable du monde, et il prit le parti de rire avec lui.
the more pleasant of the world and he took the part of to laugh with him

Mais celui-ci, qui était en veine, lui demanda si « ça lui rapportait
But that one who was in vein him asked so that him reported

beaucoup, ce métier-là ? »
much this job there ?

« Oui et non, répondit Fix sans sourciller. Il y a de bonnes et
Yes and no answered Fix without to frown It there has of good and
There are

de mauvaises affaires. Mais vous comprenez bien que je ne voyage pas
-of- bad cases But you understand well that I not journey -not-

à mes frais !
at my (own) costs !

-- Oh ! pour cela, j'en suis sûr ! » s'écria Passepartout, riant de
— Oh ! for that I of it am sure ! exclaimed Passepartout laughing of

plus belle.
more beautiful

La conversation finie, Fix rentra dans sa cabine et se mit à
The conversation finished Fix returned in his cabin and himself set to

réfléchir. Il était évidemment deviné. D'une façon ou d'une autre, le
think He was obviously divined By one way or by an other the
found out

Français avait reconnu sa qualité de détective. Mais avait-il prévenu son
French(man) had recognized his quality of detective But had he warned his

maître ? Quel rôle jouait-il dans tout ceci ? Était-il complice ou non
master ? What role played he in all this ? Was h partner in crime or not

? L'affaire était-elle éventée, et par conséquent manquée ? L'agent passa
? The case was she stale and by consequence missed ? The agent passed

là quelques heures difficiles, tantôt croyant tout perdu, tantôt
there some hours difficult sometimes believing all lost sometimes

espérant que Fogg ignorait la situation, enfin ne sachant quel parti
hoping that Fogg did not know the situation finally not knowing what part

prendre.
to take

Cependant le calme se rétablit dans son cerveau, et il résolut d'agir
However the calm itself restored in his brain and he resolved to act

franchement avec Passepartout. S'il ne se trouvait pas dans les
frankly with Passepartout If he not himself found -not- in the

conditions voulues pour arrêter Fogg à Hong-Kong, et si Fogg se
conditions appropriate for to arrest Fogg at Hong-Kong and if Fogg himself

préparait à quitter définitivement cette fois le territoire anglais, lui, Fix,
prepared to leave definitively this time the territory English him Fix

dirait tout à Passepartout. Ou le domestique était le complice de
would tell all to Passepartout Or the servant was the partner in crime of

son maître -- et celui-ci savait tout, et dans ce cas l'affaire était
his master – and that one knew all and in this case the case was

définitivement compromise -- ou le domestique n'était pour rien dans
definitively compromised – or the servant not was for nothing in
at all involved

le vol, et alors son intérêt serait d'abandonner le voleur.
the theft and thn his interest would be of to abandon the thief

Telle était donc la situation respective de ces deux hommes, et
Such was then the situation respective of these two men and

au-dessus d'eux Phileas Fogg planait dans sa majestueuse indifférence. Il
above of them Phileas Fogg brooded in his majestic indifference He

accomplissait rationnellement son orbite autour du monde, sans
accomplished rationally his orbit around of the world without

s'inquiéter des astéroïdes qui gravitaient autour de lui.
himself to worry of the asteroids which gravitated around of him

Et cependant, dans le voisinage, il y avait -- suivant l'expression
And meanwhile in the neighborhood it there had – following the expression
there was

des astronomes -- un astre troublant qui aurait dû produire
of the astronomers – a star troubling which would have had to produce

certaines perturbations sur le coeur de ce gentleman. Mais non ! Le
certain disturbances on the heart of this gentleman But no ! The

charme de Mrs. Aouda n'agissait point, à la grande surprise de
charm of Mrs Aouda not acted at all to the large surprise of
not worked

Passepartout, et les perturbations, si elles existaient, eussent été plus
Passepartout and the disturbances if they existed had been more

difficiles à calculer que celles d'Uranus qui l'ont amené la découverte
difficult to calculate that those of Uranus which it have led to the discovery

de Neptune.
of Neptune

Oui ! c'était un étonnement de tous les jours pour Passepartout, qui
Yes ! It was an astonishment of all the days for Passepartout who

lisait tant de reconnaissance envers son maître dans les yeux de la
read so much of gratitude towards his master in the eyes of the

jeune femme ! Décidément Phileas Fogg n'avait de coeur que ce qu'il
young woman ! Definitely Phileas Fogg not had of heart that this that it

en fallait pour se conduire héroïquement, mais amoureusement,
for it was necessary for himself to lead heroically but lovingly

non ! Quant aux préoccupations que les chances de ce voyage
no ! As to the concerns that the chances of this journey

pouvaient faire naître en lui, il n'y en avait pas trace. Mais
could make be born in him it not there of them had -not- (a) trace But

Passepartout, lui, vivait dans des transes continuelles. Un jour, appuyé
Passepartout him (he) lived in -of the- trances continual One day leaned

sur la rambarde de l'« engine-room », il regardait la puissante machine
on the rail of the engine-room he watched the strong engine

qui s'emportait parfois, quand dans un violent mouvement de tangage,
which itself inveighed sometimes when in a violent movement of pitch

l'hélice s'affolait hors des flots. La vapeur fusait alors par les
the propeller itself panicked out of the waves The vapor gushed out then by the

soupapes, ce qui provoqua la colère du digne garçon.
valves this which provoked the anger of the worthy boy

« Elles ne sont pas assez chargées, ces soupapes ! s'écria-t-il. On ne
They not are -not- enough loaded these valves ! exclaimed he One not

marche pas ! Voilà bien ces Anglais ! Ah ! si c'était un navire
moves -not- ! See there well these English ! Ah ! if it was a vessel

américain, on sauterait peut-être, mais on irait plus vite ! »
American one would jump maybe but one would go more quickly !

18 - Chapitre XVIII

DANS LEQUEL PHILEAS FOGG, PASSEPARTOUT, FIX, CHACUN DE SON
In which Phileas Fogg Passepartout Fix each from their

CÔTÉ, VA A SES AFFAIRES
side go at their affairs

Pendant les derniers jours de la traversée, le temps fut assez mauvais.
During the last days of the crossing the weather was rather bad

Le vent devint très fort. Fixé dans la partie du nord-ouest, il
The wind became very strong Fixed in the part of the north west it

contraria la marche du paquebot. Le Rangoon, trop instable, roula
countered the march of the ocean liner The Rangoon too unstable rolled

considérablement, et les passagers furent en droit de garder rancune
greatly and the passengers were in right of to keep rancor

à ces longues lames affadissantes que le vent soulevait du large.
against these long waves fading that the wind raised of the wide
bland making at the length side

Pendant les journées du 3 et du 4 novembre, ce fut une sorte
During the days of the 3(rd) and of the 4(th) November this was a kind
there

de tempête. La bourrasque battit la mer avec véhémence. Le Rangoon
of storm The squall beat the sea with vehemence The Rangoon

dut mettre à la cape pendant un demi-jour, se maintenant avec dix
had to put to the cape during a half day itself now with ten
coast

tours d'hélice seulement, de manière à biaiser avec les lames. Toutes
turns of propeller only of way to prevaricate with the waves All

les voiles avaient été serrées, et c'était encore trop de ces agrès
the sails had been closed and it was still too much of these tackles
there were

qui sifflaient au milieu des rafales.
which whisted at the middle of the bursts

La vitesse du paquebot, on le conçoit, fut notablement diminuée, et
The speed of the ocean liner one it designs was notably decreased and
guesses

l'on put estimer qu'il arriverait à Hong-Kong avec vingt heures de
it one could estimate that it would arrive at Hong-Kong with twenty hours of

retard sur l'heure réglementaire, et plus même, si la tempête ne cessait
delay on the hour regular and more even if the storm not stopped

pas.
-not-

Phileas Fogg assistait à ce spectacle d'une mer furieuse, qui semblait
Phileas Fogg attended at this spectacle of a sea furious which seemed

lutter directement contre lui, avec son habituelle impassibilité. Son front
to wrestle directly against him with his habitual impassivity His face
usual

ne s'assombrit pas un instant, et, cependant, un retard de vingt heures
not itself darkened -not- an instant and meanwhile a delay of twenty hours

pouvait compromettre son voyage en lui faisant manquer le départ du
could jeopardize his journey in him making miss the departure of the

paquebot de Yokohama. Mais cet homme sans nerfs ne ressentait ni
ocean liner of Yokohama But this man without nerves not felt neither

impatience ni ennui. Il semblait vraiment que cette tempête rentrât
impatience nor boredom It seemed really that this storm entered back
was

dans son programme, qu'elle fût prévue. Mrs. Aouda, qui s'entretint avec
in his program that she was expected Mrs Aouda who communed with

son compagnon de ce contretemps, le trouva aussi calme que par le
her companion of this setback him found as calm as by the
in

passé.
past

Fix, lui, ne voyait pas ces choses du même oeil. Bien au
Fix him not saw -not- these things with the same eye Well on the

contraire. Cette tempête lui plaisait, Sa satisfaction aurait même été
contrary This storm him pleased His satisfaction would have even been

sans bornes, si le Rangoon eût été obligé de fuir devant la
without limits if the Rangoon had been obliged of to flee in front of the

tourmente. Tous ces retards lui allaient, car ils obligeraient le sieur
torment All these delays him went because they would oblige the Sir
storm suited

Fogg à rester quelques jours à Hong-Kong. Enfin, le ciel, avec ses
Fogg to stay some days at Hong kong Finally the sky with its

rafales et ses bourrasques, entrait dans son jeu. Il était bien un peu
bursts and its squalls entered in his game He was well a bit

malade, mais qu'importe ! Il ne comptait pas ses nausées, et, quand
sick But what matters ! He not counted -not- his nausea and when

son corps se tordait sous le mal de mer, son esprit s'ébaudissait
his body itself writhed under the sickness of sea his mind itself lit up

d'une immense satisfaction.
by an immense satisfaction

Quant à Passepartout, on devine dans quelle colère peu dissimulée il
As to Passepartout one guesses in what anger little concealed he

passa ce temps d'épreuve. Jusqu'alors tout avait si bien marché ! La
passed this time of test Until then all had so well moved ! The

terre et l'eau semblaient être à la dévotion de son maître. Steamers
earth and the water appeared to be at the devotion of his master Steamers

et railways lui obéissaient. Le vent et la vapeur s'unissaient pour
and railways him obeyed The wind and the vapor united for
steam

favoriser son voyage. L'heure des mécomptes avait-elle donc enfin sonné
to promote his journey The hour of the miscalculations had she then finally rung

? Passepartout, comme si les vingt mille livres du pari eussent dû
? Passepartout as if the twenty thousand pounds of the bet had had to

sortir de sa bourse, ne vivait plus. Cette tempête l'exaspérait, cette
go out of his wallet not lived (any)more This storm him exasperated this

rafale le mettait en fureur, et il eût volontiers fouetté cette mer
gust him put in fury and he had willingly whipped this sea
would have

désobéissante ! Pauvre garçon ! Fix lui cacha soigneusement sa
disobedient ! Poor boy ! Fix him hid carefully his

satisfaction personnelle, et il fit bien, car si Passepartout eût
satisfaction personal and he did well because if Passepartout had
acted would have

deviné le secret contentement de Fix, Fix eût passé un mauvais
guessed the secret contentment of Fix Fix had passed a bad
would have

quart d'heure.
quarter of hour
of an hour

Passepartout, pendant toute la durée de la bourrasque, demeura sur le
Passepartout during all the duration of the squall remained on the
the whole duration

pont du Rangoon. Il n'aurait pu rester en bas ; il grimpait
bridge of the Rangoon He would not have been able to stay in low below ; he climbed

dans la mâture ; il étonnait l'équipage et aidait à tout avec une
in the mast ; he astonished the crew and helped to all with an the

adresse de singe. Cent fois il interrogea le capitaine, les
address skill of (a) monkey (A) hundred times he interrogated the captain the

officiers, les matelots, qui ne pouvaient s'empêcher de rire en voyant
officers the sailors who not could stop themselves of to laugh in seeing

un garçon si décontenancé. Passepartout voulait absolument savoir combien
a boy so uncomfortable Passepartout wanted absolutely to know how much

de temps durerait la tempête. On le renvoyait alors au baromètre,
-of- time would last the storm One him referred then to the barometer

qui ne se décidait pas à remonter. Passepartout secouait le
which not itself decided -not- to repair Passepartout shook the

baromètre, mais rien n'y faisait, ni les secousses, ni les injures
barometer but nothing not there made happened neither the shaking nor the insults

dont il accablait l'irresponsable instrument.
of which he overwhelmed the irresponsible instrument

Enfin la tourmente s'apaisa. L'état de la mer se modifia dans la
Finally the torment storm calmed down The state of the sea itself changed in the

journée du 4 novembre. Le vent sauta de deux quarts dans le
day of the 4(th of) November The wind jumped -of- two quarters in to the

sud et redevint favorable.
south and became again favorable

Passepartout se rasséréna avec le temps. Les huniers et les basses
Passepartout himself cheered up with the weather The topsails and the low

voiles purent être établis, et le Rangoon reprit sa route avec une
sails could be established raised and the Rangoon continued its route with a

merveilleuse vitesse.
marvellous speed

Mais on ne pouvait regagner tout le temps perdu. Il fallait bien
But one not could regain all the time lost It was necessary well

en prendre son parti, et la terre ne fut signalée que le 6, à cinq
of it to take its part and the earth not was reported than the 6(th), at five

heures du matin. L'itinéraire de Phileas Fogg portait l'arrivée du
hours of the morning The route of Phileas Fogg carried the arrival of the

paquebot au 5. Or, il n'arrivait que le 6. C'était donc
ocean liner at the 5(th). However it not happened than the 6(th). It was then
There were

vingt-quatre heures de retard, et le départ pour Yokohama serait
twenty-four hours of delay and the departure for Yokohama would be

nécessairement manqué.
necessarily missed

A six heures, le pilote monta à bord du Rangoon et prit place sur
At six hours the pilot went up on board of the Rangoon and took place on

la passerelle, afin de diriger le navire à travers les passes jusqu'au
the bridge so of to lead the vessel -at- through the passes up to the
troughs

port de Hong-Kong.
port of Hong kong

Passepartout mourait du désir d'interroger cet homme, de lui demander
Passepartout died of the desire to interview this man of him to ask

si le paquebot de Yokohama avait quitté Hong-Kong. Mais il n'osait
if the ocean liner of Yokohama had left Hong-Kong But he did not dare

pas, aimant mieux conserver un peu d'espoir jusqu'au dernier instant. Il
-not- desiring better to conserve a bit of hope up to the last moment He

avait confié ses inquiétudes à Fix, qui -- le fin renard -- essayait de
had entrusted his worries to Fix who – the sly fox – tried -of-

le consoler, en lui disant que Mr. Fogg en serait quitte pour prendre
him to comfort in him saying that Mr. Fogg of it would be left for to take

le prochain paquebot. Ce qui mettait Passepartout dans une colère
the next ocean liner This which put Passepartout in an anger

bleue.
blue

Mais si Passepartout ne se hasarda pas à interroger le pilote, Mr.
But if Passepartout not himself ventured -not- to to question the pilot Mr.

Fogg, après avoir consulté son Bradshaw, demanda de son air tranquille
Fogg after to have consulted his Bradshaw asked of his air calm
with

audit pilote s'il savait quand il partirait un bateau de Hong-Kong
at said pilot if he knew when he would leave a boat from Hong-Kong
there

pour Yokohama.
for Yokohama
to

« Demain, à la marée du matin, répondit le pilote.
Tomorrow at the tide of the morning answered the pilot

-- Ah ! » fit Mr. Fogg, sans manifester aucun étonnement.
— Ah ! made Mr. Fogg without to show any astonishment

Passepartout, qui était présent, eût volontiers embrassé le pilote, auquel
Passepartout who was present had willingly embraced the pilot at which
of whom

Fix aurait voulu tordre le cou.
Fix would have wanted to twist the neck

« Quel est le nom de ce steamer ? demanda Mr. Fogg.
What is the name of this steamer ? asked Mr. Fogg

-- Le Carnatic, répondit le pilote.
— The Carnatic answered the pilot

-- N'était-ce pas hier qu'il devait partir ?
— Not was this -not- yesterday that it must leave ?

-- Oui, monsieur, mais on a dû réparer une de ses chaudières, et
— Yes Sir But one has had to repair one of its boilers and

son départ a été remis à demain.
its departure has been set back to tomorrow

-- Je vous remercie », répondit Mr. Fogg, qui de son pas automatique
— I you thank answered Mr. Fogg who with his step automatic

redescendit dans le salon du Rangoon.
went back down in the salon of the Rangoon

Quant à Passepartout, il saisit la main du pilote et l'étreignit
As to Passepartout he seized the hand of the pilot and hugged him

vigoureusement en disant :
vigorously in saying :

« Vous, pilote, vous êtes un brave homme ! »
You pilot you are a dear man !

Le pilote ne sut jamais, sans doute, pourquoi ses réponses lui
The pilot not knew ever without doubt why his responses him

valurent cette amicale expansion. A un coup de sifflet, il remonta sur la
earned this friendly expansion At a blow of whistle he mounted on the

passerelle et dirigea le paquebot au milieu de cette flottille de
bridge and directed the ocean liner at the middle of this flotilla of

jonques, de tankas, de bateaux-pêcheurs, de navires de toutes sortes, qui
junks of tankas of boat fishermen of ships of all kinds which

encombraient les pertuis de Hong-Kong.
crowded the sluices of Hong-Kong

A une heure, le Rangoon était à quai, et les passagers débarquaient.
At one hour the Rangoon was at (the) quay and the passengers disembarked
In

En cette circonstance, le hasard avait singulièrement servi Phileas Fogg, il
In this circumstance the chance had singularly served Phileas Fogg it
very much

faut en convenir. Sans cette nécessité de réparer ses chaudières,
is necessary to it agree Without this need of to repair its boilers

le Carnatic fût parti à la date du 5 novembre, et les voyageurs
the Carnatic was left at the date of the 5(th of) November and the travelers
had

pour le Japon auraient dû attendre pendant huit jours le départ
for -the- Japan would have had to wait during eight days the departure

du paquebot suivant. Mr. Fogg, il est vrai, était en retard de
of the ocean liner next Mr. Fogg it is true was in delay of

vingt-quatre heures, mais ce retard ne pouvait avoir de conséquences
twenty-four hours But this delay not could have -of- consequences

fâcheuses pour le reste du voyage.
annoying for the rest of the journey

En effet, le steamer qui fait de Yokohama à San Francisco la
In effect the steamer which made from Yokohama to San Francisco the

traversée du Pacifique était en correspondance directe avec le paquebot
crossing of the Pacific was in correspondence direct with the ocean liner

de Hong-Kong, et il ne pouvait partir avant que celui-ci fût arrivé.
of Hong-Kong and it not could leave before that that one was arrived

Évidemment il y aurait vingt-quatre heures de retard à Yokohama,
Obviously It there would have twenty-four hours of delay at Yokohama
would be late

mais, pendant les vingt-deux jours que dure la traversée du Pacifique,
but during the twenty-two days that took the crossing of the Pacific

il serait facile de les regagner. Phileas Fogg se trouvait donc, à
it would be easy of them to regain Phileas Fogg himself found then at

vingt-quatre heures près, dans les conditions de son programme,
twenty-four hours near in the conditions of his program
close to twenty-four hours

trente-cinq jours après avoir quitté Londres.
thirty five days after to have left London

Le Carnatic ne devant partir que le lendemain matin à cinq heures,
The Carnatic not before to leave than the following day morning at five hours
leaving before

Mr. Fogg avait devant lui seize heures pour s'occuper de ses
Mr. Fogg had in front of him sixteen hours for to occupy himself of his

affaires, c'est-à-dire de celles qui concernaient Mrs. Aouda. Au
affairs that is to say of those which concerned Mrs Aouda At -the-

débarqué du bateau, il offrit son bras à la jeune femme et la
disembarking -of- the ship he offered his arm to the young woman and her

conduisit vers un palanquin. Il demanda aux porteurs de lui indiquer
led towards a palanquin He asked to the carriers of him to indicate
of the

un hôtel, et ceux-ci lui désignèrent l'Hôtel du Club. Le palanquin
a hotel and these him designated the hotel of the Club The palanquin

se mit en route, suivi de Passepartout, et vingt minutes après il
itself put in road followed by Passepartout and twenty minutes after it

arrivait à destination.
arrived at (the) destination

Un appartement fut retenu pour la jeune femme et Phileas Fogg veilla
An apartment was retained for the young woman and Phileas Fogg watched

à ce qu'elle ne manquât de rien. Puis il dit à Mrs. Aouda qu'il
at this that she not would lack of nothing Then he said to Mrs Aouda that he

allait immédiatement se mettre à la recherche de ce parent aux
went immediately himself put to the search of this relative at the

soins duquel il devait la laisser à Hong-Kong. En même temps il
cares of the which he must her leave at Hong-Kong In (the) same time he
in

donnait à Passepartout l'ordre de demeurer à l'hôtel jusqu'à son retour,
gave to Passepartout the order of to remain at the hotel until his return

afin que la jeune femme n'y restât pas seule.
so that the young woman not there remained -not- alone

Le gentleman se fit conduire à la Bourse. Là, on
The gentleman himself made to lead at the Stock exchange There one

connaîtrait immanquablement un personnage tel que l'honorable Jejeeh,
would experience invariably a character such as the honorable Jejeeh

qui comptait parmi les plus riches commerçants de la ville.
who (was) counted among the most rich merchants of the city
richest

Le courtier auquel s'adressa Mr. Fogg connaissait en effet le
The broker at which himself addressed Mr. Fogg knew in effect the

négociant parsi. Mais, depuis deux ans, celui-ci n'habitait plus la
dealer Parsee But since two years that one not inhabited more the
did not live anymore in

Chine. Sa fortune faite, il s'était établi en Europe -- en Hollande,
China His fortune made he himself was established in Europe – in Holland
had himself

croyait-on --, ce qui s'expliquait par suite de nombreuses relations
one believed –, this which itself explained by following of (the) many relationship
it was believed was explained because of

qu'il avait eues avec ce pays pendant son existence commerciale.
that he had had with this country during his existence commercial
commercial existence

Phileas Fogg revint à l'Hôtel du Club. Aussitôt il fit demander à
Phileas Fogg returned to the hotel of the Club Immediately he made ask to

Mrs. Aouda la permission de se présenter devant elle, et, sans
Mrs Aouda the permission of himself present in front of her and without

autre préambule, il lui apprit que l'honorable Jejeeh ne résidait plus
other preamble he her learned that the honorable Jejeeh not resided (any)more
told

à Hong-Kong, et qu'il habitait vraisemblablement la Hollande.
at Hong-Kong and that he inhabited probably -the- Holland
lived in

A cela, Mrs. Aouda ne répondit rien d'abord. Elle passa sa main sur
At that Mrs Aouda not answered nothing initially She passed her hand on

son front, et resta quelques instants à réfléchir. Puis, de sa douce
her face and remained some moments to think Then with her sweet

voix :
voice :

« Que dois-je faire, monsieur Fogg ? dit-elle.
What must I do Mr. Fogg ? said she

-- C'est très simple, répondit le gentleman. Revenir en Europe.
– It is very simple answered the gentleman Return in Europe
to

-- Vous n'abusez pas, et votre présence ne gêne en rien mon
— You do not abuse -not- and your presence not bothers in nothing my

programme... Passepartout ?
program Passepartout ?

-- Monsieur ? répondit Passepartout.
— Sir ? answered Passepartout

-- Allez au Carnatic, et retenez trois cabines. »
— Go to the Carnatic and hold back three cabins
reserve

Passepartout, enchanté de continuer son voyage dans la compagnie de la
Passepartout enchanted of to continue his journey in the company of the

jeune femme, qui était fort gracieuse pour lui, quitta aussitôt l'Hôtel
young woman who was very graceful for him left immediately the hotel
to

du Club.
of the Club

19 - Chapitre XIX

OÙ PASSEPARTOUT PREND UN TROP VIF INTÉRÊT A SON MAÎTRE, ET
Where Passepartout takes a too lively interest at his master and
in

CE QUI S'ENSUIT
this which itself follows

Hong-Kong n'est qu'un îlot, dont le traité de Nanking, après la
Hong-Kong not is but a small island of which the treatise of Nanking after the

guerre de 1842, assura la possession à l'Angleterre. En quelques années,
war of 1842, assured the possession to -the- England In some years
a few

le génie colonisateur de la Grande-Bretagne y avait fondé une ville
the genius (of) colonizer of -the- Great-Britain there had based a city
established

importante et créé un port, le port Victoria. Cette île est située
important and created a harbour the port Victoria This island is located

à l'embouchure de la rivière de Canton, et soixante milles seulement la
at the mouth of the river of Canton and sixty miles only it

séparent de la cité portugaise de Macao, bâtie sur l'autre rive.
separate from the city Portuguese of Macao built on the other shore

Hong-Kong devait nécessairement vaincre Macao dans une lutte
Hong-Kong must necessarily overcome Macao in a fight

commerciale, et maintenant la plus grande partie du transit chinois
commercial and now the more large part of the transit Chinese
largest

s'opère par la ville anglaise. Des docks, des hôpitaux, des
itself occurs through the city English -Of the- docks -of the- hospitals -of the

wharfs, des entrepôts, une cathédrale gothique, un « government-house
wharves -of the- warehouses a cathedral gothic a government house

», des rues macadamisées, tout ferait croire qu'une des cités
-of the- streets macadamized all would make believe that one of the cities

commerçantes des comtés de Kent ou de Surrey, traversant le sphéroïde
shopping of the counties of Kent or of Surrey traversing the spheroid

terrestre, est venue ressortir en ce point de la Chine, presque à
earthly is come to get out again in this point of -the- China almost at
has

ses antipodes.
its antipodes

Passepartout, les mains dans les poches, se rendit donc vers le
Passepartout the hands in the pockets himself rendered then towards the
directed

port Victoria, regardant les palanquins, les brouettes à voile, encore en
port Victoria watching the palanquins the wheelbarrows to veil still in
with

faveur dans le Céleste Empire, et toute cette foule de Chinois, de
favor in the Heavenly Empire and all this crowd of Chinese of

Japonais et d'Européens, qui se pressait dans les rues.
Japanese and of Europeans who themselves pressed in the streets

A peu de choses près, c'était encore Bombay, Calcutta ou Singapore, que
At bit of things near It was still Bombay Calcutta or Singapore that
Almost

le digne garçon retrouvait sur son parcours. Il y a ainsi comme
the worthy boy found on his route It there has thus like
There are like that

une traînée de villes anglaises tout autour du monde.
a train of cities English all around of the world
a row

Passepartout arriva au port Victoria. Là, à l'embouchure de la rivière
Passepartout arrived at the port Victoria There at the mouth of the river

de Canton, c'était un fourmillement de navires de toutes nations, des
of Canton It was a swarming of ships of all nations of the

anglais, des français, des américains, des hollandais, bâtiments de
English of the French of the Americans of the Dutch buildings of

guerre et de commerce, des embarcations japonaises ou chinoises, des
war and of trade of the boats japanese or chinese of the

jonques, des sempans, des tankas, et même des bateaux-fleurs qui
junks of the sempans of the tankas and even of the boat flowers which

formaient autant de parterres flottants sur les eaux. En se promenant,
formed as much of beds floating on the waters In himself walking
sort of walking around

Passepartout remarqua un certain nombre d'indigènes vêtus de jaune, tous
Passepartout noted a certain number of natives dressed of yellow all
in

faire raser « à la chinoise », il apprit par le Figaro de l'endroit,
to make shave at the Chinese he learned by the Barber of the place

qui parlait un assez bon anglais, que ces vieillards avaient tous
who spoke a enough good English that these old (people) had all

quatre-vingts ans au moins, et qu'à cet âge ils avaient le privilège
eighty years at the least and that at this age they had the privilege

de porter la couleur jaune, qui est la couleur impériale. Passepartout
of to carry the color yellow which is the color imperial Passepartout

trouva cela fort drôle, sans trop savoir pourquoi.
found that very funny without too know why

Sa barbe faite, il se rendit au quai d'embarquement du Carnatic,
His beard done he himself rendered to the quay of boarding of the Carnatic

et là il aperçut Fix qui se promenait de long en large, ce
and there he saw Fix who himself walked from long in wide this
back and forth

dont il ne fut point étonné. Mais l'inspecteur de police laissait voir
of which he not was at all surprised But the inspector of police let see

sur son visage les marques d'un vif désappointement.
on his face the marks of a lively disappointment

« Bon ! se dit Passepartout, cela va mal pour les gentlemen du
Good ! himself said Passepartout that goes bad for the gentlemen of the

Reform-Club ! »
Reform club !

Et il accosta Fix avec son joyeux sourire, sans vouloir remarquer l'air
And he accosted Fix with his happy smile without to want notice the air

vexé de son compagnon.
upset of his companion

Or, l'agent avait de bonnes raisons pour pester contre l'infernale
However the agent had -of- good reasons for pester against the infernal
rail

chance qui le poursuivait. Pas de mandat ! Il était évident que le
fortune which him persecuted Not of mandate ! It was obvious that the
No order (of arrest)

mandat courait après lui, et ne pourrait l'atteindre que s'il séjournait
mandate ran after him and not could him reach than if he sojourned

quelques jours en cette ville. Or, Hong-Kong étant la dernière terre
some days in this city However Hong-Kong being the last earth
land

anglaise du parcours, le sieur Fogg allait lui échapper définitivement,
English of the route -the- Mr. Fogg went him escape definitively

s'il ne parvenait pas à l'y retenir.
if he not succeeded -not- to him there retain

« Eh bien, monsieur Fix, êtes-vous décidé à venir avec nous jusqu'en
Eh well Mr. Fix are you decided to come with us up to

Amérique ? demanda Passepartout.
America ? asked Passepartout

-- Oui, répondit Fix les dents serrées.
— Yes answered Fix the teeth closed

-- Allons donc ! s'écria Passepartout en faisant entendre un retentissant
— Go then ! exclaimed Passepartout in making hear a resounding
Let's go

éclat de rire ! Je savais bien que vous ne pourriez pas vous séparer
strike of laugh ! I knew well that you not might -not- yourself separate

de nous. Venez retenir votre place, venez ! »
from us Come retain your place come !

Et tous deux entrèrent au bureau des transports maritimes et
And all two entered at the office of the transports maritime and
both

arrêtèrent des cabines pour quatre personnes. Mais l'employé leur fit
arrested -of the- cabins for four people But the employee them made
reserved

observer que les réparations du Carnatic étant terminées, le paquebot
observe that the repairs of the Carnatic being finished the ocean liner
an observation

partirait le soir même à huit heures, et non le lendemain matin,
would leave the evening same at eight hours and not the following day morning

comme il avait été annoncé.
like it had been announced

« Très bien ! répondit Passepartout, cela arrangera mon maître. Je vais
Very well ! answered Passepartout that will arrange my master I go

le prévenir. »
him warn

A ce moment, Fix prit un parti extrême. Il résolut de tout dire
At this moment Fix took a part extreme He resolved of all to say
course of action

à Passepartout. C'était le seul moyen peut-être qu'il eût de retenir
to Passepartout It was the only means maybe that he had of to retain

Phileas Fogg pendant quelques jours à Hong-Kong.
Phileas Fogg during some days at Hong-Kong

En quittant le bureau, Fix offrit à son compagnon de se rafraîchir
In leaving the office Fix offered to his companion of himself to refresh

dans une taverne. Passepartout avait le temps. Il accepta l'invitation de
in a tavern Passepartout had the time He accepted the invitation of

Fix.
Fix

Une taverne s'ouvrait sur le quai. Elle avait un aspect engageant.
A tavern itself opened on the quay She had an appearance engaging

Tous deux y entrèrent. C'était une vaste salle bien décorée, au fond
All two there entered It was a vast room well decorated at the bottom
Both

de laquelle s'étendait un lit de camp, garni de coussins. Sur ce lit
of which extended a bed of camp garni of cushions On this bed
donned with

étaient rangés un certain nombre de dormeurs.
were stored a certain number of sleepers

Une trentaine de consommateurs occupaient dans la grande salle de
A about thirty of (the) consumers occupied in the large room -of-

petites tables en jonc tressé. Quelques uns vidaient des pintes de
small tables in bulrush braided Some ones emptied -of the- pints of

bière anglaise, ale ou porter, d'autres, des brocs de liqueurs alcooliques,
beer English ale or port -of- others -of the- jugs of liqueurs alcoholics

gin ou brandy. En outre, la plupart fumaient de longues pipes de
gin or brandy In besides the largest part smoked -of- long pipes of

terre rouge, bourrées de petites boulettes d'opium mélangé d'essence de
earth red stuffed of small little balls of opium mixed with essence of
clay with

rose. Puis, de temps en temps, quelque fumeur énervé glissait sous la
rose Then from time in time some smoker edgy slipped under the
to

table, et les garçons de l'établissement, le prenant par les pieds et par
table and the boys of the establishment him taking by the feet and by

la tête, le portaient sur le lit de camp près d'un confrère. Une
the head him carried on the bed of camp near of a colleague A

vingtaine de ces ivrognes étaient ainsi rangés côte à côte, dans le
score of these drunks were thus stored side by side in the
drug users

dernier degré d'abrutissement.
last degree of brutalization

Fix et Passepartout comprirent qu'ils étaient entrés dans une tabagie
Fix and Passepartout understood that they were had entered in a smoke shop

hantée de ces misérables, hébétés, amaigris, idiots, auxquels la mercantile
haunted of these wretched dazed emaciated idiots at which the mercantile

Angleterre vend annuellement pour deux cent soixante millions de francs
England sells annually for two hundred sixty million of franks

de cette funeste drogue qui s'appelle l'opium ! Tristes millions que
of this fatal drug which itself calls the opium ! Sad millions that (are)

ceux-là, prélevés sur un des plus funestes vices de la nature
those ones collected on one of the most gloomy vices of -the- nature

humaine.
human

Le gouvernement chinois a bien essayé de remédier à un tel abus
The government Chinese has well tried of to remedy -to- a such abuse

par des lois sévères, mais en vain. De la classe riche, à laquelle
by of the laws severe But in vain From the class rich to the which

l'usage de l'opium était d'abord formellement réservé, cet usage descendit
the use of the opium was initially formally reserved this use descended

jusqu'aux classes inférieures, et les ravages ne purent plus être
up to the classes lower and the ravages not could (any)more be

arrêtés. On fume l'opium partout et toujours dans l'empire du
stopped One smokes the opium everywhere and always in the empire of the

Milieu. Hommes et femmes s'adonnent à cette passion déplorable, et
Middle Men and women themselves engage at this passion deplorable and

lorsqu'ils sont accoutumés à cette inhalation, ils ne peuvent plus
when they are accustomed to this inhalation they not can (any)more

s'en passer, à moins d'éprouver d'horribles contractions de
themselves of it pass get out at least of to experience -of- horrible contractions cramps of

l'estomac. Un grand fumeur peut fumer jusqu'à huit pipes par jour mais
the stomach A large smoker can smoke until eight pipes by day But

il meurt en cinq ans.
he dies in five years

Or, c'était dans une des nombreuses tabagies de ce genre, qui
However It was in one of the many smoke shops of this sort which

pullulent, même à Hong-Kong, que Fix et Passepartout étaient entrés
abound even at Hong-Kong that Fix and Passepartout were had entered

avec l'intention de se rafraîchir. Passepartout n'avait pas d'argent,
with the intention of themselves to refresh Passepartout not had -not- of silver money

mais il accepta volontiers la « politesse » de son compagnon, quitte à
But he accepted willingly the politeness of his companion left to

la lui rendre en temps et lieu.
it him hand over in time and place

On demanda deux bouteilles de porto, auxquelles le Français fit
They asked two bottles of port at the which by which the French made

largement honneur, tandis que Fix, plus réservé, observait son compagnon
widely honor while that Fix more reserved watched his companion

avec une extrême attention. On causa de choses et d'autres, et
with an extreme attention They chatted of about things and of others and

surtout de cette excellente idée qu'avait eue Fix de prendre passage sur
especially of about this excellent idea that had had Fix of to take passage on

le Carnatic. Et à propos de ce steamer, dont le départ se
the Carnatic And at aim concerning of this steamer of which the departure itself

trouvait avancé de quelques heures, Passepartout, les bouteilles étant vides,
found advanced of some hours Passepartout the bottles being empty

se leva, afin d'aller prévenir son maître.
himself raised so of to go warn his master

Fix le retint.
Fix him kept back

« Un instant, dit-il.
One moment said he

-- Que voulez-vous, monsieur Fix ?
— What want you Mr. Fix ?

-- J'ai à vous parler de choses sérieuses.
— I have to you speak of things serious

-- De choses sérieuses ! s'écria Passepartout en vidant quelques
— Of things serious ! himself exclaimed Passepartout in emptying some

gouttes de vin restées au fond au son verre. Eh bien, nous en
drops of wine remained at the bottom at the of his glass Eh well we of them

parlerons demain. Je n'ai pas le temps aujourd'hui.
will speak tomorrow I not have -not- the time today

-- Restez, répondit Fix. Il s'agit de votre maître ! »
– Stay answered Fix It itself deals of your master !

Passepartout, à ce mot, regarda attentivement son interlocuteur.
Passepartout at this word looked at closely his interlocutor

L'expression du visage de Fix lui parut singulière. Il se rassit.
The expression of the face of Fix him appeared singular strange He himself sat again

« Qu'est-ce donc que vous avez à me dire » demanda-t-il.
What is then what you have to me say asked he

Fix appuya sa main sur le bras de son compagnon et, baissant la voix
Fix leaned rested his hand on the arm of his companion and lowering the voice

:
:

« Vous avez deviné qui j'étais ? lui demanda-t-il.
You have guessed who I was ? him asked he

-- Parbleu ! dit Passepartout en souriant.
– Egad ! said Passepartout in smiling

-- Alors je vais tout vous avouer...
– Then I go all you confess

-- Maintenant que je sais tout, mon compère ! Ah ! voilà qui n'est
– Now that I know all my accomplice ! Ah ! see there who not is

pas fort ! Enfin, allez toujours. Mais auparavant, laissez-moi vous dire
-not- strong ! Finally go always But before let me you say

que ces gentlemen se sont mis en frais bien inutilement !
that these gentlemen themselves are have put in costs well uselessly !

-- Inutilement ! dit Fix. Vous en parlez à votre aise ! On voit bien
– Uselessly ! said Fix You of it talk at your ease ! One sees well

que vous ne connaissez pas l'importance de la somme !
that you not know -not- the importance of the sum !

-- Mais si, je la connais, répondit Passepartout. Vingt mille livres !
– But so I it know answered Passepartout Twenty thousand pounds !

-- Cinquante-cinq mille ! reprit Fix, en serrant la main du
— Fifty-five thousand ! continued Fix in closing the hand of the

Français.
French

-- Quoi ! s'écria Passepartout, Mr. Fogg aurait osé !...
— What ! himself exclaimed Passepartout Mr. Fogg would have dared !...

Cinquante-cinq mille livres !... Eh bien ! raison de plus pour ne pas
Fifty-five thousand pounds !... Eh well ! reason of more for not -not-

perdre un instant, ajouta-t-il en se levant de nouveau.
to lose a moment added he in himself raising of new
again

-- Cinquante-cinq mille livres ! reprit Fix, qui força Passepartout à
— Fifty-five thousand pounds ! continued Fix who forced Passepartout to

se rasseoir, après avoir fait apporter un flacon de brandy, -- et si
himself sit down after to have made bring a bottle of brandy — and if

je réussis, je gagne une prime de deux mille livres. En voulez-vous
I succeed I earn a premium of two thousand pounds Of it want you

cinq cents (12 500 F) à la condition de m'aider ?
five hundred (12 500 F at the condition of to help me ?

-- Vous aider ? s'écria Passepartout, dont les yeux étaient
— You help ? exclaimed Passepartout of which the eyes were

démesurément ouverts.
disproportionately open

-- Oui, m'aider à retenir le sieur Fogg pendant quelques jours à
— Yes help me to retain the Mr. Fogg during some days at

Hong-Kong !
Hong-Kong !

-- Hein ! fit Passepartout, que dites-vous là ? Comment ! non
— Huh ! made Passepartout what say you there ? How ! not

content de faire suivre mon maître, de suspecter sa loyauté, ces
satisfied of to make to follow my master of to suspect his loyalty these

gentlemen veulent encore lui susciter des obstacles ! J'en suis honteux
gentlemen want still him to stir up of the obstacles ! I of it am shameful

pour eux !
for them !

-- Je veux dire que c'est de la pure indélicatesse. Autant dépouiller
— I want to say that It is of the pure indelicacy For as much to strip

Mr. Fogg, et lui prendre l'argent dans la poche !
Mr. Fogg and of him to take the silver in the pocket !
the money

-- Eh ! c'est bien à cela que nous comptons arriver !
— Eh ! It is well at that what we count to arrive !
hope

-- Mais c'est un guet-apens ! s'écria Passepartout, -- qui s'animait
— But It is an ambush ! exclaimed Passepartout — who himself livened

alors sous l'influence du brandy que lui servait Fix, et qu'il buvait
Then under the influence of the brandy that him served Fix and that he drank
which

sans s'en apercevoir, -- un guet-apens véritable ! Des gentlemen
without himself of it to notice — an ambush true ! By -the- gentlemen

! des collègues ! »
! by -the- colleagues !

Fix commençait à ne plus comprendre.
Fix began to not (any)more understand

« Des collègues ! s'écria Passepartout, des membres du Reform-Club
By the colleagues ! exclaimed Passepartout by the members of the Reform club

! Sachez, monsieur Fix, que mon maître est un honnête homme, et que,
! Know Mr. Fix that my master is an honest man and that

quand il a fait un pari, c'est loyalement qu'il prétend le gagner.
when he has made a bet It is loyally that he claims it to win

-- Mais qui croyez-vous donc que je sois ? demanda Fix, en fixant son
— But who do you believe then that I am ? asked Fix in fixing his

regard sur Passepartout.
look on Passepartout

-- Parbleu ! un agent des membres du Reform-Club, qui a mission
— Egad ! an agent of the members of the Reform club who has (as) mission

de contrôler l'itinéraire de mon maître, ce qui est singulièrement
of to control the route of my master this which is singularly
to check very much

humiliant ! Aussi, bien que, depuis quelque temps déjà, j'aie deviné
humiliating ! Also well that since some time already I have guessed

votre qualité, je me suis bien gardé de la révéler à Mr. Fogg !
your quality I me am well guarded from it to reveal to Mr. Fogg !
kept

-- Il ne sait rien ?... demanda vivement Fix.
— He not knows nothing ?... asked strongly Fix

-- Rien », répondit Passepartout en vidant encore une fois son verre.
— Nothing answered Passepartout in emptying still one time his glass

L'inspecteur de police passa sa main sur son front. Il hésitait avant de
The inspector of police passed his hand on his face He hesitated before of

reprendre la parole. Que devait-il faire ? L'erreur de Passepartout
take again the word What should he do ? The mistake of Passepartout

semblait sincère, mais elle rendait son projet plus difficile. Il était évident
seemed sincere but she gave over made his project more difficult It was obvious

que ce garçon parlait avec une absolue bonne foi, et qu'il n'était
that this boy spoke with an absolute good faith and that he not was

point le complice de son maître, -- ce que Fix aurait pu
at all the partner in crime of his master — this that Fix would have been able

craindre.
to fear

« Eh bien, se dit-il, puisqu'il n'est pas son complice, il m'aidera.
Eh well himself said he because it not is -not- his partner in crime he will help me

»

Le détective avait une seconde fois pris son parti. D'ailleurs, il
The detective had a second time taken his part course of action Besides he

n'avait plus le temps d'attendre. A tout prix, il fallait arrêter Fogg
not had more the time of waiting At all price cost it was necessary to arrest Fogg

à Hong-Kong.
at in Hong-Kong

« Ecoutez, dit Fix d'une voix brève, écoutez-moi bien. Je ne suis pas
Listen said Fix with a voice brief listen to me well I not am -not-

ce que vous croyez, c'est-à-dire un agent des membres du
this that you believe that is to say an agent of the members of the

Reform-Club...
Reform club

-- Bah ! dit Passepartout en le regardant d'un air goguenard.
— Bah ! said Passepartout in him watching with an air bantering

-- Je suis un inspecteur de police, chargé d'une mission par
— I am an inspector of police charged of a mission by

l'administration métropolitaine...
the administration metropolitan

-- Vous... inspecteur de police !...
— You inspector of police !...

-- Oui, et je le prouve, reprit Fix. Voici ma commission. »
— Yes and I it prove continued Fix Here my commission

Et l'agent, tirant un papier de son portefeuille, montra à son
And the agent pulling a paper of his wallet showed to his

compagnon une commission signée du directeur de la police centrale.
companion a commission signed by the director of the police central

Passepartout, abasourdi, regardait Fix, sans pouvoir articuler une
Passepartout thunderstruck watched Fix without to be able to articulate to utter a

parole.
word

« Le pari du sieur Fogg, reprit Fix, n'est qu'un prétexte dont
The bet of the Sir Fogg continued Fix not is (other) than a pretext of which

vous êtes dupes, vous et ses collègues du Reform-Club, car il
you are (the) dupe you and his colleagues of the Reform club because he

avait intérêt à s'assurer votre inconsciente complicité.
had interest to himself ensure your unconscious complicity

-- Mais pourquoi ?... s'écria Passepartout.
— But why ?... exclaimed Passepartout

-- Ecoutez. Le 28 septembre dernier, un vol de cinquante-cinq mille
— Listen The 28 September last a theft of fifty-five thousand

livres a été commis à la Banque d'Angleterre par un individu dont
pounds has been committed at the Bank from England by an individual of which

le signalement a pu être relevé. Or, voici ce
the physical description has been able to be raised up retraced However see-here this

signalement, et c'est trait pour trait celui du sieur Fogg.
physical description and it is feature for by feature the one of the Sir Fogg

-- Allons donc ! s'écria Passepartout en frappant la table de son
— Go then ! exclaimed Passepartout in striking the table with his

robuste poing. Mon maître est le plus honnête homme du monde !
robust fist My master is the most honest man of the / in the world !

-- Qu'en savez-vous ? répondit Fix. Vous ne le connaissez même pas
— What of it know you ? answered Fix You not him know even -not-

! Vous êtes entré à son service le jour de son départ, et il est
! You are entered at his service the day of his departure and he is

parti précipitamment sous un prétexte insensé, sans malles, emportant
left hurriedly under a pretext foolish without trunks carrying

une grosse somme en bank-notes ! Et vous osez soutenir que c'est un
a big sum in banknotes ! And you dare to maintain that It is an

honnête homme !
honest man !

-- Oui ! oui ! répétait machinalement le pauvre garçon.
— Yes ! Yes ! repeated mechanically the poor boy

-- Voulez-vous donc être arrêté comme son complice ? »
— Want you then to be arrested as his partner in crime ?

Passepartout avait pris sa tête à deux mains. Il n'était plus
Passepartout had taken his head at / in two hands He not was (any)more

reconnaissable. Il n'osait regarder l'inspecteur de police. Phileas Fogg
recognizable He did not dare to look at the inspector of police Phileas Fogg

un voleur, lui, le sauveur d'Aouda, l'homme généreux et brave ! Et
a thief him the savior of Aouda the man generous and dear ! And

pourtant que de présomptions relevées contre lui ! Passepartout essayait
however that of presumptions identified against him ! Passepartout tried

de repousser les soupçons qui se glissaient dans son esprit. Il ne
of to repel the suspicions which himself slipped in his mind He not

voulait pas croire à la culpabilité de son maître.
wanted -not- to believe at the guilt of his master

« Enfin, que voulez-vous de moi ? dit-il à l'agent de police, en se
Finally what want you of me ? said he to the agent of police in himself

contenant par un suprême effort.
containing through a supreme effort

-- Voici, répondit Fix. J'ai filé le sieur Fogg jusqu'ici, mais je
— Here answered Fix I have followed / shadowed the Sir Fogg so far But I

n'ai pas encore reçu le mandat d'arrestation, que j'ai demandé à
not have -not- still received the mandate of arrest that I have asked at

Londres. Il faut donc que vous m'aidiez à retenir à Hong-Kong...
London It is necessary then that you me help to retain at Hong-Kong

-- Moi ! que je...
— Me ! that I

-- Et je partage avec vous la prime de deux mille livres promise
— And I share with you the premium of two thousand pounds promised

par la Banque d'Angleterre !
by the Bank from England !

-- Jamais ! » répondit Passepartout, qui voulut se lever et retomba,
— Never ! answered Passepartout who wanted himself to raise and fell back

sentant sa raison et ses forces lui échapper à la fois.
feeling his reason and his forces him escape at the (same) time

« Monsieur Fix, dit-il en balbutiant, quand bien même tout ce que
Mr. Fix said he -in- stammering when well even all this that

vous m'avez dit serait vrai... quand mon maître serait le voleur que
you have me said would be true when my master would be the thief that

vous cherchez... ce que je nie... j'ai été... je suis à son service... je
you seek this that I deny I have been I am at his service I

l'ai vu bon et généreux... Le trahir... jamais... non, pour tout
him have seen good and generous Him to betray ever No for all

l'or du monde... Je suis d'un village où l'on ne mange pas de
the gold of the world I am from a village where it one not eats -not- from

ce pain-là!...
this bread there

-- Vous refusez ?
— You refuse ?

-- Je refuse.
— I refuse

-- Mettons que je n'ai rien dit, répondit Fix, et buvons.
— Let's put that I not have nothing said answered Fix and let's drink
Let's say

-- Oui, buvons ! »
— Yes let's drink !

comprenant qu'il fallait à tout prix le séparer de son maître,
understanding that it was necessary to all price him separate from his master
cost

voulut l'achever. Sur la table se trouvaient quelques pipes chargées
wanted to finish On the table themselves found some pipes loaded

d'opium. Fix en glissa une dans la main de Passepartout, qui la
with opium Fix of them slipped one in the hand of Passepartout who it

prit, la porta à ses lèvres, l'alluma, respira quelques bouffées, et
took it carried to his lips it lit breathed some puffs and

retomba, la tête alourdie sous l'influence du narcotique.
fell back the head weighed down under the influence of the narcotic

« Enfin, dit Fix en voyant Passepartout anéanti, le sieur Fogg ne sera
Finally said Fix in seeing Passepartout wrecked the Mr. Fogg not will be

pas prévenu à temps du départ du Carnatic, et s'il part, du
-not- warned at time of the departure of the Carnatic and if he departs of the
in at

moins partira-t-il sans ce maudit Français ! »
least he will leave without this damn French !

Puis il sortit, après avoir payé la dépense.
Then he got out after to have paid the expense

20 - Chapitre XX

DANS LEQUEL FIX ENTRE DIRECTEMENT EN RELATION AVEC PHILEAS
In which Fix enters directly in relationship with Phileas

FOGG
Fogg

Pendant cette scène qui allait peut-être compromettre si gravement son
During this scene which went maybe to jeopardize so seriously his

avenir, Mr. Fogg, accompagnant Mrs. Aouda, se promenait dans les
future Mr. Fogg accompanying Mrs Aouda himself walked in the
walked around

rues de la ville anglaise. Depuis que Mrs. Aouda avait accepté son offre
streets of the city English Since that Mrs Aouda had accepted his offer

de la conduire jusqu'en Europe, il avait dû songer à tous les détails
of her to lead up to Europe he had had to think at all the details
of

que comporte un aussi long voyage. Qu'un Anglais comme lui fît le
that include a such long journey That an English(man) like him made the
bring

tour du monde un sac à la main, passe encore ; mais une femme
tour of the world a bag at the hand passes still ; but a woman
trip around suits

ne pouvait entreprendre une pareille traversée dans ces conditions. De
not could undertake a similar crossing in these conditions Of

là, nécessité d'acheter les vêtements et objets nécessaires au voyage.
there (the) need of to buy the clothes and objects necessary at the journey
for the

Mr. Fogg s'acquitta de sa tâche avec le calme qui le caractérisait,
Mr. Fogg himself acquitted of his task with the calm which him characterized

et à toutes les excuses ou objections de la jeune veuve, confuse de
and at all the excuses or objections of the young widow confused of

tant de complaisance :
so much of complacency :
kindness

« C'est dans l'intérêt de mon voyage, c'est dans mon programme »,
It is in the interest of my journey It is in my program

répondait-il invariablement.
he replied invariably

Les acquisitions faites, Mr. Fogg et la jeune femme rentrèrent à
The acquisitions made Mr. Fogg and the young woman went back inside to
returned

l'hôtel et dînèrent à la table d'hôte, qui était somptueusement servie.
the hotel and dined at the table of host which was lavishly served

Puis Mrs. Aouda, un peu fatiguée, remonta dans son appartement, après
Then Mrs Aouda a bit tired mounted in her apartment after
went up to

avoir « à l'anglaise » serré la main de son imperturbable sauveur.
to have at the English closed the hand of her imperturbable savior
pressed

L'honorable gentleman, lui, s'absorba pendant toute la soirée dans la
The honorable gentleman him himself absorbed during all the evening in the
became absorbed

lecture du Times et de l'Illustrated London News.
reading of the Times and of the illustrated London News

S'il avait été homme à s'étonner de quelque chose, c'eût été de ne
If he had been man to be surprised of some thing this had been of not

point voir apparaître son domestique à l'heure du coucher. Mais,
at all to see appear his servant at the hour of the to lay down But
of sleeping

sachant que le paquebot de Yokohama ne devait pas quitter Hong-Kong
knowing that the ocean liner of Yokohama not must -not- leave Hong-Kong

avant le lendemain matin, il ne s'en préoccupa pas autrement. Le
before the following day morning he not itself of it preoccupied -not- otherwise The
next morning

lendemain, Passepartout ne vint point au coup de sonnette de Mr.
following day Passepartout not came at all at the strike of (the) bell of Mr.
ring

Fogg.
Fogg

Ce que pensa l'honorable gentleman en apprenant que son domestique
This what thought the honorable gentleman in learning that his servant

n'était pas rentré à l'hôtel nul n'aurait pu le dire. Mr. Fogg
not was -not- returned at the hotel null would not have been able it to say Mr. Fogg
not had nobody would have

se contenta de prendre son sac, fit prévenir Mrs. Aouda, et envoya
himself contented of to take his bag made warn Mrs Aouda and sent

Il était alors huit heures, et la pleine mer, dont le Carnatic devait
It was then eight hours and the full sea of which the Carnatic must

profiter pour sortir des passes, était indiquée pour neuf heures et
enjoy for to go out of the passes was indicated for nine hours and
troughs

demie.
half

Lorsque le palanquin fut arrivé à la porte de l'hôtel, Mr. Fogg et
When the palanquin was arrived at the door of the hotel Mr. Fogg and
had

Mrs. Aouda montèrent dans ce confortable véhicule, et les bagages
Mrs Aouda climbed in this comfortable vehicle and the baggage

suivirent derrière sur une brouette.
followed behind on a wheelbarrow

Une demi-heure plus tard, les voyageurs descendaient sur le quai
A half hour more late the travelers descended on the quay
later

d'embarquement, et là Mr. Fogg apprenait que le Carnatic était parti
of boarding and there Mr. Fogg learned that the Carnatic was left
had

depuis la veille.
since the evening before

Mr. Fogg, qui comptait trouver, à la fois, et le paquebot et son
Mr. Fogg who counted to find at the time and the ocean liner and his
at the same time

domestique, en était réduit à se passer de l'un et de l'autre.
servant of it was reduced to himself pass of the one and of the other
let go

Mais aucune marque de désappointement ne parut sur son visage, et
But any sign of disappointment not appeared on his face and

comme Mrs. Aouda le regardait avec inquiétude, il se contenta de
as Mrs Aouda him watched with worry he himself contented of

répondre :
to answer :

« C'est un incident, madame, rien de plus. »
It is an incident Madam nothing -of- more

En ce moment, un personnage qui l'observait avec attention
In this moment a character which him watched with attention

s'approcha de lui. C'était l'inspecteur Fix, qui le salua et lui dit
himself approached -of- him It was the inspector Fix who him saluted and him said
approached

:
:

« N'êtes-vous pas comme moi, monsieur, un des passagers du
Are you -not- like me Sir one of the passengers of the

Rangoon, arrivé hier ?
Rangoon arrived yesterday ?

-- Oui, monsieur, répondit froidement Mr. Fogg, mais je n'ai pas
– Yes Sir answered coldly Mr. Fogg But I not have -not-

l'honneur...
the honor

-- Pardonnez-moi, mais je croyais trouver ici votre domestique.
– Excuse me but I believed to find here your servant

-- Savez-vous où il est, monsieur ? demanda vivement la jeune
– Know you where he is Sir ? asked lively strongly the young

femme.
woman

-- Quoi ! répondit Fix, feignant la surprise, n'est-il pas avec vous ?
– What ! answered Fix pretending the surprise not is he -not- with you ?

-- Non, répondit Mrs. Aouda. Depuis hier, il n'a pas reparu.
– No answered Mrs Aouda Since yesterday he not has -not- reappeared

Se serait-il embarqué sans nous à bord du Carnatic ?
Himself would be he embarked without us on board of the Carnatic ?

-- Sans vous, madame ?... répondit l'agent. Mais, excusez ma question,
– Without you Madam ?... answered the agent But excuse my question

vous comptiez donc partir sur ce paquebot ?
you were counting then to leave on this ocean liner ?

-- Oui, monsieur.
– Yes Sir

-- Moi aussi, madame, et vous me voyez très désappointé. Le Carnatic,
– Me also Madam and you me see very disappointed The Carnatic

ayant terminé ses réparations, a quitté Hong-Kong douze heures
having finished its repairs has left Hong-Kong twelve hours

plus tôt sans prévenir personne, et maintenant il faudra
more early earlier without to warn person anyone and now it will be necessary

attendre huit jours le prochain départ ! »
to await eight days the next departure !

En prononçant ces mots : « huit jours », Fix sentait son coeur bondir
In pronouncing these words : eight days Fix felt his heart leap

de joie. Huit jours ! Fogg retenu huit jours à Hong-Kong ! On aurait
of joy Eight days ! Fogg retained eight days at Hong-Kong ! One would have

le temps de recevoir le mandat d'arrêt. Enfin, la chance se
the time of to receive the mandate of arrest Finally the fortune himself

déclarait pour le représentant de la loi.
announced for the representative of the law

Que l'on juge donc du coup d'assommoir qu'il reçut,
That -it- one judges then of the strike of stunner that he received
How {leather covered metal weapon}

quand il entendit Phileas Fogg dire de sa voix calme :
when he heard Phileas Fogg to say of his voice calm :
with

« Mais il y a d'autres navires que le Carnatic, il me semble, dans
But it there has of others ships than the Carnatic it me appears in
there are other

le port de Hong-Kong. »
the port of Hong-Kong

Et Mr. Fogg, offrant son bras à Mrs. Aouda, se dirigea vers les
And Mr. Fogg offering his arm to Mrs Aouda himself directed towards the

docks à la recherche d'un navire en partance.
docks at the search of a vessel in outbound
in search

Fix, abasourdi, suivait. On eût dit qu'un fil le rattachait à cet
Fix thunderstruck followed One had said that a wire him rattachait to this

homme.
man

Toutefois, la chance sembla véritablement abandonner celui qu'elle avait
However the fortune seemed truly to abandon the one that she had

si bien servi jusqu'alors. Phileas Fogg, pendant trois heures, parcourut le
so well served until then Phileas Fogg during three hours traversed the

port en tous sens, décidé, s'il le fallait, à fréter un bâtiment
port in all directions decided if it to him was necessary to charter a trawler

pour le transporter à Yokohama ; mais il ne vit que des
for him to transport to Yokohama ; but he not saw (other) than -of the-
to move

navires en chargement ou en déchargement, et qui, par conséquent, ne
ships in loading or in unloading and which by consequence not

pouvaient appareiller. Fix se reprit à espérer.
could pair Fix himself continued to hope
be useful

Cependant Mr. Fogg ne se déconcertait pas, et il allait continuer
However Mr. Fogg not himself disconcerted -not- and he went to continue

ses recherches, dût-il pousser jusqu'à Macao, quand il fut accosté par un
his researches were it to push until Macao when he was berthed by a

marin sur l'avant-port.
sailor on the outer harbor

« Votre Honneur cherche un bateau ? lui dit le marin en se
Your Honor searches a boat ? him said the sailor in himself

découvrant.
uncovering (the head)

-- Vous avez un bateau prêt à partir demanda Mr. Fogg.
— You have a boat ready to leave asked Mr. Fogg

-- Oui, Votre Honneur, un bateau-pilote n° 43, le meilleur de la flottille.
— Yes Your Honor a pilot boat no 43, the best of the flotilla

-- Il marche bien ?
— It marches well ?
moves

-- Entre huit et neuf milles, au plus près. Voulez-vous le voir ?
— Between eight and nine miles at the more near Want you it to see ?
almost

-- Oui.
— Yes

-- Votre Honneur sera satisfait. Il s'agit d'une promenade en
— Your Honor will be satisfied It itself concerns of a walk on
a trip

mer ?
(the) sea ?

-- Non. D'un voyage.
— No Of a journey

-- Un voyage ?
— A journey ?

-- Vous chargez-vous de me conduire à Yokohama ? »
— You charge yourself of me lead to Yokohama ?
Can you me

Le marin, à ces mots, demeura les bras ballants, les yeux écarquillés.
The sailor at these words remained the arms dangling the eyes googly
wide open

« Votre Honneur veut rire ? dit-il.
Your Honor wants to laugh ? said he
to joke

-- Non ! j'ai manqué le départ du Carnatic, et il faut que
– No ! I have missed the departure of the Carnatic and it is necessary that

je sois le 14, au plus tard, à Yokohama, pour prendre le paquebot
I am the 14th, at the most late at Yokohama for to take the ocean liner
latest

de San Francisco.
of San Francisco
to

-- Je le regrette, répondit le pilote, mais c'est impossible.
– I of it am sorry answered the pilot But it is impossible

-- Je vous offre cent livres (2 500 F) par jour, et une prime de
– I you offer (a) hundred pounds (2 500 F per day and a premium of

deux cents livres si j'arrive à temps.
two hundred pounds if I arrive at time
in

-- C'est sérieux ? demanda le pilote.
– It is serious ? asked the pilot

-- Très sérieux », répondit Mr. Fogg.
– Very serious answered Mr. Fogg

Le pilote s'était retiré à l'écart. Il regardait la mer, évidemment
The pilot himself was withdrawn to the gap He watched the sea obviously
had a distance

combattu entre le désir de gagner une somme énorme et la crainte
battled between the desire of to win a sum huge and the fear
battling

de s'aventurer si loin. Fix était dans des transes mortelles.
of himself to venture so far Fix was in of the trances deadly
a deadly trance

Pendant ce temps, Mr. Fogg s'était retourné vers Mrs. Aouda.
During this time Mr. Fogg himself was returned towards Mrs Aouda
had

« Vous n'aurez pas peur, madame ? lui demanda-t-il.
You will not have -not- fear Madam ? her asked he

-- Avec vous, non, monsieur Fogg », répondit la jeune femme.
– With you no Mr. Fogg answered the young woman

Le pilote s'était de nouveau avancé vers le gentleman, et tournait
The pilot himself was of new advanced towards the gentleman and turned
had again

son chapeau entre ses mains.
his hat between his hands

« Eh bien, pilote ? dit Mr. Fogg.
Eh well pilot ? said Mr. Fogg

-- Eh bien, Votre Honneur, répondit le pilote, je ne puis risquer ni
– Eh well Your Honor answered the pilot I not can risk neither

mes hommes, ni moi, ni vous-même, dans une si longue traversée sur
my men nor myself nor yourself in a so long crossing on

un bateau de vingt tonneaux à peine, et à cette époque de l'année.
a boat of twenty tons at pain and at this time of the year
hardly

D'ailleurs, nous n'arriverions pas à temps, car il y a seize
Besides we not will arrive -not- at time because it there has sixteen
in there are

cent cinquante milles de Hong-Kong à Yokohama.
hundred fifty miles from Hong-Kong to Yokohama

-- Seize cents seulement, dit Mr. Fogg.
– Sixteen hundred only said Mr. Fogg

-- C'est la même chose. »
– It is the same thing

Fix respira un bon coup d'air.
Fix breathed a good strike of air

« Mais, ajouta le pilote, il y aurait peut-être moyen de
But added the pilot it there would have maybe means of
there would be

s'arranger autrement. »
oneself to arrange otherwise

Fix ne respira plus.
Fix not breathed (any)more

« Comment ? demanda Phileas Fogg.
How ? asked Phileas Fogg

-- En allant à Nagasaki, l'extrémité sud du Japon, onze cents
– In going to Nagasaki the end south of -the- Japan eleven hundred

milles, ou seulement à Shangaï, à huit cents milles de Hong-Kong.
miles or only to Shangaï at eight hundred miles from Hong-Kong

Dans cette dernière traversée, on ne s'éloignerait pas de la côte
In this last crossing one not would depart -not- from the coast

chinoise, ce qui serait un grand avantage, d'autant plus que les
Chinese this which would be a large advantage of as much all the more that because the

courants y portent au nord.
currents there carry to the north

-- Pilote, répondit Phileas Fogg, c'est à Yokohama que je dois prendre
— Pilot answered Phileas Fogg It is to Yokohama that I must take

la malle américaine, et non à Shangaï ou à Nagasaki.
the trunk boat american and not at Shangaï or at Nagasaki

-- Pourquoi pas ? répondit le pilote. Le paquebot de San Francisco ne
— Why not ? answered the pilot The ocean liner from San Francisco not

part pas de Yokohama. Il fait escale à Yokohama et à Nagasaki,
leaves -not- from Yokohama It makes (a) stop at Yokohama and at Nagasaki

mais son port de départ est Shangaï.
but its port of departure is Shangaï

-- Vous êtes certain de ce vous dites ?
— You are certain of this you said ?

-- Certain.
— Certain

-- Et quand le paquebot quitte-t-il Shangaï ?
— And when the ocean liner leaves it Shangaï ?

-- Le 11, à sept heures du soir. Nous avons donc quatre jours
— The 11(th) at seven hours of the evening We have then four days

devant nous. Quatre jours, c'est quatre-vingt-seize heures, et avec une
in front of us Four days It is ninety six hours and with an

moyenne de huit milles à l'heure, si nous sommes bien servis, si le
average of eight miles at the hour so we are well served if the

vent tient au sud-est, si la mer est calme, nous pouvons enlever les
wind holds at the south east if the sea is calm we can take away make the

huit cents milles qui nous séparent de Shangaï.
eight hundred miles which us separate from Shangaï

-- Et vous pourriez partir ?...
— And you might leave ?...

-- Dans une heure. Le temps d'acheter des vivres et d'appareiller.
– In an hour The time of to buy -of the- rations and of to prepare

-- Affaire convenue... Vous êtes le patron du bateau ?
– Business agreed You are the boss of the boat ?

-- Oui, John Bunsby, patron de la Tankadère.
– Yes John Bunsby boss of the Tankadere

-- Voulez-vous des arrhes ?
– Want you of the deposit ?

-- Si cela ne désoblige pas Votre Honneur.
– If that not disobliges -not- Your Honor

-- Voici deux cents livres à compte... Monsieur, ajouta Phileas Fogg en
– Here two hundred pounds to account Sir added Phileas Fogg in

se retournant vers Fix, si vous voulez profiter...
himself turning towards Fix if you want to profit (from this)

-- Monsieur, répondit résolument Fix, j'allais vous demander cette faveur.
– Sir answered decidedly Fix I went you to ask this favor
I was going

-- Bien. Dans une demi-heure nous serons à bord.
– Well In a half hour we will be on board

-- Mais ce pauvre garçon... dit Mrs. Aouda, que la disparition de
– But this poor boy said Mrs Aouda that the disappearance of

Passepartout préoccupait extrêmement.
Passepartout concerned extremely

-- Je vais faire pour lui tout ce que je puis faire », répondit Phileas
– I go do for him all this that I can make answered Phileas

Fogg.
Fogg

Et, tandis que Fix, nerveux, fiévreux, rageant, se rendait au
And while that Fix nervous feverish raging himself gave over to the
went on

bateau-pilote, tous deux se dirigèrent vers les bureaux de la
pilot boat all two themselves headed towards the offices of the
both

police de Hong-Kong. Là, Phileas Fogg donna le signalement de
police of Hong-Kong There Phileas Fogg gave the physical description of

Passepartout, et laissa une somme suffisante pour le rapatrier. Même
Passepartout and left a sum sufficient for him to repatriate (The) same

formalité fut remplie chez l'agent consulaire français, et le palanquin,
formality was fulfilled with the agent consular French and the palanquin

après avoir touché à l'hôtel, où les bagages furent pris, ramena
after to have touched to the hotel where the baggage were taken brought back
returned had been

les voyageurs à l'avant-port.
the travelers to the outer harbor

Trois heures sonnaient. Le bateau-pilote n° 43, son équipage à bord, ses
Three hours rang The pilot boat no 43, its crew on board its

vivres embarqués, était prêt à appareiller.
rations embarked was ready to sail

C'était une charmante petite goélette de vingt tonneaux que la
It was a charming little schooner of twenty tons that the

Tankadère, bien pincée de l'avant, très dégagée dans ses façons, très
Tankadere well pinched of the front very clear in its manners very
pointed at

allongée dans ses lignes d'eau. On eût dit un yacht de course. Ses
stretched out in its lines of water One had said a yacht of race Its
waterlines

cuivres brillants, ses ferrures galvanisées, son pont blanc comme de
brass brilliant its fittings galvanized its bridge white like of

l'ivoire, indiquaient que le patron John Bunsby s'entendait à la
-the- ivory indicated that the boss John Bunsby himself understood at her

tenir en bon état. Ses deux mâts s'inclinaient un peu sur l'arrière.
to keep in (a) good state Its two masts themselves inclined a bit on the rear
to

Elle portait brigantine, misaine, trinquette, focs, flèches, et pouvait
She carried brigantine (sail) foresail staysail foresail jibs and could

gréer une fortune pour le vent arrière. Elle devait merveilleusement
rig a fortune (sail) for the wind (of the) back She must wonderfully

marcher, et, de fait, elle avait déjà gagné plusieurs prix dans les «
march and of fact she had already won several prizes in the
move in fact

matches » de bateaux-pilotes.
matches of pilot boats

L'équipage de la Tankadère se composait du patron John Bunsby et
The crew of the Tankadere itself consisted of the boss John Bunsby and

de quatre hommes. C'étaient de ces hardis marins qui, par tous les
of four men They were of these bold sailors who by all the

temps, s'aventurent à la recherche des navires, et connaissent
weathers themselves ventured at the search of the ships and knew

admirablement ces mers. John Bunsby, un homme de quarante-cinq ans
admirably these seas John Bunsby a man of forty five years

environ, vigoureux, noir de hâle, le regard vif, la figure énergique,
approximately vigorous black of tan the look lively the figure energetic

bien d'aplomb, bien à son affaire, eût inspiré confiance aux plus
well of aplomb good at his business had inspired confidence to the most
work would have

craintifs.
fearful

Phileas Fogg et Mrs. Aouda passèrent à bord. Fix s'y trouvait
Phileas Fogg and Mrs Aouda passed on board Fix himself there found
went

déjà. Par le capot d'arrière de la goélette, on descendait dans une
already By the hood of (the) rear of the schooner one went down in a

chambre carrée, dont les parois s'évidaient en forme de cadres,
room square of which the walls themselves evidenced in shape of frames
showed

au dessus d'un divan circulaire. Au milieu, une table éclairée par une
at the top of a couch circular At the middle a table lit by a
above

lampe de roulis. C'était petit, mais propre.
lamp of rocking It was little but clean
hanging

« Je regrette de n'avoir pas mieux à vous offrir », dit Mr. Fogg à
I miss of not to have -not- better to you to offer said Mr. Fogg to

Fix, qui s'inclina sans répondre.
Fix who himself bowed without to answer

L'inspecteur de police éprouvait comme une sorte d'humiliation à profiter
The inspector of police experienced like a kind of humiliation to profit

ainsi des obligeances du sieur Fogg.
thus from the obligeances of -the- Mr. Fogg

« A coup sûr, pensait-il, c'est un coquin fort poli, mais c'est un coquin
At strike sure he thought It is a rascal very polite but it is a rascal

! »
!

A trois heures dix minutes, les voiles furent hissées. Le pavillon
At three hours ten minutes the sails were hoisted The flag

d'Angleterre battait à la corne de la goélette. Les passagers étaient assis
from England beat at the horn of the schooner The passengers were sat
waved gaff

sur le pont. Mr. Fogg et Mrs. Aouda jetèrent un dernier regard sur le
on the bridge Mr. Fogg and Mrs Aouda threw a last look on the

quai, afin de voir si Passepartout n'apparaîtrait pas.
quay so of to see if Passepartout not would appear -not-

Fix n'était pas sans appréhension, car le hasard aurait pu
Fix not was -not- without apprehension because the chance would have been able

conduire en cet endroit même le malheureux garçon qu'il avait si
to lead in this place same the unhappy boy that he had so

indignement traité, et alors une explication eût éclaté, dont le
unworthily treated and then an explanation had burst of which the

détective ne se fût pas tiré à son avantage. Mais le Français
detective not himself was -not- pulled out to his advantage But the French

ne se montra pas, et, sans doute, l'abrutissant narcotique le tenait
not himself showed -not- and without doubt the stultifying narcotic him kept

encore sous son influence.
still under its influence

Enfin, le patron John Bunsby passa au large, et la Tankadère, prenant
Finally the boss John Bunsby passed at the wide and the Tankadere taking

le vent sous sa brigantine, sa misaine et ses focs, s'élança en
the wind under his brigantine (sail) its foresail and its jibs itself launched in

bondissant sur les flots.
leaping on the waves

21 - Chapitre XXI

OÙ LE PATRON DE LA « TANKADÈRE» RISQUE FORT DE PERDRE
Where the boss of the Tankadere risks strong of to lose
very much

UNE PRIME DE DEUX CENTS LIVRES
a premium of two hundred pounds

C'était une aventureuse expédition que cette navigation de huit cents
It was an adventurous expedition -that- this navigation of eight hundred
(journey)

milles, sur une embarcation de vingt tonneaux, et surtout à cette
miles on a craft of twenty tons and especially at this

époque de l'année. Elles sont généralement mauvaises, ces mers de la
time of the year They are generally bad these seas of -the-

Chine, exposées à des coups de vent terribles, principalement pendant
China exposed to -of the- blows of wind terrible mainly during

les équinoxes, et on était encore aux premiers jours de novembre.
the equinoxes and one was still at the first days of November

C'eût été, bien évidemment, l'avantage du pilote de conduire ses
It had been well obviously (to) the advantage of the pilot of to lead his
It would have

passagers jusqu'à Yokohama, puisqu'il était payé tant par jour. Mais son
passengers to Yokohama because he was paid so much per day But his

imprudence aurait été grande de tenter une telle traversée dans ces
imprudence would have been great of to tempt a such crossing in these

conditions, et c'était déjà faire acte d'audace, sinon de témérité, que
conditions and it was already to make (an) act of boldness if not of temerity that

de remonter jusqu'à Shangaï. Mais John Bunsby avait confiance en sa
of to repair to Shangaï But John Bunsby had confidence in his
to sail up

Tankadère, qui s'élevait à la lame comme une mauve, et peut-être
Tankadere which itself rose at the blade like a seagull and maybe
wave

n'avait-il pas tort.
not had he -not- wrong
he was not

Pendant les dernières heures de cette journée, la Tankadère navigua dans
During the last hours of this day the Tankadere sailed in

les passes capricieuses de Hong-Kong, et sous toutes les allures,
the passes capricious of Hong-Kong and under all the pretensions
straits

au plus près ou vent arrière, elle se comporta admirablement.
at the most near or wind (from the) back she herself comported admirably
with almost

« Je n'ai pas besoin, pilote, dit Phileas Fogg au moment où la
I not have -not- need pilot said Phileas Fogg at the moment where the

goélette donnait en pleine mer, de vous recommander toute la diligence
schooner gave in full sea of you to recommend all the diligence

possible.
possible

-- Que Votre Honneur s'en rapporte à moi, répondit John Bunsby. En
– That Your Honor itself of it reports to me answered John Bunsby In
leaves

fait de voiles, nous portons tout ce que le vent permet de porter.
fact of sails we wear all this that the wind allows of to carry
regards

Nos flèches n'y ajouteraient rien, et ne serviraient qu'à assommer
Our jibs (sails) not there add nothing and not would serve than to knock out

l'embarcation en nuisant à sa marche.
the boat in harming at its march

-- C'est votre métier, et non le mien, pilote, et je me fie à vous.
– It is your trade and not the mine pilot and I me (I) trust to you

»

Phileas Fogg, le corps droit, les jambes écartées, d'aplomb comme un
Phileas Fogg the body straight the legs apart of aplomb like a

marin, regardait sans broncher la mer houleuse. La jeune femme, assise
sailor watched without stumble the sea choppy The young woman sat

à l'arrière, se sentait émue en contemplant cet océan, assombri déjà
at the rear herself felt moved in contemplating this ocean clouded already

par le crépuscule, qu'elle bravait sur une frêle embarcation. Au-dessus de
by the dusk that she defied on a frail craft Above of

sa tête se déployaient les voiles blanches, qui l'emportaient dans
her head themselves deployed the sails white which her carried away in

l'espace comme de grandes ailes. La goélette, soulevée par le vent,
the space like -of- great wings The schooner raised by the wind

semblait voler dans l'air.
seemed to fly in the air

La nuit vint. La lune entrait dans son premier quartier, et son
The night came The moon entered in its first quarter and its

insuffisante lumière devait s'éteindre bientôt dans les brumes de
inadequate light must itself extinguish soon in the mists of

l'horizon. Des nuages chassaient de l'est et envahissaient déjà une
the horizon -Of the- clouds hunted from the east and invaded already a

partie du ciel.
part of the sky

Le pilote avait disposé ses feux de position, -- précaution indispensable
The pilot had disposed his fires of position — precaution indispensable
turned on lights

à prendre dans ces mers très fréquentées aux approches des
to take in these seas very popular to the approaches of the

atterrages. Les rencontres de navires n'y étaient pas rares, et, avec
landfalls The encounters of ships not there were -not- rare and with

la vitesse dont elle était animée, la goélette se fût brisée au
the speed of which she was animated the schooner itself was broken at the
would be

moindre choc.
least shock

Fix rêvait à l'avant de l'embarcation. Il se tenait à l'écart, sachant
Fix dreamed at the front of the boat He himself kept at the gap knowing
a distance

Fogg d'un naturel peu causeur. D'ailleurs, il lui répugnait de parler
Fogg of a nature little conversationalist Besides it him repulsed of to speak
not very

à cet homme, dont il acceptait les services. Il songeait aussi à
to this man of which he accepted the services He thought also at
of

l'avenir. Cela lui paraissait certain que le sieur Fogg ne s'arrêterait
the future That him appeared certain that the Mr. Fogg not himself would stop
It

pas à Yokohama, qu'il prendrait immédiatement le paquebot de San
-not- at Yokohama that he would take immediately the ocean liner of San
to

Francisco afin d'atteindre l'Amérique, dont la vaste étendue lui
Francisco so to attain the America of which the vast extend him

assurerait l'impunité avec la sécurité. Le plan de Phileas Fogg lui
ensured the impunity with the security The plan of Phileas Fogg him

semblait on ne peut plus simple.
seemed one not can more simple

Au lieu de s'embarquer en Angleterre pour les États-Unis, comme un
At the place of to himself embark in England for the United States like a

coquin vulgaire, ce Fogg avait fait le grand tour et traversé les trois
rascal vulgar this Fogg had made the large tour and traversed -the- three
a round

quarts du globe, afin de gagner plus sûrement le continent américain,
quarters of the world so of to win more surely the continent American

où il mangerait tranquillement le million de la Banque, après avoir
where he would eat quietly the million of the Bank after to have

dépisté la police. Mais une fois sur la terre de l'Union, que
sent off his trail the police But one time on the earth of the union what

ferait Fix ? Abandonnerait-il cet homme ? Non, cent fois non ! et
would do Fix ? Would he abandon this man ? No hundred times no ! and

jusqu'à ce qu'il eût obtenu un acte d'extradition, il ne le quitterait
until this that he had obtained an act of extradition he not him would leave

pas d'une semelle. C'était son devoir, et il l'accomplirait jusqu'au bout.
-not- of a sole It was his duty and he would accomplish up to the end
for a second

En tout cas, une circonstance heureuse s'était produite : Passepartout
In all cases a circumstance happy itself was produced : Passepartout
itself had

n'était plus auprès de son maître, et surtout, après les confidences
not was (any)more close of his master and especially after the confidences

de Fix, il était important que le maître et le serviteur ne se
of Fix it was important that the master and the servant not each other

revissent jamais.
saw again ever

Phileas Fogg, lui, n'était pas non plus sans songer à son domestique,
Phileas Fogg him not was -not- not more without to think at his servant
of

si singulièrement disparu. Toutes réflexions faites, il ne lui sembla pas
so singularly disappeared All reflections made it not him seemed -not-
very much

impossible que, par suite d'un malentendu, le pauvre garçon ne
impossible that by following of a misunderstanding the poor boy not

se fût embarqué sur le Carnatic, au dernier moment. C'était aussi
himself was embarked on the Carnatic at the last moment It was also

l'opinion de Mrs. Aouda, qui regrettait profondément cet honnête
the opinion of Mrs Aouda who missed deeply this honest

serviteur, auquel elle devait tant. Il pouvait donc se faire qu'on le
servant to which she owed so much It could then itself make that one him
be

retrouvât à Yokohama, et, si le Carnatic l'y avait transporté, il
found back at Yokohama and if the Carnatic him there had transported it

serait aisé de le savoir.
would be easy of it to know
find out

Vers dix heures, la brise vint à fraîchir. Peut-être eût-il été
Towards ten hours the breeze came to freshen Maybe it had been been

prudent de prendre un ris, mais le pilote, après avoir soigneusement
sensible of to take a break But the pilot after to have carefully

observé l'état du ciel, laissa la voilure telle qu'elle était établie.
observed the state of the sky left the sails such that she was established

D'ailleurs, la Tankadère portait admirablement la toile, ayant un grand
Besides the Tankadere carried admirably the linen having a large

tirant d'eau, et tout était paré à amener rapidement, en cas de grain.
pull of water and all was ready to fetch quickly in case of grain
bring down trouble

A minuit, Phileas Fogg et Mrs. Aouda descendirent dans la cabine. Fix
At midnight Phileas Fogg and Mrs Aouda descended in the cabin Fix

les y avait précédés, et s'était étendu sur l'un des
them there had preceded and himself was stretched out on -the- one of the
had

cadres. Quant au pilote et à ses hommes, ils demeurèrent
(bunk bed) frames As to the pilot and to his men they remained

toute la nuit sur le pont.
all the night on the bridge

Le lendemain, 8 novembre, au lever du soleil, la goélette avait fait
The following day 8 November at the raise of the sun the schooner had made

plus de cent milles. Le loch, souvent jeté, indiquait que la
more of (a) hundred miles The speedometer often thrown stated that the
than

moyenne de sa vitesse était entre huit et neuf milles. La Tankadère
average of its speed was between eight and nine miles The Tankadere

avait du largue dans ses voiles qui portaient toutes et elle obtenait,
had of the reach in its sails which carried all and she obtained

sous cette allure, son maximum de rapidité. Si le vent tenait dans ces
under this speed her maximum of speed If the wind kept (up) in these

conditions, les chances étaient pour elle.
conditions the chances were for her
fortune was

La Tankadère, pendant toute cette journée, ne s'éloigna pas
The Tankadere during all this day not moved away -not-

sensiblement de la côte, dont les courants lui étaient favorables.
sensibly from the coast of which the currents to her were favourable

Elle l'avait à cinq milles au plus par sa hanche de bâbord, et cette
She it had at five miles at the most by her hip of port (side) and this

côte, irrégulièrement profilée, apparaissait parfois à travers quelques
coast irregularly profiled appeared sometimes -at- through some

éclaircies. Le vent venant de terre, la mer était moins forte
clearings (in the clouds) The wind coming from earth the sea was less strong
land

par là même : circonstance heureuse pour la goélette, car les
by there even : circumstance happy for the schooner because the

embarcations d'un petit tonnage souffrent surtout de la houle qui
boats of a small tonnage suffer especially from the swell which

rompt leur vitesse, qui « les tue », pour employer l'expression
breaks their speed which them kills for to use the expression

maritime.
maritime

Vers midi, la brise mollit un peu et hâla le sud-est. Le
Towards midday the breeze abated a bit and pulled on the south east The
bore down from

pilote fit établir les flèches ; mais au bout de deux heures, il
pilot made establish the jibs (sails ; but at the end of two hours it

fallut les amener, car le vent fraîchissait à nouveau.
was necessary them to fetch because the wind freshened at new
to bring down gained in strengthagain

Mr. Fogg et la jeune femme, fort heureusement réfractaires au mal
Mr. Fogg and the young woman very fortunately opposed by the sickness
unaffected

de mer, mangèrent avec appétit les conserves et le biscuit du bord.
of sea ate with appetite the preserves and the biscuit of the board
on

Fix fut invité à partager leur repas et dut accepter, sachant bien
Fix was invited to share their meal and had to accept knowing well

qu'il est aussi nécessaire de lester les estomacs que les bateaux, mais
that it is also necessary of ballast the stomachs as the boats but

cela le vexait ! Voyager aux frais de cet homme, se nourrir de ses
that him vexed ! To travel at the costs of this man himself nourish of his

propres vivres, il trouvait à cela quelque chose de peu loyal. Il mangea
own rations he found to that some thing of little loyal He ate

cependant, -- sur le pouce, il est vrai, -- mais enfin il mangea.
however – on the inch it is true – but in the end he ate
very little

Toutefois, ce repas terminé, il crut devoir prendre le sieur Fogg à
However this meal finished he believed duty to take the Mr. Fogg at

part, et il lui dit :
(the) side and he him said :

« Monsieur... »
Sir

Ce « monsieur »lui écorchait les lèvres, et il se retenait pour ne
This Sir him flayed the lips and he himself held back for not

pas mettre la main au collet de ce « monsieur »!
-not- to put the hand at the collar of this Sir

« Monsieur, vous avez été fort obligeant en m'offrant passage
Sir you have been very obliging in offering me passage

à votre bord. Mais, bien que mes ressources ne me permettent pas
at your board But well that my resources not me allow -not-
on board with you

d'agir aussi largement que vous, j'entends payer ma part...
of to act also widely as you I intend to pay my part
similarly generous

-- Ne parlons pas de cela, monsieur, répondit Mr. Fogg.
– Not let us speak -not- of that Sir answered Mr. Fogg

-- Mais si, je tiens...
– But so I keep

-- Non, monsieur, répéta Fogg d'un ton qui n'admettait pas de
– No Sir repeated Fogg with a tone which not admitted -not- of

réplique. Cela entre dans les frais généraux ! »
reply That enters in the costs generic !

Fix s'inclina, il étouffait, et, allant s'étendre sur l'avant de la
Fix himself bowed he choked and going to stretch (the limbs) at the front of the

goélette, il ne dit plus un mot de la journée.
schooner he not said more a word of the day
during

Cependant on filait rapidement. John Bunsby avait bon espoir. Plusieurs
However one filed quickly John Bunsby had good hope Several
moved

fois il dit à Mr. Fogg qu'on arriverait en temps voulu à Shangaï.
times he said to Mr. Fogg that one would arrive in time wanted at Shanghai
at the desired time

Mr. Fogg répondit simplement qu'il y comptait. D'ailleurs,
Mr. Fogg answered simply that he there counted Besides
on it

tout l'équipage de la petite goélette y mettait du zèle. La prime
all the crew of the little schooner there put of the zeal The premium
the whole crew in it their bonus

affriolait ces braves gens. Aussi, pas une écoute qui ne fût
enticed these brave people Also not one sail rope which not was

conscencieusement raidie ! Pas une voile qui ne fût vigoureusement
carefully tightened ! Not one sail which not was vigorously

étarquée ! Pas une embardée que l'on pût reprocher à l'homme de
tensioned ! Not a lurch that it one could blame to the man of

barre ! On n'eût pas manoeuvré plus sévèrement dans une régate
(the) steering ! One not had -not- maneuvered more severely in a regatta

du Royal-Yacht-Club.
of the Royal yacht club

Le soir, le pilote avait relevé au loch un parcours de deux
The evening the pilot had raised up at the speedometer a traversal of two
calculated from the

cent vingt milles depuis Hong-Kong, et Phileas Fogg pouvait espérer
hundred twenty miles since Hong-Kong and Phileas Fogg could hope

qu'en arrivant à Yokohama, il n'aurait aucun retard à inscrire à
than in arriving at Yokohama he would not have any delay to inscribe (in)to

son programme. Ainsi donc, le premier contretemps sérieux qu'il eût
his program Thus then the first setback serious that he had

éprouvé depuis son départ de Londres ne lui causerait probablement
experienced since his departure of London not him would cause probably

aucun préjudice.
any prejudice
problem

Pendant la nuit, vers les premières heures du matin, la Tankadère
During the night towards the first hours of the morning the Tankadere

entrait franchement dans le détroit de Fo-Kien, qui sépare la grande
entered frankly in the strait of Fu-chien which separates the large
directly

île Formose de la côte chinoise, et elle coupait le tropique du
island Formosa from the coast Chinese and she cut the tropic of -the-

Cancer. La mer était très dure dans ce détroit, plein de remous formés
Cancer The sea was very hard in this strait full of swirls formed
difficult

par les contre-courants. La goélette fatigua beaucoup. Les lames courtes
by the counter currents The schooner wearied much The waves short

brisaient sa marche. Il devint très difficile de se tenir debout sur le
broke its march It became very difficult of oneself to keep upright on the

pont.
bridge

Avec le lever du jour, le vent fraîchit encore. Il y avait dans le
With the raise of the day the wind freshened still It there had in the
increased There was

ciel l'apparence d'un coup de vent. Du reste, le baromètre annonçait
sky the appearance of a strike of wind Of the rest the barometer indicated
gale For the rest

un changement prochain de l'atmosphère ; sa marche diurne était
a change next of the atmosphere ; its march diurnal was

irrégulière, et le mercure oscillait capricieusement. On voyait aussi la
irregular and the mercury oscillated capriciously One saw also the

mer se soulever vers le sud-est en longues houles « qui sentaient
sea itself raise towards the south east in long swells which felt

la tempête ». La veille, le soleil s'était couché dans une
the storm The evening before the sun herself was laid down in a
had set

brume rouge, au milieu des scintillations phosphorescentes de l'océan.
mist red at the middle of the scintillation phosphorescent of the Ocean

Le pilote examina longtemps ce mauvais aspect du ciel et murmura
The pilot examined long this bad appearance of the sky and whispered

entre ses dents des choses peu intelligibles. A un certain moment,
between his teeth -of the- things little intelligible At a certain moment

se trouvant près de son passager :
himself finding near of his passenger :

« On peut tout dire à Votre Honneur ? dit-il à voix basse.
One can all say to Your Honor ? said he at voice low

-- Tout, répondit Phileas Fogg.
– All answered Phileas Fogg

-- Eh bien, nous allons avoir un coup de vent.
– Eh well we go to have a strike of wind
gale

-- Viendra-t-il du nord ou du sud ? demanda simplement Mr.
– Will it be from the north or from the south ? asked simply Mr.

Fogg.
Fogg

-- Du sud. Voyez. C'est un typhon qui se prépare !
– From the south See It is a typhoon which itself prepares !

-- Va pour le typhon du sud, puisqu'il nous poussera du bon
– Goes for the typhoon from the south because it us will push from the right

côté, répondit Mr. Fogg.
side answered Mr. Fogg

-- Si vous le prenez comme cela, répliqua le pilote, je n'ai plus
– If you the take like that replied the pilot I not have more

rien à dire ! »
-nothing- to say !

Les pressentiments de John Bunsby ne le trompaient pas. A une époque
The forebodings of John Bunsby not him deceived -not- At a time

moins avancée de l'année, le typhon, suivant l'expression d'un célèbre
less advanced of the year the typhoon following the expression of a popular

météorologiste, se fût écoulé comme une cascade lumineuse de
meteorologist itself was passed like a cascade luminous of
had luminous cascade

flammes électriques, mais en équinoxe hiver il était à craindre qu'il ne
flames electrical but in equinox winter it was to fear that it -not-
electric flames winter equinox

se déchaînât avec violence.
itself unchained with violence

Le pilote prit ses précautions par avance. Il fit serrer toutes les voiles
The pilot took his precautions by advance He made tighten all the sails
in

de la goélette et amener les vergues sur le pont. Les mâts de
of the schooner and bring the yards on the bridge The masts of
spars

flèche furent dépassés. On rentra le bout-dehors. Les panneaux
(the) jibs (sails) were taken down One returned the bowsprit The panels

furent condamnés avec soin. Pas une goutte d'eau ne pouvait, dès
were condemned with care Not a drop of water not could from
covered

lors, pénétrer dans la coque de l'embarcation. Une seule voile
outside enter in the shell of the boat A lone sail

triangulaire, un tourmentin de forte toile, fut hissé en guise de
triangular a storm jib of strong canvas was hoisted in way of
storm sail

trinquette, de manière à maintenir la goélette vent arrière. Et
staysail of way to maintain the schooner (with the) wind (at the) back And

on attendit.
one waited
then they

John Bunsby avait engagé ses passagers à descendre dans la cabine ;
John Bunsby had encouraged his passengers to go down in the cabin ;

mais, dans un étroit espace, à peu près privé d'air, et par les
but in a narrow space at little near deprived of air and by the
almost

secousses de la houle, cet emprisonnement n'avait rien d'agréable. Ni
shakings of the swell this imprisonment not had nothing pleasant Neither

Mr. Fogg, ni Mrs. Aouda, ni Fix lui-même ne consentirent à quitter le
Mr. Fogg nor Mrs Aouda nor Fix him self not consented to leave the

pont.
bridge

Vers huit heures, la bourrasque de pluie et de rafale tomba à bord.
Towards eight hours the squall of rain and of gust fell on board

Rien qu'avec son petit morceau de toile, la Tankadère fut enlevée
Nothing than with his little piece of canvas the Tankadere was taken along

comme une plume par ce vent dont on ne saurait donner une
like a feather by this wind of which one not would know to give an

idée exacte, quand il souffle en tempête. Comparer sa vitesse à la
idea exact when it breathed in storm To compare its speed at the

quadruple vitesse d'une locomotive lancée à toute vapeur, ce serait
quadruple speed of a locomotive launched at all steam this would be

rester au-dessous de la vérité.
to stay at the under -of- the truth
below

Pendant toute la journée, l'embarcation courut ainsi vers le nord,
During all the day the boat ran thus towards the north

emportée par les lames monstrueuses, en conservant heureusement une
carried along by the waves monstrous in keeping fortunately a

rapidité égale à la leur. Vingt fois elle faillit être coiffée par une de
speed equal to -the- theirs Twenty time she failed to be capped by one of
was almost

ces montagnes d'eau qui se dressaient à l'arrière ; mais un
these mountains of water which themselves rose at the back ; But a

adroit coup de barre, donné par le pilote, parait la catastrophe.
dexterous strike of steering given by the pilot prevented the disaster

Les passagers étaient quelquefois couverts en grand par les embruns
The passengers were sometimes covered in large by the sprays

qu'ils recevaient philosophiquement. Fix maugréait sans doute, mais
that they received philosophically Fix grumbled without doubt but

l'intrépide Aouda, les yeux fixés sur son compagnon, dont elle ne
the fearless Aouda the eyes fixed on her companion of which she not

pouvait qu'admirer le sang-froid, se montrait digne de lui et
could (other) than admire the cold blood herself showed worthy of her(self) and

bravait la tourmente à ses côtés. Quant à Phileas Fogg, il semblait que
defied the torment at his sides As to Phileas Fogg it seemed that
storm

ce typhon fût partie de son programme.
this typhoon was part of his program

Jusqu'alors la Tankadère avait toujours fait route au nord ; mais
Until then the Tankadere had always made road to the north ; But

vers le soir, comme on pouvait le craindre, le vent, tournant de
towards the evening like one could it fear the wind turning of

trois quarts, hâla le nord-ouest. La goélette, prêtant alors le flanc
three quarters pulled on the north west The schooner lending then the flank
bore down from

à la lame, fut effroyablement secouée. La mer la frappait avec une
to the blade was frightfully shaken The sea her knocked with a

violence bien faite pour effrayer, quand on ne sait pas avec quelle
violence well made for to scare when one not knows -not- with what

solidité toutes les parties d'un bâtiment sont reliées entre elles.
solidity all the parts of a trawler are related between them
fixed to each other

Avec la nuit, la tempête s'accentua encore. En voyant l'obscurité se
With the night the storm itself accented still In seeing the dark itself
deepened even more

faire, et avec l'obscurité s'accroître la tourmente, John Bunsby
make and (together) with the dark itself increase the torment John Bunsby
storm

ressentit de vives inquiétudes. Il se demanda s'il ne serait pas
felt of lively worries He himself asked if it not would be -not-
acute

temps de relâcher, et il consulta son équipage.
time of to release and he consulted his crew
to lay about

Ses hommes consultés, John Bunsby s'approcha de Mr. Fogg, et lui
His men consulted John Bunsby herself approached -of- Mr. Fogg and him
approached

dit :
said :

« Je crois, Votre Honneur, que nous ferions bien de gagner un des
I believe Your Honor that we would well of to win a of the

ports de la côte.
ports of the coast

-- Je le crois aussi, répondit Phileas Fogg.
– I it believe also answered Phileas Fogg

-- Ah ! fit le pilote, mais lequel ?
– Ah ! made the pilot But which ?

-- Je n'en connais qu'un, répondit tranquillement Mr. Fogg.
– I not of them know but one answered calmly Mr. Fogg

-- Et c'est !...
– And that is !...

-- Shangaï. »
– Shanghaï

Cette réponse, le pilote fut d'abord quelques instants sans comprendre
(At) this response the pilot was initially some moments without to understand

ce qu'elle signifiait, ce qu'elle renfermait d'obstination et de ténacité.
this what she meant this what she contained of obstinacy and of tenacity

Puis il s'écria :
Then he himself cried out :
exclaimed

« Eh bien, oui ! Votre Honneur a raison. A Shangaï ! »
Eh well yes ! Your Honor has reason To Shanghai !

Et la direction de la Tankadère fut imperturbablement maintenue vers
And the direction of the Tankadere was imperturbably maintained towards

le nord.
the north

Nuit vraiment terrible ! Ce fut un miracle si la petite goélette ne
Night really terrible ! It was a miracle if that the little schooner not

chavira pas. Deux fois elle fut engagée, et tout aurait été enlevé
capsized -not- Two times she was engaged overflown and all would have been taken away

à bord, si les saisines eussent manqué. Mrs. Aouda était brisée, mais elle
on board if the lashings had missed Mrs Aouda was broken but she

ne fit pas entendre une plainte. Plus d'une fois Mr. Fogg dut
not made -not- hear one complaint More than one time Mr. Fogg had to

se précipiter vers elle pour la protéger contre la violence des
himself rush towards her for her to protect against the violence of the

lames.
waves

Le jour reparut. La tempête se déchaînait encore avec une extrême
The day reappeared The storm itself unleashed still with an extreme

fureur. Toutefois, le vent retomba dans le sud-est. C'était une
fury However the wind fell back in the south east It was a

modification favorable, et la Tankadère fit de nouveau route sur cette
change favorable and the Tankadere made set of (a) new route on this

mer démontée, dont les lames se heurtaient alors à celles que
sea dismounted torn apart of which the waves themselves clashed then at those that

provoquait la nouvelle aire du vent. De là un choc de
caused the new direction of the wind Of there That caused a shock of

contre-houles qui eût écrasé une embarcation moins solidement
counter swells which had would have crushed a craft less solidly

construite.
built

De temps en temps on apercevait la côte à travers les brumes
From time in to time one saw the coast -at- through the mists

déchirées, mais pas un navire en vue. La Tankadère était seule à tenir
torn But not a vessel in sight The Tankadere was alone to keep

la mer.
the sea

A midi, il y eut quelques symptômes d'accalmie, qui, avec
At midday it there had some symptoms of calming which with
there were

l'abaissement du soleil sur l'horizon, se prononcèrent plus
the setting of the sun on the horizon themselves pronounced more

nettement.
clearly

Le peu de durée de la tempête tenait à sa violence même. Les
The little of duration of the storm kept to its violence same The
The duration was as short as it was violent

passagers, absolument brisés, purent manger un peu et prendre quelque
passengers absolutely broken could eat a bit and take some

repos.
rest

La nuit fut relativement paisible. Le pilote fit rétablir ses voiles au
The night was relatively peaceful The pilot made restore his sails at the

bas ris. La vitesse de l'embarcation fut considérable. Le lendemain, 11,
low reef The speed of the boat was considerable The following day 11,

au lever du jour, reconnaissance faite de la côte, John Bunsby put
at the raise of the day reconnaissance made of the coast John Bunsby could
rising sight

affirmer qu'on n'était pas à cent milles de Shangaï.
affirm that one not was -not- at (a) hundred miles from Shangaï
was not more than

Cent milles, et il ne restait plus que cette journée pour les
(A) hundred miles and it not remained more than this day for them
there

faire ! C'était le soir même que Mr. Fogg devait arriver à Shangaï,
to make ! It was the evening same that Mr. Fogg must arrive at Shangaï

s'il ne voulait pas manquer le départ du paquebot de Yokohama.
if he not wanted -not- to miss the departure of the ocean liner of Yokohama
to

Sans cette tempête, pendant laquelle il perdit plusieurs heures, il
Without this storm during which he lost several hours he

n'eût pas été en ce moment à trente milles du port.
not had -not- been in this moment at thirty miles of the port
would have

La brise mollissait sensiblement, mais heureusement la Mer tombait avec
The breeze softened sensibly but fortunately the Sea fell with

elle. La goélette se couvrit de toile. Flèches, voiles d'étais, contre-foc,
her The schooner itself covered of canvas Jibs sails of props counter-jib
put on full sails

tout portait, et la mer écumait sous l'étrave.
all carried and the sea foamed under the bow

A midi, la Tankadère n'était pas à plus de quarante-cinq milles de
At midday the Tankadere not was -not- at more than forty five miles from

Shangaï. Il lui restait six heures encore pour gagner ce port avant le
Shangaï It her remained six hours still for to win this port before the
There

départ du paquebot de Yokohama.
departure of the ocean liner of Yokohama

Les craintes furent vives à bord. On voulait arriver à tout prix. Tous
The fears were keen on board They wanted to arrive to all price All
cost

-- Phileas Fogg excepté sans doute -- sentaient leur coeur battre
— Phileas Fogg excepted without doubt — felt their heart beat

d'impatience. Il fallait que la petite goélette se maintint dans une
of impatience It was necessary that the little schooner itself maintained in an
on

moyenne de neuf milles à l'heure, et le vent mollissait toujours ! C'était
average of nine miles at the hour and the wind softened always ! It was
kept slackening

une brise irrégulière, des bouffées capricieuses venant de la côte. Elles
a breeze irregular of the puffs capricious coming from the coast They

passaient, et la mer se déridait aussitôt après leur passage.
passed and the sea himself cleared immediately after their passage

Cependant l'embarcation était si légère, ses voiles hautes, d'un fin tissu,
However the boat was so light her sails high of a fine cloth

ramassaient si bien les folles brises, que, le courant aidant, à six heures,
gathered so well the mad breezes that the current helping at six hours

John Bunsby ne comptait plus que dix milles jusqu'à la rivière de
John Bunsby not counted (any)more than ten miles until the river of

Shangaï, car la ville elle-même est située à une distance de douze
Shanghai because the city herself is located at a distance of twelve

milles au moins au-dessus de l'embouchure.
miles at the least above of the mouth

A sept heures, on était encore à trois milles de Shangaï. Un
At seven hours one was still at three miles from Shanghai A

formidable juron s'échappa des lèvres du pilote... La prime de deux
great oath escaped from the lips of the pilot The premium of two

cents livres allait évidemment lui échapper. Il regarda Mr. Fogg. Mr.
hundred pounds went obviously him to escape He looked at Mr. Fogg Mr.

Fogg était impassible, et cependant sa fortune entière se jouait à ce
Fogg was impassive and however his fortune whole itself played at this

moment...
moment

A ce moment aussi, un long fuseau noir, couronné d'un panache de
At this moment also a long spindle black crowned by a plume of

fumée, apparut au ras de l'eau. C'était le paquebot américain, qui
smoke appeared at the top of the water It was the ocean liner American which

sortait à l'heure réglementaire.
left at the hour regular

« Malédiction ! s'écria John Bunsby, qui repoussa la barre d'un bras
Dammit ! exclaimed John Bunsby who pushed the steer with an arm

désespéré.
desperate

-- Des signaux ! » dit simplement Phileas Fogg. Un petit canon de
— -Of the- signals ! said simply Phileas Fogg A little gun of

bronze s'allongeait à l'avant de la Tankadère. Il servait à faire des
bronze itself lengthened extended at the front of the Tankadere It served to make -of the-

signaux par les temps de brume.
signals by the time of mist

Le canon fut chargé jusqu'à la gueule, mais au moment où le
The gun was charged until the mouth But at the moment where the

pilote allait appliquer un charbon ardent sur la lumière :
pilot went to apply a coal burning on the light :

« Le pavillon en berne », dit Mr. Fogg.
The flag in blanket said Mr. Fogg

Le pavillon fut amené à mi-mât. C'était un signal de détresse, et
The flag was brought down to half mast It was a signal of distress and

l'on pouvait espérer que le paquebot américain, l'apercevant, modifierait
it one could hope that the ocean liner American it perceiving modified

« Feu ! » dit Mr. Fogg.
Fire ! said Mr. Fogg

Et la détonation du petit canon de bronze éclata dans l'air.
And the detonation of the little gun of bronze boomed in the air

22 - Chapitre XXII

OÙ PASSEPARTOUT VOIT BIEN QUE, MÊME AUX ANTIPODES, IL EST
Where Passepartout sees well that even at the antipodes it is

PRUDENT D'AVOIR QUELQUE ARGENT DANS SA POCHE
sensible of to have some silver in his pocket

Le Carnatic ayant quitté Hong-Kong, le 7 novembre, à six heures
The Carnatic having left Hong-Kong the 7(th of) November at six hours

et demie du soir, se dirigeait à toute vapeur vers les terres
and (a) half of the evening itself headed at all steam towards the lands

du Japon. Il emportait un plein chargement de marchandises et de
of -the- Japan It carried a full load of merchandise and of

passagers. Deux cabines de l'arrière restaient inoccupées. C'étaient celles
passengers Two cabins of the rear remained unoccupied They were those
in

qui avaient été retenues pour le compte de Mr. Phileas Fogg.
which had been retained for the account of Mr. Phileas Fogg

Le lendemain matin, les hommes de l'avant pouvaient voir, non
The following day (in the) morning the men of the front could see not

sans quelque surprise, un passager, l'oeil à demi hébété, la démarche
without some surprise a passenger the eye -at- half dazed the step

branlante, la tête ébouriffée, qui sortait du capot des secondes et
stumbling the head disheveled who came out from the hood of the seconds and
opening second class

venait en titubant s'asseoir sur une drome.
came -while- staggering to sit down on a rescue tube

Ce passager, c'était Passepartout en personne. Voici ce qui était
This passenger It was Passepartout in person See here this which was
had

arrivé.
arrived
happened

Quelques instants après que Fix eut quitté la tabagie, deux garçons
Some moments after that Fix had left the smoke shop two boys

avaient enlevé Passepartout profondément endormi, et l'avaient couché
had taken away Passepartout deeply sleeping and him had laid down

sur le lit réservé aux fumeurs. Mais trois heures plus tard,
on the bed reserved to the smokers But three hours more late
later

Passepartout, poursuivi jusque dans ses cauchemars par une idée fixe,
Passepartout persecuted until in his nightmares by an idea fixed

se réveillait et luttait contre l'action stupéfiante du narcotique. La
himself awoke and struggled against the effect stupefying of the narcotic The

pensée du devoir non accompli secouait sa torpeur. Il quittait ce
thought of the duty not accomplished shook his torpor He left this

lit d'ivrognes, et trébuchant, s'appuyant aux murailles, tombant et
bed of drunks and stumbling himself leaning at the walls falling and

se relevant, mais toujours et irrésistiblement poussé par une sorte
himself again rising up but always and irresistibly pushed by a kind

d'instinct, il sortait de la tabagie, criant comme dans un rêve :
of instinct he left from the smoke shop calling out like in a dreams :

« Le Carnatic ! le Carnatic ! »
The Carnatic ! the Carnatic !

Le paquebot était là fumant, prêt à partir. Passepartout n'avait
The ocean liner was there smoking ready to leave Passepartout not had

que quelques pas à faire. Il s'élança sur le pont volant, il
(more) than some steps to make He himself launched on the bridge flying he

franchit la coupée et tomba inanimé à l'avant, au moment où le
crossed the cut and fell inanimated to the front at the moment where the

Carnatic larguait ses amarres.
Carnatic was dropping its moorings

Quelques matelots, en gens habitués à ces sortes de scènes,
Some sailors in being people accustomed to these kinds of scenes

descendirent le pauvre garçon dans une cabine des secondes, et
descended the poor boy in a cabin of the second (class) and

Passepartout ne se réveilla que le lendemain matin, à
Passepartout not himself woke up (other) than the following day (in the) morning at

cent cinquante milles des terres de la Chine.
hundred fifty miles from the lands of -the- China

Voilà donc pourquoi, ce matin-là, Passepartout se trouvait sur le
See there then why this morning there Passepartout himself found on the

pont du Carnatic, et venait humer à pleine gorgées les fraîches brises
bridge of the Carnatic and came to smell at full gulps the fresh breezes

de la mer. Cet air pur le dégrisa. Il commença à rassembler ses
of the sea This air pure him sobered up He started to bring together his

idées et n'y parvint pas sans peine. Mais, enfin, il se
ideas and not there succeeded -not- without pain But finally he himself
not in it

rappela les scènes de la veille, les confidences de Fix, la tabagie,
recalled the scenes of the evening before the confidences of Fix the smoke shop

etc.
etc

« Il est évident, se dit-il, que j'ai été abominablement grisé ! Que
It is obvious himself said he that I have been abominably drunk ! What

va dire Mr. Fogg ? En tout cas, je n'ai pas manqué le bateau,
goes to say Mr. Fogg ? In all cases I not have -not- missed the boat

et c'est le principal. »
and that is the main
most important

Puis, songeant à Fix :
Then thinking at Fix :

« Pour celui-là, se dit-il, j'espère bien que nous en sommes
For that one himself said he I hope well that we of him are

débarrassés, et qu'il n'a pas osé, après ce qu'il m'a proposé,
freed and that he not has -not- dared after this that he me has offered

nous suivre sur le Carnatic. Un inspecteur de police, un détective aux
us to follow on the Carnatic An inspector of police a detective at the

trousses de mon maître, accusé de ce vol commis à la Banque
kits of my master accused of this theft committed at the Bank
trail

d'Angleterre ! Allons donc ! Mr. Fogg est un voleur comme je suis un
of England ! Go then ! Mr. Fogg is a thief like I am an

assassin ! »
assassin !

Passepartout devait-il raconter ces choses à son maître ? Convenait-il de
Passepartout should he tell these things to his master ? Suited it of

lui apprendre le rôle joué par Fix dans cette affaire ? Ne ferait-il
him to learn the role played by Fix in this business ? Not would be it

pas mieux d'attendre son arrivée à Londres, pour lui dire qu'un agent
-not- better of waiting his arrival at London for him to say that an agent

de la police métropolitaine l'avait filé autour du monde, et pour
of the police metropolitan him had followed around of the world and for
shadowed

en rire avec lui ? Oui, sans doute. En tout cas, question à
of it to laugh with him ? Yes without doubt In all cases question to

examiner. Le plus pressé, c'était de rejoindre Mr. Fogg et de lui faire
examine The more pressed It was of to rejoin Mr. Fogg and of him to make
think about in a hurry

agréer ses excuses pour cette inqualifiable conduite.
accredit his excuses for this unspeakable behaviour
convey

Passepartout se leva donc. La mer était houleuse, et le paquebot
Passepartout himself raised then The sea was choppy and the ocean liner

roulait fortement. Le digne garçon, aux jambes peu solides encore,
rolled strongly The worthy boy at the legs little solid still
heaved not very

gagna tant bien que mal l'arrière du navire.
gained as much well as bad the rear of the vessel
reached as good as it gets

Sur le pont, il ne vit personne qui ressemblât ni à son maître,
On the bridge he not saw (a) person who resembled neither -to- his master

ni à Mrs. Aouda.
nor -to- Mrs Aouda

« Bon, fit-il, Mrs. Aouda est encore couchée à cette heure. Quant
Good made he Mrs Aouda is still lying at this hour As
said he to himself

à Mr. Fogg, il aura trouvé quelque joueur de whist, et suivant son
to Mr. Fogg he will have found some player of whist and following his

habitude... »
habit

Ce disant, Passepartout descendit au salon. Mr. Fogg n'y était pas.
This saying Passepartout descended at the salon Mr. Fogg not there was -not-

Passepartout n'avait qu'une chose à faire : c'était de demander au
Passepartout not had than one thing to do : It was of to ask at the
from the

purser quelle cabine occupait Mr. Fogg. Le purser lui répondit qu'il ne
purser what cabin occupied Mr. Fogg The purser him answered that he not

connaissait aucun passager de ce nom.
knew any passenger of this name

« Pardonnez-moi, dit Passepartout en insistant. Il s'agit d'un
Excuse me said Passepartout while insisting It itself concerns of a

gentleman, grand, froid, peu communicatif, accompagné d'une jeune dame...
gentleman tall cold little communicative accompanied by a young lady
not very

-- Nous n'avons pas de jeune dame à bord, répondit le purser. Au
— We not have -not- of young lady on board answered the purser At the
a

surplus, voici la liste des passagers. Vous pouvez la consulter. »
surplus see here the listing of the passengers You can it consult

Passepartout consulta la liste... Le nom de son maître n'y figurait
Passepartout consulted the listing The name of his master not there featured

pas.
-not-

Il eut comme un éblouissement. Puis une idée lui traversa le cerveau.
He had like a dizziness Then an idea him crossed the brain

« Ah çà ! je suis bien sur le Carnatic ? s'écria-t-il.
Ah here ! I am well on the Carnatic ? himself cried out he
indeed exclaimed he

-- Oui, répondit le purser.
— Yes answered the purser

-- En route pour Yokohama ?
— On (the) road for Yokohama ?

-- Parfaitement. »
— Perfectly

Passepartout avait eu un instant cette crainte de s'être trompé de navire
Passepartout had had a moment this fear of to be deceived of vessel

! Mais s'il était sur le Carnatic, il était certain que son maître ne
! But if he was on the Carnatic he was certain that his master not

s'y trouvait pas.
himself there found -not-

Passepartout se laissa tomber sur un fauteuil. C'était un coup de
Passepartout himself let fall on a chair It was a strike of

foudre. Et, soudain, la lumière se fit en lui. Il se rappela que
lightning And suddenly the light itself made in him He himself recalled that
turned on

l'heure du départ du Carnatic avait été avancée, qu'il devait
the hour of the departure of the Carnatic had been advanced that he had to

prévenir son maître, et qu'il ne l'avait pas fait ! C'était donc sa
warn his master and that he not it had -not- done ! It was then his

faute si Mr. Fogg et Mrs. Aouda avaient manqué ce départ !
fault if Mr. Fogg and Mrs Aouda had missed this departure !

Sa faute, oui, mais plus encore celle du traître qui, pour le séparer
His fault yes but more still that of the traitor who for him to separate

de son maître, pour retenir celui-ci à Hong-Kong, l'avait enivré!
from his master for to retain that one at Hong-Kong him had made drunk

Car il comprit enfin la manoeuvre de l'inspecteur de police. Et
Because he understood finally the maneuver of the inspector of police And

maintenant, Mr. Fogg, à coup sûr ruiné, son pari perdu, arrêté,
now Mr. Fogg at strike sure ruined his bet lost arrested
surely

emprisonné peut-être !... Passepartout, à cette pensée, s'arracha les
jailed maybe !... Passepartout at this thought himself pulled out the

cheveux. Ah ! si jamais Fix lui tombait sous la main, quel règlement de
hairs Ah ! if ever Fix him fell under the hand what settlement of
hair

comptes !
accounts !

Enfin, après le premier moment d'accablement, Passepartout reprit son
Finally after the first moment of despondency Passepartout continued his

sang-froid et étudia la situation. Elle était peu enviable. Le Français
cold blood and studied the situation She was little enviable The French
not very

se trouvait en route pour le Japon. Certain d'y arriver,
himself found on (the) road for -the- Japan Certain of there to arrive

comment en reviendrait-il ? Il avait la poche vide. Pas un shilling,
how in would he come back ? He had the pocket empty Not a shilling

pas un penny ! Toutefois, son passage et sa nourriture à bord étaient
not a penny ! However his passage and his food on board were

payés d'avance. Il avait donc cinq ou six jours devant lui pour prendre
paid of advance He had then five or six days in front of him for to take
in advance

un parti. S'il mangea et but pendant cette traversée, cela ne saurait
a part If he ate and drank during this crossing that not would know
an action

se décrire. Il mangea pour son maître, pour Mrs. Aouda et pour
itself to describe He ate for his master for Mrs Aouda and for

lui-même. Il mangea comme si le Japon, où il allait aborder, eût été
him self He ate like if the Japan where he went to enter had been

un pays désert, dépourvu de toute substance comestible.
a country desert devoid of all substance edible

Le 13, à la marée du matin, le Carnatic entrait dans le port de
The 13(th), at the tide of the morning the Carnatic entered in the port of

Yokohama.
Yokohama

Ce point est une relâche importante du Pacifique, où font escale
This point is a lay over important of the Pacific where make (a) stop

tous les steamers employés au service de la poste et des
all the steamers workers at the service of the post and -of- the

voyageurs entre l'Amérique du Nord, la Chine, le Japon et les
travelers between the America of the North -the- China -the- Japan and the
America

îles de la Malaisie. Yokohama est située dans la baie même de
islands of -the- Malaysia Yokohama is located in the bay same of

Yeddo, à peu de distance de cette immense ville, seconde capitale de
Jeddo at little -of- distance of this immense city second capital of

l'empire japonais, autrefois résidence du taïkoun, du temps que cet
the empire Japanese former residence of the the tycoon of the time that this

empereur civil existait, et rivale de Meako, la grande cité qu'habite le
emperor civil existed and rival of Meako the large City that inhabited the

mikado, empereur ecclésiastique, descendant des dieux.
mikado (the) emperor ecclesiastical descending from the gods

Le Carnatic vint se ranger au quai de Yokohama, près des jetées
The Carnatic came itself arrange at the quay of Yokohama near of the jetty's
to dock

du port et des magasins de la douane, au milieu de nombreux
of the port and of the shops of the customs at the middle of numerous

navires appartenant à toutes les nations.
ships belonging to all the nations

Passepartout mit le pied, sans aucun enthousiasme, sur cette terre si
Passepartout put the foot without any enthousiasm on this earth so

curieuse des Fils du Soleil. Il n'avait rien de mieux à faire que
curious of the Son of the Sun He -not- had nothing -of- better to do than

de prendre le hasard pour guide, et d'aller à l'aventure par les
-of- to take -the- chance fate for (a) guide and of to go to the adventure through the

rues de la ville.
streets of the city

Passepartout se trouva d'abord dans une cité absolument européenne,
Passepartout himself found of start initially in a city absolutely European

avec des maisons à basses façades, ornées de vérandas sous
with -of the- houses at with low facades decorated with verandas under

lesquelles se développaient d'élégants péristyles, et qui couvrait
which themselves developed extended -of- elegant peristyles and which covered

de ses rues, de ses places, de ses docks, de ses entrepôts, tout
with its streets with its squares with its docks with its warehouses all

l'espace compris depuis le promontoire du Traité jusqu'à la rivière.
the space included part of the headland from the Treatise until the river

Là, comme à Hong-Kong, comme à Calcutta, fourmillait un pêle-mêle de
There like at Hong-Kong like at Calcutta swarmed a pell-mell of

gens de toutes races, Américains, Anglais, Chinois, Hollandais, marchands
people of all races Americans English Chinese Dutch merchants

prêts à tout vendre et à tout acheter, au milieu desquels le Français
ready to all to sell and to all to buy at the middle of which the French

se trouvait aussi étranger que s'il eût été jeté au pays des
himself found so foreigner that if he had been thrown to the in the country of the

Hottentots.
Hottentot

Passepartout avait bien une ressource : c'était de se recommander près
Passepartout had well a resource activity : It was of himself to recommend near

des agents consulaires français ou anglais établis à Yokohama ; mais il
of the agents consular French or English established at Yokohama ; but it

lui répugnait de raconter son histoire, si intimement mêlée à celle de
him repulsed of to tell his history so intimately mixed at with that of

les autres chances.
the others chances
possibilities

Donc, après avoir parcouru la partie européenne de la ville, sans que
Then after to have traversed the part European of the city without that

le hasard l'eût en rien servi, il entra dans la partie japonaise,
the chance him had in nothing served he entered in the part japanese

décidé, s'il le fallait, à pousser jusqu'à Yeddo.
decided if he it was necessary to push until Jeddo

Cette portion indigène de Yokohama est appelée Benten, du nom d'une
This portion indigenous of Yokohama is called Benten of the name of a

déesse de la mer, adorée sur les îles voisines. Là se voyaient
goddess of the sea adored on the islands neighbours There themselves saw
were visible

d'admirables allées de sapins et de cèdres, des portes
-of- admirable walkways (made) from firs and from cedars -of the- doors

sacrées d'une architecture étrange, des ponts enfouis au milieu des
sacred of an architecture foreign -of the- bridges buried at the middle of -the-
in the

bambous et des roseaux, des temples abrités sous le couvert
bamboo and of -the- reeds -of the- temples sheltered under the cover

immense et mélancolique des cèdres séculaires, des bonzeries au
immense and melancholy of -the- cedars secular of -the- bonzeries at the

fond desquelles végétaient les prêtres du bouddhisme et les sectateurs
bottom of which vegetated the priests of the buddhism and the followers

de la religion de Confucius, des rues interminables où l'on eût
of the religion of Confucius of the streets endless where it one had

pu recueillir une moisson d'enfants au teint rose et aux joues
been able collect a harvest of children at the tint rose and at the cheeks
with the with the

rouges, petits bonshommes qu'on eût dit découpés dans quelque paravent
red small fellows that one had said cut in some screen
wax figures

indigène, et qui se jouaient au milieu de caniches à jambes
indigenous and who themselves played at the middle of poodles at legs
in the with

courtes et de chats jaunâtres, sans queue, très paresseux et très
short and of cats yellowish without tail very lazy and very

caressants.
caressing

Dans les rues, ce n'était que fourmillement, va-et-vient incessant :
In the streets this not was (other) than swarming up-and-down unceasing :

bonzes passant processionnellement en frappant leurs tambourins
monks passing in procession while striking their tambourines

monotones, yakounines, officiers de douane ou de police, à chapeaux
monotonic yakounines officers of customs or of police at hats
with

pointus incrustés de laque et portant deux sabres à leur ceinture,
sharp embedded with lacquer and carrying two sabres at their belt

soldats vêtus de cotonnades bleues à raies blanches et armés de fusil
soldiers dressed of cotton blue at rays white and armed of rifle
with stripes with

à percussion, hommes d'armes du mikado, ensachés dans leur pourpoint
at percussion men of arms of the mikado bagged in their doublet

de soie, avec haubert et cotte de mailles, et nombre d'autres militaires
of silk with hauberk and mail of mesh and (a) number of others soldiers

de toutes conditions, -- car, au Japon, la profession de soldat est
of all conditions – because at the Japan the profession of soldier is

autant estimée qu'elle est dédaignée en Chine. Puis, des
as much estimated as she is disdained in China Then -of- the

frères quêteurs, des pèlerins en longues robes, de simples civils,
brothers seekers -of the- pilgrims in long robes -of- simple civilians
monks

chevelure lisse et d'un noir d'ébène, tête grosse, buste long, jambes
hair smooth and of a black of ebony head big chest long legs

grêles, taille peu élevée, teint coloré depuis les sombres nuances du
spindly waist bit raised skin colored like the dark shades of the

cuivre jusqu'au blanc mat, mais jamais jaune comme celui des Chinois,
copper up to the white matte but never yellow like the one of the Chinese

dont les Japonais différent essentiellement. Enfin, entre les voitures, les
of which the Japanese differ essentially Finally between the cars the

palanquins, les chevaux, les porteurs, les brouettes à voile, les «
palanquins the horses the carriers the wheelbarrows at veil the

norimons » à parois de laque, les « cangos » moelleux, véritables litières
norimons to walls of lacquer the cangos soft real litter

en bambou, on voyait circuler, à petits pas de leur petit pied,
in bamboo one saw go around at small steps of their little foot

chaussé de souliers de toile, de sandales de paille ou de socques en
shod with shoes of canvas with sandals of straw or of clogs in

bois ouvragé, quelques femmes peu jolies, les yeux bridés, la poitrine
wood worked some women little pretty the eyes bridled the chest
not very

déprimée, les dents noircies au goût du jour, mais portant avec
depressed the teeth blackened at the taste of the day but carrying with
fashion

élégance le vêtement national, le « kirimon », sorte de robe de
elegance the clothing national the kirimon kind of dress of

chambre croisée d'une écharpe de soie, dont la large ceinture
room crossed by a scarf of silk of which the wide belt

s'épanouissait derrière en un noeud extravagant, -- que les modernes
itself blossomed behind in a knot extravagant – that the modern

Parisiennes semblent avoir emprunté aux Japonaises.
Parisians seem to have borrowed at the Japanese
from the

Passepartout se promena pendant quelques heures au milieu de cette
Passepartout himself walked during some hours at the middle of this
in the

foule bigarrée, regardant aussi les curieuses et opulentes boutiques, les
crowd variegated watching also the curious and wealthy shops the

bazars où s'entasse tout le clinquant de l'orfèvrerie japonaise, les «
bazaars where itself piled all the tinsel of the silversmithing japanese the

restaurations » ornées de banderoles et de bannières, dans lesquelles
restorations decorated with streamers and with banners in which

il lui était interdit d'entrer, et ces maisons de thé où se boit
it him was forbidden of to enter and these houses of tea where oneself drinks

à pleine tasse l'eau chaude odorante, avec le « saki », liqueur tirée
at full cup the water hot fragrant with the saki liqueur drawn
made

du riz en fermentation, et ces confortables tabagies où l'on
from the rice in fermentation and these comfortable smoke shops where it one

fume un tabac très fin, et non l'opium, dont l'usage est
smokes a tobacco very fine and not the opium of which the use is

à peu près inconnu au Japon.
at little near unknown at the Japan
almost in

Puis Passepartout se trouva dans les champs, au milieu des
Then Passepartout himself found in the fields at the middle of the
in the

immenses rizières. Là s'épanouissaient, avec des fleurs qui jetaient
immense paddy fields There itself blossomed with -of- the flowers which threw

leurs dernières couleurs et leurs derniers parfums, des camélias
their last colors and their last perfumes -of- the camellias
scents

éclatants, portés non plus sur des arbrisseaux, mais sur des arbres,
brilliant worn no more on of the shrubs but on -of- the trees

et, dans les enclos de bambous, des cerisiers, des pruniers, des
and in the enclosure of bamboo -of- the cherry trees -of- the plum trees -of- the

pommiers, que les indigènes cultivent plutôt pour leurs fleurs que pour
apple trees that the native cultivate rather for their flowers than for

leurs fruits, et que des mannequins grimaçants, des tourniquets
their fruits and that of the mannequins grimacing -of the- turnstiles
scarecrows

criards défendent contre le bec des moineaux, des pigeons, des
screaming defend against the beak of the sparrows -of the- doves -of the-

corbeaux et autres volatiles voraces. Pas de cèdre majestueux
crows and others volatile voracious (creatures) Not of cedar majestic
No

qui n'abritât quelque grand aigle ; pas de saule pleureur qui ne
which not houses some large eagle ; not of willow weeper which not
no

recouvrît de son feuillage quelque héron mélancoliquement perché sur une
covered by its foliage some heron gloomily perched on a

patte ; enfin, partout des corneilles, des canards, des éperviers,
paw ; finally everywhere -of the- crows -of the- ducks -of the- hawks

des oies sauvages, et grand nombre de ces grues que les Japonais
-of the- geese wild and large number of these cranes that the Japanese

traitent de « Seigneuries », et qui symbolisent pour eux la longévité
treat of Lordships and who symbolize for them the longevity
like

et le bonheur.
and the happiness

En errant ainsi, Passepartout aperçut quelques violettes entre les herbes
In straying thus Passepartout saw some violets between the grasses

:
:

« Bon ! dit-il, voilà mon souper. »
Good ! said he see there my supper

Mais les ayant senties, il ne leur trouva aucun parfum.
But them having smelled he not on them found any perfume

« Pas de chance ! » pensa-t-il.
Not of fortune ! thought he

Certes, l'honnête garçon avait, par prévision, aussi copieusement déjeuné
Certainly the honest boy had by forecast so copiously breakfasted

qu'il avait pu avant de quitter le Carnatic ; mais après une journée
as he had been able before of leave the Carnatic ; but after a day

de promenade, il se sentit l'estomac très creux. Il avait bien
of promenade he himself felt the stomach very hollow He had well
walk

remarqué que moutons, chèvres ou porcs, manquaient absolument aux
noticed that sheep goats or pigs lacked absolutely to the

étalages des bouchers indigènes, et, comme il savait que c'est un
displays of the butchers native and like he knew that It is a

sacrilège de tuer les boeufs, uniquement réservés aux besoins de
sacrilege of to kill the oxen only reserved to the needs of

l'agriculture, il en avait conclu que la viande était rare au Japon.
the agriculture he of it had concluded that the meat was rare at the Japan
in

Il ne se trompait pas ; mais à défaut de viande de boucherie, son
He not himself deceived -not- ; but at fault of meat of butchery his
lacking

estomac se fût fort accommodé des quartiers de sanglier ou de
stomach himself was very accommodated by the quarters of boar or of
portions

daim, des perdrix ou des cailles, de la volaille ou du poisson,
suede of the partridge or of the quail of the poultry or of the fish

dont les Japonais se nourrissent presque exclusivement avec
of which the Japanese themselves feed almost exclusively with

le produit des rizières. Mais il dut faire contre fortune bon coeur,
the product of the paddy fields But he had to make against fortune good heart
{rice}

et remit au lendemain le soin de pourvoir à sa nourriture.
and handed over at the following day the care of fill to his food

La nuit vint. Passepartout rentra dans la ville indigène, et il erra
The night came Passepartout returned in the city indigenous and he wandered

dans les rues au milieu des lanternes multicolores, regardant les
in the streets at the middle of the lanterns multicolored watching the
in the

groupes de baladins exécuter leurs prestigieux exercices, et les
groups of baladins to carry out carrying out their prestigious drills and the

astrologues en plein vent qui amassaient la foule autour de leur lunette.
astrologers in full wind who amassed the crowd around of their glasses

Puis il revit la rade, émaillée des feux de pêcheurs, qui attiraient
Then he saw again the harbour enamelled by the fires of fishermen who attracted

le poisson à la lueur de résines enflammées.
the fish at the gleam of resins inflamed

Enfin les rues se dépeuplèrent. A la foule succédèrent les rondes
Finally the streets themselves depopulated At the crowd succeeded the rounds

des yakounines. Ces officiers, dans leurs magnifiques costumes et au
of the yakounines These officers in their splendid dresses and at the in the

milieu de leur suite, ressemblaient à des ambassadeurs, et
middle of their following resembled to -of- the ambassadors and

Passepartout répétait plaisamment, chaque fois qu'il rencontrait quelque
Passepartout repeated pleasantly each time that he met some

patrouille éblouissante :
patrol dazzling :

« Allons, bon ! encore une ambassade japonaise qui part pour
Go good ! still an embassy japanese which departs for

l'Europe ! »
-the- Europe !

23 - Chapitre XXIII

DANS LEQUEL LE NEZ DE PASSEPARTOUT S'ALLONGE DÉMESURÉMENT
In which the nose of Passepartout itself elongates disproportionately

Le lendemain, Passepartout, éreinté, affamé, se dit qu'il fallait
The following day Passepartout exhausted famished himself said that it was necessary

manger à tout prix, et que le plus tôt serait le mieux. Il avait
to eat at all price and that the more early would be the better He had
cost

bien cette ressource de vendre sa montre, mais il fût plutôt mort de
well this resource of to sell his watch but he was rather died of
possibility had

faim. C'était alors le cas ou jamais, pour ce brave garçon, d'utiliser la
hunger It was then the case or never for this dear boy of to use the

voix forte, sinon mélodieuse, dont la nature l'avait gratifié.
voice strong if not melodious with which -the- nature him had rewarded

Il savait quelques refrains de France et d'Angleterre, et il résolut de
He knew some refrains of France and from England and he resolved of

les essayer. Les Japonais devaient certainement être amateurs de musique,
them to try The Japanese must certainly be lovers of music

puisque tout se fait chez eux aux sons des cymbales, du
since everything itself did with them at the sounds of the cymbals of the
was done

tam-tam et des tambours, et ils ne pouvaient qu'apprécier les
tam tam and of the drums and they not could (other) than appreciate the

talents d'un virtuose européen.
talents of a virtuoso european

Mais peut-être était-il un peu matin pour organiser un concert, et les
But maybe was it a bit morning for to organize a concert and the
too early

dilettanti, inopinément réveillés, n'auraient peut-être pas payé le
amateurs unexpectedly woken up would not have maybe -not- paid the

chanteur en monnaie à l'effigie du mikado.
singer in change at the effigy of the mikado

Passepartout se décida donc à attendre quelques heures ; mais, tout
Passepartout himself decided then to wait some hours ; But all

en cheminant, il fit cette réflexion qu'il semblerait trop bien vêtu
in journeying he made this reflection thought that he would seem too well dressed

pour un artiste ambulant, et l'idée lui vint alors d'échanger ses
for an artist traveling and the idea him came then to change his

vêtements contre une défroque plus en harmonie avec sa position. Cet
clothes against a castoff more in harmony with his position This

échange devait, d'ailleurs, produire une soulte, qu'il pourrait
exchange must besides produce an equalization payment that he could

immédiatement appliquer à satisfaire son appétit.
immediately apply to satisfy his appetite

Cette résolution prise, restait à l'exécuter. Ce ne fut qu'après de
This decision taken remained to it execute This not was (other) than after of

longues recherches que Passepartout découvrit un brocanteur indigène,
long researches that Passepartout discovered a junk dealer indigenous

auquel il exposa sa demande. L'habit européen plut au brocanteur,
to which he explained his request The dress european pleased at the junk dealer

et bientôt Passepartout sortait affublé d'une vieille robe japonaise et
and soon Passepartout left decked of an old dress japanese and

coiffé d'une sorte de turban à côtes, décoloré sous l'action du
(his) hair dressed with a kind of turban at sides discolored under the action of the

temps. Mais, en retour, quelques piécettes d'argent résonnaient dans sa
time But in return some coins of silver resounded in his

poche.
pocket

« Bon, pensa-t-il, je me figurerai que nous sommes en carnaval ! »
Good thought he I me shall imagine that we are in carnival !

Le premier soin de Passepartout, ainsi « japonaisé », fut d'entrer dans
The first care of Passepartout thus japanified was of to enter in

une « tea-house » de modeste apparence, et là, d'un reste de volaille
a tea house of modest appearance and there with a rest of poultry

et de quelques poignées de riz, il déjeuna en homme pour qui le
and with some fists handfuls of rice he breakfasted in as (a) man for who the

dîner serait encore un problème à résoudre.
dinner would be still a problem to resolve

« Maintenant, se dit-il quand il fut copieusement restauré, il s'agit
Now himself said he when he was copiously restored it itself deals

de ne pas perdre la tête. Je n'ai plus la ressource de vendre cette
of not -not- to lose the head I not have more the resource of to sell this

défroque contre une autre encore plus japonaise. Il faut donc aviser
castoff against an other still more japanese It is necessary then to advise

au moyen de quitter le plus promptement possible ce pays du
at the means of to leave the more promptly possible this country of the

Soleil, dont je ne garderai qu'un lamentable souvenir ! »
Sun of which I not keep (other) than a dismal memory !

Passepartout songea alors à visiter les paquebots en partance pour
Passepartout thought then to visit the ocean liners in outbound for

l'Amérique. Il comptait s'offrir en qualité de cuisinier ou de
the America He counted (on it) to offer himself in quality of cook or of
America

domestique, ne demandant pour toute rétribution que le passage et
servant not asking for all consideration (other) than the passage and

la nourriture. Une fois à San Francisco, il verrait à
-the- food One time at San Francisco he would see to

se tirer d'affaire. L'important, c'était de traverser ces quatre
himself draw -of- business The important (part) it was of to cross these four
getting some kind of work

mille sept cents milles du Pacifique qui s'étendent entre le
thousand seven hundred miles of the Pacific which extend between -the-

Japon et le Nouveau Monde.
Japan and the New World

Passepartout, n'étant point homme à laisser languir une idée, se
Passepartout not being at all man to let languish an idea himself

dirigea vers le port de Yokohama. Mais à mesure qu'il s'approchait
directed towards the port of Yokohama But at measure as he came closer
as much

des docks, son projet, qui lui avait paru si simple au moment
of the docks his project which him had appeared so simple at the moment

où il en avait eu l'idée, lui semblait de plus en plus inexécutable.
where he of it had had the idea him seemed of more in more undoable
more and more impossible

Pourquoi aurait-on besoin d'un cuisinier ou d'un domestique à bord d'un
Why would one need -of- a cook or -of- a servant on board of a

paquebot américain, et quelle confiance inspirerait-il, affublé de la sorte
ocean liner American and what confidence inspired he decked of the kind
dressed

? Quelles recommandations faire valoir ? Quelles références indiquer
? Which recommendations to make to be worth ? Which references to indicate

?
?

Comme il réfléchissait ainsi, ses regards tombèrent sur une immense
Like he thought thus his looks fell on an immense

affiche qu'une sorte de clown promenait dans les rues de Yokohama.
sign that a kind of clown walked (with) in the streets of Yokohama

Cette affiche était ainsi libellée en anglais : TROUPE JAPONAISE
This poster was thus read in English : Band Japanese

ACROBATIQUE DE L'HONORABLE WILLIAM BATULCAR ------ DERNIÈRES
acrobatic of the honorable William Batulcar --- Last

REPRÉSENTATIONS Avant leur départ pour les États-Unis d'Amérique DES
Representations Before their departure for the United States of America Of the

LONGS-NEZ-LONGS-NEZ SOUS L'INVOCATION DIRECTE DU DIEU TINGOU
Long-nose-long-nose under the invocation direct of the God Tingou

Grande Attraction !
Great attraction !

« Les États-Unis d'Amérique ! s'écria Passepartout, voilà justement
The United States of America ! exclaimed Passepartout see there exactly

mon affaire !... »
my business !...

Il suivit l'homme-affiche, et, à sa suite, il rentra bientôt dans la
He followed the man sign and at his following he returned soon in the
following him

ville japonaise. Un quart d'heure plus tard, il s'arrêtait devant une
city japanese A quarter of hour more late he himself halted in front of a
of an hour later stopped

vaste case, que couronnaient plusieurs faisceaux de banderoles, et dont
vast hut that crowned several beams of streamers and of which
was crowned by

les parois extérieures représentaient, sans perspective, mais en couleurs
the walls external represented without perspective but in colors

violentes, toute une bande de jongleurs.
violent all a blindfold of jugglers

C'était l'établissement de l'honorable Batulcar, sorte de Barnum américain,
It was the establishment of the honorable Batulcar kind of Barnum American

directeur d'une troupe de saltimbanques, jongleurs, clowns, acrobates,
director of a band of acrobats jugglers clowns acrobats

équilibristes, gymnastes, qui, suivant l'affiche, donnait ses dernières
tightrope gymnasts who according to the sign gave its last

représentations avant de quitter l'empire du Soleil pour les États de
representations before of to leave the empire of the Sun for the States of

l'Union.
the Union

Passepartout entra sous un péristyle qui précédait la case, et
Passepartout entered under a peristyle which preceded the hut and

demanda Mr. Batulcar. Mr. Batulcar apparut en personne.
asked Mr. Batulcar Mr. Batulcar appeared in person

« Que voulez-vous ? dit-il à Passepartout, qu'il prit d'abord pour un
What want you ? said he to Passepartout that he took initially for a

indigène.
indigenous

-- Avez-vous besoin d'un domestique ? demanda Passepartout.
– Have you need of a servant ? asked Passepartout

-- Un domestique, s'écria le Barnum en caressant l'épaisse barbiche
– A servant exclaimed the Barnum in caressing the thick goatee

grise qui foisonnait sous son menton, j'en ai deux, obéissants, fidèles,
gray which abounded under his chin I of it have two obedient faithful

qui ne m'ont jamais quitté, et qui me servent pour rien, à
who not have me ever left and who me serve for nothing at

condition que je les nourrisse... Et les voilà, ajouta-t-il en
(the) condition that I them nourish And them see there added he in

montrant ses deux bras robustes, sillonnés de veines grosses comme des
showing his two arms robust furrowed of veins big like of the

cordes de contrebasse.
ropes of bass

-- Ainsi, je ne puis vous être bon à rien ?
– Thus I not can to you be good for nothing ?

-- A rien.
— To nothing

-- Diable ! ça m'aurait pourtant fort convenu de partir avec vous.
— Devil ! that me would have however very convened of to leave with you

-- Ah çà ! dit l'honorable Batulcar, vous êtes Japonais comme je suis
— Ah here ! said the honorable Batulcar you are Japanese like I am

un singe ! Pourquoi donc êtes-vous habillé de la sorte ?
a monkey ! Why then are you dressed of the kind ?

-- On s'habille comme on peut !
— One gets dressed like one can !

-- Vrai, cela. Vous êtes un Français, vous ?
— True that You are a French(man) you ?

-- Oui, un Parisien de Paris.
— Yes a Parisian of Paris

-- Alors, vous devez savoir faire des grimaces ?
— Then you must know to make of the funny faces ?

-- Ma foi, répondit Passepartout, vexé de voir sa nationalité provoquer
— My faith answered Passepartout upset of to see his nationality provoke

cette demande, nous autres Français, nous savons faire des grimaces,
this request we other French we know to make of the funny faces

c'est vrai, mais pas mieux que les Américains !
it is true but not better than the Americans !

-- Juste. Eh bien, si je ne vous prends pas comme domestique, je peux
— Just Eh well if I not you take -not- like servant I can

vous prendre comme clown. Vous comprenez, mon brave. En France, on
you take like clown You understand my dear In France one

exhibe des farceurs étrangers, et à l'étranger, des farceurs français !
exhibits of the pranksters foreigners and to the foreigner of the pranksters French !

-- Ah !
— Ah !

-- Vous êtes vigoureux, d'ailleurs ?
— You are vigorous besides ?

-- Surtout quand je sors de table.
— Especially when I exit from (the) table
get up

-- Oui, répondit Passepartout, qui avait autrefois fait sa partie dans
– Yes answered Passepartout who had otherwise made his part in
formerly

quelques concerts de rue.
some concerts of street
street concerts

-- Mais savez-vous chanter la tête en bas, avec une toupie tournante
– But know you to sing the head in low with a top rotating

sur la plante du pied gauche, et un sabre en équilibre sur la plante
on the base of the foot left and a saber in balance on the base

du pied droit ?
of the foot right ?

-- Parbleu ! répondit Passepartout, qui se rappelait les premiers
– Egad ! answered Passepartout who himself reminded the first

exercices de son jeune âge.
drills of his young age

-- C'est que, voyez-vous, tout est là ! » répondit l'honorable Batulcar.
– It is that See you all is there ! answered the honorable Batulcar

L'engagement fut conclu hic et nunc.
The commitment was concluded here and now
{Latin} {Latin}

Enfin, Passepartout avait trouvé une position. Il était engagé pour tout
Finally Passepartout had found a position He was committed for all

faire dans la célèbre troupe japonaise. C'était peu flatteur, mais avant
to do in the popular troop japanese It was little flattering but before
not very

huit jours il serait en route pour San Francisco.
eight days he would be en route for San Francisco

La représentation, annoncée à grand fracas par l'honorable Batulcar, devait
The representation announced at large fracas by the honorable Batulcar must
noise

commencer à trois heures, et bientôt les formidables instruments d'un
begin at three hours and soon the formidable instruments of an

orchestre japonais, tambours et tam-tams, tonnaient à la porte. On
orchestra Japanese drums and tam-tams thundered at the door One

comprend bien que Passepartout n'avait pu étudier un rôle, mais il
understands well that Passepartout not had been able to study a role but he

devait prêter l'appui de ses solides épaules dans le grand exercice de
must lend the support of his solid shoulders in the large exercise of

la « grappe humaine » exécuté par les Longs-Nez du dieu Tingou. Ce
the cluster human executed by the Long-noses of the God Tingou This

« great attraction » de la représentation devait clore la série des
great attraction of the representation must close the series of the

exercices.
drills

Avant trois heures, les spectateurs avaient envahi la vaste case. Européens
Before three hours the spectators had invaded the vast hut European

et indigènes, Chinois et Japonais, hommes, femmes et enfants, se
and native Chinese and Japanese men women and children themselves

précipitaient sur les étroites banquettes et dans les loges qui
rushed on the narrow benches and in the lodges which

faisaient face à la scène. Les musiciens étaient rentrés à l'intérieur, et
made face to the scene The musicians were come back at the interior and
faced

l'orchestre au complet, gongs, tam-tams, cliquettes, flûtes, tambourins et
the orchestra at the complete gongs drums clappers flutes tambourines and

grosses caisses, opéraient avec fureur.
big boxes operated with fury

Cette représentation fut ce que sont toutes ces exhibitions d'acrobates.
This representation was this that are all these exhibitions of acrobats

Mais il faut bien avouer que les Japonais sont les premiers
But it is necessary well to confess that the Japanese are the first

équilibristes du monde. L'un, armé de son éventail et de petits
tightrope walkers of the world The one armed with his fan and with small
One

morceaux de papier, exécutait l'exercice si gracieux des papillons et
pieces of paper executed the exercise so gracious of the butterflies and

des fleurs. Un autre, avec la fumée odorante de sa pipe, traçait
of the flowers An other with the smoke fragrant of his pipe described

rapidement dans l'air une série de mots bleuâtres, qui formaient un
quickly in the air a series of words bluish which formed a

compliment à l'adresse de l'assemblée. Celui-ci jonglait avec des
compliment to the address of the assembly That one juggling with -of the-

bougies allumées, qu'il éteignit successivement quand elles passèrent
candles lit that he extinguished successively when they passed

devant ses lèvres, et qu'il ralluma l'une à l'autre sans interrompre
in front of his lips and that he relit the one at the other without to interrupt
after interrupting

un seul instant sa prestigieuse jonglerie. Celui-là reproduisit, au moyen
a single moment his prestigious juggling That one reproduced at the means

de toupies tournantes, les plus invraisemblables combinaisons ; sous sa
of tops rotary the more unbelievable combinations ; under his

main, ces ronflantes machines semblaient s'animer d'une vie propre
hand these sounding machinery appeared to come alive with a life of its own

dans leur interminable giration ; elles couraient sur des tuyaux de pipe,
in their endless gyration ; they ran on of the tubing of pipe

sur des tranchants de sabre, sur des fils de fer, véritables cheveux
on -of- the cutting edge of saber on -of- the wire of iron real hairs
hair

tendus d'un côté de la scène à l'autre ; elles faisaient le tour de
strained from one side of the scene to the other ; they made the turn of

grands vases de cristal, elles gravissaient des échelles de bambou, elles
great vases of crystal they climbed -of the- ladders of bamboo they

se dispersaient dans tous les coins, produisant des effets
themselves dispersed in all the corners producing of the effects

harmoniques d'un étrange caractère en combinant leurs tonalités diverses.
harmonic of a strange character in combining their tone various

Les jongleurs jonglaient avec elles, et elles tournaient dans l'air ; ils
The jugglers juggling with them and they turned in the air ; they

les lançaient comme des volants, avec des raquettes de bois, et
them throwing like -of the- flounces with -of the- snowshoes of wood and

elles tournaient toujours ; ils les fourraient dans leur poche, et quand
they turned always ; they them burrowed in their pocket and when

ils les retiraient, elles tournaient encore, -- jusqu'au moment où un
they them withdrew they turned still – up to the moment where a

ressort détendu les faisait s'épanouir en gerbes d'artifice !
contraption relaxed them made blossom in sheaves of fireworks !

Inutile de décrire ici les prodigieux exercices des acrobates et
Useless of to describe here the prodigious drills of the acrobats and

gymnastes de la troupe. Les tours de l'échelle, de la perche, de la
gymnasts of the band The towers of the ladder of the pole of the

boule, des tonneaux, etc. furent exécutés avec une précision remarquable.
ball of the barrels etc were executed with a precision remarkable

Mais le principal attrait de la représentation était l'exhibition de ces
But the main attraction of the representation was the exhibition of these

« Longs-Nez », étonnants équilibristes que l'Europe ne connaît pas
Long-noses amazing tightrope walkers that -the- Europe not knows -not-

encore.
yet

Ces Longs-Nez forment une corporation particulière placée sous
These Long-noses form a corporation particular placed under

l'invocation directe du dieu Tingou. Vêtus comme des hérauts du
the invocation direct of the God Tingou Dressed like -of the- heralds of the

Moyen Age, ils portaient une splendide paire d'ailes à leurs épaules.
Middle Age they carried a gorgeous pair of wings at their shoulders

Mais ce qui les distinguait plus spécialement, c'était ce long nez
But this which them distinguished more specially (it) was this long nose

dont leur face était agrémentée, et surtout l'usage qu'ils en
of which their face was decorated and especially the use that they of it

faisaient. Ces nez n'étaient rien moins que des bambous, longs de
made These noses -not- were nothing less than of the bamboo long of

cinq, de six, de dix pieds, les uns droits, les autres courbés, ceux-ci
five of six of ten feet the ones some straight the others curved these

lisses, ceux-là verruqueux. Or, c'était sur ces appendices, fixés d'une
smooth those ones warty However it was on these appendices fixed by a

façon solide, que s'opéraient tous leurs exercices d'équilibre. Une
way solid that themselves operated were wrought all their drills of balance A

douzaine de ces sectateurs du dieu Tingou se couchèrent sur le
dozen of these followers of the God Tingou themselves laid down on the

dos, et leurs camarades vinrent s'ébattre sur leurs nez, dressés comme
back and their comrades came to fight on their nose trained like

des paratonnerres, sautant, voltigeant de celui-ci à celui-là, et exécutant
of the lightning jumping fluttering of that one to that one and performing

les tours les plus invraisemblables.
the towers the most unbelievable

Pour terminer, on avait spécialement annoncé au public la pyramide
For to end one had especially announced at the public the pyramid

humaine, dans laquelle une cinquantaine de Longs-Nez devaient figurer le
human in which a some fifty -of- Long-noses must form the

« Char de Jaggernaut ». Mais au lieu de former cette pyramide en
Thank of Juggernaut But at the place of to form this pyramid in

prenant leurs épaules pour point d'appui, les artistes de l'honorable
taking their shoulders for point of support the artists of the honorable

Batulcar ne devaient s'emmancher que par leur nez. Or, l'un de
Batulcar not must be fitted than by their nose However -the- one of

ceux qui formaient la base du char avait quitté la troupe, et comme
those who formed the base of the tank had left the band and as

il suffisait d'être vigoureux et adroit, Passepartout avait été choisi pour
it sufficed was enough to be vigorous and dexterous Passepartout had been chosen for

le remplacer.
the replace

Certes, le digne garçon se sentit tout piteux, quand -- triste
Certainly the worthy boy himself felt all sorry when – sad

souvenir de sa jeunesse -- il eut endossé son costume du Moyen Age,
memory of his youth – he had endorsed his costume of the Middle Age

orné d'ailes multicolores, et qu'un nez de six pieds lui eut été
decorated of wings multicolored and that a nose of six feet him had been

appliqué sur la face ! Mais enfin, ce nez, c'était son gagne-pain, et il
applied on the face ! But finally this nose It was his livelihood and he

en prit son parti.
of it took his part

Passepartout entra en scène, et vint se ranger avec ceux de ses
Passepartout entered in scene and came himself to arrange with those of his

collègues qui devaient figurer la base du Char de Jaggernaut. Tous
colleagues who must form the base of the Tank of Juggernaut All

s'étendirent à terre, le nez dressé vers le ciel. Une seconde
extended themselves at earth the nose trained towards the sky A second

section d'équilibristes vint se poser sur ces longs appendices,
section of tightrope walkers came themselves pose on these long appendices

une troisième s'étagea au-dessus, puis une quatrième, et sur ces
a third himself etaged himself leveled above then a fourth and on these

nez qui ne se touchaient que par leur pointe, un
noses which not each other touched (other) than by their point a

monument humain s'éleva bientôt jusqu'aux frises du théâtre.
monument human rose soon up to the rafters of the theater

Or, les applaudissements redoublaient, et les instruments de l'orchestre
However the applause redoubling and the instruments of the orchestra

éclataient comme autant de tonnerres, quand la pyramide s'ébranla,
burst like as much of thunders when the pyramid moved off

l'équilibre se rompit, un des nez de la base vint à manquer, et
the balance itself broke one of the noses of the base came to miss and

le monument s'écroula comme un château de cartes...
the monument itself collapsed like a castle of cards

C'était la faute à Passepartout qui, abandonnant son poste, franchissant
It was the fault at of Passepartout who leaving his post crossed

la rampe sans le secours de ses ailes, et grimpant à la galerie
the ramp without the help of his wings and climbing on the gallery

de droite, tombait aux pieds d'un spectateur en s'écriant :
from right the right fell at the feet of a spectator in exclaiming :

« Ah ! mon maître ! mon maître !
Ah ! my master ! my master !

-- Vous ?
– You ?

-- Moi !
– Me !

-- Eh bien ! en ce cas, au paquebot, mon garçon !... »
– Eh well ! in this cases to the ocean liner my boy !...

Mr. Fogg, Mrs. Aouda, qui l'accompagnait, Passepartout s'étaient
Mr. Fogg Mrs Aouda who himaccompanied Passepartout themselves -were-

précipités par les couloirs au-dehors de la case. Mais, là, ils
rushed by the corridors outside of the hut But there they

trouvèrent l'honorable Batulcar, furieux, qui réclamait des
found the honorable Batulcar furious who demanded -of the-

dommages-intérêts pour « la casse ». Phileas Fogg apaisa sa fureur en
damages-interests for the break Phileas Fogg appeased his fury in

lui jetant une poignée de bank-notes. Et, à six heures et demie, au
him throwing a fist of banknotes And at six hours and (a) half at the

moment où il allait partir, Mr. Fogg et Mrs. Aouda mettaient le pied
moment where he went to leave Mr. Fogg and Mrs Aouda put the foot

sur le paquebot américain, suivis de Passepartout, les ailes au dos,
on the ocean liner American followed by Passepartout the wings at the back

et sur la face ce nez de six pieds qu'il n'avait pas encore pu
and on the face this nose of six feet that he not had -not- still been able

arracher de son visage !
to tear off from his face !

24 - Chapitre XXIV

PENDANT LEQUEL S'ACCOMPLIT LA TRAVERSÉE DE L'OCÉAN PACIFIQUE
During which itself fulfilled / was completed the crossing of the Ocean Pacific / the Pacific Ocean

Ce qui était arrivé en vue de Shangaï, on le comprend. Les signaux
This which was / had arrived in sight of Shanghai one it understands The signals

faits par la Tankadère avaient été aperçus du paquebot de Yokohama.
made by the Tankadere had been perceived by the ocean liner of Yokohama

Le capitaine, voyant un pavillon en berne, s'était dirigé vers la
The captain seeing a flag in blanket himself was / himself had directed towards the

petite goélette. Quelques instants après, Phileas Fogg, soldant son passage
little schooner Some moments after Phileas Fogg paying his passage

au prix convenu, mettait dans la poche du patron John Bunsby cinq
at the price agreed put in the pocket of the boss John Bunsby five

cent cinquante livres (13 750 F). Puis l'honorable gentleman, Mrs. Aouda
hundred fifty pounds (13 750 F Then the honorable gentleman Mrs Aouda

et Fix étaient montés à bord du steamer, qui avait aussitôt fait
and Fix -were- mounted on board of the steamer which had immediately made

route pour Nagasaki et Yokohama.
road for Nagasaki and Yokohama

Arrivé le matin même, 14 novembre, à l'heure réglementaire, Phileas
Arrived the morning same 14 November at the hour regular Phileas

Fogg, laissant Fix aller à ses affaires, s'était rendu à bord du
Fogg letting Fix go at his affairs heimself was / had gone rendered on board of the

Carnatic, et là il apprenait, à la grande joie de Mrs. Aouda -- et
Carnatic and there he learned to the large joy of Mrs Aouda – and

peut-être à la sienne, mais du moins il n'en laissa rien paraître
maybe to the his but of the / at least he not of it let nothing appear

-- que le Français Passepartout était effectivement arrivé la veille
– that the French Passepartout was / had effectively arrived the evening before

à Yokohama.
at Yokohama

Phileas Fogg, qui devait repartir le soir même pour San Francisco,
Phileas Fogg who must set out again the evening same for San Francisco

se mit immédiatement à la recherche de son domestique. Il
himself put immediately at the search of his servant He

s'adressa, mais en vain, aux agents consulaires français et anglais,
himself addressed but in vain to the agents consular French and English

et, après avoir inutilement parcouru les rues de Yokohama, il
and after to have uselessly traveled the streets of Yokohama he

désespérait de retrouver Passepartout, quand le hasard, ou peut-être une
despaired of to recover Passepartout when the chance or maybe a

sorte de pressentiment, le fit entrer dans la case de l'honorable
kind of presentiment him made enter in the hut of the honorable

Batulcar. Il n'eût certes point reconnu son serviteur sous cet
Batulcar He not had certainly at all recognized his servant under this

excentrique accoutrement de héraut ; mais celui-ci, dans sa position
eccentric accoutrements of herald ; but that one in his position

renversée, aperçut son maître à la galerie. Il ne put retenir un
overturned saw his master at the gallery He not could retain a
on his back

mouvement de son nez. De là rupture de l'équilibre, et ce qui
movement of his nose From there breaking -of- the balance and that which
Causing the

s'ensuivit.
followed

Voilà ce que Passepartout apprit de la bouche même de Mrs.
See there this that Passepartout learned from the mouth same of Mrs

Aouda, qui lui raconta alors comment s'était faite cette traversée de
Aouda who him told then how itself was made this crossing of
had executed

Hong-Kong à Yokohama, en compagnie d'un sieur Fix, sur la goélette la
Hong-Kong to Yokohama in company of a Mr. Fix on the schooner the

Tankadère.
Tankadere

Au nom de Fix, Passepartout ne sourcilla pas. Il pensait que le
At the name of Fix Passepartout not frowned -not- He thought that the

moment n'était pas venu de dire à son maître ce qui s'était passé
moment not was -not- come of to say to his master this which itself was passed
had

entre l'inspecteur de police et lui. Aussi, dans l'histoire que
between the inspector of police and him Also in the history that

Passepartout fit de ses aventures, il s'accusa et s'excusa
Passepartout made of his adventures he himself accused and himself apologized

seulement d'avoir été surpris par l'ivresse de l'opium dans une
only of to have been surprised by the intoxication of the opium in a

tabagie de Yokohama.
smoke shop of Yokohama

Mr. Fogg écouta froidement ce récit, sans répondre ; puis il ouvrit à
Mr. Fogg listened coldly this story without to answer ; Then he opened for

son domestique un crédit suffisant pour que celui-ci pût se procurer
his servant a credit sufficient for that that one could himself acquire

à bord des habits plus convenables. Et, en effet, une heure ne
on board -of the- clothes more suitable And in fact an hour not

s'était pas écoulée, que l'honnête garçon, ayant coupé son nez et
itself was -not- elapsed that the honest boy having cut his nose and
had

rogné ses ailes, n'avait plus rien en lui qui rappelât le sectateur
trimmed his wings not had (any)more nothing in him which reminded the votary

du dieu Tingou.
of the God Tingou

Le paquebot faisant la traversée de Yokohama à San Francisco
The ocean liner making the crossing from Yokohama to San Francisco

appartenait à la Compagnie du « Pacific Mail steam », et se
belonged to the Company of the Pacific Mail steam and itself

nommait le General-Grant. C'était un vaste steamer à roues, jaugeant
named the General-Grant It was a vast steamer at wheels gauging
with radars weighing

deux mille cinq cents tonnes, bien aménagé et doué d'une grande
two thousand five hundred tons well finished and gifted with a large

vitesse. Un énorme balancier s'élevait et s'abaissait successivement au
speed A huge pendulum itself rose and sank successively at the

dessus du pont ; à l'une de ses extrémités s'articulait la tige
top of the bridge ; at -the- one of its extremities itself articulated the stem
stuck out

d'un piston, et à l'autre celle d'une bielle, qui, transformant le
of a piston and at the other that of a link which transforming the

mouvement rectiligne en mouvement circulaire, s'appliquait directement à
movement straight in movement circular itself applied directly to

l'arbre des roues. Le General-Grant était gréé en trois-mâts goélette,
the tree of the wheels The General-grant was rigged in three-mast schooner
as

et il possédait une grande surface de voilure, qui aidait puissamment
and it had a large surface of sails which helped mightily

la vapeur. A filer ses douze milles à l'heure, le paquebot ne devait
the steam At to follow its twelve miles at the hour the ocean liner not must

pas employer plus de vingt et un jours pour traverser le Pacifique.
-not- use more than twenty and one days for to cross the Pacific

Phileas Fogg était donc autorisé à croire que, rendu le 2
Phileas Fogg was then authorized to believe that rendered the 2(nd of)

décembre à San Francisco, il serait le 11 à New York et le 20
december at San Francisco he would be the 11(th) at New York and the 20(th)

à Londres, -- gagnant ainsi de quelques heures cette date fatale du
to London — winner thus of some hours this date fatal of the

21 décembre.
21(st of) december

Les passagers étaient assez nombreux à bord du steamer, des
The passengers were enough numerous on board of the steamer -of the-
rather

Anglais, beaucoup d'Américains, une véritable émigration de coolies pour
English many -of- Americans a true emigration of coolies for

l'Amérique, et un certain nombre d'officiers de l'armée des Indes, qui
the America and a certain number of officers of the army of the Indies who
America

utilisaient leur congé en faisant le tour du monde.
used their leave in making the tour of the world
trip around

Pendant cette traversée il ne se produisit aucun incident nautique. Le
During this crossing it not itself produced any incident nautical The
there

paquebot, soutenu sur ses larges roues, appuyé par sa forte voilure,
ocean liner supported on its wide wheels pushed by its strong sails

roulait peu. L'océan Pacifique justifiait assez son nom. Mr. Fogg était
rolled little The Ocean Pacific justified enough its name Mr. Fogg was

aussi calme, aussi peu communicatif que d'ordinaire. Sa jeune compagne
as calm as little communicative as of usual His young companion
usual

se sentait de plus en plus attachée à cet homme par d'autres liens
herself felt -of- more in more attached to this man by -of- other bonds
and

que ceux de la reconnaissance. Cette silencieuse nature, si généreuse en
than those of the gratitude This quiet nature so generous in

somme, l'impressionnait plus qu'elle ne le croyait, et c'était presque à
sum her impressed more than she not it believed and It was almost to

son insu qu'elle se laissait aller à des sentiments dont
her unbeknownst that she herself let go to of the feelings of which

l'énigmatique Fogg ne semblait aucunement subir l'influence.
the enigmatic Fogg -not- seemed not at all to go through the influence
was bothered by

En outre, Mrs. Aouda s'intéressait prodigieusement aux projets du
-In- besides Mrs Aouda herself interested prodigiously to the projects of the
was interested very much in the plan

gentleman. Elle s'inquiétait des contrariétés qui pouvaient compromettre
gentleman She herself worried of the vexations which could jeopardize

le succès du voyage. Souvent elle causait avec Passepartout, qui n'était
the success of the journey Often she talked with Passepartout who not was

point sans lire entre les lignes dans le coeur de Mrs. Aouda. Ce
at all without to read between the lines in the heart of Mrs Aouda This

brave garçon avait, maintenant, à l'égard de son maître, la foi
dear boy had now at the consideration of his master the faith

du charbonnier ; il ne tarissait pas en éloges sur l'honnêteté, la
of the coal miner ; he not dried up -not- in praise on the honesty the
stopped

générosité, le dévouement de Phileas Fogg ; puis il rassurait Mrs. Aouda
generosity the dedication of Phileas Fogg ; then he reassured Mrs Aouda

sur l'issue du voyage, répétant que le plus difficile était fait, que
on the result of the journey repeating that the most difficult was done that

l'on était sorti de ces pays fantastiques de la Chine et du
it one was gone out from these countries fantastic of -the- China and of -the-
had left

Japon, que l'on retournait aux contrées civilisées, et enfin qu'un train
Japan that it one returned to the regions civilized and finally that a train
they

de San Francisco à New York et un transatlantique de New York à
from San Francisco to New York and a transatlantic from New York to

Londres suffiraient, sans doute, pour achever cet impossible tour
London sufficed without doubt for to finish this impossible tour trip around

du monde dans les délais convenus.
-of- the world in the deadlines agreed

Neuf jours après avoir quitté Yokohama, Phileas Fogg avait exactement
Nine days after to have left Yokohama Phileas Fogg had exactly

parcouru la moitié du globe terrestre.
traveled -the- half of the world earthly

En effet, le General-Grant, le 23 novembre, passait au cent
In fact the General-Grant the 23(rd of) November passed at the hundred

quatre-vingtième méridien, celui sur lequel se trouvent, dans
eightieth meridian the one on which itself find in

l'hémisphère austral, les antipodes de Londres. Sur quatre-vingts jours mis
the hemisphere southern the antipodes of London On Of the eighty days put

à sa disposition, Mr. Fogg, il est vrai, en avait employé
to his disposal Mr. Fogg it is true of them had used

cinquante-deux, et il ne lui en restait plus que vingt-huit à
fifty-two and it there not him of them remained more that twenty-eight to

dépenser. Mais il faut remarquer que si le gentleman se trouvait
spend But it is necessary to remark that if the gentleman himself found

à moitié route seulement « par la différence des méridiens », il avait
at half way only by the difference of the meridians he had

en réalité accompli plus des deux tiers du parcours total. Quels
in reality accomplished more -of the- two thirds of the trip total What

détours forcés, en effet, de Londres à Aden, d'Aden à Bombay, de
detours forced in fact from London to Aden from Aden to Bombay from

Calcutta à Singapore, de Singapore à Yokohama ! A suivre
Calcutta to Singapore from Singapore to Yokohama ! To follow

circulairement le cinquantième parallèle, qui est celui de Londres, la
circularly the fiftieth parallel who is the one of London the

distance n'eût été que de douze mille milles environ, tandis que
distance not had been than of twelve thousand miles approximately while that

Phileas Fogg était forcé, par les caprices des moyens de locomotion,
Phileas Fogg was forced by the whims of the means of locomotion

d'en parcourir vingt-six mille dont il avait fait environ dix-sept
of them to roam twenty six thousand of which he had made approximately seventeen

mille cinq cents, à cette date du 23 novembre. Mais maintenant
thousand five hundred at this date of the 23(rd of) November But now

la route était droite, et Fix n'était plus là pour y accumuler les
the road was straight and Fix not was more there for there to accumulate the

obstacles !
obstacles !

Il arriva aussi que, ce 23 novembre, Passepartout éprouva une
It arrived also that this 23(rd of) November Passepartout experienced a
happened

grande joie. On se rappelle que l'entêté s'était obstiné à
great joy One himself recalls that the stubborn (person) himself was obstinated to
had

garder l'heure de Londres à sa fameuse montre de famille, tenant pour
keep the hour of London on his famous watch of family holding for

fausses toutes les heures des pays qu'il traversait. Or, ce
false all the hours of the countries that he crossed However this

jour-là, bien qu'il ne l'eût jamais ni avancée ni retardée, sa
day there well that he not him had ever neither advanced nor delayed his

montre se trouva d'accord avec les chronomètres du bord.
watch itself found of agreement with the time-measurers of the board
clocks on

Si Passepartout triompha, cela se comprend de reste. Il aurait
So Passepartout triumphed that oneself understands of rest He would have
for the

bien voulu savoir ce que Fix aurait pu dire, s'il eût été
well wanted to know this that Fix would have been able to say if he had been

présent.
present

« Ce coquin qui me racontait un tas d'histoires sur les méridiens,
This rascal who me told a heap stories about the meridians

sur le soleil, sur la lune ! répétait Passepartout. Hein ! ces
about the sun about the moon ! repeated Passepartout Huh ! these

gens-là ! Si on les écoutait, on ferait de la belle horlogerie
folks there ! If one them listened to one would make -of- the beautiful watch-working
some

! J'étais bien sûr qu'un jour ou l'autre, le soleil se déciderait à
! I was well sure that one day or the other the sun itself would decide to

se régler sur ma montre !... »
itself adjust on with my watch !...

Passepartout ignorait ceci : c'est que si le cadran de sa montre eût
Passepartout did not know this : it is that if the dial of his watch had

été divisé en vingt-quatre heures comme les horloges italiennes, il
been divided in twenty-four hours like the clocks Italian he

n'aurait eu aucun motif de triompher, car les aiguilles de son
would not have had any motive reason of for triumph because the needles of his

instrument, quand il était neuf heures du matin à bord, auraient
instrument when it was nine hours of the morning on board would have

indiqué neuf heures du soir, c'est-à-dire la vingt et unième heure
indicated nine hours of the evening that is to say the twenty and first hour

depuis minuit, -- différence précisément égale à celle qui existe entre
since midnight — difference exactly equal to that which exists between

Londres et le cent quatre-vingtième méridien.
London and the hundred eightieth meridian

Mais si Fix avait été capable d'expliquer cet effet purement physique,
But if Fix had been capable to explain this effect purely physical

Passepartout, sans doute, eût été incapable, sinon de le comprendre,
Passepartout without doubt had been incapable if not of him to understand

du moins de l'admettre. Et en tout cas, si, par impossible, l'inspecteur
of the at least of it to admit And in all cases if by impossible chance the inspector

de police se fût inopinément montré à bord en ce moment, il est
of police himself was had unexpectedly shown on board in this moment it is

probable que Passepartout, à bon droit rancunier, eût traité avec lui un
likely that Passepartout at good right rancorous had treated with him a

sujet tout différent et d'une tout autre manière.
topic all different and of a with a totally other manner

Or, où était Fix en ce moment ?...
However where was Fix in this moment ?...

Fix était précisément à bord du General-Grant.
Fix was exactly on board of the General-Grant

En effet, en arrivant à Yokohama, l'agent, abandonnant Mr. Fogg qu'il
In fact in arriving at Yokohama the agent leaving Mr. Fogg that he

comptait retrouver dans la journée, s'était immédiatement rendu chez
counted find back in the day himself was had immediately rendered visited with

le consul anglais. Là, il avait enfin trouvé le mandat, qui, courant
the consul English There he had finally found the mandate which running

après lui depuis Bombay, avait déjà quarante jours de date, --
after him since Bombay had already forty days of (start) date –

mandat qui lui avait été expédié de Hong-Kong par ce même
mandate which him had been sent from Hong-Kong by this same

Carnatic à bord duquel on le croyait. Qu'on juge du
Carnatic on board of the which one him believed That one judges -of- the

désappointement du détective ! Le mandat devenait inutile ! Le sieur
disappointment of the detective ! The mandate became useless ! The Sir

Fogg avait quitté les possessions anglaises ! Un acte d'extradition était
Fogg had left the possessions English ! An act of extradition was

maintenant nécessaire pour l'arrêter !
now necessary for to stop him !

« Soit ! se dit Fix, après le premier moment de colère, mon mandat
Be it ! himself said Fix after the first moment of anger my mandate

n'est plus bon ici, il le sera en Angleterre. Ce coquin a tout
not is (any)more good here it it {valid} will be in England This rascal has all

l'air de revenir dans sa patrie, croyant avoir dépisté la police.
the air of to return in his homeland believing to have sent off his trail the police

Bien. Je le suivrai jusque-là. Quant à l'argent, Dieu veuille qu'il en
Well I him will follow until there As to the silver God wants that it of it

reste ! Mais en voyages, en primes, en procès, en amendes, en
remains ! But in trips in premiums in trial in fines in

éléphant, en frais de toute sorte, mon homme a déjà laissé plus de
elephant in costs of all kind my man has already left more than

cinq mille livres sur sa route. Après tout, la Banque est riche ! »
five thousand pounds on his road After all the Bank is rich !

Son parti pris, il s'embarqua aussitôt sur le General-Grant. Il
His part course of action taken decided he himself embarked immediately on the General-Grant He

était à bord, quand Mr. Fogg et Mrs. Aouda y arrivèrent. A son
was on board when Mr. Fogg and Mrs Aouda there arrived At his

extrême surprise, il reconnut Passepartout sous son costume de héraut.
extreme surprise he recognized Passepartout under his costume of herald

Il se cacha aussitôt dans sa cabine, afin d'éviter une explication
He himself hid immediately in his cabin so of to avoid an explanation

qui pouvait tout compromettre, -- et, grâce au nombre des
which could all jeopardize — and thanks at the number of the

passagers, il comptait bien n'être point aperçu de son ennemi, lorsque
passengers he counted well not to be at all perceived by his enemy when

ce jour-là précisément il se trouva face à face avec lui sur l'avant
this day there exactly he himself found face to face with him on the front

du navire.
of the vessel

Passepartout sauta à la gorge de Fix, sans autre explication, et, au
Passepartout jumped to the throat of Fix without other explanation and at the

grand plaisir de certains Américains qui parièrent immédiatement pour lui,
large pleasure of certain Americans who betted immediately for on him

il administra au malheureux inspecteur une volée superbe, qui
he administered at the unhappy inspector a flight blow superb which

démontra la haute supériorité de la boxe française sur la boxe
demonstrated the high superiority of the boxing French over the boxing

anglaise.
English

Quand Passepartout eut fini, il se trouva calme et comme soulagé.
When Passepartout had finished he himself found calm and like relieved

Fix se releva, en assez mauvais état, et, regardant son adversaire, il
Fix himself raised in rather bad state and watching his opponent he

lui dit froidement :
him said coldly :

« Est-ce fini ?
Is this finished ?

-- Oui, pour l'instant.
— Yes for the instant

-- Alors venez me parler.
— Then come me speak

-- Que je...
— That I

-- Dans l'intérêt de votre maître. »
— In the interest of your master

Passepartout, comme subjugué par ce sang-froid, suivit l'inspecteur de
Passepartout like subjugated by this cold blood followed the inspector of

police, et tous deux s'assirent à l'avant du steamer.
police and all two sat down at the front of the steamer

« Vous m'avez rossé, dit Fix. Bien. A présent, écoutez-moi. Jusqu'ici
You have me thrashed said Fix Well At present listen to me So far

j'ai été l'adversaire de Mr. Fogg, mais maintenant je suis dans son jeu.
I have been the adversary of Mr. Fogg But now I am in his game

-- Enfin ! s'écria Passepartout, vous le croyez un honnête homme ?
— Finally ! exclaimed Passepartout you him believe a honest man ?

-- Non, répondit froidement Fix, je le crois un coquin... Chut ! ne
— No answered coldly Fix I him believe (to be) a rascal Hush ! not

bougez pas et laissez-moi dire. Tant que Mr. Fogg a été sur les
move -not- and let me say For as much as Mr. Fogg has been on the

possessions anglaises, j'ai eu intérêt à le retenir en attendant un
possessions English I have had interest to him retain in awaiting a

mandat d'arrestation. J'ai tout fait pour cela. J'ai lancé contre lui
mandate of arrest I have all done for that I have launched against him

les prêtres de Bombay, je vous ai enivré à Hong-Kong, je vous ai
the priests of Bombay I you have made drunk at Hong-Kong I you have

séparé de votre maître, je lui ai fait manquer le paquebot de
separated of your master I him have made miss the ocean liner of

Yokohama... »
Yokohama

Passepartout écoutait, les poings fermés.
Passepartout listened the fists closed

« Maintenant, reprit Fix, Mr. Fogg semble retourner en Angleterre ?
Now continued Fix Mr. Fogg appears to go back in to England ?

Soit, je le suivrai. Mais, désormais, je mettrai à écarter les
Be it I him will follow But from now on I will put at pushing aside the

jusqu'ici à les accumuler. Vous le voyez, mon jeu est changé, et il
so far at them to accumulate You it see my game is changed and it
{obstacles} has

est changé parce que mon intérêt le veut. J'ajoute que votre intérêt est
is changed because that my interest it wants I add that your interest is

pareil au mien, car c'est en Angleterre seulement que vous saurez
the same at the mine because It is in England only that you will know
as

si vous êtes au service d'un criminel ou d'un honnête homme ! »
if you are at the service of a criminal or of a honest man !

Passepartout avait très attentivement écouté Fix, et il fut convaincu
Passepartout had very attentively listened to Fix and he was convinced

que Fix parlait avec une entière bonne foi.
that Fix spoke with a whole good faith

« Sommes-nous amis ? demanda Fix.
Are we friends ? asked Fix

-- Amis, non, répondit Passepartout. Alliés, oui, et sous bénéfice
– Friends no answered Passepartout Allies yes and under profit

d'inventaire, car, à la moindre apparence de trahison, je vous tords le
of inventory because at the least appearance of treason I you twist the

cou.
neck

-- Convenu », dit tranquillement l'inspecteur de police.
– Agreed said quietly the inspector of police

Onze jours après, le 3 décembre, le General-Grant entrait dans la
Eleven days after the 3(rd of) december the General-Grant entered in the

baie de la Porte-d'Or et arrivait à San Francisco.
bay of the Golden Gate and arrived at San Francisco

Mr. Fogg n'avait encore ni gagné ni perdu un seul jour.
Mr. Fogg not had still neither won nor lost a single day

25 - Chapitre XXV

OÙ L'ON DONNE UN LÉGER APERÇU DE SAN FRANCISCO, UN JOUR
Where it one give a light perceived of San Francisco a day
one gets bit of a view

DE MEETING
of meeting

Il était sept heures du matin, quand Phileas Fogg, Mrs. Aouda et
It was seven hours of the morning when Phileas Fogg Mrs Aouda and
in the

Passepartout prirent pied sur le continent américain, -- si toutefois on
Passepartout took foot on the continent American – if however one
set

peut donner ce nom au quai flottant sur lequel ils débarquèrent.
can give this name to the quay floating on which they disembarked

Ces quais, montant et descendant avec la marée, facilitent le
These quays climbing and descending with the tide facilitate the

chargement et le déchargement des navires. Là s'embossent les
lading and the unloading of the ships There moor themselves the

clippers de toutes dimensions, les steamers de toutes nationalités, et ces
clippers of all dimensions the steamers of all nationalities and these

steam-boats à plusieurs étages, qui font le service du Sacramento
steamboats at several floors which make the service of the Sacramento (river)
with operate

et de ses affluents. Là s'entassent aussi les produits d'un commerce
and of its tributaries There themselves pile up also the products of a trade

qui s'étend au Mexique, au Pérou, au Chili, au Brésil,
which itself extends to -the- Mexico to -the- Peru to -the- Chile to -the- Brazil

à l'Europe, à l'Asie, à toutes les îles de l'océan Pacifique.
to -the- Europe to -the- Asia to all the islands of the Ocean Pacific

Passepartout, dans sa joie de toucher enfin la terre américaine, avait
Passepartout in his joy of to touch finally the earth American had

cru devoir opérer son débarquement en exécutant un saut périlleux
believed to have to operate his landing in performing a jump perilous

du plus beau style. Mais quand il retomba sur le quai dont le
of the more beautiful style But when he fell back on the quay of which the

plancher était vermoulu, il faillit passer au travers. Tout décontenancé
floor was wormy he failed to pass at the through All uncomfortable
almost passed through

de la façon dont il avait « pris pied » sur le nouveau continent,
of the way of which he had taken foot on the new continent

l'honnête garçon poussa un cri formidable, qui fit envoler une
the honest boy emitted a cry great which made fly an

innombrable troupe de cormorans et de pélicans, hôtes habituels des
innumerable band of cormorants and of pelicans hosts usual of the

quais mobiles.
quays mobile

Mr. Fogg, aussitôt débarqué, s'informa de l'heure à laquelle partait
Mr. Fogg immediately disembarked himself informed of the hour at which left
inquired

le premier train pour New York. C'était à six heures du soir. Mr.
the first train for New York It was at six hours of the evening Mr.

Fogg avait donc une journée entière à dépenser dans la capitale
Fogg had then a day whole to spend in the capital

californienne. Il fit venir une voiture pour Mrs. Aouda et pour lui.
Californian He made come a carriage for Mrs Aouda and for himself

Passepartout monta sur le siège, et le véhicule, à trois dollars la
Passepartout went up on the (driver) seat and the vehicle at three dollars the

course, se dirigea vers International-Hôtel.
run itself directed towards (the) International Hotel

De la place élevée qu'il occupait, Passepartout observait avec curiosité
From the place raised that he occupied Passepartout watched with curiosity

la grande ville américaine : larges rues, maisons basses bien
the large city American : wide streets houses low (which were) well
American city low houses

alignées, églises et temples d'un gothique anglo-saxon, docks immenses,
aligned churches and temples of a gothic Anglo-Saxon (style) docks immense
immense docks

entrepôts comme des palais, les uns en bois, les autres en brique ;
warehouses like -of the- palaces the ones in woods -the- others in brick ;
some

dans les rues, voitures nombreuses, omnibus, « cars » de tramways, et
in the streets cars many omnibus cars of tramways and
many cars

sur les trottoirs encombrés, non seulement des Américains et des
on the sidewalks congested not only -of the- Americans and -of the-
congested sidewalks

Européens, mais aussi des Chinois et des Indiens, -- enfin de
Europeans but also -of the- Chinese and -of the- Indians – finally of
Native Americans

quoi composer une population de plus de deux cent mille habitants.
what to compose a population of more than two hundred thousand inhabitants

Passepartout fut assez surpris de ce qu'il voyait. Il en était encore
Passepartout was enough surprised of this that he saw He of it was still
quite

à la cité légendaire de 1849, à la ville des bandits, des incendiaires
at the City legendary of 1849, at the city of the bandits of the arsonists

et des assassins, accourus à la conquête des pépites, immense
and of the assassins rushed to the conquest of the nuggets immense

capharnaüm de tous les déclassés, où l'on jouait la poudre
mess of all the downgrades where it one played the powder
gambled for

l'or, un revolver d'une main et un couteau de l'autre. Mais « ce
(of) the gold a revolver of one hand and a knife of the other But this
in one in

beau temps » était passé. San Francisco présentait l'aspect d'une
beautiful time was passed San Francisco presented the aspect of a
had

grande ville commerçante. La haute tour de l'hôtel de ville, où
large city shopping The high tower of the hotel of city where

veillent les guetteurs, dominait tout cet ensemble de rues et d'avenues,
guarded the lookouts dominated all this ensemble of streets and of avenues

se coupant à angles droits, entre lesquels s'épanouissaient des
itself cutting at angles straight between which themselves blossomed -of the-
straight angles

squares verdoyants, puis une ville chinoise qui semblait avoir été
squares green then a city Chinese which seemed to have been
green squares

importée du Céleste Empire dans une boîte à joujoux. Plus de
imported from the Heavenly Empire in a box to toys More -of-
of

sombreros, plus de chemises rouges à la mode des
sombreros more -of- shirts red to the fashion of the

coureurs de placers, plus d'Indiens emplumés, mais des
runners of placers more -of- Native Americans feathered but with the
gold diggers feathered Native Americans with

chapeaux de soie et des habits noirs, que portaient un grand nombre
hats of silk and with the clothes black that carried a large number
silk hats with black clothes

de gentlemen doués d'une activité dévorante. Certaines rues, entre autres
of gentlemen gifted of a activity devouring Certain streets among others

Montgommery-street -- le Régent-street de Londres, le boulevard des
Montgommery-street – the Regent-street of London the boulevard of the

Italiens de Paris, le Broadway de New York --, étaient bordées de
Italian of Paris the Broadway of New York –, were lined with

magasins splendides, qui offraient à leur étalage les produits du
shops beautiful which offered at their display the products of the
beautiful shops in

monde entier.
world whole
whole world

Lorsque Passepartout arriva à International-Hôtel, il ne lui semblait pas
When Passepartout arrived at (the) International Hotel it not him seemed -not-

qu'il eût quitté l'Angleterre.
that he had left -the- England

Le rez-de-chaussée de l'hôtel était occupé par un immense « bar »,
The level-of-road of the hotel was occupied by an immense bar
ground floor

sorte de buffet ouvert gratis à tout passant. Viande sèche,
kind of buffet open free to all passing Meat dried
Dried meat

soupe aux huîtres, biscuit et chester s'y débitaient sans que le
soup to the oysters biscuit and chester itself there retailed without that the
oyster soup

consommateur eût à délier sa bourse. Il ne payait que sa boisson, ale,
consumer had to untie his wallet He not paid than his drink ale

porto ou xérès, si sa fantaisie le portait à se rafraîchir. Cela
port or sherry if his fancy him carried to himself refresh That

parut « très américain » à Passepartout.
appeared very American to Passepartout

Le restaurant de l'hôtel était confortable. Mr. Fogg et Mrs. Aouda
The restaurant of the hotel was comfortable Mr. Fogg and Mrs Aouda

s'installèrent devant une table et furent abondamment servis dans
themselves installed in front of a table and were profusely served in

des plats lilliputiens par des Nègres du plus beau noir.
-of the- dishes lilliputian by -of the- black people of the most beautiful black

Après déjeuner, Phileas Fogg, accompagné de Mrs. Aouda, quitta l'hôtel
After lunch Phileas Fogg accompanied by Mrs Aouda left the hotel

pour se rendre aux bureaux du consul anglais afin d'y faire
for himself to hand over to the offices of the consul English so of there to make

viser son passeport. Sur le trottoir, il trouva son domestique, qui lui
stamp his passport On the sidewalk he found his servant who him

demanda si, avant de prendre le chemin de fer du Pacifique, il ne
asked if before of to take the way of iron of the Pacific it not
railroad

serait pas prudent d'acheter quelques douzaines de carabines Enfield ou
would be -not- sensible of to buy some dozens of rifles Enfield or

de revolvers Colt. Passepartout avait entendu parler de Sioux et de
-of- revolvers Colt Passepartout had heard speak of Sioux and of

Pawnies, qui arrêtent les trains comme de simples voleurs espagnols. Mr.
Pawnee who stop the trains like -of- simple thieves Spanish Mr.

Fogg répondit que c'était là une précaution inutile, mais il le laissa
Fogg answered that this was there a precaution useless but he him left

libre d'agir comme il lui conviendrait. Puis il se dirigea vers les
free of to act like it him would convene Then he himself directed towards the

bureaux de l'agent consulaire.
offices of the agent consular

Phileas Fogg n'avait pas fait deux cents pas que, « par le plus
Phileas Fogg not had -not- done two hundred steps that by the most

grand des hasards », il rencontrait Fix. L'inspecteur se montra
large of the chances he met Fix The inspector himself showed

extrêmement surpris. Comment ! Mr. Fogg et lui avaient fait ensemble
extremely surprised How ! Mr. Fogg and him had made together

la traversée du Pacifique, et ils ne s'étaient pas rencontrés à
the crossing of the Pacific and they not themselves were -not- encountered on

bord ! En tout cas, Fix ne pouvait être qu'honoré de revoir
board ! In all cases Fix not could be (other) than honored of to see again

le gentleman auquel il devait tant, et, ses affaires le rappelant en
the gentleman to which he owed so much and his affairs him recalled in
to

Europe, il serait enchanté de poursuivre son voyage en une si agréable
Europe he would be enchanted of to pursue his journey in a so pleasant

compagnie.
company

Mr. Fogg répondit que l'honneur serait pour lui, et Fix -- qui
Mr. Fogg answered that the honor would be for him and Fix – who

tenait à ne point le perdre de vue -- lui demanda la
kept at not at all him to lose of sight – him asked the
wanted to make sure

permission de visiter avec lui cette curieuse ville de San Francisco. Ce
permission of to visit with him this curious city of San Francisco This

qui fut accordé.
which was granted

Voici donc Mrs. Aouda, Phileas Fogg et Fix flânant par les rues. Ils
Here then Mrs Aouda Phileas Fogg and Fix strolling through the streets They

se trouvèrent bientôt dans Montgommery-street, où l'affluence du
themselves found soon in Montgommery-street where the crowds of the

populaire était énorme. Sur les trottoirs, au milieu de la chaussée, sur
popular was huge On the sidewalks at the middle of the roadway on
populace

les rails des tramways, malgré le passage incessant des coaches et
the tracks of the tramways in spite of the passage unceasing of the coaches and

des omnibus, au seuil des boutiques, aux fenêtres de toutes les
of the omnibuses at the threshold of the shops at the windows of all the

maisons, et même jusque sur les toits, foule innombrable. Des
houses and even until on the roofs crowd innumerable Of the

hommes-affiches circulaient au milieu des groupes. Des bannières et
men-signs circulated at the middle of the groups -Of the- banners and
in the

des banderoles flottaient au vent. Des cris éclataient de toutes
-of the- streamers floated at the wind -Of the- cries burst out from all
in the

parts.
parts

« Hurrah pour Kamerfield !
Hurray for Camerfield !

-- Hurrah pour Mandiboy ! »
– Hurray for Mandiboy !

C'était un meeting. Ce fut du moins la pensée de Fix, et il
It was a meeting This was of the least the thought of Fix and he
at

communiqua son idée à Mr. Fogg, en ajoutant :
communicated his idea to Mr. Fogg in adding :

« Nous ferons peut-être bien, monsieur, de ne point nous mêler à
We will do perhaps well Sir of not at all ourselves to mix at

cette cohue. Il n'y a que de mauvais coups à recevoir.
this crowd It not there has (other) than -of- bad blows to receive
There is nothing

-- En effet, répondit Phileas Fogg, et les coups de poing, pour être
— In fact answered Phileas Fogg and the blows of fist for to be

politiques, n'en sont pas moins des coups de poing ! »
political not of it are -not- less than the blows of fist !

Fix crut devoir sourire en entendant cette observation, et, afin de
Fix believed to have to smile in hearing this observation and so of

voir sans être pris dans la bagarre, Mrs. Aouda, Phileas Fogg et lui
to see without to be taken in the fight Mrs Aouda Phileas Fogg and him

prirent place sur le palier supérieur d'un escalier que desservait une
took place on the bearing superior of a staircase that served a

terrasse, située en contre-haut de Montgommery-street. Devant eux, de
terrace located in counter-height of Montgommery-street In front of them from
high opposite

l'autre côté de la rue, entre le wharf d'un marchand de charbon et
the other side of the street between the wharf of a merchant of coal and

le magasin d'un négociant en pétrole, se développait un large bureau
the store of a dealer in oil itself developed a wide office

en plein vent, vers lequel les divers courants de la foule semblaient
in full wind towards which the diverse currents of the crowd appeared
daylight

converger.
to converge

Et maintenant, pourquoi ce meeting ? A quelle occasion se tenait-il ?
And now why this meeting ? At what opportunity itself held it ?
was it held

Phileas Fogg l'ignorait absolument. S'agissait-il de la nomination d'un
Phileas Fogg it did not know absolutely Was it of the appointment of a

haut fonctionnaire militaire ou civil, d'un gouverneur d'État ou d'un
high official soldier or civil of a governor of State or of a

membre du Congrès ? Il était permis de le conjecturer, à voir
member of the Congress ? It was permitted of it to surmise at to see

l'animation extraordinaire qui passionnait la ville.
the animation extraordinary which enthused the city
people

En ce moment un mouvement considérable se produisit dans la foule.
In this moment a movement considerable itself produced in the crowd

Toutes les mains étaient en l'air. Quelques-unes, solidement fermées,
All the hands were in the air Some solidly closed

semblaient se lever et s'abattre rapidement au milieu des
appeared itself raise and themselves beat down quickly at the middle of the

cris, -- manière énergique, sans doute, de formuler un vote. Des
cries – way energetic without doubt of to formulate a vote Of the

remous agitaient la masse qui refluait. Les bannières oscillaient,
swirls waved the mass which flowed The banners oscillated

disparaissaient un instant et reparaissaient en loques. Les ondulations de
disappeared a moment and reappeared in tatters The ripples of

la houle se propageaient jusqu'à l'escalier, tandis que toutes les têtes
the swell itself spreading up to the staircase while that all the heads

moutonnaient à la surface comme une mer soudainement remuée par un
fleeced at the surface like a sea suddenly stirred by a
frothed

grain. Le nombre des chapeaux noirs diminuait à vue d'oeil, et
thunderstorm The number of the hats black diminished at sight of eye and
black hats visibly

la plupart semblaient avoir perdu de leur hauteur normale.
the largest part appeared to have lost of their height normal
normal height

« C'est évidemment un meeting, dit Fix, et la question qui l'a
It is obviously a meeting said Fix and the question who it has

provoqué doit être palpitante. Je ne serais point étonné qu'il fût
caused must be thrilling I not would be at all surprised that he was

encore question de l'affaire de l'Alabama, bien qu'elle soit résolue.
still question of the case of the Alabama well that she is resolved

-- Peut-être, répondit simplement Mr. Fogg.
– Maybe answered simply Mr. Fogg

-- En tout cas, reprit Fix, deux champions sont en présence l'un de
– In all cases continued Fix two champions are in presence the one of

l'autre, l'honorable Kamerfield et l'honorable Mandiboy. »
the other the honorable Camerfield and the honorable Mandiboy

Mrs. Aouda, au bras de Phileas Fogg, regardait avec surprise cette
Mrs Aouda at the arm of Phileas Fogg watched with surprise this

scène tumultueuse, et Fix allait demander à l'un de ses voisins la
scene tumultuous and Fix went to ask to the one of his neighbors the
tumultuous scene one

raison de cette effervescence populaire, quand un mouvement plus accusé
reason of this effervescence popular when a movement more accused
of the people

se prononça. Les hurrahs, agrémentés d'injures, redoublèrent. La hampe
himself pronounced The cheers decorated with insults redoubled The shaft

des bannières se transforma en arme offensive. Plus de mains,
of the banners themselves transformed in weapon offensive More of hands
offensive weapon

des poings partout. Du haut des voitures arrêtées, et des omnibus
of the fists everywhere Of the high of the cars arrested and of the omnibus

enrayés dans leur course, s'échangeaient force horions. Tout servait de
enrayés in their tracks exchanged forceful whacks All served of

projectiles. Bottes et souliers décrivaient dans l'air des trajectoires très
projectiles Boots and shoes described in the air -of- the paths very

tendues, et il sembla même que quelques revolvers mêlaient aux
extended and it seemed even that some revolvers mixed to the

vociférations de la foule leurs détonations nationales.
vociferations of the crowd their detonations national

La cohue se rapprocha de l'escalier et reflua sur les premières
The crowd itself approached of the staircase and ebbed on the first

marches. L'un des partis était évidemment repoussé, sans que les
steps The one of the parties was obviously pushed away without that the

simples spectateurs pussent reconnaître si l'avantage restait à Mandiboy
simple spectators could recognize if the advantage remained to Mandiboy

ou à Kamerfield.
or to Camerfield

« Je crois prudent de nous retirer, dit Fix, qui
I believe (it to be) sensible of us to retire said Fix who

ne tenait pas à ce que « son homme » reçût un mauvais coup
not kept -not- to this that his man should receive a bad strike
who did not want

ou se fît une mauvaise affaire. S'il est question de l'Angleterre dans
or himself make a bad business If it is question of -the- England in
get in trouble

tout ceci et qu'on nous reconnaisse, nous serons fort compromis dans
all this and that one if they us recognize we will be very compromised in

la bagarre !
the fight !

-- Un citoyen anglais... », répondit Phileas Fogg.
— A citizen English answered Phileas Fogg

Mais le gentleman ne put achever sa phrase. Derrière lui, de cette
But the gentleman not could finish his sentence Behind him from this

terrasse qui précédait l'escalier, partirent des hurlements épouvantables.
terrace which preceded the staircase left came out -of the- howls frightening

On criait : « Hurrah ! Hip ! Hip ! pour Mandiboy ! » C'était une
One cried out : Hurray ! Hip ! Hip ! for Mandiboy ! It was a

troupe d'électeurs qui arrivait à la rescousse, prenant en flanc les
band of voters who arrived to the rescue taking in the flank the

partisans de Kamerfield.
supporters of Camerfield

Mr. Fogg, Mrs. Aouda, Fix se trouvèrent entre deux feux. Il était
Mr. Fogg Mrs Aouda Fix themselves found between two fires It was

trop tard pour s'échapper. Ce torrent d'hommes, armés de cannes
too late for themselves to escape to escape This torrent of men armed by sticks

plombées et de casse-tête, était irrésistible. Phileas Fogg et Fix, en
leaded and of break-heads war clubs was irresistible Phileas Fogg and Fix in

préservant la jeune femme, furent horriblement bousculés. Mr. Fogg, non
preserving the young woman were awfully rushed Mr. Fogg No

moins flegmatique que d'habitude, voulut se défendre avec ces armes
less phlegmatic stolid than of usual wanted himself to defend with these weapons

naturelles que la nature a mises au bout des bras de tout
natural that the nature has put at the end of the arm of all

Anglais, mais inutilement. Un énorme gaillard à barbiche rouge, au
(the) English But uselessly A huge forecastle guy to with goatee red red goatee at the with the

teint coloré, large d'épaules, qui paraissait être le chef de la bande,
tint colored wide of shoulders who appeared to be the chef of the band

leva son formidable poing sur Mr. Fogg, et il eût fort
raised his great fist on Mr. Fogg and he had would have strongly

endommagé le gentleman, si Fix, par dévouement, n'eût reçu le coup
damaged the gentleman if Fix by dedication not had received the strike

à sa place. Une énorme bosse se développa instantanément sous le
at his place A huge bump itself developed instantly under the
in

chapeau de soie du détective, transformé en simple toque.
hat of silk of the detective (now) converted in simple toque
silk hat brimless hat

« Yankee ! dit Mr. Fogg, en lançant à son adversaire un regard de
Yankee ! said Mr. Fogg in launching at his opponent a look of

profond mépris.
deep contempt

-- Englishman ! répondit l'autre.
— Englishman ! answered the other

-- Nous nous retrouverons !
— We we meet again !

-- Quand il vous plaira. -- Votre nom ?
— When it you will please — Your name ?

-- Phileas Fogg. Le vôtre ?
— Phileas Fogg The yours ?

-- Le colonel Stamp W. Proctor. »
— The colonel Stamp W Proctor

Puis, cela dit, la marée passa. Fix fut renversé et se releva, les
Then that said the tide passed Fix was reversed and himself raised the
had been knocked down

habits déchirés, mais sans meurtrissure sérieuse. Son paletot de voyage
clothes torn But without bruising serious His jacket of journey

s'était séparé en deux parties inégales, et son pantalon ressemblait à
himself was separated in two parts unequal and his trousers resembled at
had torn

ces culottes dont certains Indiens -- affaire de mode -- ne se
these panties of which certain Indians — business of fashion — not themselves

vêtent qu'après en avoir préalablement enlevé le fond. Mais,
clothe (other) than after of them to have beforehand taken away the bottom But

en somme, Mrs. Aouda avait été épargnée, et, seul, Fix en était pour
in sum Mrs Aouda had been spared and only Fix in was for

son coup de poing.
his strike of fist

« Merci, dit Mr. Fogg à l'inspecteur, dès qu'ils furent hors de la
Thank you said Mr. Fogg to the inspector from that they were out of the

foule.
crowd

-- Il n'y a pas de quoi, répondit Fix, mais venez.
– It not there has not of what answered Fix but come
It was nothing

-- Où ?
– Where ?

-- Chez un marchand de confection. »
– With a merchant of confection
To

En effet, cette visite était opportune. Les habits de Phileas Fogg et de
In effect this visit was timely The clothes of Phileas Fogg and of

Fix étaient en lambeaux, comme si ces deux gentlemen se fussent
Fix were in tatters like if these two gentlemen themselves were
had

battus pour le compte des honorables Kamerfield et Mandiboy.
beaten for the account of the honorable Camerfield and Mandiboy
fought

Une heure après, ils étaient convenablement vêtus et coiffés. Puis ils
One hour after they were properly dressed and capped Then they
later

revinrent à International-Hôtel.
came back to (the) International Hotel

Là, Passepartout attendait son maître, armé d'une demi-douzaine de
There Passepartout awaited his master armed with a half-dozen of

revolvers-poignards à six coups et à inflammation centrale. Quand il
revolvers-daggers to six blows and at inflammation central When he
with with

aperçut Fix en compagnie de Mr. Fogg, son front s'obscurcit. Mais Mrs.
saw Fix in company of Mr. Fogg his face itself darkened But Mrs

Aouda, ayant fait en quelques mots le récit de ce qui s'était
Aouda having made in some words the story of this which itself was
told had

passé, Passepartout se rasséréna. Évidemment Fix n'était plus un
happened Passepartout himself cheered up Obviously Fix not was more an

ennemi, c'était un allié. Il tenait sa parole.
enemy It was an ally He kept his word

Le dîner terminé, un coach fut amené, qui devait conduire à la
The dinner finished a carriage was brought which must lead to the

gare les voyageurs et leurs colis. Au moment de monter en voiture,
station the travelers and their parcels At the moment of to climb in carriage

Mr. Fogg dit à Fix :
Mr. Fogg said to Fix :

« Vous n'avez pas revu ce colonel Proctor ?
You not have -not- re-seen this colonel Proctor ?

-- Non, répondit Fix.
— No answered Fix

-- Je reviendrai en Amérique pour le retrouver, dit froidement Phileas
— I will return in America for him find back said coldly Phileas

Fogg. Il ne serait pas convenable qu'un citoyen anglais se laissât
Fogg It not would be -not- suitable that a citizen English himself lets

traiter de cette façon. »
treat of this way

L'inspecteur sourit et ne répondit pas. Mais, on le voit, Mr. Fogg était
The inspector smiled and not answered -not- But one him sees Mr. Fogg was

de cette race d'Anglais qui, s'ils ne tolèrent pas le duel chez eux,
of this race of English who if they not tolerate -not- the duel with them

se battent à l'étranger, quand il s'agit de soutenir leur
themselves fight at the foreign country when it itself deals of to support their

honneur.
honor

A six heures moins un quart, les voyageurs atteignaient la gare et
At six hours less a quarter the travelers reached the station and

trouvaient le train prêt à partir. Au moment où Mr. Fogg allait
found the train ready to leave At the moment where Mr. Fogg went

s'embarquer, il avisa un employé et le rejoignant :
to himself embark he noticed an employee and him joining :

« Mon ami, lui dit-il, n'y a-t-il pas eu quelques troubles
My friend him said he not there has-it -not- had some unrest

aujourd'hui à San Francisco ?
today at San Francisco ?

-- C'était un meeting, monsieur, répondit l'employé.
— There was a meeting Sir answered the employee

-- Cependant, j'ai cru remarquer une certaine animation dans les
— However I have believed to notice a certain animation in the

rues.
streets

-- Il s'agissait simplement d'un meeting organisé pour une élection.
– It itself dealt simply of a meeting organized for an election

-- L'élection d'un général en chef, sans doute ? demanda Mr. Fogg.
– Election of a general in chef without doubt ? asked Mr. Fogg

-- Non, monsieur, d'un juge de paix. »
– No Sir of a judge of peace

Sur cette réponse, Phileas Fogg monta dans le wagon, et le train
On this response Phileas Fogg went up in the car and the train

partit à toute vapeur.
left at all steam

26 - Chapitre XXVI

DANS LEQUEL ON PREND LE TRAIN EXPRESS
In which one takes the train express
they take the express train

DU CHEMIN DE FER DU PACIFIQUE
of the way of iron of the pacific
of the pacific railroad

« Ocean to Ocean » -- ainsi disent les Américains --, et ces trois
Ocean to Ocean – thus say the Americans –, and these three

mots devraient être la dénomination générale du « grand trunk », qui
words should be the denomination general of the large trunk which

traverse les États-Unis d'Amérique dans leur plus grande largeur. Mais, en
crosses the United States of America in their most large width But in

réalité, le « Pacific rail-road » se divise en deux parties distinctes : «
reality the Pacific rail-road itself splits in two parts separate :

Central Pacific » entre San Francisco et Ogden, et « Union Pacific »
Central Pacific between San Francisco and Ogden and Union Pacific

entre Ogden et Omaha. Là se raccordent cinq lignes distinctes,
between Ogden and Omaha There themselves connect five lines separate

qui mettent Omaha en communication fréquente avec New York.
which put Omaha in communication frequent with New York

New York et San Francisco sont donc présentement réunis par un ruban
New York and San Francisco are then now united by a ribbon

de métal non interrompu qui ne mesure pas moins de trois mille
of metal not interrupted which not measures -not- less than three thousand
uninterrupted

sept cent quatre-vingt-six milles. Entre Omaha et le Pacifique, le
seven hundred eighty six miles Between Omaha and the Pacific the

chemin de fer franchit une contrée encore fréquentée par les Indiens
way of iron crosses a country still frequented by the Indians
railway Native Americans

et les fauves, -- vaste étendue de territoire que les Mormons
and the savages – vast expanse of territory that the Mormons

commencèrent à coloniser vers 1845, après qu'ils eurent été chassés
began to colonize towards 1845, after that they had been chased

de l'Illinois.
from -the- Illinois

Autrefois, dans les circonstances les plus favorables, on employait six
The other time in the circumstances -the- most favourable one employed six

mois pour aller de New York à San Francisco. Maintenant, on met
months for to go from New York to San Francisco Now one puts on
takes

sept jours.
seven days

C'est en 1862 que, malgré l'opposition des députés du Sud, qui
It is in 1862 that in spite of the opposition of the deputies of the South who

voulaient une ligne plus méridionale, le tracé du rail-road fut arrêté
wanted a line more southern the track of the rail-road was stopped

entre le quarante et unième et le quarante-deuxième parallèle. Le
between the forty and first and the forty-second parallel -The-

président Lincoln, de si regrettée mémoire, fixa lui-même, dans l'État
president Lincoln of such regretted memory fixed himself , in the state

de Nebraska, à la ville d'Omaha, la tête de ligne du nouveau réseau.
of Nebraska at the city omaha the head of line of the new network

Les travaux furent aussitôt commencés et poursuivis avec cette activité
The works were immediately started and prosecuted with this activity

américaine, qui n'est ni paperassière ni bureaucratique. La rapidité
American which not is neither scribbling nor bureaucratic The speed

de la main-d'oeuvre ne devait nuire en aucune façon à la bonne
of the workforce not must harm in any way -to- the good

exécution du chemin. Dans la prairie, on avançait à raison d'un
execution of the way In the meadow one advanced at reason of a

mille et demi par jour. Une locomotive, roulant sur les rails de la
thousand and half by day A locomotive rolling on the tracks of the

veille, apportait les rails du lendemain, et courait à leur surface
evening before brought the tracks of the following day and ran at their surface

Le Pacific rail-road jette plusieurs embranchements sur son parcours, dans
The Pacific rail-road casts several branches on its route in

les États de Iowa, du Kansas, du Colorado et de l'Oregon. En
the States of Iowa of -the- Kansas of -the- Colorado and of -the- Oregon In

quittant Omaha, il longe la rive gauche de Platte-river jusqu'à
leaving Omaha it goes along the shore left of Platte-river until

l'embouchure de la branche du nord, suit la branche du sud,
the mouth of the branch of the north follows the branch of the south

traverse les terrains de Laramie et les montagnes Wahsatch, contourne le
crosses the grounds of Laramie and the mountains Wahsatch circumvents the

lac Salé, arrive à Lake Salt City, la capitale des Mormons, s'enfonce
lake Salted arrives at Lake Salt City the capital of the Mormons itself sinks

dans la vallée de la Tuilla, longe le désert américain, les monts
in the valley of the Tuilla passes along the desert American the mountains

de Cédar et Humboldt, Humboldt-river, la Sierra Nevada, et redescend
of Kedar and Humboldt Humboldt-river the Sierra Nevada and descends

par Sacramento jusqu'au Pacifique, sans que ce tracé dépasse en pente
by Sacramento up to the Pacific without that this track exceeds in slope

cent douze pieds par mille, même dans la traversée des
hundred twelve feet by thousand even in the crossing of the

montagnes Rocheuses.
mountains Rocky
Rocky mountains

Telle était cette longue artère que les trains parcouraient en sept jours,
Such was this long artery that the trains traversed in seven days

et qui allait permettre à l'honorable Phileas Fogg -- il l'espérait du
and which went to allow to the honorable Phileas Fogg – he it hoped of the
at

moins -- de prendre, le 11, à New York, le paquebot de Liverpool.
least – of to take the 11(th), at New York the ocean liner of Liverpool
to

Le wagon occupé par Phileas Fogg était une sorte de long omnibus
The car occupied by Phileas Fogg was a kind of long omnibus

qui reposait sur deux trains formés de quatre roues chacun, dont la
which rested on two trains formed of four wheels each of which the

mobilité permet d'attaquer des courbes de petit rayon. A l'intérieur,
mobility allows of to atack of the curves of (a) small radius At the interior
to handle the

point de compartiments : deux files de sièges, disposés de chaque côté,
no -of- compartments : two queues of seats disposed of each side
at

perpendiculairement à l'axe, et entre lesquels était réservé un passage
perpendicularly at the axis and between which was reserved a passage

conduisant aux cabinets de toilette et autres, dont chaque wagon est
leading to the toilet of dress and others of which each car is
bathrooms

pourvu. Sur toute la longueur du train, les voitures communiquaient
provided On all the length of the train the cars communicating

entre elles par des passerelles, et les voyageurs pouvaient
between them through -of the- passage ways and the travelers could
each other

circuler d'une extrémité à l'autre du convoi, qui mettait à leur
go around from one end to the other of the convoy which puts to their

disposition des wagons-salons, des wagons-terrasses, des
disposition -of the- parlor cars -of the- cars terraces -of the-

wagons-restaurants et des wagons à cafés. Il n'y manquait
dining cars and -of the- cars at cafes It not there missed
with Nothing

que des wagons-théâtres. Mais il y en aura un jour.
(other) than -of the- theater cars But it there of it will have one day
there will be those

Sur les passerelles circulaient incessamment des marchands de livres et
On the passage ways circulated incessantly -of the- merchants of books and

de journaux, débitant leur marchandise, et des vendeurs de liqueurs,
of newspapers debiting their commodity and -of the- sellers of liqueurs

de comestibles, de cigares, qui ne manquaient point de chalands.
of eatables of cigars which not lacked at all of regular clients

Les voyageurs étaient partis de la station d'Oakland à six heures du
The travelers were left from the station of Oakland at six hours of the

soir. Il faisait déjà nuit, -- une nuit froide, sombre, avec un ciel
evening It made already night — a night cold dark with a sky
It became

couvert dont les nuages menaçaient de se résoudre en neige. Le
covered of which the clouds threatened of themselves to resolve in snow The

train ne marchait pas avec une grande rapidité. En tenant compte des
train not marched -not- with a great speed In holding account of the

arrêts, il ne parcourait pas plus de vingt milles à l'heure, vitesse
stops it not went through -not- more than twenty miles at the hour speed

qui devait, cependant, lui permettre de franchir les États-Unis dans les
which must however it allow of to cross the United States in the

temps réglementaires.
time regulatory

On causait peu dans le wagon. D'ailleurs, le sommeil allait bientôt
One talked little in the car Besides the sleep went soon
came

gagner les voyageurs. Passepartout se trouvait placé auprès de
to win the travelers Passepartout himself found placed close of
to overcame

l'inspecteur de police, mais il ne lui parlait pas. Depuis les derniers
the inspector of police But he not him spoke to -not- Since the last

événements, leurs relations s'étaient notablement refroidies. Plus de
events their relations themselves were notably cooled More -of-
relationship had

sympathie, plus d'intimité. Fix n'avait rien changé à sa manière d'être,
sympathy more -of- privacy Fix not had nothing changed at his way of to be

mais Passepartout se tenait, au contraire, sur une extrême réserve,
But Passepartout himself kept at the contrary on an extreme reserve

prêt au moindre soupçon à étrangler son ancien ami.
ready at the least suspicion to strangle his former friend

Une heure après le départ du train, la neige tomba --, neige fine,
An hour after the departure of the train the snow fell –, snow fine

qui ne pouvait, fort heureusement, retarder la marche du convoi. On
which not could very fortunately delay the march of the convoy One

n'apercevait plus à travers les fenêtres qu'une immense nappe
not could see (any)more -at- through the windows (other) than an immense sheet

blanche, sur laquelle, en déroulant ses volutes, la vapeur de la
white on which in unrolling its swirls the steam of the

locomotive paraissait grisâtre.
locomotive appeared faint gray

A huit heures, un « steward » entra dans le wagon et annonça aux
At eight hours a steward entered in the car and announced to the

voyageurs que l'heure du coucher était sonnée. Ce wagon était un «
travelers that the hour of the lay down was sounded This car was a

sleeping-car », qui, en quelques minutes, fut transformé en
sleeping car which in some minutes was converted in

dortoir. Les dossiers des bancs se replièrent, des couchettes
dormitory The files of the benches themselves folded -of the- berths

soigneusement paquetées se déroulèrent par un système ingénieux,
carefully packetized themselves unfolded by a system ingenious

des cabines furent improvisées en quelques instants, et chaque
-of the- cabins were improvised in some moments and each

voyageur eut bientôt à sa disposition un lit confortable, que d'épais
traveller had soon at his disposition a bed comfortable that with thick

rideaux défendaient contre tout regard indiscret. Les draps étaient blancs,
curtains defended against all looks indiscreet The sheets were white

les oreillers moelleux. Il n'y avait plus qu'à se coucher et à
the pillows soft It not there had more than to oneself lay down and to
There was nothing else

dormir -- ce que chacun fit, comme s'il se fût trouvé dans la
sleep — this that everyone did like if he himself was found in the
had

cabine confortable d'un paquebot --, pendant que le train filait à toute
cabin comfortable of an ocean liner —, during that the train filed at all
which moved

vapeur à travers l'État de Californie.
steam -at- through the state of California

Dans cette portion du territoire qui s'étend entre San Francisco
In this portion of the territory which itself extends between San Francisco

et Sacramento, le sol est peu accidenté. Cette partie du
and Sacramento the ground is little rough This part of the

chemin de fer, sous le nom de « Central Pacific road », prit d'abord
way of iron under the name of Central Pacific road took initially
railroad

Sacramento pour point de départ, et s'avança vers l'est à la
Sacramento for point of departure and itself advanced towards the east at the
as

rencontre de celui qui partait d'Omaha. De San Francisco à la
meeting of the one which left from Omaha From San Francisco to the

capitale de la Californie, la ligne courait directement au nord-est, en
capital of -the- California the line ran directly at the northeast in

longeant American-river, qui se jette dans la baie de San Pablo.
passing along (the) American-river which itself casts in the bay of San Pablo

Les cent vingt milles compris entre ces deux importantes cités
The hundred twenty miles comprised between these two important cities

furent franchis en six heures, et vers minuit, pendant qu'ils
were crossed in six hours and towards midnight during that they

dormaient de leur premier sommeil, les voyageurs passèrent à
were sleeping of their first sleep the travelers passed at

Sacramento. Ils ne virent donc rien de cette ville considérable, siège
Sacramento (river) They not saw then nothing of this city considerable seat

de la législature de l'État de Californie, ni ses beaux quais, ni
of the legislature of the state of California neither its beautiful quays nor

ses rues larges, ni ses hôtels splendides, ni ses squares, ni ses
its streets wide nor its hotels beautiful nor its squares nor its

temples.
temples
churches

En sortant de Sacramento, le train, après avoir dépassé les stations de
In leaving from Sacramento the train after to have passed the stations of

Junction, de Roclin, d'Auburn et de Colfax, s'engagea dans le massif de
Junction of Roclin of Auburn and of Colfax itself engaged in the massif of
moved

la Sierra Nevada. Il était sept heures du matin quand fut traversée
the Sierra Nevada It was seven hours of the morning when was crossed
in the

la station de Cisco. Une heure après, le dortoir était redevenu un
the station of Cisco An hour after the dormitory was become again a
later had

wagon ordinaire et les voyageurs pouvaient à travers les vitres
car ordinary and the travelers could -at- through the (window)panes

entrevoir les points de vue pittoresques de ce montagneux pays. Le
glimpse the points of sight picturesque of this mountainous country The

tracé du train obéissait aux caprices de la Sierra, ici accroché aux
track of the train obeyed to the whims of the Sierra here clung at the
clinging

flancs de la montagne, là suspendu au-dessus des précipices, évitant
flancs of the mountain there suspended above -of the- precipices avoiding

les angles brusques par des courbes audacieuses, s'élançant dans
the angles sudden by -of the- curves daring itself launching in

des gorges étroites que l'on devait croire sans issues. La locomotive,
-of the- gorges narrow that it one must believe without exits The locomotive

étincelante comme une châsse, avec son grand fanal qui jetait de
sparkling like a reliquary with its large lantern which threw of

fauves lueurs, sa cloche argentée, son « chasse-vache », qui s'étendait
savage lights its bell silver its catch-cow cow catcher which itself extended

comme un éperon, mêlait ses sifflements et ses mugissements à ceux
like a spur mixed its whistles and its lowing to those

des torrent et des cascades, et tordait sa fumée à la noire ramure
of the torrent and of the waterfalls and writhed its smoke to the black treetop(s)

des sapins.
of the firs

Peu ou point de tunnels, ni de pont sur le parcours. Le rail-road
Little or none of tunnels nor of bridge on the route The rail-road

contournait le flanc des montagnes, ne cherchant pas dans la ligne
turned the flank of the mountains not searching -not- in the line

droite le plus court chemin d'un point à un autre, et ne violentant
right the most short way from one point to an other and not violating

pas la nature.
-not- -the- nature

Vers neuf heures, par la vallée de Carson, le train pénétrait dans
Towards nine hours by the valley of Carson the train penetrated in

l'État de Nevada, suivant toujours la direction du nord-est. A midi,
the state of Nevada following always the direction of the northeast At midday

il quittait Reno, où les voyageurs eurent vingt minutes pour déjeuner.
it left Reno where the travelers had twenty minutes for to lunch

Depuis ce point, la voie ferrée, côtoyant Humboldt-river, s'éleva
From this point the way ironed of the railway coasting (the) Humboldt-river itself rose

pendant quelques milles vers le nord, en suivant son cours. Puis elle
during some miles towards the north while following its course Then she

s'infléchit vers l'est, et ne devait plus quitter le cours d'eau avant
herself bent towards the east and not must more leave the course of water before

d'avoir atteint les Humboldt-Ranges, qui lui donnent naissance,
of to have reached the Humboldt-ranges which to him give birth

presque à l'extrémité orientale de l'État du Nevada.
almost at the end eastern of the state of -the- Nevada

Après avoir déjeuné, Mr. Fogg, Mrs. Aouda et leurs compagnons
After to have breakfasted Mr. Fogg Mrs Aouda and their companions

reprirent leur place dans le wagon. Phileas Fogg, la jeune femme, Fix
took again their place in the car Phileas Fogg the young woman Fix

et Passepartout, confortablement assis, regardaient le paysage varié qui
and Passepartout comfortably seated watched the landscape varied which

passait sous leurs yeux, -- vastes prairies, montagnes se profilant à
passed under before their eyes – large meadows mountains themselves profiling at

l'horizon, « creeks » roulant leurs eaux écumeuses. Parfois, un grand
the horizon creeks rolling their waters frothy Sometimes a large

troupeau de bisons, se massant au loin, apparaissait comme une
herd of bison themselves massed at the distance appeared like a

digue mobile. Ces innombrables armées de ruminants opposent souvent un
dike mobile These countless armies of ruminants opposed often an

insurmontable obstacle au passage des trains. On a vu des
insurmountable obstacle at the passage of the trains One has seen of the

milliers de ces animaux défiler pendant plusieurs heures, en rangs
thousands of these animals parade during several hours in ranks

pressés, au travers du rail-road. La locomotive est alors forcée de
hurried at the crossing of the rail-road The locomotive is then forced of

s'arrêter et d'attendre que la voie soit redevenue libre.
to halt itself and of to wait that until the way is become again free

Ce fut même ce qui arriva dans cette occasion. Vers trois heures
This was (the) same this which arrived in this occasion Towards three hours

du soir, un troupeau de dix à douze mille têtes barra le
of the evening a herd of ten to twelve thousand heads blocked the

rail-road. La machine, après avoir modéré sa vitesse, essaya d'engager
rail-road The engine after to have moderated its speed tried of to engage

son éperon dans le flanc de l'immense colonne, mais elle dut s'arrêter
its spur in the flank of the immense column But she had to halt itself

devant l'impénétrable masse.
in front of the impenetrable mass

On voyait ces ruminants -- ces buffalos, comme les appellent
One saw these ruminants – these buffalo like them call

improprement les Américains -- marcher ainsi de leur pas tranquille,
improperly the Americans – walk thus of their step quiet

poussant parfois des beuglements formidables. Ils avaient une taille
pushing uttering sometimes of the lowings formidable They had a waist

supérieure à celle des taureaux d'Europe, les jambes et la queue
higher at than that of the bulls of europe the legs and the tail

courtes, le garrot saillant qui formait une bosse musculaire, les cornes
short the garrotte projecting which formed a bump muscular the horns

écartées à la base, la tête, le cou et les épaulés recouverts d'une
apart at the base the head the neck and the shoulders coated with a

crinière à longs poils. Il ne fallait pas songer à arrêter cette
mane at of long fur It not was necessary -not- to think to stop this

migration. Quand les bisons ont adopté une direction, rien ne pourrait
migration When the bison have adopted a direction nothing not could

ni enrayer ni modifier leur marche. C'est un torrent de chair vivante
neither stem nor change their march It is a torrent of flesh alive

qu'aucune digue ne saurait contenir.
that no dike not would know to contain

Les voyageurs, dispersés sur les passerelles, regardaient ce curieux
The travelers scattered on the passage ways watched this curious

spectacle. Mais celui qui devait être le plus pressé de tous, Phileas
spectacle But the one who must be the most pressed in a hurry of all Phileas

Fogg, était demeuré à sa place et attendait philosophiquement qu'il
Fogg -was- remained at his place and awaited philosophically that it

plût aux buffles de lui livrer passage. Passepartout était furieux
would please to the buffalo of him to deliver passage Passepartout was furious

du retard que causait cette agglomération d'animaux. Il eût voulu
of the delay that caused this agglomeration of animals He had would have wanted

décharger contre eux son arsenal de revolvers.
to discharge against them his arsenal of revolvers

« Quel pays ! s'écria-t-il. De simples boeufs qui arrêtent des trains,
What country ! exclaimed he Of simple oxen who stop -of- the trains

et qui s'en vont là, processionnellement, sans plus se
and who themselves of it go there in procession without more themselves

hâter que s'ils ne gênaient pas la circulation ! Pardieu ! je voudrais
hasten than if they not bothered -not- the traffic ! Pardieu ! I would like

bien savoir si Mr. Fogg avait prévu ce contretemps dans son programme
well to know if Mr. Fogg had planned this setback in his program

! Et ce mécanicien qui n'ose pas lancer sa machine à travers
! And this engineer who not dares -not- to launch his engine -at- through

ce bétail encombrant ! »
this livestock cumbersome !

Le mécanicien n'avait point tenté de renverser l'obstacle, et il avait
The engineer not had at all tried of to overthrow the obstacle and he had

prudemment agi. Il eût écrasé sans doute les premiers buffles
carefully dealt It had crushed without doubt the first buffalo
would have

attaqués par l'éperon de la locomotive ; mais, si puissante qu'elle fût, la
attacked by the spur of the locomotive ; but as strong as she was the

machine eût été arrêtée bientôt, un déraillement se serait
engine had been stopped soon a derailment itself would be

inévitablement produit, et le train fût resté en détresse.
inevitably produce and the train was remained in distress
would have been

Le mieux était donc d'attendre patiemment, quitte ensuite à
The better (thing) was then of to wait patiently leave subsequently to

regagner le temps perdu par une accélération de la marche du train.
regain the time lost by an acceleration of the march of the train

Le défilé des bisons dura trois grandes heures, et la voie ne
The parade of the bison lasted three large hours and the way not

redevint libre qu'à la nuit tombante. A ce moment, les derniers
became again free than at the night falling At this moment the last

rangs du troupeau traversaient les rails, tandis que les premiers
ranks of the herd crossed the tracks while that the first

disparaissaient au-dessous de l'horizon du sud.
disappeared at the under -of- the horizon of the south
below

Il était donc huit heures, quand le train franchit les défilés des
It was then eight hours when the train crossed the parades of the

Humboldt-Ranges, et neuf heures et demie, lorsqu'il pénétra sur le
Humboldt-ranges and nine hours and half When it penetrated on the

territoire de l'Utah, la région du grand lac Salé, le curieux pays
territory of -the- Utah the region of the large lake Salted the curious country

des Mormons.
of the Mormons

27 - Chapitre XXVII

DANS LEQUEL PASSEPARTOUT SUIT, AVEC UNE VITESSE DE VINGT
In which Passepartout follows with a speed of twenty

MILLES A L'HEURE, UN COURS D'HISTOIRE MORMONE
miles at the hour a course of history Mormon
per hour in Mormon history

Pendant la nuit du 5 au 6 décembre, le train courut au
During the night of the 5(th) to the 6(th of) December the train ran to the
moved

sud-est sur un espace de cinquante milles environ ; puis il
south east over a space of fifty miles approximately ; then it

remonta d'autant vers le nord-est, en s'approchant du grand
mounted again of as much towards the northeast while itself approaching -of- the large

lac Salé.
lake Salted
Salt Lake

Passepartout, vers neuf heures du matin, vint prendre l'air sur les
Passepartout towards nine hours of the morning came to take the air on the
to get some fresh air

passerelles. Le temps était froid, le ciel gris, mais il ne neigeait
passage ways The time was cold the sky grey But it not snowed

plus. Le disque du soleil, élargi par les brumes, apparaissait
(any)more The disk of the sun expanded by the mists appeared

comme une énorme pièce d'or, et Passepartout s'occupait à en
like a huge piece of gold and Passepartout occupied himself to of it

calculer la valeur en livres sterling, quand il fut distrait de cet utile
calculate the value in pounds sterling when he was distracted of this useful
in

travail par l'apparition d'un personnage assez étrange.
work by the appearance of a character enough strange
rather

Ce personnage, qui avait pris le train à la station d'Elko, était un
This character who had taken the train at the station of Elko was a

homme de haute taille, très brun, moustaches noires, bas noirs, chapeau
man of high size very brown mustaches black low blacks hat

de soie noir, gilet noir, pantalon noir, cravate blanche, gants de peau de
of silk black vest black trousers black tie white gloves of skin of

chien. On eût dit un révérend. Il allait d'une extrémité du train à
dog One had said a reverend He went from one end of the train to

l'autre, et, sur la portière de chaque wagon, il collait avec des
the other and on the door of each car he stuck with of the

pains à cacheter une notice écrite à la main.
breads to seal a notice written to the hand
{wafers used as blue tack} with

Passepartout s'approcha et lut sur une de ces notices que
Passepartout himself approached and read on one of these notices that

l'honorable « elder » William Hitch, missionnaire mormon, profitant de sa
the honorable elder William Hitch missionary mormon enjoying of his

présence sur le train n° 48, ferait, de onze heures à midi,
presence on the train number 48, would make from eleven hours to noon

dans le car n° 117, une conférence sur le mormonisme --, invitant
in the car number 117, a conference on the Mormonism –, inviting

à l'entendre tous les gentlemen soucieux de s'instruire touchant les
to it hear all the gentlemen concerned of themselves to instruct touching the
regarding

mystères de la religion des « Saints des derniers jours ».
mysteries of the religion of the Saints of the last days

« Certes, j'irai », se dit Passepartout, qui ne connaissait guère
Certainly I will go himself said Passepartout who not knew hardly

du mormonisme que ses usages polygames, base de la société
of the Mormonism than its uses polygamous base of the society

mormone.
Mormon

La nouvelle se répandit rapidement dans le train, qui emportait une
The news itself spread quickly in the train which carried a

centaine de voyageurs. Sur ce nombre, trente au plus, alléchés par
hundred of travelers On this number thirty at the most allured by
From

l'appât de la conférence, occupaient à onze heures les banquettes du
the bait of the conference occupied at eleven hours the benches of the

car n° 117. Passepartout figurait au premier rang des fidèles. Ni
car number 117. Passepartout featured at the first rank of the faithful Neither

son maître ni Fix n'avaient cru devoir se déranger.
his master nor Fix not had believed to have to themselves bother

A l'heure dite, l'elder William Hitch se leva, et d'une voix assez
At the hour said the elder William Hitch himself raised and with a voice rather

irritée, comme s'il eût été contredit d'avance, il s'écria :
irritated like if he had been contradicted of advance he himself cried out :
in advance exclaimed

« Je vous dis, moi, que Joe Smyth est un martyr, que son frère Hyram
I you say me that Joe Smyth is a martyr that his brother Hyram

est un martyr, et que les persécutions du gouvernement de l'Union
is a martyr and that the persecution of the government of the Union

contre les prophètes vont faire également un martyr de Brigham Young !
against the prophets go make equally a martyr of Brigham Young !

Qui oserait soutenir le contraire ? »
Who dares to support the contrary ?

Personne ne se hasarda à contredire le missionnaire, dont
Person not himself ventured to contradict the missionary of which
No one dared

l'exaltation contrastait avec sa physionomie naturellement calme. Mais,
the exaltation contrasted with his aspect naturally calm But

sans doute, sa colère s'expliquait par ce fait que le mormonisme
without doubt his anger itself explained by this fact that the Mormonism
was explained

était actuellement soumis à de dures épreuves. Et, en effet, le
was currently submitted to -of- hard tests And in fact the
ordeals

gouvernement des États-Unis venait, non sans peine, de réduire ces
government of the United States came not without trouble of to reduce these

fanatiques indépendants. Il s'était rendu maître de l'Utah, et l'avait
fanatics independent It itself was rendered master of -the- Utah and it had
had made

soumis aux lois de l'Union, après avoir emprisonné Brigham Young,
submitted to the laws of the union after to have jailed Brigham Young

accusé de rébellion et de polygamie. Depuis cette époque, les disciples
accused of rebellion and of polygamy Since this time the followers

du prophète redoublaient leurs efforts, et, en attendant les actes, ils
of the prophet redoubling their efforts and in awaiting the acts they

résistaient par la parole aux prétentions du Congrès.
resisted by the word to the pretentions of the Congress

On le voit, l'elder William Hitch faisait du prosélytisme jusqu'en
One it sees the elder William Hitch made of the proselytizing up to inside

chemin de fer.
way of iron
the railroad

Et alors il raconta, en passionnant son récit par les éclats de sa voix
And then he told while enthusing his story by the bursts of his voice

et la violence de ses gestes, l'histoire du mormonisme, depuis les
and the violence of his gestures the history of the Mormonism since the

temps bibliques : « comment, dans Israël, un prophète mormon de la
time bible : how in Israel a prophet Mormon of the

tribu de Joseph publia les annales de la religion nouvelle, et les
tribe of Joseph published the annals of the religion new and them

légua à son fils Morom ; comment, bien des siècles plus tard,
bequeathed to his son Morom ; how indeed of the centuries more late
later

une traduction de ce précieux livre, écrit en caractères égyptiens, fut
a translation of this valuable book written in characters egyptian was

faite par Joseph Smyth junior, fermier de l'État de Vermont, qui se
made by Joseph Smyth junior farmer of the state of Vermont who himself

révéla comme prophète mystique en 1825 ; comment, enfin, un messager
revealed as prophet mystical in 1825 ; how finally a messenger

céleste lui apparut dans une forêt lumineuse et lui remit les
heavenly him appeared in a forest luminous and him handed over the

annales du Seigneur. »
annals of the Lord

En ce moment, quelques auditeurs, peu intéressés par le récit
In this moment some audience little interested by the story

rétrospectif du missionnaire, quittèrent le wagon ; mais William Hitch,
retrospective of the missionary left the car ; but William Hitch

continuant, raconta « comment Smyth junior, réunissant son père, ses
continuing told how Smyth junior bringing together his father his

deux frères et quelques disciples, fonda la religion des Saints des
two brothers and some followers founded the religion of the Saints of the

derniers jours --, religion qui, adoptée non seulement en Amérique, mais
last days --, religion which adopted not only in America but

en Angleterre, en Scandinavie, en Allemagne, compte parmi ses fidèles
in England in Scandinavia in Germany counts among its faithful

des artisans et aussi nombre de gens exerçant des professions
-of the- craftsmen and also (a) number of people practicing -of the- professions

libérales ; comment une colonie fut fondée dans l'Ohio ; comment un
liberal ; how a colony was founded in -the- Ohio ; how a

temple fut élevé au prix de deux cent mille dollars et une ville
temple was raised at the price of two hundred thousand dollars and a city

bâtie à Kirkland ; comment Smyth devint un audacieux banquier et
built at Kirkland ; how Smyth became a bold banker and

reçut d'un simple montreur de momies un papyrus contenant un récit
received from a simple showman of mummies a papyrus containing a story

écrit de la main d'Abraham et autres célèbres Égyptiens. »
written by the hand of Abraham and others famous Egyptians

Cette narration devenant un peu longue, les rangs des auditeurs
This narration becoming a bit long the ranks of the audience

s'éclaircirent encore, et le public ne se composa plus que d'une
themselves cleared up still and the public not itself composed more that of a
cleared out even more

vingtaine de personnes.
twenty-some of persons

Mais l'elder, sans s'inquiéter de cette désertion, raconta avec détail «
But the elder without himself to worry of this desertion told with detail

comme quoi Joe Smyth fit banqueroute en 1837 ; comme quoi ses
like what Joe Smyth made bankruptcy in 1837 ; like what his

actionnaires ruinés l'enduisirent de goudron et le roulèrent dans la
shareholders ruined him smeared of tar and him rolled over in the

plume ; comme quoi on le retrouva, plus honorable et plus honoré
feather ; like what one him found again more honorable and more honored

que jamais, quelques années après, à Independance, dans le Missouri,
than ever some years after at Independence in -the- Missouri

et chef d'une communauté florissante, qui ne comptait pas moins de
and chef of a community flourishing which not counted -not- less than

trois mille disciples, et qu'alors, poursuivi par la haine des gentils,
three thousand followers and that then persecuted by the hatred of the gentiles
unbelievers

il dut fuir dans le Far West américain. »
he had to flee in the Far West American

Dix auditeurs étaient encore là, et parmi eux l'honnête Passepartout,
Ten listeners were still there and among them the honest Passepartout

qui écoutait de toutes ses oreilles. Ce fut ainsi qu'il apprit «
who listened with all his ears This was thus that he learned

comment, après de longues persécutions, Smyth reparut dans l'Illinois
how after -of- long persecutions Smyth reappeared in -the- Illinois

et fonda en 1839, sur les bords du Mississippi, Nauvoo-la-Belle,
and found in 1839, on the edges of the Mississippi Nauvoo-la-Belle
established

dont la population s'éleva jusqu'à vingt-cinq mille âmes ; comment
of which the population itself rose until twentyfive thousand souls ; how
increased

Smyth en devint le maire, le juge suprême et le général en chef ;
Smyth of it became the mayor the judge supreme and the general in chief ;

comment, en 1843, il posa sa candidature à la présidence des
how in 1843, he set his application for the presidency of the

États-Unis, et comment enfin, attiré dans un guet-apens, à Carthage, il
United States and how finally attracted in an ambush at Carthage he

fut jeté en prison et assassiné par une bande d'hommes masqués. »
was thrown in prison and killed by a band of men masked

En ce moment, Passepartout était absolument seul dans le wagon, et
In this moment Passepartout was absolutely alone in the car and

l'elder, le regardant en face, le fascinant par ses paroles, lui rappela
the elder him watching in face him fascinating by his words him recalled

que, deux ans après l'assassinat de Smyth, son successeur, le prophète
that two years after the murder of Smyth his successor the prophet

inspiré, Brigham Young, abandonnant Nauvoo, vint s'établir aux
inspired Brigham Young leaving Nauvoo came himself to establish at the

bords du lac Salé, et que là, sur cet admirable territoire, au
edges of the lake Salted and that there on this admirable territory at the
Salt Lake in the

milieu de cette contrée fertile, sur le chemin des émigrants qui
middle of this country fertile on the way of the emigrants who
fertile country

traversaient l'Utah pour se rendre en Californie, la nouvelle
crossed -the- Utah for themselves to hand over in California the new
to locate

colonie, grâce aux principes polygames du mormonisme, prit une
colony grace to the principles polygamous of the Mormonism took experienced an

extension énorme.
extension expansion huge

« Et voilà, ajouta William Hitch, voilà pourquoi la jalousie du
And see there added William Hitch see there why the jealousy of the

Congrès s'est exercée contre nous ! pourquoi les soldats de l'Union ont
Congress itself is has exercised against us ! why the soldiers of the Union have

foulé le sol de l'Utah ! pourquoi notre chef, le prophète
trampled the ground of -the- Utah ! why our chef the prophet

Brigham Young, a été emprisonné au mépris de toute justice !
Brigham Young has been jailed at the contempt of all justice !

Céderons-nous à la force ? Jamais ! Chassés du Vermont, chassés de
We give in to the force ? Never ! Chased of the from Vermont chased from

l'Illinois, chassés de l'Ohio, chassés du Missouri, chassés de l'Utah,
-the- Illinois chased from ohio chased of the from Missouri chased from -the- Utah

nous retrouverons encore quelque territoire indépendant où nous
we will find again still some territory independent where we

planterons notre tente... Et vous, mon fidèle, ajouta l'elder en fixant sur
will plant our tent And you my faithful added the elder in setting on

son unique auditeur des regards courroucés, planterez-vous la vôtre à
his only auditor -of- the looks wrathful you will plant -the- yours at in

l'ombre de notre drapeau ?
the shade of our flag ?

-- Non », répondit bravement Passepartout, qui s'enfuit à son tour,
— No answered bravely Passepartout who himself fled fled at his turn

laissant l'énergumène prêcher dans le désert.
letting the madman preach in the desert

Mais pendant cette conférence, le train avait marché rapidement, et,
But during this conference the train had moved quickly and

vers midi et demi, il touchait à sa pointe nord-ouest le grand
towards midday and half it touched at its point north west the large

lac Salé. De là, on pouvait embrasser, sur un vaste périmètre,
lake Salted From there one could embrace on a vast perimeter

l'aspect de cette mer intérieure, qui porte aussi le nom de mer
the aspect of this sea interior which carries also the name of sea

Morte et dans laquelle se jette un Jourdain d'Amérique. Lac admirable,
Dead and in which itself casts a Jordan of America Lake admirable
flows

encadré de belles roches sauvages, à larges assises, encroûtées de sel
framed of beautiful rocks wild at wide bases encrusted by salt

blanc, superbe nappe d'eau qui couvrait autrefois un espace plus
white superb sheet of water which covered (the) other time a space more
before

considérable ; mais avec le temps, ses bords, montant peu à peu, ont
considerable ; but with the time its edges climbing bit by bit have

réduit sa superficie en accroissant sa profondeur.
reduced its area in increasing its depth

Le lac Salé, long de soixante-dix milles environ, large de trente-cinq,
The lake Salted long of seventy miles approximately wide of thirty five
Salt Lake

est situé à trois mille huit cents pieds au-dessus du niveau de
is situated at three thousand eight hundred feet above of the level of

la mer. Bien différent du lac Asphaltite, dont la dépression accuse
the sea Well different of the lake Asphaltite of which the depression shows

douze cents pieds au-dessous, sa salure est considérable, et ses eaux
twelve hundred feet at the under its salinity is considerable and its waters
below

tiennent en dissolution le quart de leur poids de matière solide. Leur
take in dissolution the quarter of their weight of material solid Their

pesanteur spécifique est de 1 170, celle de l'eau distillée étant 1 000.
gravity specific is of 1 170, that of the water distilled being 1 000.

Aussi les poissons n'y peuvent vivre. Ceux qu'y jettent le Jourdain,
Also the fish not there can live Those that there throws the Jordan

le Weber et autres creeks, y périssent bientôt ; mais il n'est pas
the Weber and other creeks there perish soon ; but it not is -not-

vrai que la densité de ses eaux soit telle qu'un homme n'y puisse
true that the density of its waters is such that a man not there can

plonger.
plunge (in)

Autour du lac, la campagne était admirablement cultivée, car les
Around of the lake the countryside was admirably cultivated because the

Mormons s'entendent aux travaux de la terre : des ranchos et
Mormons understand at the works of the earth : -of the- ranches and

des corrals pour les animaux domestiques, des champs de blé, de
-of the- corrals for the animals domesticated -of the- fields of grain of

maïs, de sorgho, des prairies luxuriantes, partout des haies de
corn of sorghum -of the- meadows lush everywhere -of the- hedges of

rosiers sauvages, des bouquets d'acacias et d'euphorbes, tel eût été
roses wild of -the- bouquets of acacias and of euphorbia such had been

l'aspect de cette contrée, six mois plus tard ; mais en ce moment le
the aspect of this country six months more late ; but at this moment the
later

sol disparaissait sous une mince couche de neige, qui le poudrait
ground disappeared under a thin bed of snow which it powdering

légèrement.
lightly

A deux heures, les voyageurs descendaient à la station d'Ogden. Le
At two hours the travelers descended at the station of ogden The

train ne devant repartir qu'à six heures, Mr. Fogg, Mrs. Aouda et
train not before to set out again than at six hours Mr. Fogg Mrs Aouda and

leurs deux compagnons avaient donc le temps de se rendre à la
their two companions had then the time of themselves to give to the

Cité des Saints par le petit embranchement qui se détache de la
City of the Saints by the little branch which itself detaches from the

station d'Ogden. Deux heures suffisaient à visiter cette ville absolument
station of ogden Two hours sufficed to visit this city absolutely

américaine et, comme telle, bâtie sur le patron de toutes les villes de
American and as such built on the pattern of all the cities of

l'Union, vastes échiquiers à longues lignes froides, avec la « tristesse
the union large chessboards at long lines cold with the sadness
with

lugubre des angles droits », suivant l'expression de Victor Hugo. Le
dismal of the angles straight following the expression of Victor Hugo The

fondateur de la Cité des Saints ne pouvait échapper à ce besoin de
founder of the City of the Saints not could escape at this need of

symétrie qui distingue les Anglo-Saxons. Dans ce singulier pays, où
symmetry which distinguished the Anglo-Saxon In this uncommon country where

les hommes ne sont certainement pas à la hauteur des institutions,
the men not are certainly -not- at the height of the institutions

tout se fait « carrément », les villes, les maisons et les sottises.
all itself made straight the cities the houses and the nonsense

A trois heures, les voyageurs se promenaient donc par les rues
At three hours the travelers themselves walked then through the streets

de la cité, bâtie entre la rive du Jourdain et les premières
of the city built between the shore of the Jordan and the first

ondulations des monts Wahsatch. Ils y remarquèrent peu ou point
ripples of the mountains Wahsatch They there noted little or no

d'églises, mais, comme monuments, la maison du prophète, la
-of- churches But like monuments the house of the prophet the

Court-house et l'arsenal ; puis, des maisons de brique bleuâtre avec
Court-house and the arsenal ; then -of- the houses of brick bluish with

vérandas et galeries, entourées de jardins, bordées d'acacias, de palmiers
verandas and galleries surrounded by gardens lined of acacias of palm trees

et de caroubiers. Un mur d'argile et de cailloux, construit en 1853,
and of carobs A wall of clay and of pebbles built in 1853,

ceignait la ville. Dans la principale rue, où se tient le marché,
girded the city In the main street where itself holds the market
is held

s'élevaient quelques hôtels ornés de pavillons, et entre autres
itself rose some hotels decorated with pavilions and between others

Lake-Salt-house.
Salt Lake houses

Mr. Fogg et ses compagnons ne trouvèrent pas la cité fort peuplée.
Mr. Fogg and his companions not found -not- the City very populated

Les rues étaient presque désertes, -- sauf toutefois la partie du
The streets were almost deserted – except however the part of the

Temple, qu'ils n'atteignirent qu'après avoir traversé plusieurs
Temple that they not reached (other) than after to have traversed several

quartiers entourés de palissades. Les femmes étaient assez nombreuses,
quarters surrounded by palisades The women were enough many
blocks

ce qui s'explique par la composition singulière des ménages
this which is explained by the composition singular of the household

mormons. Il ne faut pas croire, cependant, que tous les
(of the) Mormons It not is necessary -not- to believe however that all the

Mormons soient polygames. On est libre, mais il est bon de remarquer
Mormons are polygamous One is free But it is good of to notice

que ce sont les citoyennes de l'Utah qui tiennent surtout à être
that these are the citizens of -the- Utah who take especially at to be

épousées, car, suivant la religion du pays, le ciel mormon
married because following the religion of the country the heaven (of) Mormon

n'admet point à la possession de ses béatitudes les célibataires du
not admits at all to the possession of its beatitudes the singles of the

sexe féminin. Ces pauvres créatures ne paraissaient ni aisées ni
gender feminine These poor creatures not appeared neither wealthy nor

heureuses. Quelques-unes, les plus riches sans doute, portaient une
happy Some the more rich without doubt carried a

jaquette de soie noire ouverte à la taille, sous une capuche ou un
jacket of silk black opened at the waist under a hood or a

châle fort modeste. Les autres n'étaient vêtues que d'indienne.
shawl very modest The others were not dressed than of indian

Passepartout, lui, en sa qualité de garçon convaincu, ne regardait pas
Passepartout him in his quality of boy single convinced not watched -not-

sans un certain effroi ces Mormones chargées de faire à plusieurs
without a certain fright these Mormon ladies charged with to make at with several

le bonheur d'un seul Mormon. Dans son bon sens, c'était le mari
the happiness of a single Mormon In his good sense It was the husband

qu'il plaignait surtout. Cela lui paraissait terrible d'avoir à guider
that he complained pitied especially That him appeared terrible of to have to guide

tant de dames à la fois au travers des vicissitudes de la
so many -of- ladies at the (same) time at the through of the vicissitudes of -the-

vie, à les conduire ainsi en troupe jusqu'au paradis mormon, avec cette
life to them lead thus in (a) band up to the paradise Mormon with this

perspective de les y retrouver pour l'éternité en compagnie du
prospect of them there to find back for the eternity in company of the

glorieux Smyth, qui devait faire l'ornement de ce lieu de délices.
glorious Smyth who must make the ornament of this place of delights

Décidément, il ne se sentait pas la vocation, et il trouvait --
Definitely he not himself felt -not- the vocation and he found –

peut-être s'abusait-il en ceci -- que les citoyennes de Great-Lake-City
maybe he was mistaken in this – that the female citizens of Great Lake City

jetaient sur sa personne des regards un peu inquiétants.
threw on his person of the looks a bit worrisome

Très heureusement, son séjour dans la Cité des Saints ne devait pas
Very fortunately his stay in the City of the Saints not must -not-

se prolonger. A quatre heures moins quelques minutes, les voyageurs
itself extend At four hours less some minutes the travelers

se retrouvaient à la gare et reprenaient leur place dans leurs
themselves found back at the station and regained their place in their

wagons.
cars

Le coup de sifflet se fit entendre ; mais au moment où les
The blow of whistle itself made hear ; but at the moment where the

roues motrices de la locomotive, patinant sur les rails, commençaient à
wheels driving of the locomotive skating on the tracks began to

imprimer au train quelque vitesse, ces cris : « Arrêtez ! arrêtez ! »
imprint at the train some speed these cries : Stop ! stop !

retentirent.
resounded

On n'arrête pas un train en marche. Le gentleman qui proférait ces
One not stops -not- a train in movement The gentleman who uttered these

cris était évidemment un Mormon attardé. Il courait à perdre haleine.
cries was obviously a Mormon delayed He ran to lose breath

Heureusement pour lui, la gare n'avait ni portes ni barrières. Il
Fortunately for him the station not had neither doors nor barriers He

s'élança donc sur la voie, sauta sur le marchepied de la dernière
sprang then on the track jumped on the footstep of the last

voiture, et tomba essoufflé sur une des banquettes du wagon.
carriage and fell out of breath on one of the benches of the car

Passepartout, qui avait suivi avec émotion les incidents de cette
Passepartout who had followed with emotion the incidents of this

gymnastique, vint contempler ce retardataire, auquel il s'intéressa
gymnastic(s) came contemplate this latecomer to which he became interested

vivement, quand il apprit que ce citoyen de l'Utah n'avait ainsi pris
strongly when he learned that this citizen of -the- Utah not had thus taken

la fuite qu'à la suite d'une scène de ménage.
the flight than at the following of a scene of household

Lorsque le Mormon eut repris haleine, Passepartout se hasarda à lui
When the Mormon had resumed breath Passepartout himself ventured to him
dared

demander poliment combien il avait de femmes, à lui tout seul, -- et
ask politely how many he had of women to him all alone – and

à la façon dont il venait de décamper, il lui en supposait une
at the way of which he came of to decamp he him of them supposed a
to flee

vingtaine au moins.
score at the least

« Une, monsieur ! répondit le Mormon en levant les bras au ciel,
One Sir ! answered the Mormon in raising the arm at the sky

une, et c'était assez ! »
one and it was enough !

28 - Chapitre XXVIII

DANS LEQUEL PASSEPARTOUT NE PUT PARVENIR A FAIRE ENTENDRE LE
In which Passepartout not could reach succeed at to make hear the

LANGAGE DE LA RAISON
language of -the- reason

Le train, en quittant Great-Salt-Lake et la station d'Ogden, s'éleva
The train in leaving Great Salt Lake and the station of Ogden itself rose

pendant une heure vers le nord, jusqu'à Weber-river, ayant franchi neuf
during an hour towards the north until Weber-river having crossed nine

cents milles environ depuis San Francisco. A partir de ce point, il
hundred miles approximately since San Francisco At leave From of this point it

reprit la direction de l'est à travers le massif accidenté des
retook continued in the direction of the east -at- through the massif rough of the

monts Wahsatch. C'est dans cette partie du territoire, comprise entre
mountains Wahsatch It is in this part of the territory ranged between

ces montagnes et les montagnes Rocheuses proprement dites, que les
these mountains and the mountains Rocky properly said that the

ingénieurs américains ont été aux prises avec les plus sérieuses
engineers Americans have been at the grips encountered with the more serious

difficultés. Aussi, dans ce parcours, la subvention du gouvernement de
difficulties Also in this route the grant cost of the government of

l'Union s'est-elle élevée à quarante-huit mille dollars par mille, tandis
the Union was she raised to forty-eight thousand dollars by mile while

qu'elle n'était que de seize mille dollars en plaine ; mais les
that she not was that of sixteen thousand dollars in plain ; but the

ingénieurs, ainsi qu'il a été dit, n'ont pas violenté la nature, ils
engineers thus as it has been said not have -not- abused the nature they

ont rusé avec elle, tournant les difficultés, et pour atteindre
have been cunning with her turning (around) the difficulties and for to reach

le grand bassin, un seul tunnel, long de quatorze mille pieds, a été
the large basin an only tunnel long of fourteen thousand feet has been

percé dans tout le parcours du rail-road.
perforated in all the route of the rail-road

C'était au lac Salé même que le tracé avait atteint jusqu'alors sa plus
It was at the lake Salted even that the track had reached until then its most
Salt Lake

haute cote d'altitude. Depuis ce point, son profil décrivait une courbe
high side of altitude From this point its profile described a curve
part

très allongée, s'abaissant vers la vallée du Bitter-creek, pour
very stretched out itself lowering towards the valley of the Bitter-creek for

remonter jusqu'au point de partage des eaux entre l'Atlantique et le
to climb up up to the point of parting of the waters between the Atlantic and the

Pacifique. Les rios étaient nombreux dans cette montagneuse région. Il
Pacific The rios were numerous in this mountainous region It

fallut franchir sur des ponceaux le Muddy, le Green et autres.
was necessary to cross on of the culverts the Muddy the Green and others

Passepartout était devenu plus impatient à mesure qu'il s'approchait du
Passepartout was become more impatient at measure that he came closer of the
had

but. Mais Fix, à son tour, aurait voulu être déjà sorti de cette
goal But Fix at his turn would have wanted to be already gone out of this

difficile contrée. Il craignait les retards, il redoutait les accidents, et
difficult country He feared the delays he feared the accidents and

était plus pressé que Phileas Fogg lui-même de mettre le pied sur la
was more pressed than Phileas Fogg him self of to put the foot on the
in a hurry

terre anglaise !
earth English !

A dix heures du soir, le train s'arrêtait à la station de
At ten hours of the evening the train itself halted at the station of

Fort-Bridger, qu'il quitta presque aussitôt, et, vingt milles plus loin, il
High-Bridger that it left almost immediately and twenty miles more far it
farther

entrait dans l'État de Wyoming, -- l'ancien Dakota --, en suivant toute
entered in the state of Wyoming – the former Dakota –, in following all

la vallée du Bitter-creek, d'où s'écoulent une partie des eaux
the valley of the Bitter-creek from where flow a part of the waters

qui forment le système hydrographique du Colorado.
which form the system hydrographic of the Colorado

Le lendemain, 7 décembre, il y eut un quart d'heure d'arrêt à la
The following day 7 december it there had a quarter of hour of halt at the
of an hour

station de Green-river. La neige avait tombé pendant la nuit assez
station of Green-river The snow had fallen during the night enough

abondamment, mais, mêlée à de la pluie, à demi fondue, elle ne
profusely but mixed to of the rain at half melted she not

pouvait gêner la marche du train. Toutefois, ce mauvais temps ne
could bother the march of the train However this bad weather not

laissa pas d'inquiéter Passepartout, car l'accumulation des neiges, en
left -not- of to worry Passepartout because the accumulation of the snow in
stopped

embourbant les roues des wagons, eût certainement compromis le
bogging the wheels of the cars had certainly compromised the

voyage.
journey

« Aussi, quelle idée, se disait-il, mon maître a-t-il eue de voyager
Also what idea himself said he my master has he had of to travel

pendant l'hiver ! Ne pouvait-il attendre la belle saison pour
during the winter ! Not could he await the beautiful season for
good

augmenter ses chances ? »
to increase his chances ?

Mais, en ce moment, où l'honnête garçon ne se préoccupait que
But in this moment where the honest boy not himself concerned than

de l'état du ciel et de l'abaissement de la température, Mrs. Aouda
of the state of the sky and of the setting of the temperature Mrs Aouda

éprouvait des craintes plus vives, qui provenaient d'une tout autre
experienced -of the- fears more keen shich came from an all other

cause.
cause

En effet, quelques voyageurs étaient descendus de leur wagon, et
In effect some travelers were descended of their car and
had

se promenaient sur le quai de la gare de Green-river, en
themselves walked on the platform of the station of Green-river in

attendant le départ du train. Or, à travers la vitre,
awaiting the departure of the train However -at- through the (window) pane glass

la jeune femme reconnut parmi eux le colonel Stamp W. Proctor, cet
the young woman recognized among them the colonel Stamp W Proctor this

Américain qui s'était si grossièrement comporté à l'égard de
American who himself was so roughly behaved to the consideration of
had

Phileas Fogg pendant le meeting de San Francisco. Mrs. Aouda, ne
Phileas Fogg during the meeting of San Francisco Mrs Aouda not

voulant pas être vue, se rejeta en arrière.
wanting -not- to be seen herself threw in back

Cette circonstance impressionna vivement la jeune femme. Elle s'était
This circumstance impressed strongly the young woman She himself was
had

attachée à l'homme qui, si froidement que ce fût, lui donnait chaque
attached to the man who so coldly as this was her gave each

jour les marques du plus absolu dévouement. Elle ne comprenait pas,
day the marks of the most absolute dedication She not understood -not-

sans doute, toute la profondeur du sentiment que lui inspirait son
without doubt all the depth of the feeling that her inspired her

sauveur, et à ce sentiment elle ne donnait encore que le nom de
savior and at this feeling she not gave still than the name of

reconnaissance, mais, à son insu, il y avait plus que cela. Aussi
gratitude but at her unbeknownst it there had more than that Also
there was

son coeur se serra-t-il, quand elle reconnut le grossier personnage
her heart itself closed it when she recognized the coarse character

auquel Mr. Fogg voulait tôt ou tard demander raison de sa conduite.
to which Mr. Fogg wanted early or late to ask reason of his behaviour

Évidemment, c'était le hasard seul qui avait amené dans ce train le
Obviously It was the chance only who had led in this train the

colonel Proctor, mais enfin il y était, et il fallait empêcher à
colonel Proctor but finally he there was and it was necessary to prevent at

tout prix que Phileas Fogg aperçut son adversaire.
all price that Phileas Fogg saw his opponent

Mrs. Aouda, lorsque le train se fut remis en route, profita d'un
Mrs Aouda when the train itself was set back on (the) road took advantage of a
had

moment où sommeillait Mr. Fogg pour mettre Fix et Passepartout au
moment where slumbered Mr. Fogg for to put Fix and Passepartout at the

courant de la situation.
running of the situation

« Ce Proctor est dans le train ! s'écria Fix. Eh bien, rassurez-vous,
This Proctor is in the train ! exclaimed Fix Eh well rest assured

madame, avant d'avoir affaire au sieur... à Mr. Fogg, il aura affaire
Madam before of to have business at the with Sir to Mr. Fogg he will have business

à moi ! Il me semble que, dans tout ceci, c'est encore moi qui ai
to with me ! It me appears that in all this It is still me who has

reçu les plus graves insultes !
received the most serious insults !

-- Et, de plus, ajouta Passepartout, je me charge de lui, tout colonel
– And of more added Passepartout I myself charge of him all colonel

qu'il est.
that he is

-- Monsieur Fix, reprit Mrs. Aouda, Mr. Fogg ne laissera à personne
– Sir Fix continued Mrs Aouda Mr. Fogg not will let to person

le soin de le venger. Il est homme, il l'a dit, à revenir en
the care of him to revenge He is man he him has said to return in

Amérique pour retrouver cet insulteur. Si donc il aperçoit le colonel
America for to find back this insulter If then he perceives the colonel

Proctor, nous ne pourrons empêcher une rencontre, qui peut amener
Proctor we not can prevent a meeting which can fetch create

de déplorables résultats. Il faut donc qu'il ne le voie pas.
-of- deplorable results It is necessary then that he not him sees -not-

-- Vous avez raison, madame, répondit Fix, une rencontre pourrait tout
– You have reason are right Madam answered Fix a meeting could all

perdre. Vainqueur ou vaincu, Mr. Fogg serait retardé, et...
lose Winner or conquered loser Mr. Fogg would be delayed and

-- Et, ajouta Passepartout, cela ferait le jeu des gentlemen du
– And added Passepartout that would make the game of the gentlemen of the that would win the game for

Reform-Club. Dans quatre jours nous serons à New York ! Eh bien, si
Reform club In four days we will be at New York ! Eh well if

pendant quatre jours mon maître ne quitte pas son wagon, on peut
during four days my master not left -not- his car one can

espérer que le hasard ne le mettra pas face à face avec ce maudit
hope that the chance not him will set -not- face to face with this damn

Américain, que Dieu confonde ! Or, nous saurons bien l'empêcher... »
American that God confuses ! However we will know well him to stop

La conversation fut suspendue. Mr. Fogg s'était réveillé, et regardait
The conversation was suspended Mr. Fogg himself was had woken up and watched

la campagne à travers la vitre tachetée de neige. Mais, plus
the countryside -at- through the (window) pane glass speckled of snow But more

tard, et sans être entendu de son maître ni de Mrs. Aouda,
late and without to be heard by his master nor by Mrs Aouda

Passepartout dit à l'inspecteur de police :
Passepartout said to the inspector of police :

« Est-ce que vraiment vous vous battriez pour lui ?
Is this that really you yourself would fight for him ?

-- Je ferai tout pour le ramener vivant en Europe ! » répondit
– I will make all for him to bring alive in to Europe ! answered

simplement Fix, d'un ton qui marquait une implacable volonté.
simply Fix with a tone which marked gave an implacable will

Passepartout sentit comme un frisson lui courir par le corps, mais
Passepartout felt like a shiver him run through the body but

ses convictions à l'endroit de son maître ne faiblirent pas.
his convictions to the place to the right way of his master not faltered -not-

Et maintenant, y avait-il un moyen quelconque de retenir Mr. Fogg
And now there had it a means any of to retain Mr. Fogg

dans ce compartiment pour prévenir toute rencontre entre le colonel
in this compartment for to prevent all encounter between the colonel

et lui ? Cela ne pouvait être difficile, le gentleman étant d'un naturel
and him ? That not could be difficult the gentleman being of a nature

peu remuant et peu curieux. En tout cas, l'inspecteur de police crut
little moving and little not very curious In all cases the inspector of police believed

avoir trouvé ce moyen, car, quelques instants plus tard, il disait à
to have found this means because some moments more later late he said to

Phileas Fogg :
Phileas Fogg :

« Ce sont de longues et lentes heures, monsieur, que celles que
These are -of- long and slow hours Sir -that- those that

l'on passe ainsi en chemin de fer.
it one passes thus in way of iron
railroad

-- En effet, répondit le gentleman, mais elles passent.
– In effect answered the gentleman But they pass

-- A bord des paquebots, reprit l'inspecteur, vous aviez l'habitude
– On board of the ocean liners continued the inspector you had the habit

de faire votre whist ?
of to make your whist ?
to play

-- Oui, répondit Phileas Fogg, mais ici ce serait difficile. Je n'ai
– Yes answered Phileas Fogg but here this would be difficult I not have

ni cartes ni partenaires.
neither cards nor partners

-- Oh ! les cartes, nous trouverons bien à les acheter. On vend de
– Oh ! the cards we will find well at them to buy One sells of

tout dans les wagons américains. Quant aux partenaires, si, par
everything in the cars Americans As to the partners if by

hasard, madame...
chance Madam

-- Certainement, monsieur, répondit vivement la jeune femme, je connais
– Certainly Sir answered strongly the young woman I know

le whist. Cela fait partie de l'éducation anglaise.
the whist That made part of the education English

-- Et moi, reprit Fix, j'ai quelques prétentions à bien jouer ce jeu.
– And me continued Fix I have some pretentions at well to play this game

Or, à nous trois et un mort...
However at us three and a dead (one)

-- Comme il vous plaira, monsieur », répondit Phileas Fogg, enchanté
– Like it you will please Sir answered Phileas Fogg enchanted

de reprendre son jeu favori --, même en chemin de fer.
of take again his game favorite –, even in (the) way of iron
on railroad

Passepartout fut dépêché à la recherche du steward, et il revint
Passepartout was sent off at the search of the steward and he returned

bientôt avec deux jeux complets, des fiches, des jetons et une
soon with two games complete of the sheets of the chips and a

tablette recouverte de drap. Rien ne manquait. Le jeu commença.
shelf covered of blanket Nothing -not- missed The game started

Mrs. Aouda savait très suffisamment le whist, et elle reçut même
Mrs Aouda knew quite enough the whist and she received even

quelques compliments du sévère Phileas Fogg. Quant à l'inspecteur, il
some compliments from the severe Phileas Fogg As to the inspector he

était tout simplement de première force, et digne de tenir tête au
was all simply of first force and worthy of to keep head to the

gentleman.
gentleman

« Maintenant, se dit Passepartout à lui-même, nous le tenons. Il
Now himself said Passepartout at him self we him keep He

ne bougera plus ! »
not will budge (any)more !
will move

A onze heures du matin, le train avait atteint le point de partage
Has eleven hours of the morning the train had reached the point of parting

des eaux des deux océans. C'était à Passe-Bridger, à une hauteur de
of the waters of the two oceans It was at Pass Bridger at a height of

sept mille cinq cent vingt-quatre pieds anglais au-dessus du niveau
seven thousand five hundred twenty-four feet English above of the level

de la mer, un des plus hauts points touchés par le profil du tracé
of the sea one of the most high points touched by the profile of the track

dans ce passage à travers les montagnes Rocheuses. Après deux cents
in this passage -at- through the mountains Rocky After two hundred

milles environ, les voyageurs se trouveraient enfin sur ces
miles approximately the travelers themselves find finally on these

longues plaines qui s'étendent jusqu'à l'Atlantique, et que la nature
long plains which extend until the Atlantic and that the nature

rendait si propices à l'établissement d'une voie ferrée.
gave over so propitious to the establishment of a way ironed
railway

Sur le versant du bassin atlantique se développaient déjà les
On the side of the basin Atlantic itself developed extended already the

premiers rios, affluents ou sous-affluents de North-Platte-river. Tout
first rios tributaries or sub-tributaries of North Platte river All

l'horizon du nord et de l'est était couvert par cette immense
the horizon of the north and of the east was covered by this immense

courtine semi-circulaire, qui forme la portion septentrionale des
curtain semicircular which shapes the portion northern of the

Rocky-Mountains, dominée par le pic de Laramie. Entre cette courbure
Rocky-mountains dominated by the peak of Laramie Between this curvature

et la ligne de fer s'étendaient de vastes plaines, largement arrosées.
and the line of iron itself extended -of- large plains widely watered

Sur la droite du rail-road s'étageaient les premières rampes du massif
On the right of the rail road were piled the first ramps of the massif

montagneux qui s'arrondit au sud jusqu'aux sources de la rivière de
mountainous which itself rounds at the south up to the springs of the river of

l'Arkansas, l'un des grands tributaires du Missouri.
of Arkansas -the- one of the great tributaries of the Missouri

A midi et demi, les voyageurs entrevoyaient un instant le fort
At midday and (a) half the travelers foresaw a moment the fort

Halleck, qui commande cette contrée. Encore quelques heures, et la
(of) Halleck which commands this country Still some hours and the

traversée des montagnes Rocheuses serait accomplie. On pouvait donc
crossing of the mountains Rocky would be accomplished One could then

espérer qu'aucun accident ne signalerait le passage du train à travers
hope that any accident not would signal the passage of the train -at- through

cette difficile région. La neige avait cessé de tomber. Le temps se
this difficult region The snow had ceased of to fall The weather itself

mettait au froid sec. De grands oiseaux, effrayés par la locomotive,
set at the cold dry -Of- great birds frightened by the locomotive

s'enfuyaient au loin. Aucun fauve, ours ou loup, ne se montrait
themselves fled to the distance No wildcat bear or wolf not itself showed

sur la plaine. C'était le désert dans son immense nudité.
on the plain It was the desert in its immense nudity

Fogg et ses partenaires venaient de reprendre leur interminable whist,
Fogg and his partners came of to take again their endless whist

quand de violents coups de sifflet se firent entendre. Le train
when of violent blows of whistle themselves made hear The train

s'arrêta.
stopped

Passepartout mit la tête à la portière et ne vit rien qui
Passepartout put the head at the door and -not- saw nothing which

motivât cet arrêt. Aucune station n'était en vue.
motivated this stop Any station not was in sight

Mrs. Aouda et Fix purent craindre un instant que Mr. Fogg en songeât
Mrs Aouda and Fix could fear a moment that Mr. Fogg of it dreamed

à descendre sur la voie. Mais le gentleman se contenta de dire à
to go down on the track But the gentleman himself contented of to say to

son domestique :
his servant :

« Voyez donc ce que c'est. »
See then this what It is

Passepartout s'élança hors du wagon. Une quarantaine de voyageurs
Passepartout himself launched jumped out of the car A forty-some of travelers

avaient déjà quitté leurs places, et parmi eux le colonel Stamp W.
had already left their seats and among them the colonel Stamp W

Proctor.
Proctor

Le train était arrêté devant un signal tourné au rouge qui fermait
The train was had stopped in front of a signal turned at the red which closed

la voie. Le mécanicien et le conducteur, étant descendus, discutaient
the way The engineer and the driver being having descended gotten out discussed

assez vivement avec un garde-voie, que le chef de gare de
enough strongly with a track guard that the chef of station of

Medicine-Bow, la station prochaine, avait envoyé au-devant du train.
Medicine-Bow the station next had sent at the front in front of the train

Des voyageurs s'étaient approchés et prenaient part à la
Of the travelers themselves were approached and taking part at the

discussion, -- entre autres le susdit colonel Proctor, avec son
discussion – between others the above mentioned colonel Proctor with his

verbe haut et ses gestes impérieux.
verb loud and his gestures tyrannical
voice

Passepartout, ayant rejoint le groupe, entendit le garde-voie qui disait :
Passepartout having rejoined the group heard the track guard who said :

« Non ! il n'y a pas moyen de passer ! Le pont de
No ! it not there has -not- means of to pass ! The bridge of
there is no

Medicine-Bow est ébranlé et ne supporterait pas le poids du train. »
Medicine-bow is shaken and not will bear -not- the weight of the train
weakened

Ce pont, dont il était question, était un pont suspendu, jeté sur un
This bridge of which it was question was a bridge suspended thrown over a

rapide, à un mille de l'endroit où le convoi s'était arrêté. Au
rapid at a mile from the place where the convoy itself was stopped At the
had

dire du garde-voie, il menaçait ruine, plusieurs des fils étaient
to say of the track guard he threatened ruin several of the wires were

rompus, et il était impossible d'en risquer le passage. Le garde-voie
broken and it was impossible of in to risk the passage The track guard
of

n'exagérait donc en aucune façon en affirmant qu'on ne pouvait passer.
not exaggerated then in any way in affirming that one not could pass

Et d'ailleurs, avec les habitudes d'insouciance des Américains, on peut
And besides with the habits of carefreeness of the Americans one can

dire que, quand ils se mettent à être prudents, il y aurait
say that when they themselves put to be cautious it there would have
would be

folie à ne pas l'être.
madness to not -not- it be (oneself)

Passepartout, n'osant aller prévenir son maître, écoutait, les dents serrées,
Passepartout not daring to go warn his master listened the teeth closed

immobile comme une statue.
motionless like a statue

« Ah çà! s'écria le colonel Proctor, nous n'allons pas, j'imagine, rester
Ah here exclaimed the colonel Proctor we not go -not- I imagine to stay

ici à prendre racine dans la neige !
here to take root in the snow !

-- Colonel, répondit le conducteur, on a télégraphié à la station
— Colonel answered the driver one has telegraphed to the station

d'Omaha pour demander un train, mais il n'est pas probable qu'il arrive
of Omaha for to ask a train But it not is -not- likely that it arrives

à Medicine-Bow avant six heures.
at Medicine-bow before six hours

-- Six heures ! s'écria Passepartout.
— Six hours ! exclaimed Passepartout

-- Sans doute, répondit le conducteur. D'ailleurs, ce temps nous
— Without doubt answered the driver Besides this time to us

sera nécessaire pour gagner à pied la station.
it will be necessary for to win on foot the station
to reach

-- A pied ! s'écrièrent tous les voyageurs.
— On foot ! exclaimed all the travelers

-- Mais à quelle distance est donc cette station ? demanda l'un d'eux
— But at what distance is then this station ? asked the one of them

au conducteur.
at the driver

-- A douze milles, de l'autre côté de la rivière.
— At twelve miles from the other side of the river

-- Douze milles dans la neige ! » s'écria Stamp W. Proctor.
— Twelve miles in the snow ! exclaimed Stamp W Proctor

Le colonel lança une bordée de jurons, s'en prenant à la
The colonel launched a broadside of swear words himself of it taking (out) at the

compagnie, s'en prenant au conducteur, et Passepartout, furieux,
company himself of it taking (out) at the driver and Passepartout furious

n'était pas loin de faire chorus avec lui. Il y avait là un
not was -not- far from to make (a) choir with him It there had there an
There was there

obstacle matériel contre lequel échoueraient, cette fois, toutes les
obstacle material against which would fail this time all the

bank-notes de son maître.
banknotes of his master

Au surplus, le désappointement était général parmi les voyageurs, qui,
At the surplus the disappointment was general among the travelers who
On top of that

sans compter le retard, se voyaient obligés à faire une
without to count the delay themselves saw forced to make a

quinzaine de milles à travers la plaine couverte de neige. Aussi
fourteen-some of miles -at- through the plain covered of snow So

était-ce un brouhaha, des exclamations, des vociférations, qui auraient
was this a hubbub of the exclamations of the vociferations which would have

certainement attiré l'attention de Phileas Fogg, si ce gentleman n'eût
certainly attracted the attention of Phileas Fogg if this gentleman not had

été absorbé par son jeu.
been absorbed by his game

Cependant Passepartout se trouvait dans la nécessité de le prévenir,
However Passepartout himself found in the (the) need of him to warn

et, la tête basse, il se dirigeait vers le wagon, quand le
and the head low he himself headed towards the car when the

mécanicien du train -- un vrai Yankee, nommé Forster --, élevant la
engineer of the train – a true Yankee called Forster –, raising the

voix, dit :
voice said :

« Messieurs, il y aurait peut-être moyen de passer.
Gentlemen it there would have maybe means of to pass
there might be a

-- Sur le pont ? répondit un voyageur.
– On the bridge ? answered a traveller

-- Sur le pont.
– On the bridge

-- Avec notre train ? demanda le colonel.
– With our train ? asked the colonel

-- Avec notre train. »
– With our train

Passepartout s'était arrêté, et dévorait les paroles du mécanicien.
Passepartout himself was stopped and devoured the words of the engineer
had

« Mais le pont menace ruine ! reprit le conducteur.
But the bridge threatens ruin ! continued the driver

-- N'importe, répondit Forster. Je crois qu'en lançant le train avec son
– Not it matters answered Forster I believe than in launching the train with its

maximum de vitesse, on aurait quelques chances de passer.
maximum of speed one would have some chances of to pass

-- Diable ! » fit Passepartout.
— Devil ! made Passepartout
said

Mais un certain nombre de voyageurs avaient été immédiatement séduits
But a certain number of travelers had been immediately seduced

par la proposition. Elle plaisait particulièrement au colonel Proctor. Ce
by the proposal She pleased particularly at the colonel Proctor This

cerveau brûlé trouvait la chose très faisable. Il rappela même que des
brain burnt found the thing very feasible He recalled even that -of the-

ingénieurs avaient eu l'idée de passer des rivières « sans pont »
engineers had had the idea of to pass -of the- rivers without bridge

avec des trains rigides lancés à toute vitesse, etc. Et, en fin de
with -of the- trains rigid launched at all speed etc And in end of

compte, tous les intéressés dans la question se rangèrent à
account all the interested in the question themselves lined up to

l'avis du mécanicien.
the opinion of the engineer

« Nous avons cinquante chances pour passer, disait l'un.
We have fifty chances for pass said the one
fifty percent chance of to

-- Soixante, disait l'autre.
— Sixty said the other

-- Quatre-vingts !... quatre-vingt-dix sur cent ! »
— Eighty !... ninety on hundred !
out of a

Passepartout était ahuri, quoiqu'il fût prêt à tout tenter pour
Passepartout was stunned though (he) was ready to all try for

opérer le passage du Medicine-creek, mais la tentative lui semblait
to operate the passage of the Medicine-creek But the attempt him seemed

un peu trop « américaine ».
a bit too American

« D'ailleurs, pensa-t-il, il y a une chose bien plus simple à faire,
Besides thought he it there has a thing well more simple to do
there is

et ces gens-là n'y songent même pas !... »
and these folks there not there think of even -not- !...

« Monsieur, dit-il à un des voyageurs, le moyen proposé par le
Sir said he to one of the travelers the means offered by the

mécanicien me paraît un peu hasardé, mais...
engineer me seems a bit hazarded But

-- Quatre-vingts chances ! répondit le voyageur, qui lui tourna le dos.
– Eighty chances ! answered the traveller who him turned the back

-- Je sais bien, répondit Passepartout en s'adressant à un autre
– I know well answered Passepartout in addressing to an other

gentleman, mais une simple réflexion...
gentleman But a simple reflection
thought

-- Pas de réflexion, c'est inutile ! répondit l'Américain interpellé en
– Not of reflection It is useless ! answered the American arrested in
thought

haussant les épaules, puisque le mécanicien assure qu'on passera !
raising the shoulders since the engineer assures that one will pass !
will go over

-- Sans doute, reprit Passepartout, on passera, mais il serait
– Without doubt continued Passepartout one will pass but it would be

peut-être plus prudent...
perhaps more sensible

-- Quoi ! prudent ! s'écria le colonel Proctor, que ce mot, entendu
– What ! sensible ! exclaimed the colonel Proctor that this word heard
who

par hasard, fit bondir. A grande vitesse, on vous dit ! Comprenez-vous
by chance made leap At large speed one you told ! Do you understand

? A grande vitesse !
? At large speed !

-- Je sais... je comprends..., répétait Passepartout, auquel personne ne
– I know I understand repeated Passepartout to which person not
no one

laissait achever sa phrase, mais il serait, sinon plus prudent, puisque le
let finish his sentence but it would be if not more sensible since the

mot vous choque, du moins plus naturel...
word you shocks of the least more natural
at

-- Qui ? que ? quoi ? Qu'a-t-il donc celui-là avec son naturel ?... »
– Who ? that ? what ? What did he then that one with his natural ?...

s'écria-t-on de toutes parts.
cried people out from all sides

Le pauvre garçon ne savait plus de qui se faire entendre.
The poor boy not knew more of to whom himself to make hear

« Est-ce que vous avez peur ? lui demanda le colonel Proctor.
Is this that you have fear ? him asked the colonel Proctor

-- Moi, peur ! s'écria Passepartout. Eh bien, soit ! Je montrerai à ces
– Me fear ! exclaimed Passepartout Eh well be it ! I show to these

gens-là qu'un Français peut être aussi américain qu'eux !
folks there that a French(man) can be also American as them !

-- En voiture ! en voiture ! criait le conducteur.
– In carriage ! in carriage ! cried out the driver

-- Oui ! en voiture, répétait Passepartout, en voiture ! Et tout de
– Yes ! in carriage repeated Passepartout in carriage ! And all of

suite ! Mais on ne m'empêchera pas de penser qu'il eût été
following ! But one not will prevent me -not- of to think that it had been
would have

plus naturel de nous faire d'abord passer à pied sur ce pont, nous
more natural of ourselves to make initially pass on foot on this bridge us

autres voyageurs, puis le train ensuite !... »
other travelers then the train subsequently !...

Mais personne n'entendit cette sage réflexion, et personne n'eût voulu
But person -not- heard this wise reflection and no one -not- had wanted
no one thought

en reconnaître la justesse.
of it to recognize the rightness

Les voyageurs étaient réintégrés dans leur wagon. Passepartout reprit sa
The travelers were reintegrated in their car Passepartout took again his

place, sans rien dire de ce qui s'était passé. Les joueurs étaient
place without nothing to say of this which himself was passed The players were
had

tout entiers à leur whist.
all wholly (taken up) to their whist
by

La locomotive siffla vigoureusement. Le mécanicien, renversant la vapeur,
The locomotive hissed vigorously The engineer overturning the steam

ramena son train en arrière pendant près d'un mille --, reculant
brought back his train in back during near of a mile –, recoiling

comme un sauteur qui veut prendre son élan.
like a jumper who wants to take his momentum

Puis, à un second coup de sifflet, la marche en avant recommença :
Then at a second blow of whistle the march in front began again :

elle s'accéléra ; bientôt la vitesse devint effroyable ; on n'entendait plus
she accelerated ; soon the speed became appalling ; one not heard more

qu'un seul hennissement sortant de la locomotive ; les pistons battaient
than a single whinny exiting from the locomotive ; the pistons beat

vingt coups à la seconde ; les essieux des roues fumaient dans les
twenty blows to the second ; the axles of the wheels smoked in the

boîtes à graisse. On sentait, pour ainsi dire, que le train tout entier,
cans at fat One felt for thus to say that the train all whole

marchant avec une rapidité de cent milles à l'heure, ne pesait plus
moving with a speed of (a) hundred miles at the hour not weighed more

sur les rails. La vitesse mangeait la pesanteur.
on the tracks The speed ate the gravity

Et l'on passa ! Et ce fut comme un éclair. On ne vit rien
And it they passed ! And this was like a lightning One not saw nothing

du pont. Le convoi sauta, on peut le dire, d'une rive à l'autre,
of the bridge The convoy jumped one can it say from one shore to the other

et le mécanicien ne parvint à arrêter sa machine emportée qu'à
and the engineer not succeeded to stop his engine carried along than at

cinq milles au-delà de la station.
five miles beyond of the station

Mais à peine le train avait-il franchi la rivière, que le pont,
But at pain the train had it crossed the river that the bridge

définitivement ruiné, s'abîmait avec fracas dans le rapide de
definitively ruined sank with fracas noise in the rapid(s) of

Medicine-Bow.
Medicine-Bow (creek)

29 - Chapitre XXIX

OÙ IL SERA FAIT LE RÉCIT D'INCIDENTS DIVERS QUI NE
Where it will be made the story of incidents diverse which not

SE RENCONTRENT QUE SUR LES RAIL-ROADS DE L'UNION
themselves encounter than on the rail roads of the Union
one encounters other than

Le soir même, le train poursuivait sa route sans obstacles, dépassait
The evening same the train followed its road without obstacles passed by
That same evening

le fort Sauders, franchissait la passe de Cheyenne et arrivait à la
-the- fort Saunders crossed the passes of Cheyenne and arrived at the

passe d'Evans. En cet endroit, le rail-road atteignait le plus haut point
passes of Evans In this place the rail-road reached the most high point

du parcours, soit huit mille quatre-vingt-onze pieds au-dessus du
of the route be it eight thousand ninety-one feet above of the

niveau de l'océan. Les voyageurs n'avaient plus qu'à descendre jusqu'à
level of the Ocean The travelers not had more than to go down until

l'Atlantique sur ces plaines sans limites, nivelées par la nature.
the Atlantic on these plains without edge leveled by -the- nature

Là se trouvait sur le « grand trunk » l'embranchement de
There itself found on the large trunk the junction of

Denver-city, la principale ville du Colorado. Ce territoire est riche en
Denver-city the main city of the Colorado This territory is rich in

mines d'or et d'argent, et plus de cinquante mille habitants y
mines of gold and of silver and more than fifty thousand inhabitants there

ont déjà fixé leur demeure.
have already set their abode

A ce moment, treize cent quatre-vingt-deux milles avaient été faits
At this moment thirteen hundred eighty two miles had been made

depuis San Francisco, en trois jours et trois nuits. Quatre nuits et
since San Francisco in three days and three nights Four nights and

quatre jours, selon toute prévision, devaient suffire pour atteindre New
four days according to all forecast must suffice for to reach New

York. Phileas Fogg se maintenait donc dans les délais réglementaires.
York Phileas Fogg himself kept then in the deadlines regulatory
under

Pendant la nuit, on laissa sur la gauche le camp Walbah. Le
During the night one left on the left the camp Walbah The

Lodge-pole-creek courait parallèlement à la voie, en suivant la frontière
Lodge pole creek ran in parallel to the way in following the border

rectiligne commune aux États du Wyoming et du Colorado. A onze
straight common to the States of the Wyoming and of the Colorado At eleven

heures, on entrait dans le Nebraska, on passait près du Sedgwick, et
hours one entered in the Nebraska one passed near of the Sedgwick and

l'on touchait à Julesburgh, placé sur la branche sud de Platte-river.
it one touched at Julesburg placed on the branch south of Platte-river

C'est à ce point que se fit l'inauguration de l'Union Pacific Road,
It is at this point that himself made the inauguration of the Union Pacific Road

le 23 octobre 1867, et dont l'ingénieur en chef fut le général J. M.
the 23 October 1867, and of which the engineer in chef was the general J Mr

Dodge. Là s'arrêtèrent les deux puissantes locomotives, remorquant
Dodge There -themselves- stopped the two powerful locomotives towing

les neuf wagons des invités, au nombre desquels figurait le
the nine cars of the guests at the number of which featured the

vice-président, Mr. Thomas C. Durant ; là retentirent les acclamations ;
vice-president Mr. Thomas C. Durant ; there resounded the cheers ;

là, les Sioux et les Pawnies donnèrent le spectacle d'une
there the Sioux and the Pawnee gave the spectacle of a
show

petite guerre indienne ; là, les feux d'artifice éclatèrent ; là, enfin,
little war Indian ; there the fires of artificial erupted ; there finally
small indian war fireworks

se publia, au moyen d'une imprimerie portative, le premier numéro
itself published at the means of a printing house portable the first number

du journal Railway Pioneer. Ainsi fut célébrée l'inauguration de ce
of the newspaper Railway Pioneer Thus was celebrated the inauguration of this

grand chemin de fer, instrument de progrès et de civilisation, jeté à
large way of iron instrument of progress and of civilization thrown -at-
railroad

travers le désert et destiné à relier entre elles des villes et
through the desert and destined to connect between them -of the- towns and

des cités qui n'existaient pas encore. Le sifflet de la locomotive,
-of the- cities which not existed -not- still The whistle of the locomotive

plus puissant que la lyre d'Amphion, allait bientôt les faire surgir
more powerful that the lyre of amphion went soon thm to make arise

du sol américain.
from the ground earth American

A huit heures du matin, le fort Mac-Pherson était laissé en arrière.
At eight hours of the morning the fort Mac-Pherson was left in back

Trois cent cinquante-sept milles séparent ce point d'Omaha. La voie
Three hundred fifty seven miles separate this point from Omaha The way

ferrée suivait, sur sa rive gauche, les capricieuses sinuosités de la
ironed of the railway followed on its shore left the capricious convolutions of the

branche sud de Platte-river. A neuf heures, on arrivait à l'importante
branch south of Platte-river At nine hours one arrived at the important

ville de North-Platte, bâtie entre ces deux bras du grand cours
city of North-Platte built between these two arms of the large course

d'eau, qui se rejoignent autour d'elle pour ne plus former qu'une
of water which itself joins around of her for not more to form thana

seule artère --, affluent considérable dont les eaux se confondent
lone artery –, affluent tributary considerable of which the waters themselves mix

avec celles du Missouri, un peu au-dessus d'Omaha.
with those of the Missouri a bit above of Omaha

Le cent-unième méridien était franchi.
The hundred and first meridian was crossed

Mr. Fogg et ses partenaires avaient repris leur jeu. Aucun d'eux ne
Mr. Fogg and his partners had resumed their game Any of them not

se plaignait de la longueur de la route --, pas même le
himself complained of the length of the road –, not even the

mort. Fix avait commencé par gagner quelques guinées, qu'il
dead {fourth lacking player} Fix had started by to win some guineas that he

était en train de reperdre, mais il ne se montrait pas moins
was in train on his way of to lose again but he not himself showed -not- less

passionné que Mr. Fogg. Pendant cette matinée, la chance favorisa
passionate than Mr. Fogg During this morning the fortune favored

singulièrement ce gentleman. Les atouts et les honneurs pleuvaient dans
singularly this gentleman The assets and the honors rained in
very much

ses mains. A un certain moment, après avoir combiné un coup
his hands At a certain moment after to have combined a strike

audacieux, il se préparait à jouer pique, quand, derrière la
bold he himself prepared to play spade(s) when behind the

banquette, une voix se fit entendre, qui disait :
little bench a voice itself made hear who said :

« Moi, je jouerais carreau... »
Me I would play diamond(s)

Mr. Fogg, Mrs. Aouda, Fix levèrent la tête. Le colonel Proctor était près
Mr. Fogg Mrs Aouda Fix raised the head The colonel Proctor was near

d'eux.
of them

Stamp W. Proctor et Phileas Fogg se reconnurent aussitôt.
Stamp W Proctor and Phileas Fogg each other recognized immediately

« Ah ! c'est vous, monsieur l'Anglais, s'écria le colonel, c'est vous qui
Ah ! It is you Sir the English exclaimed the colonel It is you who

voulez jouer pique !
wants to play spade(s) !

-- Et qui le joue, répondit froidement Phileas Fogg, en abattant un
– And who it plays answered coldly Phileas Fogg in tapping down a

dix de cette couleur.
ten of this color

-- Eh bien, il me plaît que ce soit carreau », répliqua le colonel
– Eh well it me pleases that this is tile replied the colonel
window pane

Proctor d'une voix irritée.
Proctor with a voice irritated

Et il fit un geste pour saisir la carte jouée, en ajoutant :
And he made a gesture for to seize the card played in adding :

« Vous n'entendez rien à ce jeu.
You not understand nothing at this game
of

-- Peut-être serai-je plus habile à un autre, dit Phileas Fogg, qui se
— Maybe will I be more clever to than an other said Phileas Fogg who himself

leva.
raised

-- Il ne tient qu'à vous d'en essayer, fils de John Bull ! » répliqua le
— It not holds than to you of in of to try son of John Bull ! replied the

grossier personnage.
coarse character

Mrs. Aouda était devenue pâle. Tout son sang lui refluait au coeur. Elle
Mrs Aouda was had become pale All her blood her flowed to the heart She

avait saisi le bras de Phileas Fogg, qui la repoussa doucement.
had gripped the arm of Phileas Fogg who her pushed softly

Passepartout était prêt à se jeter sur l'Américain, qui regardait son
Passepartout was ready to himself throw on the American who watched his

adversaire de l'air le plus insultant. Mais Fix s'était levé, et, allant
opponent with the air the most insulting But Fix himself was had raised and going

au colonel Proctor, il lui dit :
at the colonel Proctor he him said :

« Vous oubliez que c'est moi à qui vous avez affaire, monsieur, moi que
You forget that It is me to who you have business Sir me that

vous avez, non seulement injurié, mais frappé !
you have not only insulted but struck !

-- Monsieur Fix, dit Mr. Fogg, je vous demande pardon, mais ceci me
— Sir Fix said Mr. Fogg I you request forgiveness but this me

regarde seul. En prétendant que j'avais tort de jouer pique, le colonel
regards alone In pretending that I had wrong of to play spade(s) the colonel

m'a fait une nouvelle injure, et il m'en rendra raison.
me has made a new insult and he me of it will give back will indemnify reason

-- Quand vous voudrez, et où vous voudrez, répondit l'Américain, et
— When you want and where you want answered the American and

à l'arme qu'il vous plaira ! »
at with the weapon that -it- you will please !

Mrs. Aouda essaya vainement de retenir Mr. Fogg. L'inspecteur tenta
Mrs Aouda tried in vain of to retain Mr. Fogg The inspector tried

inutilement de reprendre la querelle à son compte. Passepartout voulait
uselessly of to take again the quarrel to his account Passepartout wanted

jeter le colonel par la portière, mais un signe de son maître
to throw the colonel through the door But a sign of his master

l'arrêta. Phileas Fogg quitta le wagon, et l'Américain le suivit sur
him stopped Phileas Fogg left the car and the American him followed on

la passerelle.
the passage way

« Monsieur, dit Mr. Fogg à son adversaire, je suis fort pressé de
Sir said Mr. Fogg to his opponent I am very pressed of
in a hurry

retourner en Europe, et un retard quelconque préjudicierait beaucoup
to go back in Europe and a delay any would be prejudicial much

à mes intérêts.
to my interests

-- Eh bien ! qu'est-ce que cela me fait ? répondit le colonel Proctor.
– Eh well ! What is that that me makes ? answered the colonel Proctor

-- Monsieur, reprit très poliment Mr. Fogg, après notre rencontre à
– Sir continued very politely Mr. Fogg after our meeting at
in

San Francisco, j'avais formé le projet de venir vous retrouver en
San Francisco I had formed the project of to come you find back in

Amérique, dès que j'aurais terminé les affaires qui m'appellent sur
America after that I would have finished the affairs which call me on

l'ancien continent.
the old continent

-- Vraiment !
– Really !

-- Voulez-vous me donner rendez-vous dans six mois ?
– Want you me to give appointment in six months ?

-- Pourquoi pas dans six ans ?
– Why -not- in six years ?

-- Je dis six mois, répondit Mr. Fogg, et je serai exact au
– I say six months answered Mr. Fogg and I will be punctual at the

rendez-vous.
appointment

-- Des défaites, tout cela ! s'écria Stamp W. Proctor. Tout de suite
– Of the losses all that ! exclaimed Stamp W Proctor All of following
Immediately

ou pas.
or -not-

-- Soit, répondit Mr. Fogg. Vous allez à New York ?
– Be it answered Mr. Fogg You go to New York ?

-- Non.
– No

-- A Chicago ?
– To Chicago ?

-- Non.
– No

-- A Omaha ?
– To Omaha ?

-- Peu vous importe ! Connaissez-vous Plum-Creek ?
– Bit you care ! Do you know Plum Creek ?

-- Non, répondit Mr. Fogg.
– No answered Mr. Fogg

-- C'est la station prochaine. Le train y sera dans une heure. Il
– It is the station next The train there will be in a hour It

y stationnera dix minutes. En dix minutes, on peut échanger
there will stop over for ten minutes In ten minutes one can exchange

quelques coups de revolver.
some blows of revolver

-- Soit, répondit Mr. Fogg. Je m'arrêterai à Plum-Creek.
– Be it answered Mr. Fogg I will stop at Plum creek

-- Et je crois même que vous y resterez ! ajouta l'Américain avec
– And I believe even that you there stay ! added the American with

une insolence sans pareille.
an insolence without equal

-- Qui sait, monsieur ? » répondit Mr. Fogg, et il rentra dans son
– Who knows Sir ? answered Mr. Fogg and he returned in his

wagon, aussi froid que d'habitude.
car as cold as of usual

les fanfarons n'étaient jamais à craindre. Puis il pria Fix de lui servir
the boasters were not ever to fear Then he asked Fix of him to serve

de témoin dans la rencontre qui allait avoir lieu. Fix ne pouvait
of witness in the meeting which went to have place Fix not could
as to take

refuser, et Phileas Fogg reprit tranquillement son jeu interrompu, en
refuse and Phileas Fogg continued quietly his game interrupted in

jouant pique avec un calme parfait.
playing spade(s) with a calm perfect

A onze heures, le sifflet de la locomotive annonça l'approche de la
At eleven hours the whistle of the locomotive announced the approach of the

station de Plum-Creek. Mr. Fogg se leva, et, suivi de Fix, il
station of Plum Creek Mr. Fogg himself raised and followed by Fix he

se rendit sur la passerelle. Passepartout l'accompagnait, portant une
himself rendered on the passage way Passepartout him accompanied carrying a
went on

paire de revolvers. Mrs. Aouda était restée dans le wagon, pâle comme
pair of revolvers Mrs Aouda was remained in the car pale like
had

une morte.
a dead (person)

En ce moment, la porte de l'autre wagon s'ouvrit, et le colonel
In this moment the door of the other car itself opened and the colonel
opened

Proctor apparut également sur la passerelle, suivi de son témoin, un
Proctor appeared equally on the passage way followed by his witness a
also

Yankee de sa trempe. Mais à l'instant où les deux adversaires
Yankee of his temper But at the instant where the two opponents
the same

allaient descendre sur la voie, le conducteur accourut et leur cria :
went to go down on the track the driver ran and them shouted :

« On ne descend pas, messieurs.
One not descends -not- gentlemen

-- Et pourquoi ? demanda le colonel.
— And why ? asked the colonel

-- Nous avons vingt minutes de retard, et le train ne s'arrête pas.
— We have twenty minutes of delay and the train not itself stops -not-

-- Mais je dois me battre avec monsieur.
— But I must me fight with Sir

-- Je le regrette, répondit l'employé, mais nous repartons immédiatement.
– I the miss answered the employee but we leave again immediately

Voici la cloche qui sonne ! »
See-here the bell which sounds !

La cloche sonnait, en effet, et le train se remit en route.
The bell sounded in fact and the train itself set again in road

« Je suis vraiment désolé, messieurs, dit alors le conducteur. En toute
I am really sorry gentlemen said then the driver In all

autre circonstance, j'aurai pu vous obliger. Mais, après tout,
other circumstance I will have been able to you oblige But after all
I would have

puisque vous n'avez pas eu le temps de vous battre ici, qui vous
since you not have -not- had the time of you to fight here who you

empêche de vous battre en route ?
prevents of you to fight on (the) road ?

-- Cela ne conviendra peut-être pas à monsieur ! dit le colonel
– That not suit maybe -not- to Sir ! said the colonel

Proctor d'un air goguenard.
Proctor of a air bantering

-- Cela me convient parfaitement », répondit Phileas Fogg.
– That me convenes perfectly answered Phileas Fogg

« Allons, décidément, nous sommes en Amérique ! pensa Passepartout, et
Go definitely we are in America ! thought Passepartout and

le conducteur de train est un gentleman du meilleur monde ! »
the driver of (the) train is a gentleman of the best world !

Et ce disant il suivit son maître.
And this saying he followed his master

Les deux adversaires, leurs témoins, précédés du conducteur, se
The two opponents their witnesses preceded of the driver themselves

rendirent, en passant d'un wagon à l'autre, à l'arrière du train. Le
rendered in passing of one car to the other to the rear of the train The
after

dernier wagon n'était occupé que par une dizaine de voyageurs. Le
last car not was occupied than by a ten-some of travelers The

conducteur leur demanda s'ils voulaient bien, pour quelques instants,
driver them asked if they wanted well for some moments

laisser la place libre à deux gentlemen qui avaient une affaire d'honneur
let the place free to two gentlemen who had a business of honor

à vider.
to empty
clear out

Comment donc ! Mais les voyageurs étaient trop heureux de pouvoir être
How then ! But the travelers were too happy of to be able to be

agréables aux deux gentlemen, et ils se retirèrent sur les
pleasant to the two gentlemen and they themselves withdrew on the

passerelles.
passage ways

Ce wagon, long d'une cinquantaine de pieds, se prêtait très
This car long of a fifty of feet itself lent very

convenablement à la circonstance. Les deux adversaires pouvaient marcher
properly to the circumstance The two opponents could walk

l'un sur l'autre entre les banquettes et s'arquebuser à leur aise.
the one on the other between the benches and themselves shoot at their ease

Jamais duel ne fut plus facile à régler. Mr. Fogg et le colonel
Never (a) duel not was more easy to arrange Mr. Fogg and the colonel

Proctor, munis chacun de deux revolvers à six coups, entrèrent dans le
Proctor provided each of two revolvers at six blows entered in the

wagon. Leurs témoins, restés en dehors, les y enfermèrent. Au
car Their witnesses remaining -in- outside them there shut up At the

premier coup de sifflet de la locomotive, ils devaient commencer le
first blow of whistle of the locomotive they must begin the

feu... Puis, après un laps de deux minutes, on retirerait du wagon
fire Then after a lap of two minutes one withdrew from the car

ce qui resterait des deux gentlemen.
this who remained of the two gentlemen

Rien de plus simple en vérité. C'était même si simple, que Fix et
Nothing of more simple in truth It was even so simple that Fix and

Passepartout sentaient leur coeur battre à se briser.
Passepartout felt their heart beat to itself break

On attendait donc le coup de sifflet convenu, quand soudain des cris
One awaited then the blow of whistle agreed when suddenly of the cries

venaient point du wagon réservé aux duellistes. Ces détonations
came at all from the car reserved to the duelists These detonations

se prolongeaient, au contraire, jusqu'à l'avant et sur toute la
themselves prolonged at the contrary up to the front and on all the

ligne du train. Des cris de frayeur se faisaient entendre à
line of the train Of the cries of fright themselves made hear at

l'intérieur du convoi.
the interior of the convoy

Le colonel Proctor et Mr. Fogg, revolver au poing, sortirent aussitôt
The colonel Proctor and Mr. Fogg revolver at the fist went out immediately

du wagon et se précipitèrent vers l'avant, où retentissaient
from the car and themselves rushed towards the front where resounded

plus bruyamment les détonations et les cris.
more loud the detonations and the cries

Ils avaient compris que le train était attaqué par une bande de Sioux.
They had understood that the train was attacked by a band of Sioux

Ces hardis Indiens n'en étaient pas à leur coup d'essai, et plus
These bold Indians not of it were -not- at their strike of trial and more

d'une fois déjà ils avaient arrêté les convois. Suivant leur habitude,
than one time already they had stopped the convoys Following their habit

sans attendre l'arrêt du train, s'élançant sur les marchepieds
without to await the stop of the train themselves launching on the running boards

au nombre d'une centaine, ils avaient escaladé les wagons comme fait
at the number of a hundred they had climbed the cars like did

un clown d'un cheval au galop.
a clown from a horse at the gallop

Ces Sioux étaient munis de fusils. De là les détonations auxquelles
These Sioux were provided with rifles Of there the detonations at the which
by which

les voyageurs, presque tous armés, ripostaient par des coups de revolver.
the travelers almost all armed retaliated by of the blows of revolver

Tout d'abord, les Indiens s'étaient précipités sur la machine. Le
All initially the Indians themselves were rushed on the engine The

mécanicien et le chauffeur avaient été à demi assommés à coups de
engineer and the driver had been at half stunned at blows of

manoeuvrer la manette du régulateur, avait largement ouvert
to move the controller of the regulator had widely opened

l'introduction de la vapeur au lieu de la fermer, et la locomotive,
the introduction of the steam at the place of it to close and the locomotive

emportée, courait avec une vitesse effroyable.
carried along ran with a speed appalling

En même temps, les Sioux avaient envahi les wagons, ils couraient
In (the) same time the Sioux had invaded the cars they ran

comme des singes en fureur sur les impériales, ils enfonçaient les
like -of the- monkeys in fury on the imperial they crashed in the

portières et luttaient corps à corps avec les voyageurs. Hors du wagon
doors and fought body to body with the travelers Out of the car

de bagages, forcé et pillé, les colis étaient précipités sur la voie. Cris
of baggage forced and looted the parcels were rushed on the way Cries

et coups de feu ne discontinuaient pas.
and blows of fire not stopped -not-

Cependant les voyageurs se défendaient avec courage. Certains
However the travelers themselves defended with courage Certain

wagons, barricadés, soutenaient un siège, comme de véritables forts
cars barricaded supported a siege like of real forts

ambulants, emportés avec une rapidité de cent milles à l'heure.
traveling carried away with a speed of (a) hundred miles to the hour

Dès le début de l'attaque, Mrs. Aouda s'était courageusement
From the beginning of the attack Mrs Aouda herself was courageously
herself had

comportée. Le revolver à la main, elle se défendait héroïquement,
behaved The revolver at the hand she herself defended heroically

tirant à travers les vitres brisées, lorsque quelque sauvage se
shooting -at- through the panes broken when some savage himself

présentait à elle. Une vingtaine de Sioux, frappés à mort, étaient
presented at her A twenty-some of Sioux struck to death were

tombés sur la voie, et les roues des wagons écrasaient comme des
fallen on the way and the wheels of the cars crushed like -of the-

vers ceux d'entre eux qui glissaient sur les rails du haut des
worms those of between them who slipped on the tracks from the height of the
fell

passerelles.
passage ways

Plusieurs voyageurs, grièvement atteints par les balles ou les casse-tête,
Several travelers seriously struck by the bullets or the break-heads
war clubs

gisaient sur les banquettes.
lay on the little benches

Cependant il fallait en finir. Cette lutte durait déjà depuis dix
However it was necessary of it to end This fight lasted already since ten

minutes, et ne pouvait que se terminer à l'avantage des Sioux, si
minutes and not could than itself end at the advantage of the Sioux if

le train ne s'arrêtait pas. En effet, la station du fort Kearney n'était
the train not itself halted -not- In fact the station of the fort Kearney not was

pas à deux milles de distance. Là se trouvait un poste américain ;
-not- at two miles of distance There itself found a post American ;

mais ce poste passé, entre le fort Kearney et la station suivante les
but this post passed between the fort Kearney and the station following the

Sioux seraient les maîtres du train.
Sioux would be the masters of the train

Le conducteur se battait aux côtés de Mr. Fogg, quand une balle
The driver himself fought at the sides of Mr. Fogg when a bullet

le renversa. En tombant, cet homme s'écria :
him struck down In falling this man exclaimed :

« Nous sommes perdus, si le train ne s'arrête pas avant cinq minutes
We are lost if the train not itself stops -not- before five minutes

!
!

-- Il s'arrêtera ! dit Phileas Fogg, qui voulut s'élancer hors du
– It will stop ! said Phileas Fogg who wanted to launch himself out of the

wagon.
car

-- Restez, monsieur, lui cria Passepartout. Cela me regarde ! »
– Stay Sir him shouted Passepartout That me concerns !

Phileas Fogg n'eut pas le temps d'arrêter ce courageux garçon, qui,
Phileas Fogg not had -not- the time to stop this courageous boy who

glisser sous le wagon. Et alors, tandis que la lutte continuait, pendant
slip under the car And then while that the fight continued during

que les balles se croisaient au-dessus de sa tête, retrouvant son
that the bullets themselves crossed above of his head finding back his

agilité, sa souplesse de clown, se faufilant sous les wagons,
agility his flexibility of clown himself sneaking under the cars

s'accrochant aux chaînes, s'aidant du levier des freins et des
clinging to the chains himself helping of the sink of the brakes and of the

longerons des châssis, rampant d'une voiture à l'autre avec une
beams of the frame creeping from one carriage to the other with a

adresse merveilleuse, il gagna ainsi l'avant du train. Il n'avait pas
skill marvellous he gained thus the front of the train He not had -not-
reached

été vu, il n'avait pu l'être.
been seen he not had been able it to be

Là, suspendu d'une main entre le wagon des bagages et le tender,
There suspended by a hand between the car of the baggage and the tender

de l'autre il décrocha les chaînes de sûreté ; mais par suite de la
of the other he unhooked the chains of safety ; but by following of the

traction opérée, il n'aurait jamais pu parvenir à dévisser la
traction operated he would not have ever been able reach to unscrew the
succeed

barre d'attelage, si une secousse que la machine éprouva n'eût fait
bar of hitching if a jerk that the engine experienced not had made

sauter cette barre, et le train, détaché, resta peu à peu en arrière,
jump this bar and the train taken off remained bit to bit in back

tandis que la locomotive s'enfuyait avec une nouvelle vitesse.
while that the locomotive fled with a new speed

Emporté par la force acquise, le train roula encore pendant quelques
Taken along by the force acquired the train rolled still during some

minutes, mais les freins furent manoeuvrés à l'intérieur des wagons, et
minutes But the brakes were manipulated at the interior of the cars and

le convoi s'arrêta enfin, à moins de cent pas de la station de
the convoy stopped finally at least of hundred steps from the station of

Kearney.
Kearney

Là, les soldats du fort, attirés par les coups de feu, accoururent en
There the soldiers of the fort attracted by the blows of fire rushed in

hâte. Les Sioux ne les avaient pas attendus, et, avant l'arrêt complet
hurry The Sioux not them had -not- expected and before the stop complete

du train, toute la bande avait décampé.
of the train all the band had decamped
fled

Mais quand les voyageurs se comptèrent sur le quai de la
But when the travelers themselves counted on the platform of the

station, ils reconnurent que plusieurs manquaient à l'appel, et entre
station they recognized that several lacked at the call and between

autres le courageux Français dont le dévouement venait de les
others the courageous French(man) of which the dedication came of them

sauver.
to save

30 - Chapitre XXX

DANS LEQUEL PHILEAS FOGG FAIT TOUT SIMPLEMENT SON DEVOIR
In which Phileas Fogg does all simply his duty

Trois voyageurs, Passepartout compris, avaient disparu. Avaient-ils été
Three travelers Passepartout understood had disappeared Had they been

tués dans la lutte ? Etaient-ils prisonniers des Sioux ? On ne pouvait
killed in the fight ? Were they captives of the Sioux ? One not could

encore le savoir.
still it to know

Les blessés étaient assez nombreux, mais on reconnut qu'aucun n'était
The wounded were enough quite numerous but they recognized that none -not- was

atteint mortellement. Un dès plus grièvement frappé, c'était le colonel
reached hit fatally One of the more seriously struck It was the colonel

Proctor, qui s'était bravement battu, et qu'une balle à l'aine avait
Proctor who himself was had bravely fought and that a bullet at the groin had

renversé. Il fut transporté à la gare avec d'autres voyageurs, dont
struck down He was transported to the station with -of- other travelers of which

l'état réclamait des soins immédiats.
the state demanded -of- the cares immediate

Mrs. Aouda était sauve. Phileas Fogg, qui ne s'était pas épargné,
Mrs Aouda was safe Phileas Fogg who not himself was had -not- saved

n'avait pas une égratignure. Fix était blessé au bras, blessure sans
not had -not- a scratch Fix was wounded on the arm wound without

importance. Mais Passepartout manquait, et des larmes coulaient des
importance But Passepartout missed and of the tears streamed from the

yeux de la jeune femme.
eyes of the young woman

Cependant tous les voyageurs avaient quitté le train. Les roues des
However all the travelers had left the train The wheels of the

wagons étaient tachées de sang. Aux moyeux et aux rayons pendaient
cars were stained with blood At the hubs and at the spokes hung

d'informes lambeaux de chair. On voyait à perte de vue sur la plaine
-of- shapeless tatters of flesh One saw at loss of sight on the plain
as far as one could see

blanche de longues traînées rouges. Les derniers Indiens disparaissaient
white of long pulls red The last Indians disappeared
draggings

alors dans le sud, du côté de Republican-river.
then in the south from the side of Republican-river
to the

Mr. Fogg, les bras croisés, restait immobile. Il avait une grave décision
Mr. Fogg the arm crossed remained motionless He had a serious decision

à prendre. Mrs. Aouda, près de lui, le regardait sans prononcer une
to take Mrs Aouda near of him him watched without to pronounce a

parole... Il comprit ce regard. Si son serviteur était prisonnier, ne
word He understood this look If his servant was prisoner not

devait-il pas tout risquer pour l'arracher aux Indiens ?...
should he -not- all risk for him to snatch to the Indians ?...
from the

« Je le retrouverai mort ou vivant, dit-il simplement à Mrs. Aouda.
I him will find back dead or alive said he simply to Mrs Aouda

-- Ah ! monsieur... monsieur Fogg ! s'écria la jeune femme, en
— Ah ! Sir Sir Fogg ! exclaimed the young woman in

saisissant les mains de son compagnon qu'elle couvrit de larmes.
gripping the hands of her companion that she covered with tears

-- Vivant ! ajouta Mr. Fogg, si nous ne perdons pas une minute ! »
— Alive ! added Mr. Fogg if we not lose -not- a minute !

Par cette résolution, Phileas Fogg se sacrifiait tout entier. Il venait de
By this decision Phileas Fogg himself sacrificed all whole He came of
totally

prononcer sa ruine. Un seul jour de retard lui faisait manquer le
to pronounce his ruin A single day of delay him made miss the

paquebot à New York. Son pari était irrévocablement perdu. Mais devant
ocean liner to New York His bet was irrevocably lost But in front of

cette pensée : « C'est mon devoir ! » il n'avait pas hésité.
this thought : It is my duty ! he not had -not- hesitated

Le capitaine commandant le fort Kearney était là. Ses soldats -- une
The captain commanding the fort Kearney was there His soldiers — a

centaine d'hommes environ -- s'étaient mis sur la défensive
hundred of men approximately – themselves were put on the defensive
themselves had

pour le cas où les Sioux auraient dirigé une attaque directe contre
for the case where the Sioux would have directed an attack direct against
in the case that

la gare.
the station

« Monsieur, dit Mr. Fogg au capitaine, trois voyageurs ont disparu.
Sir said Mr. Fogg to the captain three travelers have disappeared

-- Morts ? demanda le capitaine.
– Dead ? asked the captain

-- Morts ou prisonniers, répondit Phileas Fogg. Là est une incertitude
– Dead or captives answered Phileas Fogg There is an incertitude

qu'il faut faire cesser. Votre intention est-elle de poursuivre les
that it is necessary to make cease Your intention is she of to pursue the

Sioux ?
Sioux ?

-- Cela est grave, monsieur, dit le capitaine. Ces Indiens peuvent fuir
– That is serious Sir said the captain These Indians can flee

jusqu'au-delà de l'Arkansas ! Je ne saurais abandonner le fort qui
up to of there of -the- Arkansas ! I not would know abandon the fort which
all the way to cat

m'est confié.
me is entrusted

-- Monsieur, reprit Phileas Fogg, il s'agit de la vie de trois
– Sir continued Phileas Fogg it itself deals of the life of three

hommes.
men

-- Sans doute... mais puis-je risquer la vie de cinquante pour en
– Without doubt But can I risk the life of fifty for of it

sauver trois ?
to save three ?

-- Je ne sais si vous le pouvez, monsieur, mais vous le devez.
– I not know if you it can Sir But you it must

-- Monsieur, répondit le capitaine, personne ici n'a à m'apprendre
– Sir answered the captain no one here not has to teach me

quel est mon devoir.
What is my duty

-- Soit, dit froidement Phileas Fogg. J'irai seul !
— Be it said coldly Phileas Fogg I will go alone !

-- Vous, monsieur ! s'écria Fix, qui s'était approché, aller seul à la
— You Sir ! exclaimed Fix who himself was approached to go alone at the
had

poursuite des Indiens !
pursuit of the Indians !

-- Voulez-vous donc que je laisse périr ce malheureux, à qui tout ce
— Want you then that I let perish this unhappy (one) to whom all this
these

qui est vivant ici doit la vie ? J'irai.
who is alive here owe the life ? I will go
are

-- Eh bien, non, vous n'irez pas seul ! s'écria le capitaine, ému
— Eh well no you will not go -not- alone ! exclaimed the captain moved

malgré lui. Non ! Vous êtes un brave coeur !... Trente hommes
in spite of himself No ! You are a brave heart !... Thirty men

de bonne volonté ! » ajouta-t-il en se tournant vers ses soldats.
of good will ! added he in himself turning towards his soldiers
volunteering

Toute la compagnie s'avança en masse. Le capitaine n'eut qu'à
All the company advanced itself in mass The captain not had than to

choisir parmi ces braves gens. Trente soldats furent désignés, et un
choose among these brave people Thirty soldiers were designated and an

vieux sergent se mit à leur tête.
old sergeant himself put at their head

« Merci, capitaine ! dit Mr. Fogg.
Thank you captain ! said Mr. Fogg

-- Vous me permettrez de vous accompagner ? demanda Fix au
— You me permit of you to accompany ? asked Fix to the

gentleman.
gentleman

-- Vous ferez comme il vous plaira, monsieur, lui répondit Phileas
— You will do like it you will please Sir him answered Phileas
pleases

Fogg. Mais si vous voulez me rendre service, vous resterez près de
Fogg But if you want me to render service you stay near -of-
to be of

Aouda. Au cas où il m'arriverait malheur... »
Aouda At the In case where it myself arrives misfortune

Une pâleur subite envahit la figure de l'inspecteur de police. Se
A pallor sudden invaded the face of the inspector of police Himself

séparer de l'homme qu'il avait suivi pas à pas et avec tant de
to separate of the man that he had followed step by step and with so much of

persistance ! Le laisser s'aventurer ainsi dans ce désert ! Fix regarda
persistence ! Him to let himself venture thus in this desert ! Fix watched

attentivement le gentleman, et, quoi qu'il en eût, malgré ses
closely the gentleman and what whatever that he of it had would have in spite of his

préventions, en dépit du combat qui se livrait en lui, il baissa les
measures in spite of the fight which itself engaged in him he lowered the

yeux devant ce regard calme et franc.
eyes in front of this look calm and honest

« Je resterai », dit-il.
I will stay said he

Quelques instants après, Mr. Fogg avait serré la main de la jeune
Some moments after Mr. Fogg had closed pressed the hand of the young

femme ; puis, après lui avoir remis son précieux sac de voyage, il
woman ; then after to her to have put back entrusted his valuable bag of journey he

partait avec le sergent et sa petite troupe.
left with the sergeant and his little band

Mais avant de partir, il avait dit aux soldats :
But before of to leave he had said to the soldiers :

« Mes amis, il y a mille livres pour vous si nous sauvons les
My friends it there has there are a thousand pounds for you if we save the

prisonniers ! »
captives !

Il était alors midi et quelques minutes.
It was then noon and some minutes

Mrs. Aouda s'était retirée dans une chambre de la gare, et là,
Mrs Aouda herself was had retired in a room of the station and there

seule, elle attendait, songeant à Phileas Fogg, à cette générosité simple
alone she awaited thinking to of Phileas Fogg to of this generosity simple

et grande, à ce tranquille courage. Mr. Fogg avait sacrifié sa fortune,
and grand to/of this quiet courage Mr. Fogg had sacrificed his fortune

et maintenant il jouait sa vie, tout cela sans hésitation, par devoir,
and now he played/gambled his life all that without hesitation by duty

sans phrases. Phileas Fogg était un héros à ses yeux.
without sentences/words Phileas Fogg was a hero at/in her eyes

L'inspecteur Fix, lui, ne pensait pas ainsi, et il ne pouvait contenir son
The inspector Fix him not thought -not- thus and he not could contain his

agitation. Il se promenait fébrilement sur le quai de la gare. Un
agitation He himself walked feverishly on the platform of the station A

moment subjugué, il redevenait lui-même. Fogg parti, il comprenait la
moment subjugated he again became him self Fogg left he understood the

sottise qu'il avait faite de le laisser partir. Quoi ! cet homme qu'il
foolishness that he had made of him to let leave What ! this man that he

venait de suivre autour du monde, il avait consenti à s'en
came of to follow around of the world he had granted to himself of him

séparer ! Sa nature reprenait le dessus, il s'incriminait, il
separate ! His nature retook the top he himself incriminated he

s'accusait, il se traitait comme s'il eût été le directeur de la
himself accused he himself treated like if he had been the director of the

police métropolitaine, admonestant un agent pris en flagrant délit de
police metropolitan admonishing an agent taken in blatant offense of

naïveté.
naivete

« J'ai été inepte ! pensait-il. L'autre lui aura appris qui j'étais !
I have been inept ! he thought The other himself will have learned who I was !

Il est parti, il ne reviendra pas ! Où le reprendre maintenant ?
He is left he not will come back -not- ! Where him take again now ?

Mais comment ai-je pu me laisser fasciner ainsi, moi, Fix, moi, qui
But how have I been able myself let fascinate thus me Fix me who

ai en poche son ordre d'arrestation ! Décidément je ne suis qu'une
has in pocket his order of arrest ! Definitely I not am (other) than a

bête ! »
(dumb) animal !

Ainsi raisonnait l'inspecteur de police, tandis que les heures s'écoulaient si
Thus reasoned the inspector of police while that the hours flowed so

lentement à son gré. Il ne savait que faire. Quelquefois, il avait envie
slowly to his liking He not knew what to do Sometimes he had envy

de tout dire à Mrs. Aouda. Mais il comprenait comment il serait
of all to say to Mrs Aouda But he understood how it would be

reçu par la jeune femme. Quel parti prendre ? Il était tenté de
received by the young woman What part to take ? He was tempted of

s'en aller à travers les longues plaines blanches, à la poursuite
himself of there to go -at- through the long plains white at the pursuit

de ce Fogg ! Il ne lui semblait pas impossible de le retrouver. Les
of this Fogg ! It not to him seemed -not- impossible of him to recover The

pas du détachement étaient encore imprimés sur la neige !... Mais
steps of the detachment were still printed on the snow !... But

bientôt, sous une couche nouvelle, toute empreinte s'effaça.
soon under a layer new all footprint itself faded
any

Alors le découragement prit Fix. Il éprouva comme une insurmontable
Then the discouragement took Fix He experienced like an insurmountable

envie d'abandonner la partie. Or, précisément, cette occasion de
envy of to abandon the part However exactly this opportunity of
scene

quitter la station de Kearney et de poursuivre ce voyage, si fécond en
to leave the station of Kearney and of to pursue this journey so fruitful in

déconvenues, lui fut offerte.
disappointments him was offered

En effet, vers deux heures après midi, pendant que la neige tombait
In fact towards two hours after noon during that the snow fell

à gros flocons, on entendit de longs sifflets qui venaient de l'est.
at big flakes one heard of long whistles which came from the east
with

Une énorme ombre, précédée d'une lueur fauve, s'avançait lentement,
A huge shadow preceded by a gleam wild itself advanced slowly

considérablement grandie par les brumes, qui lui donnaient un aspect
greatly increased by the mists which it gave an appearance

fantastique.
fantastic

Cependant on n'attendait encore aucun train venant de l'est. Les
However one not awaited still any train coming from the east The

secours réclamés par le télégraphe ne pouvaient arriver sitôt, et le
help claimed by the telegraph not could arrive as soon and the

train d'Omaha à San Francisco ne devait passer que le lendemain. --
train from Omaha to San Francisco not must pass than the following day –

On fut bientôt fixé.
One was soon set

Cette locomotive qui marchait à petite vapeur, en jetant de grands
This locomotive which marched at little steam in throwing of great
speed

coups de sifflet, c'était celle qui, après avoir été détachée du train,
blows of whistle It was that which after to have been detached from the train

avait continué sa route avec une si effrayante vitesse, emportant le
had continued its road with a such frightening speed carrying the

chauffeur et le mécanicien inanimés. Elle avait couru sur les rails
driver and the engineer inanimate She had run on the tracks

pendant plusieurs milles ; puis, le feu avait baissé, faute de combustible
during several miles ; then the fire had fallen (by) lack of combustible

; la vapeur s'était détendue, et une heure après, ralentissant peu à
; the steam itself had relaxed and an hour after slowing bit by

peu sa marche, la machine s'arrêtait enfin à vingt milles au-delà de la
bit its march the machine itself halted finally at twenty miles beyond of the
locomotive

station de Kearney.
station of Kearney

Ni le mécanicien ni le chauffeur n'avaient succombé, et, après un
Neither the engineer nor the driver not had succumbed and after a
died

évanouissement assez prolongé, ils étaient revenus à eux.
fainting enough extended they were come back to themselves
had

La machine était alors arrêtée. Quand il se vit dans le désert, la
The engine was then stopped When it itself saw in the desert the

locomotive seule, n'ayant plus de wagons à sa suite, le mécanicien
locomotive alone Not having more of cars at its following the engineer

comprit ce qui s'était passé. Comment la locomotive avait été
understood this which itself was passed How the locomotive had been
had happened

détachée du train, il ne put le deviner, mais il n'était pas
detached from the train he not could it guess but it not was -not-

douteux, pour lui, que le train, resté en arrière, se trouvât en
doubtful for him that the train remained in back itself might find in

détresse.
distress

Le mécanicien n'hésita pas sur ce qu'il devait faire. Continuer la
The engineer not hesitated -not- on this that he must do To continue the

route dans la direction d'Omaha était prudent ; retourner vers le
road in the direction of Omaha was sensible ; go back towards the

train, que les Indiens pillaient peut-être encore, était dangereux... N'importe
train that the Indians looted maybe still was dangerous No matter

! Des pelletées de charbon et de bois furent engouffrées dans le
! Of the scoops of coal and of wood were engulfed in the

foyer de sa chaudière, le feu se ranima, la pression monta
hearth of its boiler the fire itself reanimated the pressure went up
engine

de nouveau, et, vers deux heures après midi, la machine revenait en
of new and towards two hours after midday the engine returned in
again

arrière vers la station de Kearney. C'était elle qui sifflait dans la
back towards the station of Kearney It was she who whistled in the

brume.
mist

Ce fut une grande satisfaction pour les voyageurs, quand ils virent la
This was a large satisfaction for the travelers when they saw the

locomotive se mettre en tête du train. Ils allaient pouvoir continuer
locomotive itself put in head of the train They went to be able to continue

ce voyage si malheureusement interrompu.
this journey so unfortunately interrupted

A l'arrivée de la machine, Mrs. Aouda avait quitté la gare, et
At the arrival of the engine Mrs Aouda had left the station and

s'adressant au conducteur :
herself addressing to the driver :

« Vous allez partir ? lui demanda-t-elle.
You go leave ? him asked she

-- A l'instant, madame.
– At the instant Madam
Right away

-- Mais ces prisonniers... nos malheureux compagnons...
– But these captives our unhappy companions

-- Je ne puis interrompre le service, répondit le conducteur. Nous avons
– I not can interrupt the service answered the driver We have

déjà trois heures de retard.
already three hours of delay

-- Et quand passera l'autre train venant de San Francisco ?
– And when will go by the other train coming from San Francisco ?

-- Demain soir, madame.
– Tomorrow evening Madam

-- Demain soir ! mais il sera trop tard. Il faut attendre...
– Tomorrow evening ! but it will be too late It is necessary to wait

-- C'est impossible, répondit le conducteur. Si vous voulez partir, montez
– It is impossible answered the driver If you want to leave mount

en voiture.
in carriage

-- Je ne partirai pas », répondit la jeune femme. Fix avait entendu
– I not leave -not- answered the young woman Fix had heard
won't

cette conversation. Quelques instants auparavant, quand tout moyen de
this conversation Some moments before when all means of

locomotion lui manquait, il était décidé à quitter Kearney, et maintenant
locomotion him lacked he was decided to leave Kearney and now
had

que le train était là, prêt à s'élancer, qu'il n'avait plus qu'à
that the train was there ready to launch itself that he not had more than to

reprendre sa place dans le wagon, une irrésistible force le rattachait
take again his place in the car an irresistible force him re-attached

au sol. Ce quai de la gare lui brûlait les pieds, et il ne
to the ground This platform of the station him burned the feet and he not

pouvait s'en arracher. Le combat recommençait en lui. La colère de
could himself of it tear out The fight recommenced in him The anger of

l'insuccès l'étouffait. Il voulait lutter jusqu'au bout.
the failure him stiffled It wanted to wrestle up to the end

Cependant les voyageurs et quelques blessés -- entre autres le colonel
However the travelers and some wounded – between others the colonel

Proctor, dont l'état était grave -- avaient pris place dans les wagons.
Proctor of which the state was serious – had taken place in the cars

On entendait les bourdonnements de la chaudière surchauffée, et la
One heard the hum of the boiler overheated and the

vapeur s'échappait par les soupapes. Le mécanicien siffla, le train
steam itself escaped through the valves The engineer whistled the train

se mit en marche, et disparut bientôt, mêlant sa fumée blanche au
itself put in march and disappeared soon mixing its smoke white at the
with the

tourbillon des neiges.
whirlwind of the snow

L'inspecteur Fix était resté.
The inspector Fix was remained
had

Quelques heures s'écoulèrent. Le temps était fort mauvais, le froid très
Some hours passed The weather was very bad the cold very

vif. Fix, assis sur un banc dans la gare, restait immobile. On eût
lively Fix sat on a bench in the station remained motionless One had
would have

pu croire qu'il dormait. Mrs. Aouda, malgré la rafale, quittait à
been able to believe that he slept Mrs Aouda in spite of the gust left at

chaque instant la chambre qui avait été mise à sa disposition. Elle
each moment the room which had been put to her disposition She

venait à l'extrémité du quai, cherchant à voir à travers la tempête
came to the end of the platform searching to see -at- through the storm

de neige, voulant percer cette brume qui réduisait l'horizon autour
of snow wanting to pierce this mist which reduced the horizon around

d'elle, écoutant si quelque bruit se ferait entendre. Mais rien. Elle
of her listening if some noise itself would make hear But nothing She

rentrait alors, toute transie, pour revenir quelques moments plus tard,
came back in then all chilled for to return some moments more late
later

et toujours inutilement.
and always uselessly
in vain

Le soir se fit. Le petit détachement n'était pas de retour. Où
The evening itself made The little detachment not was -not- of return Where
fell had not returned

était-il en ce moment ? Avait-il pu rejoindre les Indiens ? Y
was it in this moment ? Had it been able to rejoin the Indians ? There

avait-il eu lutte, ou ces soldats, perdus dans la brume, erraient-ils
had it had (a) fight or these soldiers lost in the mist wandered they

au hasard ? Le capitaine du fort Kearney était très inquiet, bien
at the chance ? The captain of the fort Kearney was very worried well

qu'il ne voulût rien laisser paraître de son inquiétude.
that he not wanted nothing let appear of his worry

La nuit vint, la neige tomba moins abondamment, mais l'intensité du
The night came the snow fell less profusely but the intensity of the

froid s'accrut. Le regard le plus intrépide n'eût pas considéré
cold itself increased The look the most intrepid not had -not- considered

sans épouvante cette obscure immensité. Un absolu silence régnait sur
without dread this dark immensity An absolute silence reigned on

la plaine. Ni le vol d'un oiseau, ni la passée d'un fauve n'en
the plain Neither the flight of a bird nor the passing of a wildcat not of it

troublait le calme infini.
disturbed the calm infinity

Pendant toute cette nuit, Mrs. Aouda, l'esprit plein de pressentiments
During all this night Mrs Aouda the spirit full of forebodings

sinistres, le coeur rempli d'angoisses, erra sur la lisière de la
sinister the heart filled of anguishes wandered on the edge of the
with anguish

prairie. Son imagination l'emportait au loin et lui montrait
prairie Her imagination her took away to the distance and him showed

mille dangers. Ce qu'elle souffrit pendant ces longues heures ne
(a) thousand dangers This that she suffered during these long hours not

saurait s'exprimer.
would know to express itself

Fix était toujours immobile à la même place, mais, lui non plus, il ne
Fix was always motionless at the same place but him not more he not
he also

dormait pas. A un certain moment, un homme s'était approché, lui
slept -not- At a certain moment a man himself was approached him
had

avait parlé même, mais l'agent l'avait renvoyé, après répondu à
had spoken even But the agent him had turned away after (to have) answered at

ses paroles par un signe négatif.
his words by a sign negative

La nuit s'écoula ainsi. A l'aube, le disque à demi éteint du
The night went by thus At the dawn the disk -at- half extinguished of the

soleil se leva sur un horizon embrumé. Cependant la portée du
sun itself raised on a horizon misty However the carry of the

regard pouvait s'étendre à une distance de deux milles. C'était vers le
look could itself extend at a distance of two miles It was towards the

sud que Phileas Fogg et le détachement s'étaient dirigés... Le sud
south that Phileas Fogg and the detachment themselves were directed The south

était absolument désert. Il était alors sept heures du matin.
was absolutely deserted It was then seven hours of the morning
in the

Le capitaine, extrêmement soucieux, ne savait quel parti prendre. Devait-il
The captain extremely concerned not knew what part to take Should he
action

envoyer un second détachement au secours du premier ? Devait-il
send a second detachment to the help of the first ? Should he

sacrifier de nouveaux hommes avec si peu de chances de sauver ceux
sacrifice of new men with such slight of chances of to save those
again

qui étaient sacrifiés tout d'abord ? Mais son hésitation ne dura pas, et
who were sacrificed all initially ? But his hesitation not lasted -not- and

d'un geste, appelant un de ses lieutenants, il lui donnait l'ordre de
of a gesture calling one of his lieutenants he him gave the order of

pousser une reconnaissance dans le sud --, quand des coups de feu
to push a reconnaissance in the south –, when of the blows of fire
to put out

éclatèrent. Était-ce un signal ? Les soldats se jetèrent hors du
erupted Was it a signal ? The soldiers themselves threw out of the

fort, et à un demi-mille ils aperçurent une petite troupe qui revenait
fort and at a half mile they perceived a little band which returned

en bon ordre.
in good order

Mr. Fogg marchait en tête, et près de lui Passepartout et les deux
Mr. Fogg marched in head and near of him Passepartout and the two
front

autres voyageurs, arrachés aux mains des Sioux.
other travelers snatched from the hands of the Sioux

Il y avait eu combat à dix milles au sud de Kearney. Peu
It there had had (a) fight at ten miles to the south of Kearney (A) few

d'instants avant l'arrivée du détachement, Passepartout et ses deux
-of- moments before the arrival of the detachment Passepartout and his two

compagnons luttaient déjà contre leurs gardiens, et le Français en
companions fought already against their guards and the French(man) of them

avait assommé trois à coups de poing, quand son maître et les soldats
had stunned three at blows of (his) fist when his master and the soldiers
knocked out with

se précipitèrent à leur secours.
themselves rushed to their aid

Tous, les sauveurs et les sauvés, furent accueillis par des cris de joie,
All the saviors and the saved were welcomed by -of the- cries of joy

et Phileas Fogg distribua aux soldats la prime qu'il leur avait
and Phileas Fogg distributed to the soldiers the premium that he them had

promise, tandis que Passepartout se répétait, non sans quelque raison
promised while that Passepartout himself repeated Not without some reason

:
:

« Décidément, il faut avouer que je coûte cher à mon maître ! »
Definitely it is necessary to confess that I cost dear to my master !

Fix, sans prononcer une parole, regardait Mr. Fogg, et il eût été
Fix without to pronounce a word watched Mr. Fogg and it had been

difficile d'analyser les impressions qui se combattaient alors en lui.
difficult analyze the impressions which himself fought then in him

Quant à Mrs. Aouda, elle avait pris la main du gentleman, et elle la
As to Mrs Aouda she had taken the hand of the gentleman and she it

serrait dans les siennes, sans pouvoir prononcer une parole !
clasped in the hers without to be able to pronounce a word !

Cependant Passepartout, dès son arrivée, avait cherché le train dans la
However Passepartout from his arrival had sought the train in the

gare. Il croyait le trouver là, prêt à filer sur Omaha, et il espérait
station He believed it to find there ready to move on Omaha and he hoped

que l'on pourrait encore regagner le temps perdu.
that it one could still regain the time lost

-- Parti, répondit Fix.
— Left answered Fix

-- Et le train suivant, quand passera-t-il ? demanda Phileas Fogg.
— And the train next when will it pass ? asked Phileas Fogg

-- Ce soir seulement.
— This evening only

-- Ah ! » répondit simplement l'impassible gentleman.
— Ah ! answered simply the impassive gentleman

31 - Chapitre XXXI

DANS LEQUEL L'INSPECTEUR FIX PREND TRÈS SÉRIEUSEMENT LES
In which the inspector Fix takes very seriously the

INTÉRÊTS DE PHILEAS FOGG
interests of Phileas Fogg

Phileas Fogg se trouvait en retard de vingt heures. Passepartout, la
Phileas Fogg himself found in delay of twenty hours Passepartout the

cause involontaire de ce retard, était désespéré. Il avait décidément ruiné
cause involuntary of this delay was desperate He had definitely ruined

son maître !
his master !

En ce moment, l'inspecteur s'approcha de Mr. Fogg, et, le
In this moment the inspector himself approached approached -of- Mr. Fogg and him

regardant bien en face :
looking well in (the) face :

« Très sérieusement, monsieur, lui demanda-t-il, vous êtes pressé ?
Very seriously Sir him asked he you are pressed in a hurry ?

-- Très sérieusement, répondit Phileas Fogg.
— Very seriously answered Phileas Fogg

-- J'insiste, reprit Fix. Vous avez bien intérêt à être à New York le
— I insist continued Fix You have well interest at to be at New York the

11, avant neuf heures du soir, heure du départ du paquebot de
11(th) before nine hours of the evening hour of the departure of the ocean liner of

Liverpool ?
Liverpool ?

-- Un intérêt majeur.
— An interest major

-- Et si votre voyage n'eût pas été interrompu par cette attaque
— And if your journey not had -not- been interrupted by this attack

d'Indiens, vous seriez arrivé à New York le 11, dès le matin ?
of Indians you would be arrived at New York the 11(th) from the morning ?
have in

-- Oui, avec douze heures d'avance sur le paquebot.
– Yes with twelve hours of advance on the ocean liner
in advance

-- Bien. Vous avez donc vingt heures de retard. Entre vingt et douze,
– Well You have then twenty hours of delay Between twenty and twelve

l'écart est de huit. C'est huit heures à regagner. Voulez-vous tenter de
the gap is of eight It is eight hours to regain Want you to try of

le faire ?
them make ?

-- A pied ? demanda Mr. Fogg.
– At foot ? asked Mr. Fogg

-- Non, en traîneau, répondit Fix, en traîneau à voiles. Un homme m'a
– No in sled answered Fix in sled at sails A man me has
with

proposé ce moyen de transport. »
offered this means of transport

C'était l'homme qui avait parlé à l'inspecteur de police pendant la nuit,
It was the man who had spoken to the inspector of police during the night

et dont Fix avait refusé l'offre.
and of which Fix had refused the offer

Phileas Fogg ne répondit pas à Fix ; mais Fix lui ayant montré
Phileas Fogg not answered -not- to Fix ; but Fix him having shown

l'homme en question qui se promenait devant la gare, le
the man in question who himself walked in front of the station the

gentleman alla à lui. Un instant après, Phileas Fogg et cet Américain,
gentleman went to him A moment after Phileas Fogg and this American

nommé Mudge, entraient dans une hutte construite au bas du fort
called Mudge entered in a hut built at the bottom of the fort

Kearney.
Kearney

Là, Mr. Fogg examina un assez singulier véhicule, sorte de châssis,
There Mr. Fogg examined an enough uncommon vehicle kind of frame
rather

établi sur deux longues poutres, un peu relevées à l'avant comme les
established on two long beams a bit lifted up at the front like the

semelles d'un traîneau, et sur lequel cinq ou six personnes pouvaient
soles of a sled and on which five or six people could
runners

prendre place. Au tiers du châssis, sur l'avant, se dressait un mât
take place At the third of the frame on the front itself drew up a mast

très élevé, sur lequel s'enverguait une immense brigantine. Ce mât,
very raised on which itself affixed an immense sail This mast
high

solidement retenu par des haubans métalliques, tendait un étai de fer
solidly retained by -of the- guy-wires metal held a stay of iron

qui servait à guinder un foc de grande dimension. A l'arrière, une
which served to hoist a jib of large dimension At the rear a

sorte de gouvernail-godille permettait de diriger l'appareil.
kind of steering-oar allowed of to direct the device

C'était, on le voit, un traîneau gréé en sloop. Pendant l'hiver, sur la
It was one it sees a sled rigged in sloop During the winter on the

plaine glacée, lorsque les trains sont arrêtés par les neiges, ces véhicules
plain iced when the trains are stopped by the snow these vehicles

font des traversées extrêmement rapides d'une station à l'autre. Ils
make of the crossings extremely quick from one station to the other They

sont, d'ailleurs, prodigieusement voilés -- plus voilés même
are besides prodigiously sailed – more sailed even
very much equipped with sails equipped with sails

que ne peut l'être un cotre de course, exposé à chavirer --, et, vent
than not can it be a cutter of race exposed to capsize –, and wind
fast sailboat

arrière, ils glissent à la surface des prairies avec une rapidité égale,
(in the) back they slid at the surface of the prairies with a speed equal

sinon supérieure, à celle des express.
if not superior at that of the express
higher than train

En quelques instants, un marché fut conclu entre Mr. Fogg et le
In some moments a deal was concluded between Mr. Fogg and the

patron de cette embarcation de terre. Le vent était bon. Il soufflait
boss of this craft of earth The wind was good It blew
the ground

de l'ouest en grande brise. La neige était durcie, et Mudge se
from the west in (a) large breeze The snow was hardened and Mudge himself
had

faisait fort de conduire Mr. Fogg en quelques heures à la station
made strong of to lead Mr. Fogg in some hours to the station

d'Omaha. Là, les trains sont fréquents et les voies nombreuses, qui
of Omaha There the trains are frequent and the ways many which

conduisent à Chicago et à New York. Il n'était pas impossible que le
lead to Chicago and to New York It not was -not- impossible that the

retard fût regagné. Il n'y avait donc pas à hésiter à tenter
delay was regained It not there had then -not- to hesitate to try

l'aventure.
the adventure

Mr. Fogg, ne voulant pas exposer Mrs. Aouda aux tortures d'une
Mr. Fogg not wanting -not- to expose Mrs Aouda to the torture of a

traversée en plein air, par ce froid que la vitesse rendrait plus
crossing in full air by this cold that the speed would render more

insupportable encore, lui proposa de rester sous la garde de Passepartout
unbearable still her proposed of to stay under the guard of Passepartout

à la station de Kearney. L'honnête garçon se chargerait de ramener
at the station of Kearney The honest boy himself would charge of to bring

la jeune femme en Europe par une route meilleure et dans des
the young woman in Europe by a road better and in -of the-

conditions plus acceptables.
conditions more acceptable

Mrs. Aouda refusa de se séparer de Mr. Fogg, et Passepartout se
Mrs Aouda refused of herself to separate of Mr. Fogg and Passepartout himself

sentit très heureux de cette détermination. En effet, pour rien au
felt very happy of this determination In fact for nothing at the
in the

monde il n'eût voulu quitter son maître, puisque Fix devait
world he not had wanted to leave his master as Fix must
would have

l'accompagner.
him accompany

Quant à ce que pensait alors l'inspecteur de police ce serait difficile
As to this that thought then the inspector of police this would be difficult

à dire. Sa conviction avait-elle été ébranlée par le retour de Phileas
to say His conviction had she been shaken by the return of Phileas

Fogg, ou bien le tenait-il pour un coquin extrêmement fort, qui, son
Fogg or well it kept him for a rascal extremely strong who his

tour du monde accompli, devait croire qu'il serait absolument en
tour of the world accomplished must believe that he would be absolutely in
trip around

sûreté en Angleterre ? Peut-être l'opinion de Fix touchant Phileas Fogg
safety in England ? Maybe the opinion of Fix touching Phileas Fogg
concerning

était-elle en effet modifiée. Mais il n'en était pas moins décidé à
was she in fact modified But he not of it was -not- less decided to

faire son devoir et, plus impatient que tous, à presser de tout son
do his duty and more impatient than all to hasten of all his

pouvoir le retour en Angleterre.
ability the return in England
to

A huit heures, le traîneau était prêt à partir. Les voyageurs -- on
At eight hours the sled was ready to leave The travelers – one

serait tenté de dire les passagers -- y prenaient place et
would be tempted of to say the passengers – there taking place and

se serraient étroitement dans leurs couvertures de voyage. Les deux
themselves closing tightly in their blankets of journey The two

immenses voiles étaient hissées, et, sous l'impulsion du vent, le
immense sails were hoisted and under the pulse of the wind the
the push

véhicule filait sur la neige durcie avec une rapidité de quarante milles
vehicle moved on the snow hardened with a speed of forty miles

à l'heure.
at the hour

La distance qui sépare le fort Kearney d'Omaha est, en droite ligne
The distance which separates the fort Kearney from Omaha is in straight line

-- à vol d'abeille, comme disent les Américains --, de deux cents
– at flight of bee like say the Americans –, of two hundred

milles au plus. Si le vent tenait, en cinq heures cette distance pouvait
miles at the most If the wind held in five hours this distance could

être franchie. Si aucun incident ne se produisait, à une heure après
be cleared If any incident not itself produced at one hour after

midi le traîneau devait avoir atteint Omaha.
noon the sled must have reached Omaha

Quelle traversée ! Les voyageurs, pressés les uns contre les autres, ne
What (a) crossing ! The travelers pressed the ones against the others not

pouvaient se parler. Le froid, accru par la vitesse, leur eût
could themselves speak The cold increased by the speed them had

coupé la parole. Le traîneau glissait aussi légèrement à la surface de
cut the word The sled slipped as lightly at the surface of

la plaine qu'une embarcation à la surface des eaux --, avec la houle
the plain as a craft at the surface of the waters –, with the swell

en moins. Quand la brise arrivait en rasant la terre, il semblait que
of it less When the breeze arrived in boring the earth it seemed that

le traîneau fût enlevé du sol par ses voiles, vastes ailes d'une
the sled was taken away raised from the ground by its sails large wings of an

immense envergure. Mudge, au gouvernail se maintenait dans la
immense span Mudge at the rudder himself kept in the

ligne droite, et, d'un coup de godille il rectifiait les embardées que
line straight and of a blow of scull he rectified the lurches that

l'appareil tendait à faire. Toute la toile portait. Le foc avait été
the device tended to make All the canvas carried The jib had been

perqué et n'était plus abrité par la brigantine. Un mât de hune
perque and not was more sheltered by the brigantine (sail) A mast of foretop

fut guindé, et une flèche, tendue au vent, ajouta sa puissance
was stilted and a(nother) jib stretched at the in the wind added its power

d'impulsion à celle des autres voiles. On ne pouvait l'estimer,
of impulse to that of the other sails One not could it estimate

mathématiquement, mais certainement la vitesse du traîneau ne devait
mathematically but certainly the speed of the sled not must

pas être moindre de quarante milles à l'heure.
-not- be less than forty miles at the hour

« Si rien ne casse, dit Mudge, nous arriverons ! »
If nothing -not- breaks said Mudge we will arrive !

Et Mudge avait intérêt à arriver dans le délai convenu, car Mr.
And Mudge had interest to arrive in the time limit agreed because Mr.

Fogg, fidèle à son système, l'avait alléché par une forte prime.
Fogg faithful to his system him had allured by a strong premium

La prairie, que le traîneau coupait en ligne droite, était plate comme
The prairie that the sled cut in line straight was flat like

une mer. On eût dit un immense étang glacé. Le rail-road qui
a sea One had said an immense pond iced The rail-road which

desservait cette partie du territoire remontait, du sud-ouest au
served this part of the territory turned up from the south west to the

nord-ouest, par Grand-Island, Columbus, ville importante du Nebraska,
north west by Grand island Columbus city important of the Nebraska

Schuyler, Fremont, puis Omaha. Il suivait pendant tout son parcours la
Schuyler Fremont then Omaha It followed during all his route the

rive droite de Platte-river. Le traîneau, abrégeant cette route, prenait la
shore right of Platte-river The sled abridging this road took the

corde de l'arc décrit par le chemin de fer. Mudge ne pouvait
rope of the bow described by the way of iron Mudge not could
railroad

craindre d'être arrêté par la Platte-river, à ce petit coude qu'elle fait
fear to be stopped by the Platte-river at this little elbow that she made

en avant de Fremont, puisque ses eaux étaient glacées. Le chemin était
-in- before of Fremont since its waters were frozen The way was

donc entièrement débarrassé d'obstacles, et Phileas Fogg n'avait donc
then wholly disencumbered of obstacles and Phileas Fogg not had then

que deux circonstances à redouter : une avarie à l'appareil, un
(other) than two circumstances to fear : a damage to the device a

changement ou une tombée du vent.
change or a fall of the wind

Mais la brise ne mollissait pas. Au contraire. Elle soufflait à courber
But the breeze not softened -not- At the contrary She blew to bend
slackened

le mât, que les haubans de fer maintenaient solidement. Ces filins
the mast that the stays of iron maintained solid These ropes

métalliques, semblables aux cordes d'un instrument, résonnaient comme si
(of) metal similar to the ropes of an instrument resounded like if

un archet eût provoqué leurs vibrations. Le traîneau s'enlevait au
a bow had caused their vibration The sled itself removed at the

milieu d'une harmonie plaintive, d'une intensité toute particulière.
middle of a harmony plaintive of an intensity all particular

« Ces cordes donnent la quinte et l'octave », dit Mr. Fogg.
These ropes give the fifth and the octave said Mr. Fogg

Et ce furent les seules paroles qu'il prononça pendant cette traversée.
And these were the only words that he pronounced during this crossing

Mrs. Aouda, soigneusement empaquetée dans les fourrures et les
Mrs Aouda carefully packaged in the furs and the

couvertures de voyage, était, autant que possible, préservée des atteintes
blankets of journey was as much as possible preserved of the violations

du froid.
of the cold

Quant à Passepartout, la face rouge comme le disque solaire quand il
As to Passepartout the face red like the disk of the sun when it

se couche dans les brumes, il humait cet air piquant. Avec le fond
itself sets in the mists he sniffed this air spicy With the basis
ice-cold

d'imperturbable confiance qu'il possédait, il s'était repris à espérer.
of imperturbable confidence that he had he himself was resumed to hope
had

Au lieu d'arriver le matin à New York, on y arriverait le
At the place from to arrive the morning at New York one there would arrive the
In

soir, mais il y avait encore quelques chances pour que ce fût avant
evening But it there had still some chances for that this was before

le départ du paquebot de Liverpool.
the departure of the ocean liner of Liverpool

Passepartout avait même éprouvé une forte envie de serrer la main de
Passepartout had even experienced a strong envy of to clasp the hand of

son allié Fix. Il n'oubliait pas que c'était l'inspecteur lui-même qui
his ally Fix He not forgot -not- that It was the inspector himself who
would not forget

avait procuré le traîneau à voiles, et, par conséquent, le seul moyen
had provided the sled at sails and by consequence the only means
with

qu'il y eût de gagner Omaha en temps utile. Mais, par on ne sait
that it there had of to win Omaha in time useful But by one not knows
that there was to reach

quel pressentiment, il se tint dans sa réserve accoutumée.
what presentiment he himself held in his reserve accustomed

En tout cas, une chose que Passepartout n'oublierait jamais, c'était le
In all cases a thing that Passepartout -not- would forget ever It was the

sacrifice que Mr. Fogg avait fait, sans hésiter, pour l'arracher aux
sacrifice that Mr. Fogg had made without to hesitate for him to snatch to the
from the

mains des Sioux. A cela, Mr. Fogg avait risqué sa fortune et sa vie...
hands of the Sioux At that Mr. Fogg had risked his fortune and his life

Non ! son serviteur ne l'oublierait pas !
No ! his servant not it would forget -not- !

Pendant que chacun des voyageurs se laissait aller à des réflexions
During that each of the travelers himself let go to -of- the reflections

si diverses, le traîneau volait sur l'immense tapis de neige. S'il passait
so diverse the sled flew on the immense carpet of snow If it passed

quelques creeks, affluents ou sous-affluents de la Little-Blue-river, on ne
some creeks tributaries or sub-tributaries of the Little Blue river one not

s'en apercevait pas. Les champs et les cours d'eau disparaissaient
itself of it noticed -not- The fields and the course of water disappeared

sous une blancheur uniforme. La plaine était absolument déserte.
under a whiteness uniform The plain was absolutely deserted

Comprise entre l'Union Pacific Road et l'embranchement qui doit
Ranged between the Union Pacific Road and the junction which must

réunir Kearney à Saint-Joseph, elle formait comme une grande île
reunited Kearney to Saint Joseph she formed like a large island

inhabitée. Pas un village, pas une station, pas même un fort. De temps
uninhabited Not a village not a station not even a fort From time

en temps, on voyait passer comme un éclair quelque arbre grimaçant,
in time one saw pass like a lightning some tree grimacing
to

dont le blanc squelette se tordait sous la brise. Parfois, des
of which the white skeleton itself writhed under the breeze Sometimes -of the-

bandes d'oiseaux sauvages s'enlevaient du même vol. Parfois aussi,
bands of birds wild lifted themselves with the same flight Sometimes also
flocks

quelques loups de prairies, en troupes nombreuses, maigres, affamés,
some wolves of prairies in troops numerous thin hungry
the prairie

poussés par un besoin féroce, luttaient de vitesse avec le traîneau. Alors
pushed by a need fierce fought of speed with the sled Then

Passepartout, le revolver à la main, se tenait prêt à faire feu sur
Passepartout the revolver at the hand himself kept ready to -make- fire on

les plus rapprochés. Si quelque accident eût alors arrêté le traîneau, les
the most close (ones) If some accident had then stopped the sled the

voyageurs, attaqués par ces féroces carnassiers, auraient couru les plus
travelers attacked by these ferocious carnivores would have run the most

grands risques. Mais le traîneau tenait bon, il ne tardait pas à prendre
great risks But the sled kept well it not waited -not- to take

de l'avance, et bientôt toute la bande hurlante restait en arrière.
of the advance and soon all the band howling remained -in- back

A midi, Mudge reconnut à quelques indices qu'il passait le cours glacé
At noon Mudge recognized at some signs that he passed the course iced

de la Platte-river. Il ne dit rien, mais il était déjà sûr que, vingt
of the Platte-river He not said nothing But he was already sure that twenty

milles plus loin, il aurait atteint la station d'Omaha.
miles more far he would have reached the station of Omaha

Et, en effet, il n'était pas une heure, que ce guide habile, abandonnant
And in fact it not was -not- one hour that this guide clever leaving

la barre, se précipitait aux drisses des voiles et les amenait en
the bar himself rushed to the halyards of the sails and them brought in
steering

bande, pendant que le traîneau, emporté par son irrésistible élan,
band during that the sled taken along by its irresistible momentum

franchissait encore un demi-mille à sec de toile. Enfin il s'arrêta, et
crossed still a half mile at dry of canvas Finally it stopped and
without

Mudge, montrant un amas de toits blancs de neige, disait :
Mudge showing a mass of roofs white of snow said :

« Nous sommes arrivés. »
We are arrived
have

Arrivés ! Arrivés, en effet, à cette station qui, par des trains
Arrived ! Arrived in fact at this station which by -of the- trains

nombreux, est quotidiennement en communication avec l'est des
numerous is daily in communication with the east of the

États-Unis !
United States !

Passepartout et Fix avaient sauté à terre et secouaient leurs
Passepartout and Fix had jumped to earth and shaking their
the ground

membres engourdis. Ils aidèrent Mr. Fogg et la jeune femme à
members numb They helped Mr. Fogg and the young woman to
numb bodyparts

descendre du traîneau. Phileas Fogg régla généreusement avec Mudge,
descend from the sled Phileas Fogg arranged generously with Mudge

auquel Passepartout serra la main comme à un ami, et tous se
to which Passepartout clasped the hand as to with a friend and all themselves

précipitèrent vers la gare d'Omaha.
rushed towards the station of Omaha

C'est à cette importante cité du Nebraska que s'arrête le
It is at this important City of the Nebraska that itself stops the

chemin de fer du Pacifique proprement dit, qui met le bassin du
way of iron railroad of the Pacific properly said which puts the basin of the

Mississippi en communication avec le grand océan. Pour aller d'Omaha
Mississippi in communication with the large ocean For to go from Omaha

à Chicago, le rail-road, sous le nom de « Chicago-Rock-island-road »,
to Chicago the railroad under the name of Chicago-Rock island-road

court directement dans l'est en desservant cinquante stations.
runs directly in(to) the east in serving fifty stations

Un train direct était prêt à partir. Phileas Fogg et ses compagnons
A train direct was ready to leave Phileas Fogg and his companions

n'eurent que le temps de se précipiter dans un wagon. Ils
had not than the time of themselves to rush in a car They

n'avaient rien vu d'Omaha, mais Passepartout s'avoua à lui-même
not had nothing seen from Omaha But Passepartout himself admitted to him self

qu'il n'y avait pas lieu de le regretter, et que ce n'était pas de
that it not there had -not- place of it to regret and that this not was -not- of

voir qu'il s'agissait.
to see what it itself dealt (of)

Avec une extrême rapidité, ce train passa dans l'État d'Iowa, par
With an extreme speed this train passed in the state of Iowa by

Council-Bluffs, Des Moines, Iowa-city. Pendant la nuit, il traversait le
Council-Bluffs Des Moines Iowa-city During the night it crossed the

Mississippi à Davenport, et par Rock-Island, il entrait dans l'Illinois. Le
Mississippi to Davenport and by Rock Island it entered in -the- Illinois The

lendemain, 10, à quatre heures du soir il arrivait à Chicago,
following day (the) 10(th), at four hours of the evening it arrived at Chicago

déjà relevée de ses ruines, et plus fièrement assise que jamais sur
already raised from its ruins and more proudly seated than ever on

les bords de son beau lac Michigan.
the edges of its beautiful lake Michigan

Neuf cents milles séparent Chicago de New York. Les trains ne
Nine hundred miles separate Chicago from New York The trains not

manquaient pas à Chicago. Mr. Fogg passa immédiatement de l'un
lacked -not- at Chicago Mr. Fogg passed immediately from the one

dans l'autre. La fringante locomotive du «
in the other The frisky locomotive of the
to

Pittsburg-Fort-Wayne-Chicago-rail-road » partit à toute vitesse, comme si
Pittsburg-Fort Wayne-Chicago-railroad left at all speed as if

elle eût compris que l'honorable gentleman n'avait pas de temps à
she had understood that the honorable gentleman not had -not- -of- time to

perdre. Elle traversa comme un éclair l'Indiana, l'Ohio, la
lose She crossed like a lightning -the- Indiana -the- Ohio -the-

Pennsylvanie, le New Jersey, passant par des villes aux noms
Pennsylvania -the- New Jersey passing by -of the- cities to the names
with the

antiques, dont quelques-unes avaient des rues et des tramways,
ancient of which some had -of the- streets and -of the- tramways

mais pas de maisons encore. Enfin l'Hudson apparut, et, le 11
But not -of- houses still Finally the hudson appeared and the 11th

décembre, à onze heures un quart du soir, le train s'arrêtait
december at eleven hours (and) a quarter of the evening the train itself halted

dans la gare, sur la rive droite du fleuve, devant le « pier »
in the station on the shore right of the river in front of the pier

même des steamers de la ligne Cunard, autrement dite « British and
same of the steamers of the line Cunard otherwise called British and

North American royal mail steam packet Co. »
North American royal mail steam packet Co

Le China, à destination de Liverpool, était parti depuis quarante-cinq
The China at destination of Liverpool was parted since forty five
with had

minutes !
minutes !

32 - Chapitre XXXII

DANS LEQUEL PHILEAS FOGG ENGAGE UNE LUTTE DIRECTE CONTRE LA
In which Phileas Fogg engages a fight direct against the

MAUVAISE CHANCE
bad fortune

En partant, le China semblait avoir emporté avec lui le dernier espoir
In leaving the China seemed to have taken along with it the last hope

de Phileas Fogg.
of Phileas Fogg

En effet, aucun des autres paquebots qui font le service direct entre
In fact none of the other ocean liners which make the service direct between

l'Amérique et l'Europe, ni les transatlantiques français, ni les navires
the America America and -the- Europe nor the transatlantic French nor the ships

du « White-Star-line », ni les steamers de la Compagnie Imman, ni
of the White Star online nor the steamers of the Company Imman nor

ceux de la ligne Hambourgeoise, ni autres, ne pouvaient servir les
those of the line Hamburg nor others not could serve the

projets du gentleman.
projects of the gentleman

En effet, le Pereire, de la Compagnie transatlantique française -- dont
In fact the Pereire of the Company transatlantic French – of which

les admirables bâtiments égalent en vitesse et surpàssent en confortable
the admirable boats equal in speed and outperform in comfort

tous ceux des autres lignes, sans exception --, ne partait que le
all those of the others lines without exception –, not left than the

surlendemain, 14 décembre. Et d'ailleurs, de même que ceux de
day after tomorrow (the) 14(th) (of) December And besides of same that those of

la Compagnie hambourgeoise, il n'allait pas directement à Liverpool ou
the Company from Hamburg it not went -not- directly to Liverpool or

à Londres, mais au Havre, et cette traversée supplémentaire du
to London But to Le Havre and this crossing additional from Le

Havre à Southampton, en retardant Phileas Fogg, eût annulé ses derniers
Havre to Southampton in delaying Phileas Fogg had canceled his last

efforts.
efforts

Quant aux paquebots Imman, dont l'un, le City-of-Paris, mettait en
As to the ocean liners Imman of which the one the City-of-Paris put in

mer le lendemain, il n'y fallait pas songer. Ces navires sont
sea the following day it not of it was necessary -not- to think These ships are

particulièrement affectés au transport des émigrants, leurs machines sont
particularly affected at the transport of the emigrants their engines are

faibles, ils naviguent autant à la voile qu'à la vapeur, et leur vitesse
weak they sail as much to the sail as to the steam and their speed

est médiocre. Ils employaient à cette traversée de New York à
is mediocre They employed to this crossing of New York to

l'Angleterre plus de temps qu'il n'en restait à Mr. Fogg pour gagner
-the- England more of time than it not of it remained to Mr. Fogg for to win

son pari.
his bet

De tout ceci le gentleman se rendit parfaitement compte en
Of all this the gentleman himself rendered perfectly account in

consultant son Bradshaw, qui lui donnait, jour par jour, les mouvements
consulting his Bradshaw who him gave day by day the movements

de la navigation transocéanienne.
of the navigation transoceanic

Passepartout était anéanti. Avoir manqué le paquebot de quarante-cinq
Passepartout was wrecked To have missed the ocean liner by forty five

minutes, cela le tuait. C'était sa faute à lui, qui, au lieu d'aider son
minutes that him killed It was his fault to him who at the place of to help his

maître, n'avait cessé de semer des obstacles sur sa route ! Et quand
master not had ceased of to sow of the obstacles on his road ! And when

il revoyait dans son esprit tous les incidents du voyage, quand il
he saw again in his mind all the incidents of the journey when he

supputait les sommes dépensées en pure perte et dans son seul
was calculating the sums spent in pure loss and in his only

intérêt, quand il songeait que cet énorme pari, en y joignant les frais
interest when he thought that this huge bet in there joining the costs

considérables de ce voyage devenu inutile, ruinait complètement Mr. Fogg,
considerable of this journey become useless ruined completely Mr. Fogg

il s'accablait d'injures.
he himself overwhelmed with insults

Mr. Fogg ne lui fit, cependant, aucun reproche, et, en quittant le pier
Mr. Fogg not him made however any reproach and in leaving the pier

des paquebots transatlantiques, il ne dit que ces mots :
of the ocean liners transatlantic he not said than these words :

« Nous aviserons demain. Venez. »
We will advise tomorrow Come
will see

Mr. Fogg, Mrs. Aouda, Fix, Passepartout traversèrent l'Hudson dans le
Mr. Fogg Mrs Aouda Fix Passepartout crossed the hudson in the

Jersey-city-ferry-boat, et montèrent dans un fiacre, qui les conduisit à
Jersey City ferry and climbed in a carriage which them led to

l'hôtel Saint-Nicolas, dans Broadway. Des chambres furent mises à leur
the hotel Saint Nicolas in Broadway -Of the- rooms were put at their

disposition, et la nuit se passa, courte pour Phileas Fogg, qui dormit
disposition and the night itself passed short for Phileas Fogg who slept

d'un sommeil parfait, mais bien longue pour Mrs. Aouda et ses
-of- a sleep perfect But well long for Mrs Aouda and his

compagnons, auxquels leur agitation ne permit pas de reposer.
companions to which their agitation not permitted -not- of to rest

Le lendemain, c'était le 12 décembre. Du 12, sept heures du
The following day It was the 12(th) (of) December From the 12(th) seven hours of the
in the

matin, au 21, huit heures quarante-cinq minutes du soir, il
morning to the 21(st) eight hours forty five minutes of the evening it

restait neuf jours treize heures et quarante-cinq minutes. Si donc
remained nine days thirteen hours and forty five minutes If then

Phileas Fogg fût parti la veille par le China, l'un des meilleurs
Phileas Fogg was left the evening before by the China the one of the best
had

marcheurs de la ligne Cunard, il serait arrivé à Liverpool, puis à
walkers of the line Cunard he would be arrived at Liverpool then at
movers

Londres, dans les délais voulus !
London in the deadlines wanted !

Mr. Fogg quitta l'hôtel, seul, après avoir recommandé à son domestique
Mr. Fogg left the hotel only after to have recommended to his servant

de l'attendre et de prévenir Mrs. Aouda de se tenir prête à tout
of him to await and of to warn Mrs Aouda of herself to keep ready at every

instant.
instant

Mr. Fogg se rendit aux rives de l'Hudson, et parmi les navires
Mr. Fogg himself rendered to the shores of the hudson and among the ships

amarrés au quai ou ancrés dans le fleuve, il rechercha avec soin
moored at the quay or anchored in the river he sought with care

ceux qui étaient en partance. Plusieurs bâtiments avaient leur guidon de
those who were -in- outbound Several boats had their handlebar of

départ et se préparaient à prendre la mer à la marée du
departure and themselves prepared to take (to) the sea at the tide of the

matin, car dans cet immense et admirable port de New York, il n'est
morning because in this immense and admirable port of New York it not is

pas de jour où cent navires ne fassent route pour tous les points
-not- of a day where hundred ships not make road for all the points

du monde ; mais la plupart étaient des bâtiments à voiles, et
of the world ; but the largest part were -of the- boats to with sails and

ils ne pouvaient convenir à Phileas Fogg.
they not could convene to Phileas Fogg

Ce gentleman semblait devoir échouer dans sa dernière tentative, quand
This gentleman seemed to have to fail in his last attempt when

il aperçut, mouillé devant la Batterie, à une encablure au plus, un
he saw anchored in front of the Battery at a cable at the most a

navire de commerce à hélice, de formes fines, dont la cheminée,
vessel of trade at with propeller of forms fine of which the fireplaceengine

laissant échapper de gros flocons de fumée, indiquait qu'il se préparait
letting escape -of- big flakes of smoke stated that it itself prepared

à appareiller.
to cast off

Phileas Fogg héla un canot, s'y embarqua, et, en quelques coups
Phileas Fogg hailed a dinghy himself on it embarked and in some blows

d'aviron, il se trouvait à l'échelle de l'Henrietta, steamer à coque de
of rowing he himself found at the ladder of the henrietta steamer at with hull of

fer, dont tous les hauts étaient en bois.
iron of which all the heights decks were in of wood

Le capitaine de l'Henrietta était à bord. Phileas Fogg monta sur le
The captain of the henrietta was on board Phileas Fogg went up on the

pont et fit demander le capitaine. Celui-ci se présenta aussitôt.
bridge and made ask the captain That one himself presented immediately

C'était un homme de cinquante ans, une sorte le loup de mer, un
It was a man of fifty years a kind the of wolf of (the) sea a

bougon qui ne devait pas être commode. Gros yeux, teint de cuivre
grumpy man who not must -not- be easy Large eyes tint of copper

oxydé, cheveux rouges, forte encolure, -- rien de l'aspect d'un homme
oxide hairs hair red strong neck – nothing of the aspect of a man

du monde.
of the world

« Le capitaine ? demanda Mr. Fogg.
The captain ? asked Mr. Fogg

-- C'est moi.
– It is me

-- Je suis Phileas Fogg, de Londres.
– I am Phileas Fogg from London

-- Et moi, Andrew Speedy, de Cardif.
– And me Andrew Speedy from Cardif

-- Vous allez partir ?...
– You go leave ?...

-- Dans une heure.
– In an hour

-- Vous êtes chargé pour... ?
– You are charged for ?

-- Bordeaux.
– Bordeaux

-- Et votre cargaison ?
— And your cargo ?

-- Des cailloux dans le ventre. Pas de fret. Je pars sur lest.
— -Of the- pebbles in the belly Not of freight I leave on ballast
hold No

-- Vous avez des passagers ?
— You have -of the- passengers ?

-- Pas de passagers. Jamais de passagers. Marchandise encombrante et
— Not of passengers Never -of- passengers Commodity cumbersome and
No

raisonnante.
reasoning

-- Votre navire marche bien ?
— Your vessel moves well ?

-- Entre onze et douze noeuds. L'Henrietta, bien connue.
— Between eleven and twelve knots The henrietta well known

-- Voulez-vous me transporter à Liverpool, moi et trois personnes ?
— Want you me transport to Liverpool me and three people ?

-- A Liverpool ? Pourquoi pas en Chine ?
— To Liverpool ? Why not in China ?

-- Je dis Liverpool.
— I say Liverpool

-- Non !
— No !

-- Non ?
— No ?

-- Non. Je suis en partance pour Bordeaux, et je vais à Bordeaux.
— No I am -in- outbound for Bordeaux and I go to Bordeaux

-- N'importe quel prix ?
— Not it matters what price ?

-- N'importe quel prix. »
— Not it matters What price

Le capitaine avait parlé d'un ton qui n'admettait pas de réplique.
The captain had spoken of a tone which not admitted -not- of reply

« Mais les armateurs de l'Henrietta... reprit Phileas Fogg.
But the shipowners of the henrietta continued Phileas Fogg

-- Les armateurs, c'est moi, répondit le capitaine. Le navire m'appartient.
– The shipowners It is me answered the captain The vessel belongs to me

-- Je vous affrète.
– I you charter

-- Non.
– No

-- Je vous l'achète.
– I you it buy

-- Non. »
– No

Phileas Fogg ne sourcilla pas. Cependant la situation était grave. Il
Phileas Fogg not frowned -not- However the situation was serious It

n'en était pas de New York comme de Hong-Kong, ni du capitaine
not of it was -not- of in New York like of in Hong-Kong nor -of- the captain

de l'Henrietta comme du patron de la Tankadère. Jusqu'ici l'argent
of the henrietta like -of- the boss of the Tankadere So far the silver the money

du gentleman avait toujours eu raison des obstacles. Cette fois-ci,
of the gentleman had always had reason of the had the upper hand over the obstacles This time

l'argent échouait.
the silver the money failed

Cependant, il fallait trouver le moyen de traverser l'Atlantique en
However it was necessary to find the means of to cross the Atlantic in

bateau -- à moins de le traverser en ballon --, ce qui eût été
boat – at least apart of it to cross in balloon –, this which had would have been

fort aventureux, et ce qui, d'ailleurs, n'était pas réalisable.
very adventurous and this which besides not was -not- feasible

Il paraît, pourtant, que Phileas Fogg eut une idée, car il dit au
It seems however that Phileas Fogg had an idea because he said to the

capitaine :
captain :

« Eh bien, voulez-vous me mener à Bordeaux ?
Eh well want you me lead to Bordeaux ?

-- Non, quand même vous me paieriez deux cents dollars !
– No when even you me would pay two hundred dollars !

-- Je vous en offre deux mille (10 000 F).
— I you of them offer two thousand (10 000 F

-- Par personne ?
— Per person ?

-- Par personne.
— Per person

-- Et vous êtes quatre ?
— And you are four ?

-- Quatre. »
— Four

Le capitaine Speedy commença à se gratter le front, comme s'il eût
The captain Speedy started to himself scratch the face like if he had

voulu en arracher l'épiderme. Huit mille dollars à gagner, sans
wanted of it tear out the epidermis Eight thousand dollars to earn without

modifier son voyage, cela valait bien la peine qu'il mît de côté
to change his journey that was worth well the pain that he would put of side

son antipathie prononcée pour toute espèce de passager. Des passagers à
his antipathy pronounced for all kind of passenger Of the passengers at

deux mille dollars, d'ailleurs, ce ne sont plus des passagers,
two thousand dollars besides these not are (any)more -of the- passengers

c'est de la marchandise précieuse.
It is -of- -the- commodity precious

« Je pars à neuf heures, dit simplement le capitaine Speedy, et si
I leave at nine hours said simply the captain Speedy and if

vous et les vôtres, vous êtes là ?...
you and the yours you are there ?...

-- A neuf heures, nous serons à bord ! » répondit non moins
— At nine hours we will be on board ! answered not less

simplement Mr. Fogg.
simply Mr. Fogg

Il était huit heures et demie. Débarquer de l'Henrietta, monter dans une
It was eight hours and half To disembark of the henrietta climb in a

voiture, se rendre à l'hôtel Saint-Nicolas, en ramener Mrs. Aouda,
carriage himself hand over to the hotel Saint nicolas in to bring Mrs Aouda

Passepartout, et même l'inséparable Fix, auquel il offrait gracieusement
Passepartout and even the inseparable Fix to which he offered graciously

le passage, cela fut fait par le gentleman avec ce calme qui ne
the passage that was made by the gentleman with this calm who not

l'abandonnait en aucune circonstance.
abandoned in any circumstance

Au moment où l'Henrietta appareillait, tous quatre étaient à bord.
At the moment where the Henrietta cast off all four were on board

Lorsque Passepartout apprit ce que coûterait cette dernière traversée, il
When Passepartout learned this that would cost this last crossing he

poussa un de ces « Oh ! » prolongés, qui parcourent tous les
emitted one of these Oh ! extended which travel all the

intervalles de la gamme chromatique descendante !
intervals of the range chromatic descending !

Quant à l'inspecteur Fix, il se dit que décidément la Banque
As to the inspector Fix he himself said that definitely the Bank

d'Angleterre ne sortirait pas indemne de cette affaire. En effet, en
from England not came out -not- unscathed of this business In fact in

arrivant et en admettant que le sieur Fogg n'en jetât pas encore
arriving and in admitting that the Mr. Fogg not of it threw -not- still

quelques poignées à la mer, plus de sept mille livres (175 000 F)
some fists handfuls into the sea more than seven thousand pounds (175 000 F

manqueraient au sac à bank-notes !
missed to the from the bag to of banknotes !

33 - Chapitre XXXIII

OÙ PHILEAS FOGG SE MONTRE A LA HAUTEUR DES
Where Phileas Fogg himself climbs to the height of the

CIRCONSTANCES
circumstances

Une heure après, le steamer Henrietta dépassait le Light-boat qui
An hour after the steamer Henrietta passed by the light-boat which

marque l'entrée de l'Hudson, tournait la pointe de Sandy-Hook et
marked the entrance of the Hudson turned the point of Sandy-Hook and
signalled

donnait en mer. Pendant la journée, il prolongea Long-Island,
gave on (the) sea During the day it prolonged Long Island
entered went alongside

au large du feu de Fire-Island, et courut rapidement vers l'est.
at the width of the fire of Fire Island and ran quickly towards the east
passing by sailed

Le lendemain, 13 décembre, à midi, un homme monta sur la passerelle
The following day 13 December at noon a man went up on the passage way

pour faire le point. Certes, on doit croire que cet homme était le
for to make the point Certainly one must believe that this man was the

capitaine Speedy ! Pas le moins du monde. C'était Phileas Fogg. esq.
captain Speedy ! Not the least of the world It was Phileas Fogg esq

Quant au capitaine Speedy, il était tout bonnement enfermé à clef
As to the captain Speedy he was all simply locked up to key

dans sa cabine, et poussait des hurlements qui dénotaient une colère,
in his cabin and let go of of the howls which denoted an anger

bien pardonnable, poussée jusqu'au paroxysme.
well pardonable pushed up to the paroxysm

Ce qui s'était passé était très simple. Phileas Fogg voulait aller à
This which itself was passed was very simple Phileas Fogg wanted to go to
had happened

Liverpool, le capitaine ne voulait pas l'y conduire. Alors Phileas
Liverpool the captain not wanted -not- him there to lead Then Phileas

Fogg avait accepté de prendre passage pour Bordeaux, et, depuis trente
Fogg had accepted of to take passage for Bordeaux and since thirty
after

heures qu'il était à bord, il avait si bien manoeuvré à coups de
hours that he was on board he had so well maneuvered at blows of

bank-notes, que l'équipage, matelots et chauffeurs -- équipage un peu
banknotes that the crew sailors and stokers – crew a bit

interlope, qui était en assez mauvais termes avec le capitaine --, lui
shady which was on enough bad terms with the captain –, him
rather

appartenait. Et voilà pourquoi Phileas Fogg commandait au lieu et
belonged And see there why Phileas Fogg commanded at the place and

place du capitaine Speedy, pourquoi le capitaine était enfermé dans sa
place of the captain Speedy why the captain was locked up in his

cabine, et pourquoi enfin l'Henrietta se dirigeait vers Liverpool.
cabin and why finally the henrietta itself headed towards Liverpool

Seulement, il était très clair, à voir manoeuvrer Mr. Fogg, que Mr. Fogg
Only it was very clear at to see maneuver Mr. Fogg that Mr. Fogg

avait été marin.
had been (a) sailor

Maintenant, comment finirait l'aventure, on le saurait plus tard.
Now how would end the adventure one it would know more late
later

Toutefois, Mrs. Aouda ne laissait pas d'être inquiète, sans en rien
However Mrs Aouda not left -not- to be worried without of it nothing
stopped

dire. Fix, lui, avait été abasourdi tout d'abord. Quant à Passepartout,
to say Fix he had been thunderstruck all initially As to Passepartout

il trouvait la chose tout simplement adorable.
he found the thing all simply lovely

« Entre onze et douze noeuds », avait dit le capitaine Speedy, et
Between eleven and twelve knots had said the captain Speedy and

en effet l'Henrietta se maintenait dans cette moyenne de vitesse.
in effect the Henrietta itself kept in this average of speed

Si donc -- que de « si » encore ! -- si donc la mer ne devenait
If then – that of if still ! – if then the sea not became

pas trop mauvaise, si le vent ne sautait pas dans l'est, s'il ne
-not- too bad if the wind not jumped -not- in the east if it not
to if there

survenait aucune avarie au bâtiment, aucun accident à la machine,
occurred any damage to the trawler any accident to the engine

l'Henrietta, dans les neuf jours comptés du 12 décembre au 21,
the Henrietta in the nine days counted from the 12(th) December to the 21(st)

pouvait franchir les trois mille milles qui séparent New York de
could cross the three thousand miles which separated New York from

Liverpool. Il est vrai qu'une fois arrivé, l'affaire de l'Henrietta brochant
Liverpool It is true that one time arrived the case of the Henrietta surmounting

sur l'affaire de la Banque, cela pouvait mener le gentleman un peu
on the case of the Bank that could lead the gentleman a bit

plus loin qu'il ne voudrait.
more far than he not would like
deeper into troublethen he might like

Pendant les premiers jours, la navigation se fit dans d'excellentes
During the first days the navigation journey itself made in -of- excellent

conditions. La mer n'était pas trop dure ; le vent paraissait fixé au
conditions The sea not was -not- too hard bad ; the wind appeared set at the

nord-est ; les voiles furent établies, et, sous ses goélettes,
northeast ; the sails were established and under its (two) schooners (' masts)

l'Henrietta marcha comme un vrai transatlantique.
the Henrietta moved like a true transatlantic

Passepartout était enchanté. Le dernier exploit de son maître, dont il
Passepartout was enchanted The last feat of his master of which he

ne voulait pas voir les conséquences, l'enthousiasmait. Jamais l'équipage
not wanted -not- to see the consequences him enthused Never the crew

n'avait vu un garçon plus gai, plus agile. Il faisait mille amitiés
not had seen a boy more merry more agile He made (a) thousand friendships

aux matelots et les étonnait par ses tours de voltige. Il leur
to the with the sailors and them astonished by his tricks of acrobatic(s) He them

prodiguait les meilleurs noms et les boissons les plus attrayantes. Pour
lavished the best names and the drinks the most attractive For

lui, ils manoeuvraient comme des gentlemen, et les chauffeurs
him they jockeyed like of the gentlemen and the stokers

chauffaient comme des héros. Sa bonne humeur, très communicative,
stoked like of the heroes His good mood very communicative

s'imprégnait à tous. Il avait oublié le passé, les ennuis, les périls.
itself permeated to all He had forgotten the past the annoyances the dangers

Il ne songeait qu'à ce but, si près d'être atteint, et parfois
He not thought (other) than to this goal so near of to be attained and sometimes

il bouillait d'impatience, comme s'il eût été chauffé par les fourneaux
he boiled of impatience like if he had been heated by the furnaces

de l'Henrietta. Souvent aussi, le digne garçon tournait autour de Fix ; il
of the Henrietta Often also the worthy boy turned around of Fix ; he

le regardait d'un oeil « qui en disait long »! mais il ne lui parlait
him watched with an eye which of it says long much but he not him spoke

pas, car il n'existait plus aucune intimité entre les deux anciens
-not- because it there not existed more any intimateness between the two former

amis.
friends

D'ailleurs Fix, il faut le dire, n'y comprenait plus rien ! La
Besides Fix it is necessary it to say not there understood more nothing ! The

conquête de l'Henrietta, l'achat de son équipage, ce Fogg manoeuvrant
conquest of the Henrietta the purchase of its crew this Fogg maneuvering

comme un marin consommé, tout cet ensemble de choses l'étourdissait. Il
like a sailor consumed all this ensemble of things him dazed He

ne savait plus que penser ! Mais, après tout, un gentleman qui
not knew (any)more what to think ! But after all a gentleman who

commençait par voler cinquante-cinq mille livres pouvait bien finir par
began by to steal fifty-five thousand pounds could well end by

voler un bâtiment. Et Fix fut naturellement amené à croire que
to steal a boat And Fix was naturally led to believe that

l'Henrietta, dirigée par Fogg, n'allait point du tout à Liverpool, mais
the Henrietta directed by Fogg not went at all of the at all all to Liverpool but

dans quelque point du monde où le voleur, devenu pirate, se
in some point of the world where the thief become pirate himself

mettrait tranquillement en sûreté! Cette hypothèse, il faut bien
would put quietly in safety This hypothesis it is necessary well

l'avouer, était on ne peut plus plausible, et le détective commençait
it to confess was one not can more plausible and the detective began

à regretter très sérieusement de s'être embarqué dans cette affaire.
to regret very seriously of to be embarked in this business

Quant au capitaine Speedy, il continuait à hurler dans sa cabine, et
As to the captain Speedy he continued to howl in his cabin and

Passepartout, chargé de pourvoir à sa nourriture, ne le faisait
Passepartout charged of to provide to his food not him made

qu'en prenant les plus grandes précautions, quelque vigoureux qu'il
(other) than in taking the most large precautions some vigorous that he

fût. Mr. Fogg, lui, n'avait plus même l'air de se douter qu'il
was Mr. Fogg him not had (any)more even the air of himself to doubt that he

y eût un capitaine à bord.
there had was a captain on board

Le 13, on passe sur la queue du banc de Terre-Neuve. Ce sont
The 13(h) one passes on the tail of the bank of Newfoundland These are

là de mauvais parages. Pendant l'hiver surtout, les brumes y sont
there -of- bad environs During the winter especially the mists there are

fréquentes, les coups de vent redoutables. Depuis la veille, le
frequent the blows of wind redoubtable Since the evening before the

baromètre, brusquement abaissé, faisait pressentir un changement prochain
barometer abruptly lowered made sense a change next

dans l'atmosphère. En effet, pendant la nuit, la température se modifia,
in the atmosphere In fact during the night the temperature itself changed

le froid devint plus vif, et en même temps le vent sauta dans
the cold became more lively extreme and in (the) same time the wind jumped in to

le sud-est.
the south east

C'était un contretemps. Mr. Fogg, afin de ne point s'écarter de sa
It was a setback Mr. Fogg so of not at all to himself deviate from his

route, dut serrer ses voiles et forcer de vapeur. Néanmoins, la marche
route had to fold his sails and to force of steam Nevertheless the march

du navire fut ralentie, attendu l'état de la mer, dont les longues
of the vessel was slowed down awaited the state of the sea of which the long

lames brisaient contre son étrave. Il éprouva des mouvements de
waves broke against its bow It experienced -of the- movements of

tangage très violents, et cela au détriment de sa vitesse. La brise
pitch very violent and that at the detriment of its speed The breeze

tournait peu à peu à l'ouragan, et l'on prévoyait déjà le cas
turned bit by bit to the hurricane and it one foresaw already the cases

où l'Henrietta ne pourrait plus se maintenir debout à la lame.
where the Henrietta not could more itself maintain upright to the wave

Or, s'il fallait fuir, c'était l'inconnu avec toutes ses mauvaises
However if it was necessary to flee It was the unknown with all its bad

chances.
chances

Le visage de Passepartout se rembrunit en même temps que le ciel,
The face of Passepartout itself clouded in (the) same time as the sky

et, pendant deux jours, l'honnête garçon éprouva de mortelles transes.
and during two days the honest boy experienced -of- deadly trances

Mais Phileas Fogg était un marin hardi, qui savait tenir tête à la mer,
But Phileas Fogg was a sailor bold who knew to keep head to the sea

et il fit toujours route, même sans se mettre sous petite vapeur.
and he made always road even without himself to put under little steam
headway

L'Henrietta, quand elle ne pouvait s'élever à la lame, passait au
The Henrietta when she not could lift herself to the wave passed -at the-

travers, et son pont était balayé en grand, mais elle passait. Quelquefois
through and its bridge was swept in large But she passed Sometimes
completely

aussi l'hélice émergeait, battant l'air de ses branches affolées,
also the propeller emerged beating the air with its branches crazed

lorsqu'une montagne d'eau soulevait l'arrière hors des flots, mais le
when a mountain of water raised the rear out of the waves but the

navire allait toujours de l'avant.
vessel went always of the front
to

Toutefois le vent ne fraîchit pas autant qu'on aurait pu le
However the wind not freshened -not- as much as one would have been able it
increased

craindre. Ce ne fut pas un de ces ouragans qui passent avec une
fear This not was -not- one of these hurricanes which pass with a

vitesse de quatre-vingt-dix milles à l'heure. Il se tint au grand frais,
speed of ninety miles to the hour It itself held at the large cool

mais malheureusement il souffla avec obstination de la partie du
but unfortunately it blew with (an) obstinacy from the side of the

sud-est et ne permit pas de faire de la toile. Et cependant,
south east and not permitted -not- of to make of the canvas And however
to put the sails up

ainsi qu'on va le voir, il eût été bien utile de venir en aide à la
thus that one goes it to see it had been well useful of to come in aide to the

vapeur !
steam !

Le 16 décembre, c'était le soixante quinzième jour écoulé depuis le
The 16(th) (of) December It was the sixty fifteenth day passed since the

départ de Londres. En somme, l'Henrietta n'avait pas encore un retard
departure from London In sum the Henrietta not had -not- still a delay

inquiétant. La moitié de la traversée était à peu près faite, et les plus
worrisome The half of the crossing was at bit near made and the most

mauvais parages avaient été franchis. En été, on eût répondu du
bad environs had been crossed In Summer one had answered of the
would have

succès. En hiver, on était à la merci de la mauvaise saison.
success In Winter one was to the mercy of the bad season

Passepartout ne se prononçait pas. Au fond, il avait espoir, et, si
Passepartout not himself pronounced -not- At the bottom he had hope and if

le vent faisait défaut, du moins il comptait sur la vapeur.
the wind made fault of the least he counted on the steam
was wrong at

Or, ce jour-là, le mécanicien étant monté sur le pont, rencontra
However this day there the engineer being mounted on the bridge met

Mr. Fogg et s'entretint assez vivement avec lui.
Mr. Fogg and himself discussed enough strongly with him
rather

Sans savoir pourquoi -- par un pressentiment sans doute --,
Without to know why – by a presentiment without doubt –,

Passepartout éprouva comme une vague inquiétude. Il eût donné une de
Passepartout experienced like a vague worry He had given one of

ses oreilles pour entendre de l'autre ce qui se disait là.
his ears for to hear of the other this which itself said there
was said

Cependant, il put saisir quelques mots, ceux-ci entre autres, prononcés
However he could seize some words these between others pronounced
catch

par son maître :
by his master :

« Vous êtes certain de ce que vous avancez ?
You are certain of this that you advance ?

-- Certain, monsieur, répondit le mécanicien. N'oubliez pas que, depuis
— Certain Sir answered the engineer Do not forget -not- that since

notre départ, nous chauffons avec tous nos fourneaux allumés, et si
our departure we heat it with all our furnaces lit and if

nous avions assez de charbon pour aller à petite vapeur de New York
we had enough of coal for to go at little steam of New York

à Bordeaux, nous n'en avons pas assez pour aller à toute vapeur
to Bordeaux we not of it have -not- enough for to go at all steam

de New York à Liverpool !
from New York to Liverpool !

-- J'aviserai », répondit Mr. Fogg.
— I will notify answered Mr. Fogg

Passepartout avait compris. Il fut pris d'une inquiétude mortelle.
Passepartout had understood He was taken by a worry deadly

Le charbon allait manquer !
The coal went lack !
to finish

« Ah ! si mon maître pare celle-là, se dit-il, décidément ce sera
Ah ! if my master parries that one himself said he definitely this will be
solves

un fameux homme ! »
a famous man !

Et ayant rencontré Fix, il ne put s'empêcher de le
And having encountered Fix he not could stop himself of him

mettre au courant de la situation.
to put at the running of the situation
to update

« Alors, lui répondit l'agent les dents serrées, vous croyez que nous
Then him answered the agent the teeth closed you believe that we

allons à Liverpool !
go to Liverpool !

-- Parbleu !
— Egad !

-- Imbécile ! » répondit l'inspecteur, qui s'en alla, haussant les
– Fool ! answered the inspector who itself of it went raising the

épaules.
shoulders

Passepartout fut sur le point de relever vertement le qualificatif, dont
Passepartout was on the point of to raise sharply the qualifier designation 'fool' of which

il ne pouvait d'ailleurs comprendre la vraie signification ; mais il se
he not could besides understand the true meaning ; but he himself

dit que l'infortuné Fix devait être très désappointé, très humilié dans
said that the unfortunate Fix must be very disappointed very humiliated in

son amour-propre, après avoir si maladroitement suivi une fausse piste
his love of himself after to have so awkwardly followed a false trail

autour du monde, et il passa condamnation.
around -of- the world and he passed conviction

Et maintenant quel parti allait prendre Phileas Fogg ? Cela était difficile
And now what action went to take Phileas Fogg ? That was difficult

à imaginer. Cependant, il paraît que le flegmatique gentleman en prit
to imagine However it seemed that the phlegmatic stolid gentleman of it took

un, car le soir même il fit venir le mécanicien et lui dit :
one because the evening same he made come the engineer and him said :

« Poussez les feux et faites route jusqu'à complet épuisement du
Push the fires and make road until complete exhaustion of the

combustible. »
combustible

Quelques instants après, la cheminée de l'Henrietta vomissait des
Some moments after the fireplace of the Henrietta vomited -of- the

torrents de fumée.
torrents of smoke

Le navire continua donc de marcher à toute vapeur ; mais ainsi qu'il
The vessel continued then of to move at all steam ; but thus as it

l'avait annoncé, deux jours plus tard, le 18, le mécanicien fit
him had (been) announced two days more late the 18(th) the engineer made

savoir que le charbon manquerait dans la journée.
to know that the coal would miss would have finished in the day

« Que l'on ne laisse pas baisser les feux, répondit Mr. Fogg. Au
That it one not lets -not- lower the fires answered Mr. Fogg At the

contraire. Que l'on charge les soupapes ».
contrary That it one charges the valves

Ce jour-là, vers midi, après avoir pris hauteur et calculé la
This day there towards noon after to have taken height and calculated the

position du navire, Phileas Fogg fit venir Passepartout, et il lui
position of the vessel Phileas Fogg made come Passepartout and he him

donna l'ordre d'aller chercher le capitaine Speedy. C'était comme si on
gave the order of to go search the captain Speedy It was like if one

eût commandé à ce brave garçon d'aller déchaîner un tigre, et il
had ordered to this dear boy of to go unchain a tiger and he

descendit dans la dunette, se disant :
descended in the poop (deck) himself saying :

« Positivement il sera enragé ! »
Positively he will be mad !
Surely

En effet, quelques minutes plus tard, au milieu de cris et de
In fact some minutes more late at the middle of cries and of
later in the

jurons, une bombe arrivait sur la dunette. Cette bombe, c'était le
swear words a bomb arrived on the poop (deck) This bomb It was the

capitaine Speedy. Il était évident qu'elle allait éclater.
captain Speedy It was obvious that she went to burst
{that the bomb}

« Où sommes-nous ? » telles furent les premières paroles qu'il
Where are we ? such were the first words that he

prononça au milieu des suffocations de la colère, et certes, pour
pronounced at the middle of the suffocations of the anger and certainly for
in the

peu que le digne homme eût été apoplectique, il n'en serait jamais
bit that the worthy man had been apoplectic he not of it would be ever

revenu.
come back

« Où sommes-nous ? répéta-t-il, la face congestionnée.
Where are we ? he repeated the face congested

-- A sept cent soixante-dix milles de Liverpool (300 lieues), répondit
– At seven hundred seventy miles of Liverpool (300 miles answered

Mr. Fogg avec un calme imperturbable.
Mr. Fogg with a calm imperturbable

-- Pirate ! s'écria Andrew Speedy.
— Pirate ! exclaimed Andrew Speedy

-- Je vous ai fait venir, monsieur...
— I you have made come Sir

-- Écumeur de mer !
— Skimmer of sea !
Scum of the sea

-- ...monsieur, reprit Phileas Fogg, pour vous prier de me vendre votre
— Sir continued Phileas Fogg for you pray of me to sell your

navire.
vessel

-- Non ! de par tous les diables, non !
— No ! of by all the devils No !

-- C'est que je vais être obligé de le brûler.
— It is that I go to be obliged of it to burn

-- Brûler mon navire !
— To burn my vessel !

-- Oui, du moins dans ses hauts, car nous manquons de
— Yes of the least in his high (parts) because we lack of

combustible.
combustible

-- Brûler mon navire ! s'écria le capitaine Speedy, qui ne pouvait
— To burn my vessel ! exclaimed the captain Speedy who not could

même plus prononcer les syllabes. Un navire qui vaut cinquante
even more pronounce the syllables A vessel which is worth fifty

mille dollars (250 000 F).
thousand dollars (250 000 F

-- En voici soixante mille (300 000 F)! répondit Phileas Fogg, en
— Of it here sixty thousand (300 000 F answered Phileas Fogg in

offrant au capitaine une liasse de bank-notes.
offering to the captain a bundle of banknotes

Cela fit un effet prodigieux sur Andrew Speedy. On n'est pas
That made an effect prodigious on Andrew Speedy One not is -not-

certaine émotion. Le capitaine oublia en un instant sa colère, son
certain emotion The captain forgot in a moment his anger his

emprisonnement, tous ses griefs contre son passager. Son navire avait
imprisonment all his complaints against his passenger His vessel had was

vingt ans. Cela pouvait devenir une affaire d'or !... La bombe ne
twenty years years old That could become a business of gold !... The bomb not

pouvait déjà plus éclater. Mr. Fogg en avait arraché la mèche.
could already (any)more burst Mr. Fogg of it had ripped the wick

« Et la coque en fer me restera, dit-il d'un ton singulièrement
And the shell in iron me will remain said he of a tone singularly very much

radouci.
mollified

-- La coque en fer et la machine, monsieur. Est-ce conclu ?
– The shell in iron and the engine Sir Is this concluded ?

-- Conclu. »
– Concluded

Et Andrew Speedy, saisissant la liasse de bank-notes, les compta et
And Andrew Speedy gripping the bundle of banknotes them counted and

les fit disparaître dans sa poche.
them made disappear in his pocket

Pendant cette scène, Passepartout était blanc. Quant à Fix, il faillit avoir
During this scene Passepartout was white As to Fix he failed almost to have had

un coup de sang. Près de vingt mille livres dépensées, et encore ce
a strike stroke of blood Near of twenty thousand pounds spent and still this

Fogg qui abandonnait à son vendeur la coque et la machine,
Fogg who abandoned to his seller the shell and the engine

c'est-à-dire presque la valeur totale du navire ! Il est vrai que la
that is to say almost the valor total of the vessel ! It is true that the

somme volée à la banque s'élevait à cinquante-cinq mille livres !
sum stolen to from the Bank itself rose to fifty-five thousand pounds !

Quand Andrew Speedy eut empoché l'argent :
When Andrew Speedy had pocketed the silver :

« Monsieur, lui dit Mr. Fogg, que tout ceci ne vous étonne pas.
Sir him said Mr. Fogg that all this not you surprises -not-

Sachez que je perds vingt mille livres, si je ne suis pas rendu à
Know that I lose twenty thousand pounds if I not am -not- rendered at

Londres le 21 décembre, à huit heures quarante-cinq du soir.
London the 21(st) (of) December at eight hours forty five of the evening

Or, j'avais manqué le paquebot de New York, et comme vous
However I had missed the ocean liner of New York and like you

refusiez de me conduire à Liverpool...
refused of me to lead to Liverpool

-- Et j'ai bien fait, par les cinquante mille diables de l'enfer,
— And I have well made by the fifty thousand devils of the hell

s'écria Andrew Speedy, puisque j'y gagne au moins quarante mille
exclaimed Andrew Speedy since I there gain at the least forty thousand

dollars. »
dollars

Puis, plus posément :
Then more sedately :

« Savez-vous une chose, ajouta-t-il, capitaine ?...
Know you a thing added he captain ?...

-- Fogg.
— Fogg

-- Capitaine Fogg, eh bien, il y a du Yankee en vous ».
— Captain Fogg Eh well it there has of the Yankee in you
there's some

Et après avoir fait à son passager ce qu'il croyait être un
And after to have made to his passenger this that he believed to be a

compliment, il s'en allait, quand Phileas Fogg lui dit :
compliment he himself of it went when Phileas Fogg him said :

« Maintenant ce navire m'appartient ?
Now this vessel belongs to me ?

-- Certes, de la quille à la pomme des mâts, pour tout ce qui
— Certainly of the keel to the apple of the masts for all this which
top

est « bois », s'entend !
is wood itself understands !
of course

-- Bien. Faites démolir les aménagements intérieurs et chauffez avec ces
— Well Do demolish the facilities interiors and heat with these
warm up

débris. »
remains

On juge ce qu'il fallut consommer de ce bois sec pour
One judges this that it was necessary to consume of this wood dry for

maintenir la vapeur en suffisante pression. Ce jour-là, la dunette, les
to maintain the steam in sufficient pressure This day there the poop (deck) the

rouffles, les cabines, les logements, le faux pont, tout y passa.
upper decks the cabins the housing the false bridge all there passed

Le lendemain, 19 décembre, on brûla la mâture, les dromes, les
The following day 19 december one burned the mast the dromes the

esparres. On abattit les mâts, on les débita à coups de hache.
spars One felled the masts one them cut at blows of axe

L'équipage y mettait un zèle incroyable. Passepartout, taillant, coupant,
The crew there put a zeal unbelievable Passepartout carving cutting

sciant, faisait l'ouvrage de dix hommes. C'était une fureur de démolition.
sawing made the work of ten men It was a fury of demolition

Le lendemain, 20, les bastingages, les pavois, les oeuvres-mortes, la plus
The following day 20, the bulwarks the parapets the works-dead emerged parts the more

grande partie du pont, furent dévorés. L'Henrietta n'était plus qu'un
large part of the bridge were devoured The Henrietta not was more that a

bâtiment rasé comme un ponton.
trawler shaven like a pontoon

Mais, ce jour-là, on avait eu connaissance de la côte d'Irlande et
But this day there one had had acquaintance sight of the coast of Ireland and

du feu de Fastenet.
of the fire of Fastenet

Toutefois, à dix heures du soir, le navire n'était encore que par le
However at ten hours of the evening the vessel not was still than by the

travers de Queenstown. Phileas Fogg n'avait plus que vingt-quatre heures
crossing of Queenstown Phileas Fogg not had more than twenty-four hours

pour atteindre Londres ! Or, c'était le temps qu'il fallait à
for to reach London ! However It was the time that it was necessary to

l'Henrietta pour gagner Liverpool, -- même en marchant à toute vapeur.
the Henrietta for to win Liverpool — even in moving at all steam

Et la vapeur allait manquer enfin à l'audacieux gentleman !
And the steam went miss finally to the bold gentleman !

« Monsieur, lui dit alors le capitaine Speedy, qui avait fini par
Sir him said then the captain Speedy who had finished by
started

s'intéresser à ses projets, je vous plains vraiment. Tout est contre
to interest himself to his projects I you pity really All is against

vous ! Nous ne sommes encore que devant Queenstown.
you ! We not are still that in front of Queenstown

-- Ah ! fit Mr. Fogg, c'est Queenstown, cette ville dont nous
— Ah ! made Mr. Fogg It is Queenstown this city of which we

apercevons les feux ?
perceive the fires ?

-- Oui.
— Yes

-- Pouvons-nous entrer dans le port ?
— Can we enter in the port ?

-- Pas avant trois heures. A pleine mer seulement.
— Not before three hours At full sea only
high tide

-- Attendons ! » répondit tranquillement Phileas Fogg, sans laisser voir
— Let's wait ! answered quietly Phileas Fogg without to let see
to show

sur son visage que, par une suprême inspiration, il allait tenter de
on his face than by a supreme inspiration he went to try of

vaincre encore une fois la chance contraire !
to overcome still a time the fortune contrary !

En effet, Queenstown est un port de la côte d'Irlande dans lequel les
In fact Queenstown is a port of the coast of Ireland in which the

transatlantiques qui viennent des États-Unis jettent en passant leur
transatlantic which comes from the United States throws in passing their

sac aux lettres. Ces lettres sont emportées à Dublin par des express
bag to the letters These letters are taken away to Dublin by of the express

toujours prêts à partir. De Dublin elles arrivent à Liverpool par des
always ready to leave From Dublin they arrive at Liverpool by -of the-

steamers de grande vitesse, -- devançant ainsi de douze heures les
steamers of large speed — beating thus by twelve hours the

marcheurs les plus rapides des compagnies maritimes.
walkers the most quick of the companies maritime
movers

Ces douze heures que gagnait ainsi le courrier d'Amérique, Phileas Fogg
These twelve hours that won thus the courier of America Phileas Fogg

prétendait les gagner aussi. Au lieu d'arriver sur l'Henrietta, le
claimed them to win also At the place from to arrive on the Henrietta the

lendemain soir, à Liverpool, il y serait à midi, et, par
following day evening at Liverpool he there would be at noon and by

conséquent, il aurait le temps d'être à Londres avant huit heures
consequence he would have the time to be at London before eight hours
in

quarante-cinq minutes du soir.
forty five minutes of the evening

Vers une heure du matin, l'Henrietta entrait à haute mer dans le
Towards one hour of the morning the Henrietta entered to high sea in the
tide

port de Queenstown, et Phileas Fogg, après avoir reçu une vigoureuse
port of Queenstown and Phileas Fogg after to have received a vigorous

poignée de main du capitaine Speedy, le laissait sur la carcasse rasée
fist of hand of the captain Speedy him left on the carcass shaved

de son navire, qui valait encore la moitié de ce qu'il l'avait
of his vessel which was worth still the half of this that he him had

vendue !
sold !

Les passagers débarquèrent aussitôt. Fix, à ce moment, eut une envie
The passengers disembarked immediately Fix at this moment had an envy

féroce d'arrêter le sieur Fogg. Il ne le fit pas, pourtant ! Pourquoi ?
fierce to stop the Sir Fogg He not it did -not- however ! Why ?

Quel combat se livrait donc en lui ? Était-il revenu sur le compte
What fight itself engaged then in him ? Was he come back on the account

de Mr. Fogg ? Comprenait-il enfin qu'il s'était trompé ? Toutefois, Fix
of Mr. Fogg ? Understood he finally that he himself was deceived ? However Fix
had

n'abandonna pas Mr. Fogg. Avec lui, avec Mrs. Aouda, avec Passepartout,
not abandoned -not- Mr. Fogg With him with Mrs Aouda with Passepartout

qui ne prenait plus le temps de respirer, il montait dans le train
who not took (any)more the time of to breathe he climbed in the train

de Queenstown à une heure et demi du matin, arrivait à Dublin
from Queenstown to of one hour and (a) half of the morning arrived at Dublin

au jour naissant, et s'embarquait aussitôt sur un des steamers --
at the day nascent beginning and himself embarked immediately on one of the steamers –

vrais fuseaux d'acier, tout en machine -- qui, dédaignant de s'élever à
true spindle of steel all in engine – who disdaining of to lift itself at

la lame, passent invariablement au travers.
the wave passed invariably -at the- through

A midi moins vingt, le 21 décembre, Phileas Fogg débarquait
At noon less twenty (minutes) the 21(st) (of) December Phileas Fogg disembarked

enfin sur le quai de Liverpool. Il n'était plus qu'à six heures de
finally on the quay of Liverpool It not was more than at six hours from

Londres.
London

Mais à ce moment, Fix s'approcha, lui mit la main sur l'épaule,
But at this moment Fix himself approached approached him put the hand on the shoulder

et, exhibant son mandat :
and showing his mandate :

« Vous êtes le sieur Phileas Fogg ? dit-il.
You are the Sir Phileas Fogg ? said he

-- Oui, monsieur.
– Yes Sir

-- Au nom de la reine, je vous arrête ! »
– At the In the name of the queen I you arrest !

34 - Chapitre XXXIV

QUI PROCURE A PASSEPARTOUT L'OCCASION DE FAIRE UN JEU DE
Which provides to Passepartout the opportunity of to make a game of

MOTS ATROCE, MAIS PEUT-ÊTRE INÉDIT
words atrocious but perhaps unheard-of
unsuitable

Phileas Fogg était en prison. On l'avait enfermé dans le poste de
Phileas Fogg was in prison One him had locked up in the post of

Custom-house, la douane de Liverpool, et il devait y passer la nuit
Customs house the customs of Liverpool and he must there pass the night

en attendant son transfèrement à Londres.
in awaiting his transfer to London

Au moment de l'arrestation, Passepartout avait voulu se précipiter
At the moment of the arrest Passepartout had wanted himself to rush at

sur le détective. Des policemen le retinrent. Mrs. Aouda, épouvantée
on the detective -Of the- policemen him kept back Mrs Aouda terrified

par la brutalité du fait, ne sachant rien, n'y pouvait rien
by the brutality of the fact not knowing nothing not of it could nothing

comprendre. Passepartout lui expliqua la situation. Mr. Fogg, cet honnête
understand Passepartout her explained the situation Mr. Fogg this honest

et courageux gentleman, auquel elle devait la vie, était arrêté comme
and courageous gentleman to which she owed the life was arrested like

voleur. La jeune femme protesta contre une telle allégation, son coeur
(a) thief The young woman protested against a such allegation her heart

s'indigna, et des pleurs coulèrent de ses yeux, quand elle
itself filled with indignation and -of the- tears flowed from her eyes when she

vit qu'elle ne pouvait rien faire, rien tenter, pour sauver son sauveur.
saw that she not could nothing do nothing try for to save her savior

Quant à Fix, il avait arrêté le gentleman parce que son devoir lui
As to Fix he had arrested the gentleman because that his duty him

commandait de l'arrêter, fût-il coupable ou non. La justice en
commanded of to arrest him were he guilty or not The justice of it
whether he was

déciderait.
would decide

Mais alors une pensée vint à Passepartout, cette pensée terrible qu'il
But then a thought came to Passepartout this thought terrible that he

était décidément la cause de tout ce malheur ! En effet, pourquoi avait
was definitely the cause of all this misfortune ! In fact why had

il caché cette aventure à Mr. Fogg ? Quand Fix avait révélé et sa
he hidden this adventure to Mr. Fogg ? When Fix had revealed and his
both

qualité d'inspecteur de police et la mission dont il était chargé,
quality of (an) inspector of police and the mission of which he was charged

pourquoi avait-il pris sur lui de ne point avertir son maître ?
why had he taken on himself of not at all to inform his master ?

Celui-ci, prévenu, aurait sans doute donné à Fix des preuves de
That one warned would have without doubt given to Fix of the evidence of

son innocence ; il lui aurait démontré son erreur ; en tout cas, il
his innocence ; he him would have demonstrated his error ; in all case he
any

n'eût pas véhiculé à ses frais et à ses trousses ce malencontreux
not had -not- vehicle at his costs and at his kits this unfortunate
not would have transported

agent, dont le premier soin avait été de l'arrêter, au moment
agent of which the first care had been of to arrest him at the moment

où il mettait le pied sur le sol du Royaume-Uni. En songeant à
where he put the foot on the ground of the United Kingdom In thinking at

ses fautes, à ses imprudences, le pauvre garçon était pris d'irrésistibles
his faults at his indiscretions the poor boy was taken by irresistible

remords. Il pleurait, il faisait peine à voir. Il voulait se briser la
remorse He cried it made pain to see He wanted himself to break the
was painful

tête !
head !

Mrs. Aouda et lui étaient restés, malgré le froid, sous le
Mrs Aouda and him were remained in spite of the cold under the
had

péristyle de la douane. Ils ne voulaient ni l'un ni
peristyle of the customs They not wanted neither the one nor
{porch surrounded by columns}

l'autre quitter la place. Ils voulaient revoir encore une fois Mr.
the other to leave the place They wanted to see again still one time Mr.

Fogg.
Fogg

Quant à ce gentleman, il était bien et dûment ruiné, et cela au
As to this gentleman he was well and duly ruined and that at the

moment où il allait atteindre son but. Cette arrestation le perdait
moment where he went to attain his goal This arrest him lost

sans retour. Arrivé à midi moins vingt à Liverpool, le 21 décembre,
without return Arrived at noon less twenty at Liverpool the 21(st) (of) December

il avait jusqu'à huit heures quarante-cinq minutes pour se présenter
he had until eight hours forty five minutes for himself to present

au Reform-Club, soit neuf heures quinze minutes, -- et il ne lui en
at the Reform club be it nine hours fifteen minutes – and it not him of it

fallait que six pour atteindre Londres.
was necessary than six for to reach London

En ce moment, qui eût pénétré dans le poste de la douane
In this moment who had would have penetrated in the post of the customs

eût trouvé Mr. Fogg, immobile, assis sur un banc de bois, sans
had would have found Mr. Fogg motionless seated on a bench of wood without

colère, imperturbable. Résigné, on n'eût pu le dire, mais ce
anger imperturbable Resigned one not had not would have been able it to say But this

dernier coup n'avait pu l'émouvoir, au moins en apparence. S'était-il
last blow not had been able him to move him to touch at the least in appearance Itself was it Had itself

formé en lui une de ces rages secrètes, terribles parce qu'elles sont
formed in him one of these rages secret terrible because that they are

contenues, et qui n'éclatent qu'au dernier moment avec une force
contained and which erupt only at the last moment with a force

irrésistible ? On ne sait. Mais Phileas Fogg était là, calme, attendant...
irresistible ? One not knows But Phileas Fogg was there calm awaiting

quoi ? Conservait-il quelque espoir ? Croyait-il encore au succès, quand
what ? Kept he some hope ? Believed he still at the success when

la porte de cette prison était fermée sur lui ?
the door of this prison was closed on him ?

Quoi qu'il en soit, Mr. Fogg avait soigneusement posé sa montre
What that it of it would be Mr. Fogg had carefully perched his watch

sur une table et il en regardait les aiguilles marcher. Pas une parole
on a table and he of it watched the needles move Not a word

ne s'échappait de ses lèvres, mais son regard avait une fixité
-not- himself escaped from his lips but his look had a fixity
focus

singulière.
singular

En tout cas, la situation était terrible, et, pour qui ne pouvait lire
In all cases the situation was terrible and for who not could read

dans cette conscience, elle se résumait ainsi :
in this consciousness she herself summed up thus :

Honnête homme, Phileas Fogg était ruiné.
Honest man Phileas Fogg was ruined

Malhonnête homme, il était pris.
Dishonest man he was taken

Eut-il alors la pensée de se sauver ? Songea-t-il à chercher si ce
Had he then the thought of himself to save ? Thought he to seek if this

poste présentait une issue praticable ? Pensa-t-il à fuir ? On serait
post presented an exit practicable ? Thought he to to flee ? One would be

tenté de le croire, car, à un certain moment, il fit le tour de
tempted of it to believe because at a certain moment he made the turn of

la chambre. Mais la porte était solidement fermée et la fenêtre
the room But the door was solidly closed and the window

garnie de barreaux de fer. Il vint donc se rasseoir, et il tira
furnished with bars of iron He came then himself to sit down and he drew

de son portefeuille l'itinéraire du voyage. Sur la ligne qui portait
from his wallet the route of the journey On the line which carried

ces mots :
these words :

« 21 décembre, samedi, Liverpool », il ajouta :
21(st) (of) December Saturday Liverpool he added :

« 80e jour, 11 h 40 du matin », et il attendit.
80th day 11 h 40 of the morning and he awaited

sa montre avançait de deux minutes sur cette horloge.
his watch advanced of two minutes on this clock

Deux heures ! En admettant qu'il montât en ce moment dans un
Two hours ! In admitting that he got in on this moment in an

express, il pouvait encore arriver à Londres et au Reform-Club
express (train) he could still arrive at in London and at the Reform club

avant huit heures quarante-cinq du soir. Son front se plissa
before eight hours forty five of the evening His face itself narrowed

légèrement...
lightly

A deux heures trente-trois minutes, un bruit retentit au-dehors, un
At two hours thirty three minutes a noise sounded outside a

vacarme de portes qui s'ouvraient. On entendait la voix de
din of doors which -themselves- opened One heard the voice of

Passepartout, on entendait la voix de Fix.
Passepartout one heard the voice of Fix

Le regard de Phileas Fogg brilla un instant.
The look of Phileas Fogg gleamed a moment

La porte du poste s'ouvrit, et il vit Mrs. Aouda, Passepartout, Fix,
The door of the post itself opened opened and he saw Mrs Aouda Passepartout Fix

qui se précipitèrent vers lui.
who himself rushed towards him

Fix était hors d'haleine, les cheveux en désordre... Il ne pouvait parler !
Fix was out of breath the hairs hair in disorder He not could speak !

« Monsieur, balbutia-t-il, monsieur... pardon... une ressemblance déplorable...
Sir stammered he Sir forgiveness a resemblance deplorable

Voleur arrêté depuis trois jours... vous... libre !... »
Thief stopped since three days you free !...

Phileas Fogg était libre ! Il alla au détective. Il le regarda bien en
Phileas Fogg was free ! He went to the detective He him stared well in

face, et, faisant le seul mouvement rapide qu'il eût jamais fait eût,
face and making the only movement rapid that he had ever made had

qu'il dût jamais faire de sa vie, il ramena ses deux bras en
that he had to ever make of his life he brought back his two arm in

arrière, puis, avec la précision d'un automate, il frappa de ses deux
back Then with the precision of an automaton he struck with his two
robot

poings le malheureux inspecteur.
fists the unhappy inspector

« Bien tapé! » s'écria Passepartout, qui, se permettant un atroce
Well tapped exclaimed Passepartout who himself permitting an atrocious

jeu de mots, bien digne d'un Français, ajouta : « Pardieu voilà ce
game of words well worthy of a French(man) added : Pardieu see there this

qu'on peut appeler une belle application de poings d'Angleterre ! »
that one can call a beautiful application of fists from England !

Fix, renversé, ne prononça pas un mot. Il n'avait que ce qu'il
Fix struck down not pronounced -not- a word He not had than this that he

méritait. Mais aussitôt Mr, Fogg, Mrs. Aouda, Passepartout quittèrent la
deserved But immediately Mr. Fogg Mrs Aouda Passepartout left the

douane. Ils se jetèrent dans une voiture, et, en quelques minutes,
customs They themselves threw in a carriage and in some minutes

ils arrivèrent à la gare de Liverpool.
they arrived at the station of Liverpool

Phileas Fogg demanda s'il y avait un express prêt à partir pour
Phileas Fogg asked if it there had an express ready to leave for
if there was

Londres...
London

Il était deux heures quarante... L'express était parti depuis trente-cinq
It was two hours forty The express was left since thirty five
had

minutes.
minutes

Phileas Fogg commanda alors un train spécial.
Phileas Fogg ordered then a train special
chartered

Il y avait plusieurs locomotives de grande vitesse en pression ; mais,
It there had several locomotives of large speed in pressure ; but
There were ready to go

attendu les exigences du service, le train spécial ne put quitter la
awaited the requirements of the service the train special not could leave the

gare avant trois heures.
station before three hours

A trois heures, Phileas Fogg, après avoir dit quelques mots au
At three hours Phileas Fogg after to have said some words to the

mécanicien d'une certaine prime à gagner, filait dans la direction de
engineer about a certain premium to win filed moved in the direction of

Londres, en compagnie de la jeune femme et de son fidèle serviteur.
London in company of the young woman and of his faithful servant

Il fallait franchir en cinq heures et demie la distance qui
It was necessary to cross in five hours and half the distance which

sépare Liverpool de Londres --, chose très faisable, quand la voie est
separates Liverpool from London –, thing very feasible when the way is

libre sur tout le parcours. Mais il y eut des retards forcés, et,
free on all the route But it there had of the delays forced and

quand le gentleman arriva à la gare, neuf heures moins dix sonnaient
when the gentleman arrived at the station nine hours less ten rang

à toutes les horloges de Londres.
at all the clocks of London

Phileas Fogg, après avoir accompli ce voyage autour du monde,
Phileas Fogg after to have accomplished this journey around of the world

arrivait avec un retard de cinq minutes !...
arrived with a delay of five minutes !...

Il avait perdu.
He had lost

35 - Chapitre XXXV

DANS LEQUEL PASSEPARTOUT NE SE FAIT PAS RÉPÉTER DEUX FOIS
In which Passepartout not himself makes -not- repeat two times

L'ORDRE QUE SON MAÎTRE LUI DONNE
the order that his master him gives

Le lendemain, les habitants de Saville-row auraient été bien surpris, si
The following day the inhabitants of Saville row would have been well surprised if

on leur eût affirmé que Mr. Fogg avait réintégré son domicile. Portes et
one them had affirmed that Mr. Fogg had reinstated his home Doors and

fenêtres, tout était clos. Aucun changement ne s'était produit à
windows all was closed Any change not itself was had produced at

l'extérieur.
the outside

En effet, après avoir quitté la gare, Phileas Fogg avait donné à
In fact after to have left the station Phileas Fogg had given to

Passepartout l'ordre d'acheter quelques provisions, et il était rentré
Passepartout the order of to buy some supplies and he was had returned

dans sa maison.
in to his house

Ce gentleman avait reçu avec son impassibilité habituelle le coup qui
This gentleman had received with his impassivity habitual usual the blow which

le frappait. Ruiné ! et par la faute de ce maladroit inspecteur de
him knocked Ruined ! and by the fault of this clumsy inspector of

police ! Après avoir marché d'un pas sûr pendant ce long parcours,
police ! After to have walked with a step assured during this long route

après avoir renversé mille obstacles, bravé mille dangers, ayant
after to have struck down (a) thousand obstacles braved (a) thousand dangers having

encore trouvé le temps de faire quelque bien sur sa route, échouer
still found the time of to do some good on his road to fail

au port devant un fait brutal, qu'il ne pouvait prévoir, et contre
at the door in front of a fact brutal that he not could see in advance and against

lequel il était désarmé : cela était terrible ! De la somme considérable
which he was disarmed : that was terrible ! Of the sum considerable

qu'il avait emportée au départ, il ne lui restait qu'un reliquat
that he had carried along at the departure it there not him remained than a balance

insignifiant. Sa fortune ne se composait plus que des vingt mille
insignificant His fortune not itself consisted more than of the twenty thousand

livres déposées chez Baring frères, et ces vingt mille livres, il les
pounds deposited with Baring brothers and these twenty thousand pounds he them

devait à ses collègues du Reform-Club. Après tant de dépenses faites,
owed to his colleagues of the Reform club After so much of expenses made

ce pari gagné ne l'eût pas enrichi sans doute, et il est probable
this bet won not him had -not- enriched without doubt and it is likely

qu'il n'avait pas cherché à s'enrichir -- étant de ces hommes qui
that he not had -not- sought to get rich – being of these men who

parient pour l'honneur --, mais ce pari perdu le ruinait totalement.
bet for the honor –, but this bet lost him ruined totally

Au surplus, le parti du gentleman était pris. Il savait ce qui lui
At the surplus On top of that the action of the gentleman was taken He knew this which him

restait à faire.
remained to do

Une chambre de la maison de Saville-row avait été réservée à Mrs.
A room of the house of Saville row had been reserved to Mrs

Aouda. La jeune femme était désespérée. A certaines paroles prononcées
Aouda The young woman was despaired At certain words pronounced

par Mr. Fogg, elle avait compris que celui-ci méditait quelque projet
by Mr. Fogg she had understood that that one contrived some project

funeste.
fatal

On sait, en effet, à quelles déplorables extrémités se portent
One knows in effect to which deplorable extremities themselves carry

quelquefois ces Anglais monomanes sous la pression d'une idée fixe.
sometimes these English monomaniacs under the pressure of an idea fixed

Aussi Passepartout, sans en avoir l'air, surveillait-il son maître.
Also Passepartout without of it to have the air watched he his master

Mais, tout d'abord, l'honnête garçon était monté dans sa chambre et
But all initially the honest boy was gone up in to his room and

avait éteint le bec qui brûlait depuis quatre-vingts jours. Il avait
had extinguished the spout which burned since eighty days He had

trouvé dans la boîte aux lettres une note de la Compagnie du gaz,
found in the box to the letters the mailbox a note of the company of the gas

et il pensa qu'il était plus que temps d'arrêter ces frais dont il
and he thought that it was more than time to stop these costs of which he

était responsable.
was responsible

La nuit se passa. Mr. Fogg s'était couché, mais avait-il dormi ?
The night itself passed Mr. Fogg himself was had laid down but had he slept ?

Quant à Mrs. Aouda, elle ne put prendre un seul instant de repos.
As to Mrs Aouda she not could take a single moment of rest

Passepartout, lui, avait veillé comme un chien à la porte de son
Passepartout him had watched like a dog at the door of his

maître.
master

Le lendemain, Mr. Fogg le fit venir et lui recommanda, en termes
The following day Mr. Fogg him made come and him recommended in terms

fort brefs, de s'occuper du déjeuner de Mrs. Aouda. Pour lui, il
very short of to occupy himself of the lunch of Mrs Aouda For him he

se contenterait d'une tasse de thé et d'une rôtie. Mrs. Aouda
himself satisfied of a cup of tea and of a roasted toast Mrs Aouda

voudrait bien l'excuser pour le déjeuner et le dîner, car tout son
would like well him excuse for the lunch and the dinner because all his

temps était consacré à mettre ordre à ses affaires. Il ne descendrait
time was dedicated to put order to his affairs He not would come down

pas. Le soir seulement, il demanderait à Mrs. Aouda la permission
-not- The evening only he would ask to Mrs Aouda the permission

de l'entretenir pendant quelques instants.
of to converse with her during some moments

Passepartout, ayant communication du programme de la journée, n'avait
Passepartout having communication of the program of the day not had

plus qu'à s'y conformer. Il regardait son maître toujours
more than to himself there comply with He watched his master always

impassible, et il ne pouvait se décider à quitter sa chambre.
impassive and he not could himself decide to leave his room

Son coeur était gros, sa conscience bourrelée de remords, car il
His heart was big his consciousness tormented of remorse because he
He was full of emotions

s'accusait plus que jamais de cet irréparable désastre. Oui ! s'il eût
himself accused more than ever of this irreparable disaster Yes ! if he had

prévenu Mr. Fogg, s'il lui eût dévoilé les projets de l'agent Fix, Mr.
warned Mr. Fogg if he him had unveiled the projects of the agent Fix Mr.

Fogg n'aurait certainement pas traîné l'agent Fix jusqu'à Liverpool,
Fogg would not have certainly -not- dragged the agent Fix until Liverpool

et alors...
and then

Passepartout ne put plus y tenir.
Passepartout not could (any)more it hold

« Mon maître ! monsieur Fogg ! s'écria-t-il, maudissez-moi. C'est par ma
My master ! Sir Fogg ! exclaimed he curse me It is by my

faute que...
fault that

-- Je n'accuse personne, répondit Phileas Fogg du ton le plus calme.
— I not accuse anyone answered Phileas Fogg with the tone the most calm

Allez. »
Go

Passepartout quitta la chambre et vint trouver la jeune femme, à
Passepartout left the room and came to find the young woman to

laquelle il fit connaître les intentions de son maître.
which he made to know the intentions of his master

« Madame, ajouta-t-il, je ne puis rien par moi-même, rien ! Je
Madam added he I not can (do) nothing by my self nothing ! I

n'ai aucune influence sur l'esprit de mon maître. Vous, peut-être...
not have any influence on the spirit of my master You maybe

subit aucune ! A-t-il jamais compris que ma reconnaissance pour lui
undergoes has any ! Has he ever understood that my gratitude for him

était prête à déborder ! A-t-il jamais lu dans mon coeur !... Mon ami,
was ready to overflow ! Has he ever read in my heart !... My friend

il ne faudra pas le quitter, pas un seul instant. Vous dites
it not will be necessary -not- him leave not a only moment You said

qu'il a manifesté l'intention de me parler ce soir ?
that he has expressed the intention of me to speak this evening ?

-- Oui, madame. Il s'agit sans doute de sauvegarder votre situation
— Yes Madam It itself deals without doubt of to save your situation

en Angleterre.
in England

-- Attendons », répondit la jeune femme, qui demeura toute pensive.
— Let's wait answered the young woman who remained all pensive

Ainsi, pendant cette journée du dimanche, la maison de Saville-row fut
Thus during this day of the Sunday the house of Saville row was

comme si elle eût été inhabitée, et, pour la première fois depuis qu'il
as if she had been uninhabited and for the first time since that he

demeurait dans cette maison, Phileas Fogg n'alla pas à son club,
resided in this house Phileas Fogg did not go -not- to his club

quand onze heures et demie sonnèrent à la tour du Parlement.
when eleven hours and half sounded at the tower of the Parliament

Et pourquoi ce gentleman se fût-il présenté au Reform-Club ? Ses
And why this gentleman himself were he presented at the Reform club ? His

collègues ne l'y attendaient plus. Puisque, la veille au
colleagues not him there awaited (any)more Since the evening before at the

soir, à cette date fatale du samedi 21 décembre, à huit heures
evening at this date fatal of the Saturday 21(st) (of) December at eight hours

quarante-cinq, Phileas Fogg n'avait pas paru dans le salon du
forty five Phileas Fogg not had -not- appeared in the salon of the

Reform-Club, son pari était perdu. Il n'était même pas nécessaire qu'il
Reform club his bet was lost It not was even -not- necessary that he

allât chez son banquier pour y prendre cette somme de vingt
should go with his banker for there to take this sum of twenty

de lui, et il suffisait d'une simple écriture à passer chez Baring frères,
of him and it sufficed of a simple writing to pass with Baring brothers
was enough for a

pour que les vingt mille livres fussent portées à leur crédit.
for that the twenty thousand pounds were brought to their credit

Mr. Fogg n'avait donc pas à sortir, et il ne sortit pas. Il demeura
Mr. Fogg not had then -not- to go out and he not went out -not- He remained

dans sa chambre et mit ordre à ses affaires. Passepartout ne cessa de
in his room and put order to his affairs Passepartout not stopped of

monter et de descendre l'escalier de la maison de Saville-row. Les
to go up and of to go down the staircase of the house of Saville row The

heures ne marchaient pas pour ce pauvre garçon. Il écoutait à la
hours not moved -not- for this poor boy He listened at the

porte de la chambre de son maître, et, ce faisant, il ne pensait pas
door of the room of his master and this doing he not thought -not-

commettre la moindre indiscrétion ! Il regardait par le trou de la
to commit the least indiscretion ! He watched through the hole of the

serrure, et il s'imaginait avoir ce droit ! Passepartout redoutait à
lock and he thought to have this right ! Passepartout feared at

chaque instant quelque catastrophe. Parfois, il songeait à Fix, mais un
each moment some disaster Sometimes he thought to Fix but a
of

revirement s'était fait dans son esprit. Il n'en voulait plus à
reversal himself was made in his mind He not of it wanted more to
had of

l'inspecteur de police. Fix s'était trompé comme tout le monde à
the inspector of police Fix himself was deceived like all the world at
had

l'égard de Phileas Fogg, et, en le filant, en l'arrêtant, il n'avait
the consideration of Phileas Fogg and in him following in him arresting he not had

fait que son devoir, tandis que lui... Cette pensée l'accablait, et il
made than his duty while that himself This thought him overwhelmed and he

se tenait pour le dernier des misérables.
himself kept for the last of the wretched
lowest

Quand, enfin, Passepartout se trouvait trop malheureux d'être seul, il
When finally Passepartout himself found too unhappy to be alone he

frappait à la porte de Mrs. Aouda, il entrait dans sa chambre, il
knocked on the door of Mrs Aouda he entered in her room he

s'asseyait dans un coin sans mot dire, et il regardait la jeune
himself seated in a corner without (a) word to say and he watched the young

femme toujours pensive.
woman always pensive

Vers sept heures et demie du soir, Mr. Fogg fit demander à
Towards seven hours and half of the evening Mr. Fogg made ask to

Mrs. Aouda si elle pouvait le recevoir, et quelques instants après, la
Mrs Aouda if she could him receive and some moments after the

jeune femme et lui étaient seuls dans cette chambre.
young woman and him were alone in this room

Phileas Fogg prit une chaise et s'assit près de la cheminée, en face
Phileas Fogg took a chair and sat down near of the fireplace in face

de Mrs. Aouda. Son visage ne reflétait aucune émotion. Le Fogg du
of Mrs Aouda His face not reflected any emotion The Fogg of the

retour était exactement le Fogg du départ. Même calme, même
return was exactly the Fogg of the departure Same calm same

impassibilité.
impassivity

Il resta sans parler pendant cinq minutes. Puis levant les yeux sur
He remained without to speak during five minutes Then raising the eyes on

Mrs. Aouda :
Mrs Aouda :

« Madame, dit-il, me pardonnerez-vous de vous avoir amenée en
Madam said he me you forgive of you to have brought in

Angleterre ?
England ?

-- Moi, monsieur Fogg !... répondit Mrs. Aouda, en comprimant les
– Me Sir Fogg !... answered Mrs Aouda in compressing the

battements de son coeur.
beats of her heart

-- Veuillez me permettre d'achever, reprit Mr. Fogg. Lorsque j'eus la
– Please me allow of to complete continued Mr. Fogg When I had the

pensée de vous entraîner loin de cette contrée, devenue si dangereuse
thought of you to drag far of this country become so dangerous

pour vous, j'étais riche, et je comptais mettre une partie de ma fortune
for you I was rich and I counted to put a part of my fortune

à votre disposition. Votre existence eût été heureuse et libre.
at your disposition Your existence had been happy and free

Maintenant, je suis ruiné.
Now I am ruined

-- Je le sais, monsieur Fogg, répondit la jeune femme, et je vous
— I it know Sir Fogg answered the young woman and I you

demanderai à mon tour : Me pardonnerez-vous de vous avoir suivi, et
ask at my turn : Me you forgive of you to have followed and

-- qui sait ? -- d'avoir peut-être, en vous retardant, contribué à
— who knows ? — of to have maybe in you delaying contributed to

votre ruine ?
your ruin ?

-- Madame, vous ne pouviez rester dans l'Inde, et votre salut n'était
— Madam you not could stay in -the- India and your health not was

assuré que si vous vous éloigniez assez pour que ces fanatiques ne
assured than if you yourself had distanced enough for that these fanatics not

pussent vous reprendre.
could you take again

-- Ainsi, monsieur Fogg, reprit Mrs. Aouda, non content de m'arracher
— Thus Sir Fogg continued Mrs Aouda not satisfied of to tear me away

à une mort horrible, vous vous croyiez encore obligé d'assurer ma
to a death horrible you yourself believe still obliged of to ensure my

position à l'étranger ?
position at the stranger ?
the foreign country

-- Oui, madame, répondit Fogg, mais les événements ont tourné contre
— Yes Madam answered Fogg but the events have turned against

moi. Cependant, du peu qui me reste, je vous demande la
me However of the little which me remains I you request the

permission de disposer en votre faveur.
permission of to dispose in your favor

-- Mais, vous, monsieur Fogg, que deviendrez-vous ? demanda Mrs. Aouda.
— But you Sir Fogg what will you become ? asked Mrs Aouda

-- Moi, madame, répondit froidement le gentleman, je n'ai besoin de
— Me Madam answered coldly the gentleman I not have need of

-- Mais comment, monsieur, envisagez-vous donc le sort qui vous
– But how Sir are you considering then the fate which you

attend ?
awaits ?

-- Comme il convient de le faire, répondit Mr. Fogg.
– Like it convenes of it to make answered Mr. Fogg

-- En tout cas, reprit Mrs. Aouda, la misère ne saurait atteindre
– In all cases continued Mrs Aouda the misery not would know to reach

un homme tel que vous. Vos amis...
a man such as you Your friends

-- Je n'ai point d'amis, madame.
– I not have any friends Madam

-- Vos parents...
– Your parents

-- Je n'ai plus de parents.
– I not have (any)more of parents

-- Je vous plains alors, monsieur Fogg, car l'isolement est une triste
– I you pity then Sir Fogg because the isolation is a sad

chose. Quoi ! pas un coeur pour y verser vos peines. On dit
thing What ! not a heart for there to spill your pains One says

cependant qu'à deux la misère elle-même est supportable encore !
However that at two the misery she herself is bearable still !

-- On le dit, madame.
– One it says Madam

-- Monsieur Fogg, dit alors Mrs. Aouda, qui se leva et tendit sa
– Sir Fogg said then Mrs Aouda who herself raised and handed her

main au gentleman, voulez-vous à la fois d'une parente et d'une
hand to the gentleman want you at the (same) time of a relation and of a

amie ? Voulez-vous de moi pour votre femme ? »
friend ? Want you of me for your woman ?

Mr. Fogg, à cette parole, s'était levé à son tour. Il y avait
Mr. Fogg at this word himself was had raised at his turn It there had There was

comme un reflet inaccoutumé dans ses yeux, comme un tremblement
like a reflection unaccustomed in his eyes like a tremor

fermeté et la douceur de ce beau regard d'une noble femme qui
firmness and the softness of this beautiful look of a noble woman who

ose tout pour sauver celui auquel elle doit tout, l'étonnèrent d'abord,
dared all for to save the one to which she owed all him astonished initially

puis le pénétrèrent. Il ferma les yeux un instant, comme pour éviter
then him penetrated He closed the eyes a moment like for to avoid

que ce regard ne s'enfonçât plus avant... Quand il les rouvrit :
that this look not itself embedded more before When he them reopened :

« Je vous aime ! dit-il simplement. Oui, en vérité, par tout ce
I you loves ! said he simply Yes in truth by all this

qu'il y a de plus sacré au monde, je vous aime, et je suis tout
that it there has of most sacred at the world I you love and I am all
that there is in the belong wholly

à vous !
to you !

-- Ah !... » s'écria Mrs. Aouda, en portant la main à son coeur.
– Ah !... exclaimed Mrs Aouda in carrying the hand to her heart

Passepartout fut sonné. Il arriva aussitôt. Mr. Fogg tenait encore dans
Passepartout was rung He arrived immediately Mr. Fogg kept still in

sa main la main de Mrs. Aouda. Passepartout comprit, et sa large face
his hand the hand of Mrs Aouda Passepartout understood and his wide face

rayonna comme le soleil au zénith des régions tropicales.
beamed like the sun at the zenith of the areas tropical

Mr. Fogg lui demanda s'il ne serait pas trop tard pour aller prévenir
Mr. Fogg him asked if it not would be -not- too late for to go warn

le révérend Samuel Wilson, de la paroisse de Mary-le-Bone.
the reverend Samuel Wilson of the parish of Mary-the-Bone

Passepartout sourit de son meilleur sourire.
Passepartout smiled with his best smile

« Jamais trop tard », dit-il.
Never too late said he

Il n'était que huit heures cinq.
It not was than eight hours five

« Ce serait pour demain, lundi ! dit-il.
This would be for tomorrow Monday ! said he

femme.
woman

-- Pour demain lundi ! » répondit Mrs. Aouda. Passepartout sortit,
— For tomorrow Monday ! answered Mrs Aouda Passepartout went out

tout courant.
-all- running

36 - Chapitre XXXVI

DANS LEQUEL PHILEAS FOGG FAIT DE NOUVEAU PRIME SUR LE
In which Phileas Fogg does of new premium on the
again very well

MARCHÉ
market

Il est temps de dire ici quel revirement de l'opinion s'était produit
It is time of to say here what reversal of the opinion itself was produced
itself had

dans le Royaume-Uni, quand on apprit l'arrestation du vrai voleur de
in the United Kingdom when one learned the arrest of the true thief of

la Banque un certain James Strand -- qui avait eu lieu le 17
the Bank a certain James Strand – who had had place the 17(th)

décembre, à Edimbourg.
December at Edinburgh

Trois jours avant, Phileas Fogg était un criminel que la police poursuivait
Three days before Phileas Fogg was a criminal that the police followed

à outrance, et maintenant c'était le plus honnête gentleman, qui
to excess and now it was the most honest gentleman who

accomplissait mathématiquement son excentrique voyage autour du
accomplished mathematically his eccentric journey around -of- the

monde.
world

Quel effet, quel bruit dans les journaux ! Tous les parieurs pour ou
What effect What noise in the newspapers ! All the bettors for or

contre, qui avaient déjà oublié cette affaire, ressuscitèrent comme par
against who had already forgotten this business resurrected like by

magie. Toutes les transactions redevenaient valables. Tous les engagements
magic All the transactions again became valid All the commitments

revivaient, et, il faut le dire, les paris reprirent avec une nouvelle
revived and it is necessary it to say the bets resumed with a new

énergie. Le nom de Phileas Fogg fit de nouveau prime sur le marché.
energy The name of Phileas Fogg did of new premium on the market
again very well

Les cinq collègues du gentleman, au Reform-Club, passèrent ces trois
The five colleagues of the gentleman at the Reform club passed these three

jours dans une certaine inquiétude. Ce Phileas Fogg qu'ils avaient
days in a certain worry This Phileas Fogg that they had

oublié reparaissait à leurs yeux ! Où était-il en ce moment ? Le
forgotten reappeared at their eyes ! Where was he in this moment ? The
before

17 décembre --, jour où James Strand fut arrêté --, il y avait
17(th) (of) December –, day where James Strand was arrested –, it there had
on which it had been

soixante-seize jours que Phileas Fogg était parti, et pas une nouvelle de
seventy six days that Phileas Fogg was left and not one new of
since had no news at all

lui ! Avait-il succombé ? Avait-il renoncé à la lutte, ou continuait il
him ! Had he succumbed ? Had he renounced to the fight or continued he
died

sa marche suivant l'itinéraire convenu ? Et le samedi 21 décembre, à
his march following the route agreed ? And the Saturday 21 December at

huit heures quarante-cinq du soir, allait-il apparaître, comme le dieu
eight hours forty five of the evening went-he appear like the God
would he

de l'exactitude, sur le seuil du salon du Reform-Club ?
of the accuracy on the threshold of the salon of the Reform Club ?

Il faut renoncer à peindre l'anxiété dans laquelle, pendant trois
It is necessary to renounce to paint the anxiety in which during three
describe

jours, vécut tout ce monde de la société anglaise. On lança des
days lived all this world of the society English One launched of the
They

dépêches en Amérique, en Asie, pour avoir des nouvelles de Phileas
dispatches in America in Asia for to have of the news of Phileas

Fogg ! On envoya matin et soir observer la maison de Saville-row,..
Fogg ! One sent morning and evening to observe the house of Saville row
They

Rien. La police elle-même ne savait plus ce qu'était devenu le
Nothing The police she herself not knew more this what was become (of) the
what had

détective Fix, qui s'était si malencontreusement jeté sur une fausse
detective Fix who himself was so inconveniently thrown on a false
himself had

piste. Ce qui n'empêcha pas les paris de s'engager de nouveau sur
course This which did not prevent nt the bets of to commit itself of new on
again

une plus vaste échelle. Phileas Fogg, comme un cheval de course, arrivait
a more vast scale Phileas Fogg like a horse of race arrived

au dernier tournant. On ne le cotait plus à cent, mais à
at the last turning One not him trading at (any)more to hundred but to
corner

vingt, mais à dix, mais à cinq, et le vieux paralytique, Lord
twenty but to ten but to five and the old (man) paralytic Lord

Albermale, le prenait, lui, à égalité.
Albemarle it took him at (the) equality

Aussi, le samedi soir, y avait-il foule dans Pall-Mall et dans
Also the Saturday evening there had it (a) crowd in Pall-mall (street) and in

les rues voisines. On eût dit un immense attroupement de courtiers,
the streets neighboring One had said an immense crowd of brokers

établis en permanence aux abords du Reform-Club. La circulation
established in permanence at the surroundings of the Reform club The traffic
raised

était empêchée. On discutait, on disputait, on criait les cours du «
was blocked They discussed they disputed they cried out the course of the

Phileas Fogg », comme ceux des fonds anglais. Les policemen avaient
Phileas Fogg like those of the funds English The policemen had

beaucoup de peine à contenir le populaire, et à mesure que
much of pain to contain the popular and at measure that
trouble populace

s'avançait l'heure à laquelle devait arriver Phileas Fogg, l'émotion prenait
itself advanced the hour at which must arrive Phileas Fogg the emotion took

des proportions invraisemblables.
of the proportions unbelievable

Ce soir-là, les cinq collègues du gentleman étaient réunis depuis neuf
This evening the five colleagues of the gentleman were united since nine

heures dans le grand salon du Reform-Club. Les deux banquiers, John
hours in the large salon of the Reform club The two bankers John

Sullivan et Samuel Fallentin, l'ingénieur Andrew Stuart, Gauthier Ralph,
Sullivan and Samuel Fallentin the engineer Andrew Stuart Gauthier Ralph

administrateur de la Banque d'Angleterre, le brasseur Thomas Flanagan,
administrator of the Bank from England the brewer Thomas Flanagan

tous attendaient avec anxiété.
all waited with anxiety

Au moment où l'horloge du grand salon marqua huit heures
At the moment where the clock of the large salon marked eight hours

vingt-cinq, Andrew Stuart, se levant, dit :
twentyfive Andrew Stuart himself raising said :

« Messieurs, dans vingt minutes, le délai convenu entre Mr. Phileas
Gentlemen in twenty minutes the time limit agreed between Mr. Phileas

Fogg et nous sera expiré.
Fogg and us will be expired

-- A quelle heure est arrivé le dernier train de Liverpool ? demanda
– At what hour is arrived the last train from Liverpool ? asked
has

Thomas Flanagan.
Thomas Flanagan

-- A sept heures vingt-trois, répondit Gauthier Ralph, et le train
– At seven hours twenty three answered Gauthier Ralph and the train

suivant n'arrive qu'à minuit dix.
following not arrives than at midnight ten
does not arrive

-- Eh bien, messieurs, reprit Andrew Stuart, si Phileas Fogg était arrivé
– Eh well gentlemen continued Andrew Stuart if Phileas Fogg was arrived
had

par le train de sept heures vingt-trois, il serait déjà ici. Nous
by the train of seven hours twenty three he would be already here We

pouvons donc considérer le pari comme gagné.
can then consider the bet as won

-- Attendons, ne nous prononçons pas, répondit Samuel Fallentin. Vous
– Let's wait not ourselves pronounce -not- answered Samuel Fallentin You

voyez que notre collègue est un excentrique de premier ordre. Son
see that our colleague is an eccentric of (the) first order His

exactitude en tout est bien connue. Il n'arrive jamais ni trop tard
accuracy in all is well known He not arrives ever neither too late

ni trop tôt, et il apparaîtrait ici à la dernière minute, que je
nor too early and he would appear here at the last minute that I

n'en serais pas autrement surpris.
not of it would be -not- otherwise surprised

-- Et moi, dit Andrew Stuart, qui était, comme toujours, très nerveux,
– And me said Andrew Stuart who was like always very nervous

je le verrais je n'y croirais pas.
I it would see I not it believe -not-

-- En effet, reprit Thomas Flanagan, le projet de Phileas Fogg était
– In fact continued Thomas Flanagan the project of Phileas Fogg was

insensé. Quelle que fût son exactitude, il ne pouvait empêcher des
foolish Whatever that was his accuracy he not could prevent -of the-

retards inévitables de se produire, et un retard de deux ou trois jours
delays unavoidable of itself produce and a delay of two or three days

seulement suffisait à compromettre son voyage.
only sufficed to jeopardize his journey
was enough

-- Vous remarquerez, d'ailleurs, ajouta John Sullivan, que nous n'avons
– You notice besides added John Sullivan that we not have

reçu aucune nouvelle de notre collègue et cependant, les fils
received any new(s) of our colleague and meanwhile the wires

télégraphiques ne manquaient pas sur son itinéraire.
telegraph not lacked -not- on his itinerary

-- Il a perdu, messieurs, reprit Andrew Stuart, il a cent fois
– He has lost gentlemen continued Andrew Stuart he has (a) hundred times

perdu ! Vous savez, d'ailleurs, que le China -- le seul paquebot de
lost ! You know besides that the China – the only ocean liner from

New York qu'il pût prendre pour venir à Liverpool en temps utile --
New York that he could take for to come to Liverpool in time useful –

est arrivé hier. Or, voici la liste des passagers, publiée par la
is arrived yesterday However see here the list of the passengers published by the
has

Shipping Gazette, et le nom de Phileas Fogg n'y figure pas. En
Shipping Gazette and the name of Phileas Fogg not there figures -not- In

admettant les chances les plus favorables, notre collègue est à peine en
admitting the chances the more favourable our colleague is at pain in
most

Amérique ! J'estime à vingt jours, au moins, le retard qu'il subira
America ! I estimate at twenty days at the least the delay that he suffers

sur la date convenue, et le vieux Lord Albermale en sera, lui aussi,
on the date agreed and the old Lord Albemarle of it will be him also

pour ses cinq mille livres !
for his five thousand pounds !

-- C'est évident, répondit Gauthier Ralph, et demain nous n'aurons
– It is obvious answered Gauthier Ralph and tomorrow we not shall have

qu'à présenter chez Baring frères le chèque de Mr. Fogg ».
than to present with (the) Baring brothers the check of Mr. Fogg
at

En ce moment l'horloge du salon sonna huit heures quarante.
In this moment the clock of the salon sounded eight hours forty

« Encore cinq minutes », dit Andrew Stuart.
Still five minutes said Andrew Stuart

Les cinq collègues se regardaient. On peut croire que les
The five colleagues each other watched One can believe that the

battements de leur coeur avaient subi une légère accélération, car
beats of their heart had undergone a light acceleration because

enfin, même pour de beaux joueurs, la partie était forte ! Mais ils
finally even for of beautiful players the part was strong ! But they

n'en voulaient rien laisser paraître, car, sur la proposition de
not of it wanted nothing let appear because on the proposal of

Samuel Fallentin, ils prirent place à une table de jeu.
Samuel Fallentin they took place at a table of game

« Je ne donnerais pas ma part de quatre mille livres dans le pari,
I not would give -not- my side of four thousand pounds in the bet

dit Andrew Stuart en s'asseyant, quand même on m'en offrirait trois
said Andrew Stuart in himself seating when even they me for it would offer three

mille neuf cent quatre-vingt-dix-neuf ! »
thousand nine hundred ninety-nine !

L'aiguille marquait, en ce moment, huit heures quarante-deux minutes.
The needle marked in this moment eight hours forty-two minutes
gave

Les joueurs avaient pris les cartes, mais, à chaque instant, leur regard
The players had taken the cards But at each moment their look

se fixait sur l'horloge. On peut affirmer que, quelle que fût leur
itself fixed on the clock One can affirm that whatever that was their

sécurité, jamais minutes ne leur avaient paru si longues !
security never minutes -not- them had appeared so long !

« Huit heures quarante-trois », dit Thomas Flanagan, en coupant le jeu
Eight hours forty-three said Thomas Flanagan in cutting the game

que lui présentait Gauthier Ralph.
that him presented Gauthier Ralph

Puis un moment de silence se fit. Le vaste salon du club était
Then a moment of silence itself made The vast salon of the club was

tranquille. Mais, au-dehors, on entendait le brouhaha de la foule, que
quiet But outside one heard the hubbub of the crowd that

dominaient parfois des cris aigus. Le balancier de l'horloge battait la
dominated sometimes of the cries sharp The pendulum of the clock fought the

seconde avec une régularité mathématique. Chaque joueur pouvait compter
second with a regularity mathematical Each player could count

les divisions sexagésimales qui frappaient son oreille.
the divisions sexagesimal which beat his ear

« Huit heures quarante-quatre ! » dit John Sullivan d'une voix dans
Eight hours forty four ! said John Sullivan with a voice in

laquelle on sentait une émotion involontaire.
which one felt an emotion involuntary

Plus qu'une minute, et le pari était gagné. Andrew Stuart et ses
(Not) more than one minute and the bet was won Andrew Stuart and his

collègues ne jouaient plus. Ils avaient abandonné les cartes ! Ils
colleagues not played (any)more They had abandoned the cards ! They

comptaient les secondes !
counted the seconds !

A la quarantième seconde, rien. A la cinquantième, rien encore !
At the fortieth second nothing At the fiftieth nothing still !

A la cinquante-cinquième, on entendit comme un tonnerre au-dehors,
At the fifty-fifth one heard like a thunder outside

des applaudissements, des hurrahs, et même des imprécations, qui
of the applause of the cheers and even of the imprecations which

se propagèrent dans un roulement continu.
themselves propagated in a rolling continuous

Les joueurs se levèrent.
The players themselves raised

A la cinquante-septième seconde, la porte du salon s'ouvrit, et le
At the fifty-seventh second the door of the salon itself opened and the

balancier n'avait pas battu la soixantième seconde, que Phileas Fogg
pendulum not had -not- fought the sixtieth second as Phileas Fogg

apparaissait, suivi d'une foule en délire qui avait forcé l'entrée
appeared followed by a crowd in delirium which had forced the entrance

du club, et de sa voix calme :
of the club and with his voice calm :

« Me voici, messieurs », disait-il.
Me see here gentlemen said he

37 - Chapitre XXXVII

DANS LEQUEL IL EST PROUVÉ QUE PHILEAS FOGG N'A RIEN GAGNÉ
In which it is proven that Phileas Fogg not has nothing won

A FAIRE CE TOUR DU MONDE, SI CE N'EST LE BONHEUR
to make this tour of the world if this not is the happiness
not

Oui ! Phileas Fogg en personne.
Yes ! Phileas Fogg in person

On se rappelle qu'à huit heures cinq du soir -- vingt-cinq
One oneself recalls that at eight hours five of the evening – twenty five
in the

heures environ après l'arrivée des voyageurs à Londres --,
hours approximately after the arrival of the travelers at London –,

Passepartout avait été chargé par son maître de prévenir le révérend
Passepartout had been charged by his master of to warn the reverend

Samuel Wilson au sujet d'un certain mariage qui devait se conclure
Samuel Wilson at the topic of a certain marriage which must itself conclude

le lendemain même.
the following day same

Passepartout était donc parti, enchanté. Il se rendit d'un pas rapide
Passepartout was then left enchanted He himself rendered with a step rapid
had

à la demeure du révérend Samuel Wilson, qui n'était pas encore
to the abode of the reverend Samuel Wilson who not was -not- still
not had

rentré. Naturellement, Passepartout attendit, mais il attendit vingt bonnes
returned Naturally Passepartout waited but he waited twenty good

minutes au moins.
minutes at the least

Bref, il était huit heures trente-cinq quand il sortit de la maison du
Short it was eight hours thirty five when he got out of the house of the

révérend. Mais dans quel état ! Les cheveux en désordre, sans chapeau,
reverend But in what state ! The hairs in disorder without hat
hair

courant, courant, comme on n'a jamais vu courir de mémoire
running running like one not has ever seen run of memory
in ones

d'homme, renversant les passants, se précipitant comme une trombe
of man overturning the passersby himself launching like a waterspout
a man

sur les trottoirs !
on the sidewalks !

En trois minutes, il était de retour à la maison de Saville-row, et il
In three minutes he was of return at the house of Saville row and he

tombait, essoufflé, dans la chambre de Mr. Fogg.
fell out of breath in the room of Mr. Fogg

Il ne pouvait parler.
He not could speak

« Qu'y a-t-il ? demanda Mr. Fogg.
What has-it ? asked Mr. Fogg
is the matter

-- Mon maître... balbutia Passepartout... mariage... impossible.
— My master stammered Passepartout marriage impossible

-- Impossible ?
— Impossible ?

-- Impossible... pour demain.
— Impossible for tomorrow

-- Pourquoi ?
— Why ?

-- Parce que demain... c'est dimanche !
— Because that tomorrow it is Sunday !

-- Lundi, répondit Mr. Fogg.
— Monday answered Mr. Fogg

-- Non... aujourd'hui... samedi.
— No today Saturday

-- Samedi ? impossible !
— Saturday ? impossible !

-- Si, si, si, si ! s'écria Passepartout. Vous vous êtes trompé d'un
— Yes yes yes yes ! exclaimed Passepartout You yourself are mistaken of one
have

jour ! Nous sommes arrivés vingt-quatre heures en avance... mais il ne
day ! We are arrived twenty-four hours in advance But it not
have

reste plus que dix minutes !... »
remains more than ten minutes !...

Passepartout avait saisi son maître au collet, et il l'entraînait avec
Passepartout had gripped his master at the collar and he pulled him along with

une force irrésistible !
a force irresistible !

Phileas Fogg, ainsi enlevé, sans avoir le temps de réfléchir, quitta sa
Phileas Fogg thus taken away without to have the time of to think left his

chambre, quitta sa maison, sauta dans un cab, promit cent livres
room left his house jumped in a cab promised hundred pounds

au cocher, et après avoir écrasé deux chiens et accroché cinq
at the coachman and after to have crushed two dogs and hooked five
bumped into

voitures, il arriva au Reform-Club.
carriages he arrived at the Reform club

L'horloge marquait huit heures quarante-cinq, quand il parut dans le
The clock marked eight hours forty five when he appeared in the
gave

grand salon...
large salon

Phileas Fogg avait accompli ce tour du monde en quatre-vingts jours
Phileas Fogg had accomplished this turn of the world in eighty days

!...
!...

Phileas Fogg avait gagné son pari de vingt mille livres !
Phileas Fogg had won his bet of twenty thousand pounds !

Et maintenant, comment un homme si exact, si méticuleux, avait-il
And now how a man so punctual so meticulous had he

pu commettre cette erreur de jour ? Comment se croyait-il au
been able to commit this error of day ? How himself believed he at the

samedi soir, 21 décembre, quand il débarqua à Londres, alors
Saturday evening 21(st) (of) December when he disembarked at London then
when

qu'il n'était qu'au vendredi, 20 décembre, soixante dix neuf jours
that he not was than at the Friday 20(st) (of) December sixty ten nine days
seventy

seulement après son départ ?
only after his departure ?

Voici la raison de cette erreur. Elle est fort simple.
See here the reason of this error She is very simple
It

Phileas Fogg avait, « sans s'en douter », gagné un jour sur son
Phileas Fogg had without himself of it doubt won a day on his

itinéraire, -- et cela uniquement parce qu'il avait fait le tour du
itinerary – and that only because that he had made the turn of the

monde en allant vers l'est, et il eût, au contraire, perdu ce jour
world in going towards the east and he had at the contrary lost this day

en allant en sens inverse, soit vers l'ouest.
in going in directions reverse be it towards the west

En effet, en marchant vers l'est, Phileas Fogg allait au-devant du
In fact in moving towards the east Phileas Fogg went at the front of the
in front

soleil, et, par conséquent les jours diminuaient pour lui d'autant de fois
sun and by consequence the days decreased for him of as much of time

quatre minutes qu'il franchissait de degrés dans cette direction. Or,
four minutes that he crossed of degrees in this direction However

on compte trois cent soixante degrés sur la circonférence terrestre,
one counts three hundred sixty degrees on the circumference earthly

et ces trois cent soixante degrés, multipliés par quatre minutes,
and these three hundred sixty degrees multiplied by four minutes

donnent précisément vingt-quatre heures, -- c'est-à-dire ce jour
give exactly twenty-four hours – that is to say this day

inconsciemment gagné. En d'autres termes, pendant que Phileas Fogg,
unconsciously won In -of- other terms during that Phileas Fogg
words

marchant vers l'est, voyait le soleil passer quatre-vingts fois au
moving towards the east saw the sun pass eighty times at the

méridien, ses collègues restés à Londres ne le voyaient passer que
meridian his colleagues remaining at London not it saw pass (more) than
in

soixante-dix-neuf fois. C'est pourquoi, ce jour-là même, qui était le
seventy nine times This is why this day there same which was the

samedi et non le dimanche, comme le croyait Mr. Fogg, ceux-ci
Saturday and not the Sunday like it believed Mr. Fogg these

l'attendaient dans le salon du Reform-Club.
him awaited in the salon of the Reform club

Et c'est ce que la fameuse montre de Passepartout -- qui avait
And it is this that the famous watch of Passepartout – who had

toujours conservé l'heure de Londres -- eût constaté si, en même
always preserved the hour of London – had noted if in (the) same

temps que les minutes et les heures, elle eût marqué les jours !
time as the minutes and the hours she had marked the days !
it would have

Phileas Fogg avait donc gagné les vingt mille livres. Mais comme il
Phileas Fogg had then won the twenty thousand pounds But like he

en avait dépensé en route environ dix-neuf mille, le résultat
of it had spent in road approximately nineteen thousand the result

pécuniaire était médiocre. Toutefois, on l'a dit, l'excentrique gentleman
pecuniary was mediocre However one it has said the eccentric gentleman

n'avait, en ce pari, cherché que la lutte, non la fortune. Et
not had in this bet sought (other) than the fight not the fortune And

même, les mille livres restant, il les partagea entre l'honnête
even the thousand pounds remaining he them divided between the honest

Passepartout et le malheureux Fix, auquel il était incapable d'en
Passepartout and the unhappy Fix to which it was incapable of them

vouloir. Seulement, et pour la régularité, il retint à son serviteur le
to want Only and for the regularity he kept back to his servant the

prix des dix-neuf cent vingt heures de gaz dépensé par sa faute.
price of the nineteen hundred twenty hours of gas spent by his fault

Ce soir-là même, Mr. Fogg, aussi impassible, aussi flegmatique, disait à
This evening even Mr. Fogg as impassive as phlegmatic said to
stolid

Mrs. Aouda :
Mrs Aouda :

« Ce mariage vous convient-il toujours, madame ?
This marriage you convenes it always Madam ?
still

-- Monsieur Fogg, répondit Mrs. Aouda, c'est à moi de vous faire
– Sir Fogg answered Mrs Aouda It is to me from you to make

cette question. Vous étiez ruiné, vous voici riche...
this question You were ruined you see here rich

-- Pardonnez-moi, madame, cette fortune vous appartient. Si vous n'aviez
– Excuse me Madam this fortune you belongs If you not had

pas eu la pensée de ce mariage, mon domestique ne serait pas
-not- had the thought of this marriage my servant not would be -not-
would have

allé chez le révérend Samuel Wilson, je n'aurais pas été averti de
gone with the reverend Samuel Wilson I not would have -not- been warned of
to

mon erreur, et...
my error and

-- Cher monsieur Fogg..., dit la jeune femme.
– Dear Sir Fogg said the young woman

-- Chère Aouda... », répondit Phileas Fogg.
– Dear Aouda answered Phileas Fogg

On comprend bien que le mariage se fit quarante-huit heures
One understands well that the marriage itself made forty-eight hours

plus tard, et Passepartout, superbe, resplendissant, éblouissant, y figura
more late and Passepartout superb resplendent dazzling there figured
later

comme témoin de la jeune femme. Ne l'avait-il pas sauvée, et ne lui
like witness of the young woman Not her had he -not- saved and not him

devait-on pas cet honneur ?
owed they -not- this honor ?

Seulement, le lendemain, dès l'aube, Passepartout frappait avec fracas à
Only the following day from the dawn Passepartout knocked with fracas at
noise

la porte de son maître.
the door of his master

La porte s'ouvrit, et l'impassible gentleman parut.
The door itself opened and the impassive gentleman appeared
opened

« Qu'y a-t-il, Passepartout ?
What has-it Passepartout ?
is the matter

-- Ce qu'il y a, monsieur ! Il y a que je viens d'apprendre
– This that it there has Sir ! It there has that I come of to learn
that there is There is something

à l'instant...
at the instant

-- Quoi donc ?
– What then ?

-- Que nous pouvions faire le tour du monde en soixante-dix-huit
– That we could make the turn of the world in seventy eight

jours seulement.
days only

-- Sans doute, répondit Mr. Fogg, en ne traversant pas l'Inde. Mais
– Without doubt answered Mr. Fogg in not traversing -not- -the- India But

si je n'avais pas traversé l'Inde, je n'aurais pas sauvé Mrs. Aouda,
if I not had -not- traversed -the- India I not would have -not- saved Mrs Aouda

elle ne serait pas ma femme, et... »
she not would be -not- my wife and

Et Mr. Fogg ferma tranquillement la porte.
And Mr. Fogg closed quietly the door

Ainsi donc Phileas Fogg avait gagné son pari. Il avait accompli en
Thus then Phileas Fogg had won his bet He had accomplished in

quatre-vingts jours ce voyage autour du monde ! Il avait employé pour
eighty days this journey around of the world ! He had used for

ce faire tous les moyens de transport, paquebots, railways, voitures,
this to make all the means of transport ocean liners railways cars

yachts, bâtiments de commerce, traîneaux, éléphant. L'excentrique gentleman
yachts boats of trade sleds elephant The eccentric gentleman

avait déployé dans cette affaire ses merveilleuses qualités de sang-froid
had deployed in this business his wonderful qualities of cold blood

et d'exactitude. Mais après ? Qu'avait-il gagné à ce déplacement ?
and of accuracy But after ? What had he won at this displacement ?

Qu'avait-il rapporté de ce voyage ?
What had he taken along of this journey ?

Rien, dira-t-on ? Rien, soit, si ce n'est une charmante femme, qui --
Nothing one will say ? Nothing be it if this not is a charming woman who –

quelque invraisemblable que cela puisse paraître -- le rendit le plus
however unlikely as that might seem - him rendered the most

heureux des hommes !
happy of the men !

En vérité, ne ferait-on pas, pour moins que cela, le Tour du
In truth not would we make -not- for less than that the Turn of the

Monde ? FIN
World ? End

www.ingramcontent.com/pod-product-compliance
Lightning Source LLC
Chambersburg PA
CBHW020742100426
42735CB00037B/166

* 9 7 8 1 9 8 9 6 4 3 0 7 5 *